쉽고 빠르게 익히는 함수형 프로그래밍

처음 배우는 엘릭서 프로그래밍

처음 배우는 엘릭서 프로그래밍

쉽고 빠르게 익히는 함수형 프로그래밍

초판 1쇄 발행 2022년 3월 14일

지은이 데이브 토머스 / **옮긴이** 권두호 / **감수자** 최성락 / **펴낸이** 김태헌
펴낸곳 한빛미디어(주) / **주소** 서울시 서대문구 연희로2길 62 한빛미디어(주) IT출판부
전화 02-325-5544 / **팩스** 02-336-7124
등록 1999년 6월 24일 제25100-2017-000058호 / **ISBN** 979-11-6224-535-4 93000

총괄 전정아 / **책임편집** 서현 / **기획** 서현, 최민이 / **편집** 최민이
디자인 표지 박정우 내지 박정화 / **전산편집** 이경숙
영업 김형진, 김진불, 조유미, 김선아 / **마케팅** 박상용, 송경석, 한종진, 이행은, 고광일, 성화정 / **제작** 박성우, 김정우

이 책에 대한 의견이나 오탈자 및 잘못된 내용에 대한 수정 정보는 한빛미디어(주)의 홈페이지나 아래 이메일로
알려주십시오. 잘못된 책은 구입하신 서점에서 교환해드립니다. 책값은 뒤표지에 표시되어 있습니다.

한빛미디어 홈페이지 www.hanbit.co.kr / 이메일 ask@hanbit.co.kr

Programming Elixir 1.6 by Dave Thomas

지금 하지 않으면 할 수 없는 일이 있습니다.
책으로 펴내고 싶은 아이디어나 원고를 메일(**writer@hanbit.co.kr**)로 보내주세요.
한빛미디어(주)는 여러분의 소중한 경험과 지식을 기다리고 있습니다.

쉽고 빠르게 익히는 함수형 프로그래밍

ELIXIR
처음 배우는 엘릭서 프로그래밍

데이브 토머스 지음
권두호 옮김
최성락 감수

한빛미디어
Hanbit Media, Inc.

추천사

저는 하드웨어의 발달이 소프트웨어 개발에 어떤 영향을 미치는지에 항상 주목해왔습니다.

수십년 전에는 메모리가 대단히 귀중한 자원이었습니다. 그 시절에는 프로그램이 메모리를 필요한 만큼 할당받고 필요할 때마다 수정하는 게 일반적이었습니다. 하지만 메모리를 할당하고 사용하지 않는 메모리를 정리하는 작업은 잦은 오류를 동반했습니다. 어떤 메모리 영역은 영원히 해제되지 않았고, 때로는 이미 사용 중인 영역에 할당되어 프로그램을 고장 내기도 했습니다. 당시에도 가비지 컬렉션garbage collection이라는 개념은 알려져 있었지만, 이를 일반적인 소프트웨어 개발에 사용해 수동 메모리 관리에서 벗어나기에는 더 빠른 CPU가 필요했습니다. 시간이 흘러 이윽고 CPU의 속도가 향상되었고, 우리가 사용하는 대부분의 프로그래밍 언어들은 이제 가비지 컬렉션을 지원합니다.

최근에도 비슷한 현상이 일어나고 있습니다. CPU의 속도를 올리는 일이 한계에 부딪히자 코어 개수가 늘어나기 시작했습니다. 이제 머신을 최대한 사용하기 위해서는 가능한 한 많은 코어를 사용해야 하지만, 이 방식은 현재 우리가 프로그램을 작성하는 방식과는 크게 다릅니다.

실제로 여러 코어를 사용하는 프로그램에서 메모리의 상태를 수정하는 것은 소프트웨어의 성능을 떨어뜨립니다. 만약 4개의 코어가 같은 메모리 영역을 참조하고 수정하려 한다면 서로 간에 충돌이 일어날 겁니다. 어떤 동기화 로직이 들어가지 않는 이상 언젠가는 메모리의 값을 깨뜨릴 겁니다.

저는 이 동기화가 수동이고 오류를 쉽게 발생시키며 성가신 작업인 데다가 퍼포먼스에도 좋을 게 없음을 금세 깨달았습니다. 앞으로 커리어 내내 이렇게 시간을 낭비하고 싶지는 않다는 생각이 들어서 새로운 언어와 기술을 공부해보기로 했습니다.

이것이 제가 얼랭 가상 머신Erlang VM과 그 생태계에 빠지기까지의 이야기입니다. 얼랭 가상 머신에서는 모든 코드가 여러 작은 프로세스에서 동시에 실행됩니다. 각 프로세스는 각자의 상태를 가지고 메시지를 통해 서로 소통합니다. 모든 커뮤니케이션이 메시지 전달을 통해 일어나므로 얼랭 가상 머신의 중개를 통해 같은 네트워크 안에 있는 서로 다른 머신끼리도 메시지를 주고받을 수 있습니다. 분산 소프트웨어를 만들기에는 최적의 환경이지요!

하지만 얼랭 생태계에는 뭔가 부족한 부분이 있다고 느꼈습니다. 메타프로그래밍, 다형성, 프로덕션 환경에서 사용할 수 있는 툴과 같이 일상적으로 사용하는 기능에 대한 지원이 더 필요했지요. 엘릭서Elixir는 그런 필요로부터 탄생했습니다.

엘릭서는 함수형 프로그래밍을 실용적으로 접근한 결과물입니다. 함수형 프로그래밍에 가치를 두면서도 생산성에 초점을 맞췄지요. 동시성은 엘릭서 소프트웨어의 뼈대입니다. 가비지 컬렉션이 메모리 관리의 늪에서 개발자를 해방했듯 엘릭서는 낡은 동시성 관리 메커니즘으로부터 여러분을 해방해줄 겁니다. 그리고 동시성 관리 코드를 작성하는 일이 즐거워질 겁니다.

함수형 프로그래밍 언어를 사용하다 보면 데이터를 변형transform하는 관점에서 생각하게 될 겁니다. 각각의 함수는 데이터를 수정하는 대신 새로운 데이터를 만들어냅니다. 이 방식은 데이터 동기화 메커니즘을 작성할 필요를 크게 줄입니다.

엘릭서는 매크로를 통해 개발자에게 더 많은 자유를 주기도 합니다. 엘릭서 코드는 그저 데이터일 뿐이므로, 매크로를 사용해 코드 역시도 다른 값들과 마찬가지로 조작할 수 있습니다.

또한 엘릭서는 다형성을 비롯해, 객체지향 프로그래밍에 익숙한 개발자들이 꼭 필요하다고 생각하는 기술들도 포함합니다.

이 모든 것은 얼랭 VM 위에서 만들어졌습니다. 견고한 동시성 분산 소프트웨어를 만들기 위해 밑바닥부터 구축된, 20여 년간 활약해온 가상 머신이죠. 엘릭서와 얼랭 VM은 여러분이 소프트웨어를 작성하는 방식을, 앞으로 다가올 프로그래밍 커리어를 바꿔줄 겁니다.

조제 발림 José Valim, 엘릭서 창시자
2014년 10월, 폴란드 텐치네크에서

지은이 · 옮긴이 소개

지은이 **데이브 토머스** Dave Thomas

좋은 것을 사람들에게 널리 알리는 일을 즐기는 프로그래머. 『실용주의 프로그래머』(인사이트, 2005)를 공저했으며, 애자일 소프트웨어 개발 선언(https://agilemanifesto.org)을 만드는 데 참여했다. 『프로그래밍 루비』(인사이트, 2007)를 집필해 루비 언어를 세상에 알렸으며 『레일스와 함께하는 애자일 웹 개발』(인사이트, 2007)은 '레일즈 혁명'을 촉발하는 계기가 되었다.

옮긴이 **권두호** walnut.kwon@gmail.com

대한민국 수도권에 거주하는 IT 노동자. 엘릭서를 사용한 메신저 서비스의 코어 개발에 초기 멤버로 참여해 아키텍처 설계부터 다양한 기능 개발까지 폭넓은 분야를 담당했다. 사람의 발길이 많이 닿지 않은 영역을 개척하고, 그곳에서 매력을 발견해 다른 사람들에게 전파하기를 즐긴다. 소설과 맥주를 사랑한다.

감수자 **최성락** ragiragi@daum.net

자바 서버 개발자로 경력을 시작했지만 Web 2.0 시기 자바스크립트에 빠져들어 HTML5 부흥기까지 웹 프런트엔드 엔지니어로 활동했다. 이후 루비와 엘릭서를 통해 다시금 서버 프로그래머로 전향, 현재는 금융 개발 분야에서 도메인 주도 설계를 접목하기 위해 노력하고 있다.

참 놀랄 일입니다. 엘릭서 개발을 시작하기 전까지 저는 함수형 프로그래밍을 거의 해본 적이 없었습니다. 굳이 찾자면 자바스크립트의 함수형 라이브러리를 조금 써본 정도일까요. 함수형 프로그래밍은 저에게 매우 어려운 이미지로 다가왔고, 지금까지의 언어와 전혀 다를 것 같은 느낌을 줬습니다. 동시성 처리도 마찬가지였습니다. 락, 세마포어 같은 이야기는 설명을 듣는 자리에서는 알 것 같다가도 돌아서면 이게 무엇인고 싶어서, 저와는 연이 없겠거니 했습니다.

엘릭서와의 첫 만남은 그런 의미에서 조금 불편했습니다. 생판 모르는 함수형에, 프로세스를 몇천, 몇만 개씩 띄워서 동시성 처리를 하겠다니요. 이게 뭔가 싶었습니다. 그래도 일단 팀에서 선택한 기술이니 안 배울 수는 없겠지 싶어서, 간단한 코딩 문제를 푸는 웹사이트에서 엘릭서로 이것저것 풀어보기 시작했습니다.

문제를 조금 풀면서 '함수형이 생각보다 그렇게까지 다르지는 않다'라는 생각이 들기 시작하더니, 파이프라인을 본격적으로 사용하면서 엘릭서를 대하는 자세가 크게 바뀌었습니다. 어느샌가 모든 문제를 하나의 파이프라인으로 풀고 싶어하고, 자연스럽게 조건문 대신 패턴 매칭을 사용하고, 재귀를 사용하게 되었습니다. 의식적으로 재귀를 사용하려고 했다기보다는 코드를 작성하다 보니 그것이 당연했기에 그리 된 것 뿐인 듯합니다. 정말 놀랍지요. 그토록 어렵게 느꼈던 동시성 처리에도 발을 뻗어보고, 완벽하게 이해했다고는 말하기 힘듭니다만 그래도 어느 정도 원리를 알고 쓸 수 있게 되었습니다.

쓰다 보니 참 재미있는 언어라 다른 사람들에게도 맛을 보여주고 싶은데, 밖에 나가서 "엘릭서 개발 해요"라며 스스로를 소개하면 돌아오는 대답은 "그게 뭐예요?" 아니면 "그거 게임에 나오는 물약 아니에요?"가 대부분이었습니다. 엘릭서를 쉽게 소개할 만한 한국어 책도 마땅히 없는 상황이었고요. 어떻게 하면 제가 좋아하는 기술을 알릴 수 있을지를 고민하다가 마침 대표적인 엘릭서 입문서로 꼽히는 이 책을 번역하자는 이야기가 나왔고, (이 역시 놀랍게도) 번역자로서 한국어판 출간에 참여하는 데 이르게 되었습니다. 개인적으로 책을 좋아하기도 하고 무언가를 만드는 과정과 만드는 사람들의 이야기도 좋아하는지라, 이 기회에 책을 만드는 과정도 접할 수 있으리라는 기대도 조금 있었습니다.

처음 번역하는 책인지라 쉬운 작업은 아니었습니다. 번역만으로도 생각보다 많은 시간과 에너지가 필요했고, 번역 외적으로도 다사다난한 시기를 보내기도 했습니다. 하지만 힘드니 대충 마무리하자는 식으로 안일하게 번역하지는 않았습니다. 국내 IT 서적 중 처음으로 엘릭서를 다룬 이 책을 통해 국내에 엘릭서 사용자가 조금이라도 늘면 좋겠다는 생각과, 앞으로 관련 주제의 번역서가 이어서 나오기를 바라는 마음을 담아 한 문장, 또 한 문장을 성심성의껏 옮기고자 최선을 다했습니다.

저 역시 한 명의 독자로서, 지금까지 개발 서적을 읽으면서 아쉽게 느꼈던 부분들을 이 책에서는 조금이나마 해소하고자 노력했습니다. 그러나 정말 많은 노력을 들였음에도 아쉬운 점이 여럿 보이리라 생각합니다. 혹 오류를 발견하시거든 알려주시면 충실히 보완하도록 하겠습니다.

제가 이 책을 옮기기는 했으나 책의 완성까지는 많은 분의 도움이 있었습니다. 먼저 처음으로 책을 번역하는 번역자의 서투른 모습을 침착하게 받아주신 최민이, 서현, 박지영 편집자님, 상당 부분의 초고 작성에 도움을 주신 홍지연 님께 매우 큰 감사를 드립니다. 이어 감수에 참여해 주신 최성락 님, 힘들 때마다 버팀목이 되어주신 이성찬 님을 비롯하여 코로나19 창궐의 시대를 함께 보낸 '판교 엘릭서 동호회' 모든 멤버들께 특별한 감사를 드립니다. 그리고 여전히 끝나지 않은 감염병의 시대를 새롭게 함께하고 있는 동료들께도 감사의 말씀을 드립니다.

마지막으로 이 어려운 시기를 함께하는 가족과 모든 지인께도 사랑을 전합니다.

엘릭서는 참 재미있는 언어입니다. 메인 언어로 두기는 쉽지 않더라도 서브 언어로, 또는 취미로 알아두면 '이런 것도 있구나'하고 시야가 넓어지는 경험을 가져다주는 언어라고 생각합니다. 동시에 아직 열려 있는 언어입니다. 언어의 기반은 튼튼하지만 생태계는 한창 성장하고 있습니다. 이미 많은 것이 갖추어진 다른 언어들에는 없는 참여의 기회가 엘릭서에는 열려 있습니다.

이 책을 통해 엘릭서라는 신생 언어에 조금이나마 관심을 가져주신다면 그것만큼 기쁜 일은 없을 것 같습니다. 또 뵐 수 있기를 기원합니다.

권두호

2022년 3월, 서울에서

감수자의 말

엘릭서 프로그래밍 언어의 기반이 되는 얼랭을 만든 조 암스트롱Joe Armstrong은 사실 처음부터 새로운 프로그래밍 언어를 만들고 싶었던 건 아니었습니다. 그는 에릭슨에서 높은 동시 접속 처리와 고가용성을 갖는 전화 교환 장비를 위해 프로세스 간 간섭이나 충돌 없이 안전하게 동작할 수 있는 아키텍처를 연구하고 있었고, 이를 위해 프롤로그Prolog의 선언적 방식과 스몰토크Smalltalk의 메시징 방식 등을 활용하려 했습니다. 하지만 이로부터 아이디어는 얻을 수 있어도 그의 문제를 정확히 해결하진 못했고, 이윽고 그는 동료들과 함께 새로운 프로그래밍 언어를 만들게 됩니다. 얼랭이 함수형 프로그래밍 언어가 된 것도 단지 그의 문제를 해결하는 데 함수형 접근 방식이 잘 맞아서일 뿐이라고 합니다.

엘릭서 프로그래밍 언어를 만든 조제 발림은 한때 루비 히어로[1]에 선정될 만큼 열성적으로 활동하던 레일즈 코어 팀 멤버였습니다. 루비 성능과 동시성 문제를 개선하기 위해 고민하던 차에 갑자기 프로그래머들의 고질병인 터널 증후군이 찾아와 오랜 기간 키보드를 잡을 수 없었고, 그동안 그가 할 수 있는 것이라곤 여러 논문과 자료들을 살펴보는 것뿐이었습니다. 그러던 중 그는 얼랭에 빠져들게 되었고, 이후 얼랭의 동시성 기반 위에 훌륭한 개발 도구, 높은 생산성과 코딩의 즐거움으로 유명했던 루비 언어의 장점을 얹은 엘릭서 프로그래밍 언어를 개발하게 되었습니다.

새로운 프로그래밍 언어를 소개하기에 앞서 아직은 궁금하지 않을 잡학 이야기를 먼저 꺼낸 이유는 함수형, 동시성, 내결함성, 생산성 그리고 실용주의와 즐거움 같은 엘릭서 프로그래밍 언어의 특징이 이러한 배경 속에서 자연스럽게 녹아들었기 때문입니다.

여기에 『실용주의 프로그래머』(인사이트, 2005), 『프로그래밍 루비』(인사이트, 2007)로 유명한 데이브 토머스가 집필한 책이라니, 이쯤 되면 운명적이라는 단어가 떠오르는 것도 우연은

---

1 https://rubyheroes.com/heroes/2010

아닙니다.

프로그래밍 언어뿐 아니라 이 책 스스로도 실용주의적 접근 방식을 취하고 있습니다. 낯선 프로그래밍 언어의 문법과 프레임워크의 상세한 사용법에 집중하기보다는 그 이면에 깔린 함수형 프로그래밍, 액터 기반 설계를 위한 프로그래머의 사고방식 변화에 초점을 맞추고 있습니다. 이 책이 훌륭한 엘릭서 소개 책이면서도 훌륭한 함수형 프로그래밍 입문서가 될 수 있는 이유이기도 합니다.

유선전화 시대 동시성과 고가용성을 지향했던 얼랭의 설계 방향이 최근 멀티 코어, 분산, 실시간이 강조된 현대 애플리케이션의 요구사항과 맞아 재조명되고 있습니다. 이 책이 국내 얼랭, 엘릭서 커뮤니티의 성장에 힘이 되길 기대합니다. 그리고 함수형 프로그래밍의 매력이 여러분의 프로그래밍에 대한 즐거움을 북돋우는 데 작은 도움이 될 수 있길 바랍니다.

최성락

2022년 3월, 서울에서

정당화에 대한 헛된 시도, 그 두 번째[1]

저는 프로그래밍 언어 '덕후'입니다. 실제로 프로그램을 만들어보는 것도, 언어의 설계나 만듦새에 관해 고민하는 것도 좋아합니다(슬프게도요).

1998년에는 루비 프로그래밍을 했습니다. 당시 열심히 읽었던 'comp.lang.misc[2]'(부모님께 여쭤보세요)에서 알게 되어 다운로드해보고는 바로 사랑에 빠졌죠. 사랑에 빠지는 일이 으레 그렇듯 이유는 설명하기 어렵습니다. 그저 제가 일하는 방식과 잘 맞았고, 흥미를 잃지 않을 만큼 충분히 깊이 있는 언어였기 때문입니다.

순식간에 15년이 흘렀고, 그동안 그때와 같은 기분을 느끼게 해줄 무언가를 찾아다녔습니다. 엘릭서도 한 번 접했지만 어떤 이유에서인지 당시에는 재미를 붙이지 못했습니다. 그러다 이 책의 초판을 만들기 불과 몇 달 전 코리 헤인스Corey Haines[3]와 대화를 나누면서부터 상황이 달라졌죠. 당시 저는 함수형 프로그래밍의 개념을 학문적인 배경지식 없이 전달할 방법을 고민하고 있었고, 코리 헤인스는 제게 엘릭서를 다시 한번 살펴보라고 조언했습니다. 저는 그의 말대로 했고, 곧 루비를 처음 접했을 때의 기분을 느꼈습니다.

저는 매우 흥분에 차 있습니다. 엘릭서가 얼마나 대단한지 사람들이 좀 봐줬으면 합니다. 엘릭서를 널리 알리고 싶었고, 그래서 책을 하나 쓰게 되었습니다. 하지만 900페이지짜리 두꺼운 '곡괭이 책[4]'을 또 한 권 쓰고 싶지는 않았습니다. 대신 짧고 흥미로운 내용으로 채우고 싶었습니다. 그래서 이 책에서는 세세한 내용, 모든 문법에 대한 소개, 라이브러리의 온갖 함수들, OTP의 여러 옵션 등은 다루지 않습니다.

대신 이 책에서는 이 프로그래밍 모델이 주는 강점과 아름다움을 전달하고자 합니다. 여러분이

---

1 옮긴이_ '두 번째'가 붙은 이유는 이 책의 원서인 『Programming Elixir 1.6』 2판(2018)을 위해 서문이 새롭게 쓰였기 때문이다.
2 옮긴이_ 유즈넷의 프로그래밍 언어 관련 뉴스 그룹.
3 옮긴이_ 소프트웨어 개발자이자 『Understanding the Four Rules of Simple Design』(2014)의 저자.
4 옮긴이_ 저자가 쓴 『프로그래밍 루비』(인사이트, 2007)의 표지에 곡괭이가 그려져 있어 생긴 별칭.

직접 해볼 수 있도록 격려하고, 책이 다루지 않은 부분을 채워주는 온라인 자료들도 알려드리려 합니다. 하지만 무엇보다, 프로그래밍에 재미를 느꼈으면 합니다.

그로부터 3년이 더 흘러 엘릭서 역시 성장했습니다. 연결 관리 프레임워크인 피닉스Phoenix[5]는 개발자들에게 함수형 프로그래밍의 즐거움을 다시 한번 알려주었습니다. 너브스 프로젝트Nerves project[6]는 리눅스 기반 마이크로컨트롤러 위에서 돌아가는 임베디드 엘릭서 코드를 보다 쉽게 작성하도록 해주었습니다. 엘릭서 생태계도 자라났습니다. 국제 콘퍼런스는 물론이고 국가나 지역 단위 콘퍼런스도 열렸습니다. 엘릭서 개발자를 구하는 구인 광고도 생겼지요.

저 역시 자리를 옮겼지만 여전히 엘릭서를 매일같이 사용합니다. 서던 메소디스트 대학교에서 겸임 교수를 맡으며 미래의 프로그래머들을 엘릭서의 길로 유혹하고 있습니다. 온라인 엘릭서 강좌도 개설했습니다.[7]

그리고 지금은 이 책의 개정판을 쓰고 있습니다. 솔직히 꼭 해야 하는 일은 아니었습니다. 엘릭서 1.6은 이전 판에서 다룬 엘릭서 1.3과 크게 다르지 않아서 이전 책이 쓸모없어질 정도는 아니었기 때문입니다. 하지만 제가 느끼는 엘릭서는 과거보다 한층 성숙해졌습니다. 지금은 같은 것을 과거와는 다른 방법으로 만들곤 합니다. 그리고 이를 여러분과 공유하고 싶습니다.

---

5 옮긴이_ 엘릭서 기반 웹 프레임워크. *https://phoenixframework.org*

6 옮긴이_ *https://www.nerves-project.org*

7 *https://codestool.coding-gnome.com*

감사의 말

뻔한 말 같습니다만, 제가 사랑에 빠진 엘릭서는 똑똑한데 친절하기까지 한 조제 발림이 만들었습니다(그는 두 형용사를 새로운 경지로 끌어올렸습니다). 지난 1년 6개월간 즐거운 시간을 선사해준 데 무한한 감사를 전합니다. 그와 엘릭서 코어 팀 덕분에 엘릭서 생태계가 최근 몇 년간 크게 성숙할 수 있었습니다. 모두에게 감사드립니다.

엘릭서에 대한 흥미에 다시 불을 붙여준 코리 헤인스에게도 감사를 보냅니다. 함께했던 저녁 시간과 벵갈루루에서의 시간들은 즐거웠고 큰 자극이 되었습니다.

브루스 테이트Bruce Tate[1]는 저에게 항상 흥미로운 조언자였습니다. 그가 초고를 읽고 준 조언들은 이 책을 크게 바꾸었습니다. 더불어 책이 완성되기 전에 먼저 읽어주신 활발하고 통찰력 있는 여러 독자들에게 큰 도움을 받았습니다. 그들은 이 책을 더 나은 것으로 만들기 위해 수백 가지 수정을 제안해주었습니다. 모든 분께 감사를 표합니다.

트윗을 인용하도록 허가해준 제시카 커Jessica Kerr, 앤서니 이든Anthony Eden, 채드 파울러Chad Fowler에게도 소소한 감사를 전합니다.

집필이 시작되기도 전부터 참여해 새로운 관점에서 자세한 비평을 해준 킴 슈라이어Kim Shrier에게도 감사드립니다.

캔디스 커닝햄Candace Cunningham의 꼼꼼한 편집에 다시 한번 놀랐습니다. 글의 문법과 코드 오류를 모두 교정할 수 있는 사람을 찾기는 힘들 겁니다. 포토맥Potomac의 직원들은 어려운 색인 작업을 뛰어나게 해냈습니다.

데이브 토머스 Dave Thomas

2018년 4월, 텍사스 댈러스에서

---

1 옮긴이_ 소프트웨어 개발자이자 유명한 저서를 다수 출판한 작가다. 『Better, Faster, Lighter Java』(O'reilly, 2004)와 『브루스 테이트의 세븐 랭귀지』(한빛미디어, 2015)로 졸트상을 받았다.

한국어판에서 달라진 점

원서는 엘릭서 1.6 기준으로 쓰였으나, 번역 시점의 최신 버전인 엘릭서 1.13에서도 크게 달라진 내용이 없어 원서의 코드를 대부분 실행할 수 있습니다. 다만 최신 버전에서 사용법이나 코드 실행 결과가 달라진 경우가 일부 있습니다. 독자의 실습 경험을 고려해, 번역서에서는 번역 시점의 최신 버전에 따라 코드 및 실행 결과를 수정했습니다. 단, 새 버전에서 변경된 내용이 있으면 주석 등으로 소개해 이전 버전을 사용하는 경우에도 따라갈 수 있도록 구성했습니다 (라이브러리의 경우 엘릭서 버전이 업데이트되면 사용법이 변경되는 경우도 있어 마찬가지로 번역 시점의 최신 버전을 적용하여 소개하나, 각 라이브러리의 버전별 기능 변화는 별도로 다루지 않습니다. 이전 버전의 엘릭서를 사용한다면 라이브러리 공식 문서 등을 확인해 맞는 버전을 사용하기를 권합니다). 엘릭서 1.6 이후 추가되어 책 본문에 소개되지 않은 기능은 책 본문의 주석 혹은 부록에서 소개합니다.

최신 버전에 맞추어 수정한 예제 코드는 *https://github.com/walnut-kwon/programming-elixir-kr*에서 공개하고 있습니다. 원서 홈페이지에서는 엘릭서 1.6 기준으로 작성된 예제 코드를 다운로드할 수 있습니다. 관련 내용은 책의 1장을 참고하시기 바랍니다. 원서와 번역서 예제 코드의 디렉터리 구조는 서로 같습니다. 원서에서 사용하는 라이브러리 버전 등을 확인하려는 경우 참고하시기 바랍니다.

CONTENTS

CHAPTER **1 빨간 약을 먹어보자**

PART **전통적 프로그래밍**

CHAPTER **2 패턴 매칭**

CONTENTS

CHAPTER 5 익명 함수

CONTENTS

CHAPTER **11 문자열과 바이너리**

CONTENTS

CHAPTER **14 툴링**

CONTENTS

CONTENTS

CHAPTER 20 OTP – 애플리케이션

PART **III** **엘릭서 심화**

CHAPTER 22 **매크로와 코드 실행**

CONTENTS

CONTENTS

APPENDIX C 엘릭서 1.6 이후 추가된 내용

빨간 약을 먹어보자

파란 약을 먹으면 꿈에서 깨어나 네가 믿고 싶은 걸 믿게 돼. 빨간 약을 먹으면 이상한 나라에
남아 끝까지 가게 된다.[1]

〈매트릭스The Matrix〉 (1999)

엘릭서는 불변 데이터 구조와 액터 기반의 동시성 모델을 깔끔하고 현대적인 문법으로 감싼 함
수형 프로그래밍 언어로, 업계에서 검증된 고성능의 분산 얼랭 VM 위에서 동작한다. 그런데,
이게 대체 어떤 의미를 지니는 걸까?

이 말은 곧 엘릭서를 사용하면 그동안 시간을 잡아먹었던 여러 문제를 더는 걱정하지 않아도
된다는 뜻이다. 이제 멀티스레드 환경에서 데이터 정합성을 맞추느라 크게 고민하지 않아도 되
며, 애플리케이션 스케일링에 대한 걱정도 덜 해도 된다. 그리고 무엇보다도, 프로그래밍을 다
른 방식으로 생각할 수 있게 된다.

1.1 프로그래밍은 데이터를 변형하는 과정이다

객체지향 세계에서 온 개발자는 클래스와 인스턴스를 중심으로 생각하는 데 익숙할 것이다. 클

---

1 옮긴이_ 영화 〈매트릭스〉에서 빨간 약을 먹으면 진실을 알게 되고, 파란 약을 먹으면 평생 거짓된 세상을 진실이라 믿으며 살게 된다.

래스는 행위를 정의하고, 객체는 상태를 저장한다. 그리고 개발자는 풀어야 할 문제를 복잡한 계층 구조로 모델링하느라 많은 시간을 소모한다. 마치 빅토리아 시대의 나비 분류학자들처럼 말이다.

객체를 이용해 코딩하면 상태에 대해 생각하게 된다. 객체의 메서드를 호출하고 객체에 다른 객체를 전달하는 일에 개발 시간의 대부분을 사용한다. 이렇게 메서드가 호출되면 객체는 스스로 상태를 수정하고, 때로는 다른 객체의 상태까지도 수정한다. 이 세계에서는 클래스가 왕이나 다름없다. 클래스는 각 인스턴스가 무엇을 할 수 있는지 정할 뿐 아니라, 각 인스턴스가 가지고 있는 데이터의 상태까지도 암시적으로 제어한다. 객체지향 세계에서 이렇게 하는 이유는 데이터를 은닉하기 위해서다.

하지만 이는 실제 세계와는 동떨어져 있다. 실제 세계에서는 그렇게 많지도 않은 추상적 계층 구조를 굳이 코드로 모델링하고 싶은 사람은 별로 없을 것이다. 우리는 문제를 해결하고 싶을 뿐 상태를 관리하고 싶은 건 아니다.

한 가지 예를 들어보자. 지금 필자는 빈 파일을 가져다 텍스트를 담은 파일로 변형transform했다. 그리고 다시 이 파일을 당신이 읽을 수 있는 포맷으로 변형했다. 어딘가에 있는 웹 서버에서는 책을 다운로드하려는 당신의 요청을 책 내용을 담은 HTTP 응답으로 변형할 것이다.

필자는 데이터를 감추고 싶은 게 아니다. 변형하고 싶을 뿐이다.

1.1.1 파이프라인으로 변형을 조합하기

유닉스Unix 사용자는 작은 것에 대한 철학[2]을 경험적으로 알고 있다. 유닉스의 명령줄 도구는 한 가지 기능에 집중되어 있어 사용자가 임의로 조합할 수 있다. 각 명령줄 도구는 입력을 받고, 입력받은 값을 변형해, 다음 도구나 사용자가 활용할 수 있는 포맷으로 출력한다.

이 철학은 놀랍도록 유연하며 재사용성을 크게 높인다. 유닉스 유틸리티는 만든 사람조차도 상상하기 어려울 정도로 다양한 방식으로 조합할 수 있다. 그렇게 각 유틸리티가 다른 유틸리티의 잠재력을 배가한다.

---

2 옮긴이_ 유닉스의 철학이 궁금하다면 *http://www.linfo.org/unix_philosophy.html*과 『유닉스의 탄생』(한빛미디어, 2020)을 참고하자.

게다가 이 방식은 무척 안정적이다. 각각의 작은 프로그램은 자신이 해야 할 일 한 가지만 잘하면 되고, 이렇게 하면 테스트하기도 쉬워진다. 또 다른 장점도 있다. 명령어 파이프라인이 병렬적으로 실행된다. 다음과 같이 작성해보자.

```
$ grep Elixir *.pml | wc -l
```

단어 수를 세는 프로그램인 wc는 grep 명령어와 동시에 실행된다. grep의 출력이 만들어지는 즉시 wc에서 사용되기 때문에, grep이 완료되는 시점과 거의 동시에 최종 결과를 얻을 수 있다.

엘릭서에서도 이런 작은 조합이 가능하다. pmap이라는 엘릭서 함수로 살짝 맛만 보도록 하자. 이 함수는 컬렉션과 함수를 받아, 컬렉션의 각 요소에 함수를 적용한 결과를 리스트로 반환한다. 단, 각 요소를 변형하는 작업을 별도의 프로세스에서 실행한다. 지금은 자세한 내용까지는 신경 쓰지 않아도 괜찮다.

코드: spawn/pmap1.exs

```
defmodule Parallel do
  def pmap(collection, func) do
    collection
    |> Enum.map(&(Task.async(fn -> func.(&1) end)))
    |> Enum.map(&Task.await/1)
  end
end
```

이 함수를 이용해 1부터 1,000까지 각 숫자의 제곱을 계산해보자.

```
result = Parallel.pmap 1..1000, &(&1 * &1)
```

그렇다. 방금 필자는 1,000개의 백그라운드 프로세스를 만들었다. 그리고 필자의 머신에 있는 모든 코어와 프로세서를 사용했다. 이 코드가 잘 이해되지 않을 수도 있지만, 책의 절반 정도까지 읽고 나면 당신도 이런 코드를 스스로 작성하게 될 것이다.

1.1.2 함수는 데이터를 변형한다

엘릭서는 유닉스의 셸과 같은 방식으로 문제를 해결한다. 명령줄 유틸리티 대신 함수를 사용할 뿐이다. 원하는 만큼 함수를 연결해 사용할 수 있다. 작고 한 가지 작업에만 집중하는 함수일수록 더욱 유연하게 조합할 수 있다.

필요하다면 함수가 병렬적으로 실행되게 할 수도 있다. 엘릭서에는 병렬적으로 실행되는 함수 간에 메시지를 전달하는 단순하지만 아주 강력한 메커니즘이 있다. 부모님 세대의 프로세스나 스레드같이 따분한 걸 이야기하는 게 아니다. 한 대의 장비에서 수백만 개의 프로세스를 실행하고, 그런 장비 수백 대가 함께 동작하도록 하는 잠재력에 대한 이야기다. 브루스 테이트는 이에 관해 다음과 같은 의견을 남겼다.

> "대부분의 개발자는 스레드와 프로세스를 필요악으로 여긴다. 하지만 엘릭서 개발자는 프로세스를 핵심 요소로 인식한다."

이 말에 담긴 의미는 책을 읽어나가면서 점차 깨닫게 될 것이다.

변형이라는 개념은 함수형 프로그래밍의 핵심, 즉 '함수는 입력을 출력으로 변형한다'라는 사실에 자리 잡고 있다. 예를 들어 삼각함수 sin은 $pi/4$를 입력하면 0.7071을 출력한다. HTML 템플릿 시스템 역시 함수다. 값이 들어갈 자리를 비워둔 템플릿과 그 자리에 들어갈 값을 리스트로 받아 완성된 HTML 문서를 만들어낸다.

하지만 강력한 기능에는 대가가 따른다. 우리가 그동안 알고 있던 프로그래밍의 거의 전부를 새로 배워야 한다. 기존의 직관은 통하지 않을 것이다. 완전히 초보자가 된 기분에 좌절을 느낄 수도 있다. 필자는 이런 점에서 재미를 느꼈다. 객체지향 프로그래밍을 하룻밤에 배우지 않았듯, 하루 아침에 함수형 프로그래밍의 전문가가 될 수는 없다.

하지만 어느 순간 깨달음이 찾아올 것이다. 문제를 다른 방식으로 생각하기 시작하고, 아주 작은 수고만으로도 멋진 무언가를 만드는 스스로를 발견할 것이다. 그리고 wc나 grep처럼 여러 용도로 사용할 수 있는 아주 작은 코드 조각을 만들고, 가끔은 예상하지 못한 방법으로도 사용할 것이다.

객체지향 프로그래밍에서 말하던 '책임'과 같은 관점에서 생각하기를 그만두고 무언가를 실제로 해결할 방법을 생각한다면 세상을 보는 시각까지도 조금 달라질 수 있다. 그리고 대부분 이러한 과정이 꽤 재밌다고 느낄 것이다.

1.2 엘릭서 설치하기

이 책은 당신이 엘릭서 1.6 이상을 사용한다고 가정한다. 최신 버전을 설치하는 방법은 *https://elixir-lang.org/install.html*[3]에 있다. 주소를 따라가 엘릭서를 설치하자.

1.3 엘릭서 실행하기

이 책에서는 터미널 세션을 다음과 같이 표현한다.

```
$ echo Hello, World
Hello, World
```

터미널 프롬프트에는 달러 기호($)를 사용한다. 기호가 있는 행을 입력하며 따라가면 된다(사용하는 시스템에 따라 프롬프트 표시가 다를 수 있다).

1.3.1 iex: 엘릭서 인터랙티브

엘릭서가 잘 설치되었는지 확인하려면 엘릭서 인터랙티브 세션을 시작해보자. 일반 셸 프롬프트에서 iex라고 입력하면 된다.

```
$ iex
Erlang/OTP 24 [erts-12.2] [source] [64-bit] [smp:8:8] [ds:8:8:10] [async-
threads:1] [jit]

Interactive Elixir (1.13.1) - press Ctrl+C to exit (type h() ENTER for help)
iex(1)>
```

버전 정보는 다르게 표시될 수도 있다. 이후 예제에서는 가급적 표시하지 않는다.

IEx 프롬프트에 엘릭서 코드를 입력하면 결과가 반환된다. 한 줄 이상의 표현식을 작성하면 추

---

3 옮긴이_ 리눅스나 맥 OS 개발 환경에서는 여러 엘릭서 버전을 사용할 수 있는 asdf-vm(*https://github.com/asdf-vm/asdf*)을 통해 설치하기를 권장한다.

가된 줄의 프롬프트에는 말줄임표(...)가 표시된다.

```
iex(1)> 3 + 4
7
iex(2)> String.reverse "madamimadam"
"madamimadam"
iex(3)> 5 *
...(3)> 6
30
iex(4)>
```

완성된 표현식이 실행될 때마다 각 프롬프트 줄의 숫자가 하나씩 올라간다. 앞으로 진행할 예제에서는 대부분 이 숫자를 생략한다.

IEx를 종료하는 방법은 몇 가지가 있다. 어느 것도 깔끔하지는 않은데, 가장 쉬운 두 가지 방법은 Ctrl+C를 두 번 누르거나, Ctrl+G를 눌러 q를 입력하고 엔터Enter 키를 입력하는 것이다. 몇몇 시스템에서는 Ctrl+\로 한 번에 종료할 수 있다.

IEx 헬퍼

IEx에는 많은 헬퍼 함수가 있다. IEx에서 h를 입력해 헬퍼 함수 목록을 확인하자.

```
iex> h

                      IEx.Helpers

Welcome to Interactive Elixir. You are currently seeing the documentation for
the module IEx.Helpers which provides many helpers to make Elixir's shell more
joyful to work with.

This message was triggered by invoking the helper h(), usually referred to as
h/0 (since it expects 0 arguments).

You can use the h/1 function to invoke the documentation for any Elixir module
or function:

    iex> h(Enum)
    iex> h(Enum.map)
    iex> h(Enum.reverse/1)
```

You can also use the i/1 function to introspect any value you have in the shell:

```
iex> i("hello")
```

There are many other helpers available, here are some examples:

- b/1   - prints callbacks info and docs for a given module
- c/1   - compiles a file
- c/2   - compiles a file and writes bytecode to the given path
- cd/1   - changes the current directory
- clear/0   - clears the screen
- exports/1   - shows all exports (functions + macros) in a module
- flush/0   - flushes all messages sent to the shell
- h/0   - prints this help message
- h/1   - prints help for the given module, function or macro
- i/0   - prints information about the last value
- i/1   - prints information about the given term
- ls/0   - lists the contents of the current directory
- ls/1   - lists the contents of the specified directory
- open/1   - opens the source for the given module or function in your editor
- pid/1   - creates a PID from a string
- pid/3   - creates a PID with the 3 integer arguments passed
- port/1   - creates a port from a string
- port/2   - creates a port with the 2 non-negative integers passed
- pwd/0   - prints the current working directory
- r/1   - recompiles the given module's source file
- recompile/0   - recompiles the current project
- ref/1   - creates a reference from a string
- ref/4   - creates a reference with the 4 integer arguments passed
- runtime_info/0 - prints runtime info (versions, memory usage, stats)
- t/1   - prints the types for the given module or function
- v/0   - retrieves the last value from the history
- v/1   - retrieves the nth value from the history

Help for all of those functions can be consulted directly from the command line using the h/1 helper itself. Try:

```
iex> h(v/0)
```

```
To list all IEx helpers available, which is effectively all exports (functions
and macros) in the IEx.Helpers module:

    iex> exports(IEx.Helpers)

This module also includes helpers for debugging purposes, see IEx.break!/4 for
more information.

To learn more about IEx as a whole, type h(IEx).
```

헬퍼 함수 이름 뒤에 슬래시(/)가 붙고 숫자가 이어지는데, 이 숫자는 헬퍼 함수가 받아야 하는 인자의 개수를 나타낸다.

하지만 가장 유용한 함수는 아마 h 그 자체일 것이다. 인자를 넣으면 엘릭서 모듈이나 그 모듈 안에 있는 각 함수의 도움말을 제공한다. IEx에 로드된 모든 모듈에 대해 동작한다(나중에 프로젝트를 진행하면서 직접 작성한 문서도 여기에서 볼 수 있다). IO 모듈을 예로 들어보자. IO 모듈은 일반적인 입출력을 수행한다. 이 모듈의 도움말은 h IO 또는 h(IO)를 입력해 확인한다.

```
iex> h IO      # 또는...
iex> h(IO)

                                IO

Functions handling input/output (IO).

Many functions in this module expect an IO device as an argument. An IO device
must be a PID or an atom representing a process. For convenience, Elixir provides
:stdio and :stderr as shortcuts to Erlang's :standard_io and :standard_error.

(이하 생략)
```

이 책에서는 IO 모듈의 puts 함수를 자주 사용한다. puts 함수는 콘솔에 문자열을 출력하는 가장 쉬운 방법이다. 함수 도움말을 살펴보자.

```
iex> h IO.puts

                    def puts(device \\ :stdio, item)

  @spec puts(device(), chardata() | String.Chars.t()) :: :ok

Writes item to the given device, similar to write/2, but adds a newline at the
end.

By default, the device is the standard output. It returns :ok if it succeeds.

## Examples

    IO.puts("Hello World!")
    # => Hello World!

    IO.puts(:stderr, "error")
    # => error
```

다른 유용한 헬퍼 함수로는 i가 있다. 이 함수는 값^{value} 정보를 표시한다.

```
iex> i 123
Term
  123
Data type
  Integer
Reference modules
  Integer
Implemented protocols
  IEx.Info, Inspect, List.Chars, String.Chars

iex> i "cat"
Term
  "cat"
Data type
  BitString
Byte size
  3
Description
  This is a string: a UTF-8 encoded binary. It's printed surrounded by
"double quotes" because all UTF-8 encoded codepoints in it are printable.
Raw representation
```

```
  <<99, 97, 116>>
Reference modules
  String, :binary
Implemented protocols
  Collectable, IEx.Info, Inspect, List.Chars, String.Chars


iex> i %{ name: "Dave", likes: "Elixir" }
Term
  %{likes: "Elixir", name: "Dave"}
Data type
  Map
Reference modules
  Map
Implemented protocols
  Collectable, Enumerable, IEx.Info, Inspect


iex> i Map
Term
  Map
Data type
  Atom
Module bytecode
  bin/../lib/elixir/ebin/Elixir.Map.beam
Source
  lib/elixir/lib/map.ex
Version
  [183063109663136785271174696905504635986]
Compile options
  []
Description
  Use h(Map) to access its documentation.
  Call Map.module_info() to access metadata.
Raw representation
  :"Elixir.Map"
Reference modules
  Module, Atom
Implemented protocols
  IEx.Info, Inspect, List.Chars, String.Chars
```

IEx는 놀랍도록 강력한 도구다. 전체 프로젝트를 컴파일하고 실행하는 데도 사용할 수 있고, 원격 기기에 로그인하거나 실행 중인 엘릭서 애플리케이션에 접근하는 데도 사용할 수 있다.

코드에 버그를 넣게 되었을 때(당연히 실수로 넣은 것은 아닐 것이다)를 위해 IEx는 간단한 디버거를 제공하기도 한다. 자세한 내용은 **14장 '툴링'**에서 살펴보자.

IEx 커스터마이징

옵션을 설정해 IEx를 커스터마이징할 수 있다. 예를 들어 연산 결과를 밝은 청록색으로 표시하고 싶을 때 커스터마이징 방법은 다음 문서에서 찾을 수 있다.

```
iex> h IEx.configure

                        def configure(options)

  @spec configure(keyword()) :: :ok

Configures IEx.

The supported options are:

  • :colors
  • :inspect
  • :width
  • :history_size
  • :default_prompt
  • :continuation_prompt
  • :alive_prompt
  • :alive_continuation_prompt
  • :parser

They are discussed individually in the sections below.

## Colors

A keyword list that encapsulates all color settings used by the shell. See
documentation for the IO.ANSI module for the list of supported colors and
attributes.

List of supported keys in the keyword list:

  • :enabled - boolean value that allows for switching the coloring on and off
  • :eval_result - color for an expression's resulting value
  • :eval_info - ... various informational messages
```

```
    • :eval_error - ... error messages
    • :eval_interrupt - ... interrupt messages
    • :stack_info - ... the stacktrace color
    • :blame_diff - ... when blaming source with no match
    • :ls_directory - ... for directory entries (ls helper)
    • :ls_device - ... device entries (ls helper)

 (이하 생략)
```

방법을 확인했으니 .iex.exs 파일을 홈 디렉터리에 만들자. 이 파일은 다음 내용을 담는다.

```
IEx.configure colors: [ eval_result: [ :cyan, :bright ] ]
```

혹시 이렇게 설정한 이후 IEx 세션이 지저분해졌다면(이를테면 "[33m" 같은 문자가 화면에 출력되는 경우) 당신의 콘솔에서 ANSI 이스케이프 문자를 지원하지 않을 가능성이 높다. 그럴 땐 색상 설정을 사용하지 않도록 다음처럼 비활성화하자.

```
IEx.configure colors: [enabled: false]
```

.iex.exs에는 어떤 엘릭서 코드든 넣을 수 있다.

1.3.2 컴파일하고 실행하기

IEx를 사용한 한 줄짜리 프로그래밍이 지루해졌다면 이제 소스 파일에 코드를 넣어보자. 엘릭서 코드 파일은 일반적으로 .ex 또는 .exs 확장자를 사용한다. 관습적으로 확장자가 .ex인 파일은 바이트코드로 컴파일된 다음에 실행될 파일로, .exs인 파일은 스크립트 언어로 작성된 프로그램처럼 소스 코드 레벨에서 해석되는 파일로 구분한다. 엘릭서 프로그램에 테스트를 추가할 때 살펴보겠지만, 애플리케이션 파일의 확장자는 .ex인 반면 테스트 파일의 확장자는 .exs이다. 테스트 코드를 컴파일해 가지고 있을 필요는 없기 때문이다.

전통적인 첫 프로그램을 만들어보자. 코드를 실행 가능한 아무 디렉터리에서 다음과 같이 hello.exs 파일을 생성하자.

```
IO.puts "Hello, World!"
```

이 책에서 예제 코드는 대부분 위와 같은 형태이며, 코드를 담고 있는 경로와 파일 이름은 상단에 표기되어 있다. 이 책의 웹사이트[4]를 방문해 'Source Code'를 클릭하면 모든 소스 코드를 다운로드할 수 있다.

소스 파일의 이름에는 영문 소문자와 언더스코어(_)를 사용한다. 바이너리로 컴파일해야 하는 프로그램에는 .ex 확장자가 붙어 있고, 컴파일 없이 실행할 스크립트에는 .exs 확장자가 붙어 있다. 앞서 본 'Hello, World!' 예제는 한 번만 실행시키고 말 코드이므로 .exs 확장자를 사용했다.

파일을 생성했다면 실행해보자. 파일을 생성한 디렉터리에서 elixir 명령어를 실행하면 된다.

```
$ elixir hello.exs
Hello, World!
```

IEx에서 c 헬퍼 함수로 컴파일하고 실행할 수도 있다.

```
$ iex
iex> c "hello.exs"
Hello, World!
[]
```

c 헬퍼 함수가 소스 파일을 컴파일하고 실행했다. 실행 후에 출력되는 []는 c 함수가 반환한 값이다. 소스 파일에 모듈이 포함되어 있다면 그 모듈 이름이 이 리스트에 들어간다.

---

4 *http://pragprog.com/titles/elixir16*

c 헬퍼 함수는 파일을 독립적인 코드로 컴파일한다. c 대신 import_file로 파일의 각 줄을
IEx에 입력한 것처럼 파일을 로드할 수 있다. 이렇게 하면 파일 안에 있는 로컬 변수를 IEx 세
션에서 사용할 수 있게 된다.

걱정하는 사람들을 위해 덧붙이자면, 엘릭서에서는 두 칸 들여쓰기를 사용하며, 탭이 아닌 공
백을 사용한다.

1.4 이 책을 잘 읽는 방법

이 책은 엘릭서의 모든 내용을 처음부터 끝까지 다루는 레퍼런스 가이드는 아니다. 대신 무엇
을, 언제 질문해야 하는지를 충분히 알 수 있도록 구성했다. 그러니 모험을 떠난다는 생각으로
이 책을 시작했으면 한다. 책을 읽으며 코드를 작성해보되, 거기에서 그치지 말자. 스스로에게
질문을 던진 다음 코드를 작성하거나 인터넷을 검색하며 답을 찾아보도록 하자.

이 책의 포럼에 참여하거나 엘릭서의 메일링 리스트에 참여해도 좋다.[5] 엘릭서 커뮤니티는 아
직 한창 성장하고 있다. 커뮤니티 안의 모든 이야기가 즐겁고 역동적이며, 당신이 기여할 기회
도 충분히 많다.

연습문제

이 책의 곳곳에 연습문제를 실었다. 언어를 학습할 때 단순히 책을 읽고 코드를 따라 치기만 해
서는 익숙해지기 어려우므로, 연습문제를 풀며 직접 코드를 작성해보길 바란다. 이 책의 연습
문제들은 엘릭서 세계를 탐험하기 위한 출발점이 되어준다. 그러니 실수를 두려워하지 말고 도
전하자.

다르게 생각하기

이 책을 통해 생각을 달리해보자. 지금까지 사람들이 프로그래밍에 대해 이야기하던 것들이 전
부가 아닐 수도 있음을 받아들이게 될 것이다.

----

5 *https://elixirforum.com*

- 객체지향 프로그래밍이 코드를 설계하는 유일한 방법은 아니다.
- 함수형 프로그래밍은 복잡하거나 수학적이지 않아도 된다.
- 프로그래밍의 기본이 할당문, if 문, 반복문은 아니다.
- 동시성 프로그래밍에 락, 세마포어, 모니터 같은 것들이 반드시 필요한 것은 아니다.
- 프로세스가 꼭 비싼 자원은 아니다.
- 메타프로그래밍은 언어에 얽매여 있지 않다.
- 아무리 일이라도, 프로그래밍은 재밌어야 한다.

물론 엘릭서가 마법의 묘약은 아니다(단어 뜻으로는 맞지만[6] 필자가 무슨 말을 하려는지 이해하리라 믿는다). 엘릭서가 코드를 작성하는 '단 한 가지 정답'은 아니다. 하지만 주류 언어와는 다른 방법을 배움으로써 프로그래밍을 바라보는 시야가 넓어지고 프로그래밍을 새롭게 생각하도록 마음을 열게 될 것이다.

이제 시작하자. 그리고 즐기는 것을 잊지 말자.

---

6 옮긴이_ 엘릭서에는 불로불사의 영약이라는 뜻이 있다.

전통적 프로그래밍

엘릭서는 안정적인 병렬처리 애플리케이션을 만드는 데 특화되어 있다. 하지만 병렬 프로그래밍에 좋은 언어는 전통적인 순차적 프로그래밍에도 좋은 언어이기 마련이다. 1부에서는 엘릭서 코드를 어떻게 작성하는지 알아보고, 엘릭서에 강점을 더하는 관용구와 컨벤션도 탐험해보자.

Part I

전통적 프로그래밍

## CHAPTER 2

패턴 매칭

이 장에서 살펴볼 내용은 다음과 같다.

- 패턴 매칭으로 변수에 값 바인딩하기
- 구조화된 데이터 패턴 매칭하기
- 매칭을 무시할 때 사용하는 언더스코어(_)의 원리

1장의 문을 열며 엘릭서가 프로그래밍을 다른 방식으로 생각하게 해준다고 소개했다. 이에 관해 자세히 알아보면서 엘릭서 프로그래밍의 토대를 쌓자. 먼저 모든 프로그래밍 언어에서 기초가 되는 개념부터 시작해 두뇌를 다시 프로그래밍하자. 그 개념은 바로 **할당문**assignment이다.

2.1 할당문: 당신이 생각하는 할당문이 아니다

인터랙티브 엘릭서 셸(IEx)을 사용해 코드 몇 줄을 실행해보자. 명령 프롬프트에서 iex 명령어를 사용해 IEx를 실행한 뒤, **iex>** 프롬프트에 엘릭서 코드를 입력하면 연산 결과가 출력된다.

```
iex> a = 1
1
iex> a + 3
4
```

대부분의 프로그래머는 이 코드를 보고 비슷한 생각을 할 것이다. 변수 a에 1을 할당했고 다음 줄에서 a에 3을 더했으니 4가 출력된 거라고 말이다. 그러나 엘릭서에서는 그렇지 않다. 엘릭서에서 등호는 할당문이 아니라 단언문^{assertion}처럼 동작한다. 등호 왼쪽을 오른쪽과 같게 만들 방법이 있다면 실행에 성공한다. 그래서 엘릭서에서는 = 기호를 **매치 연산자**^{match operator}라고 한다.

앞선 예제에서는 등호 왼쪽(좌변)이 변수이고 오른쪽(우변)이 정수 리터럴이므로 변수 a에 1이라는 값을 바인딩해 양변을 같게 만들 수 있다. 그게 할당문 아니냐고? 다음 예제를 보며 다시 이야기해보자.

```
iex> a = 1
1
iex> 1 = a
1
iex> 2 = a
** (MatchError) no match of right hand side value: 1
```

코드 둘째 줄(1 = a)을 살펴보자. 첫째 줄과는 다른 매칭이지만 문제없이 실행되었다. 변수 a에는 이미 첫째 줄에서 1이라는 값을 저장했기 때문에 좌변과 우변이 같으므로 매칭에 성공했다.

반면에 셋째 줄에서 2 = a를 실행하니 오류가 발생했다. a에 2를 할당해서 매칭에 성공해야 한다고 생각할 수도 있다. 하지만 엘릭서에서는 변수가 좌변에 있을 때만 변숫값을 변경할 수 있다. 우변에 있는 변수는 변숫값으로 대체된다. 실행하려는 코드는 2 = 1과 같으므로 매칭에 실패해 오류가 발생한다.

2.2 더 복잡한 매칭

배경지식으로 문법을 좀 더 익히고 가자. 엘릭서 리스트는 쉼표로 구분된 값을 대괄호 안에 넣어서 만든다. 예를 들면 다음과 같다.

```
["Humperdinck", "Buttercup", "Fezzik"]
["milk", "butter", ["iocane", 12]]
```

지금은 여기까지만 알아보고 매치 연산자에 대한 내용으로 돌아오자.

```
iex> list = [1, 2, 3]
[1, 2, 3]
```

매칭을 참으로 만들기 위해 변수 list에 리스트 [1, 2, 3]이 바인딩되었다. 이렇게도 해보자.

```
iex> list = [1, 2, 3]
[1, 2, 3]
iex> [a, b, c] = list
[1, 2, 3]
iex> a
1
iex> b
2
iex> c
3
```

엘릭서는 좌변을 우변과 같게 만들 방법을 찾는다. 좌변은 변수 세 개를 담은 리스트이고, 우변은 값 세 개로 이루어진 리스트다. 따라서 각 변수마다 위치에 맞는 값을 바인딩하면 양변이 같아진다.

이런 과정을 **패턴 매칭**pattern matching이라 한다. 패턴(좌변)과 값(우변)의 구조가 서로 같고, 패턴과 값의 각 요소를 짝지을 수 있다면 매칭에 성공한다. 패턴 안에 리터럴이 있다면 값이 일치해야 하고, 변수가 있다면 우변의 같은 자리에 있는 값을 변수에 바인딩함으로써 매칭이 이루어진다. 다른 예제도 살펴보자.

```
iex> list = [1, 2, [3, 4, 5]]
[1, 2, [3, 4, 5]]
iex> [a, b, c] = list
[1, 2, [3, 4, 5]]
iex> a
1
iex> b
2
iex> c
[3, 4, 5]
```

좌변의 변수 c와 같은 자리에 있는 우변의 값은 리스트 [3, 4, 5]이다. 매칭에 성공하기 위해 리스트가 변수 c에 바인딩되었다. 이번엔 값과 변수가 모두 포함된 패턴을 사용해보자.

```
iex> list = [1, 2, 3]
[1, 2, 3]
iex> [a, 2, b] = list
[1, 2, 3]
iex> a
1
iex> b
3
```

패턴 안에 있는 리터럴 2는 우변의 같은 자리에 있는 값과 매칭되므로, a와 b에 각각 1과 3을 바인딩해 매칭이 이루어진다. 하지만 다음 경우에는 어떻게 될까?

```
iex> list = [1, 2, 3]
[1, 2, 3]
iex> [a, 1, b] = list
** (MatchError) no match of right hand side value: [1, 2, 3]
# (MatchError) 패턴이 우변의 값 [1, 2, 3]과 매칭되지 않습니다
```

좌변에 있는 리스트의 두 번째 값인 1은 우변의 같은 위치에 있는 값과 매칭되지 않는다. 따라서 변수에는 값이 바인딩되지 않고 매칭에 실패한다. 지금까지 살펴본 예제를 통해 어떤 리스트가 이 패턴에 매칭되는지 알 수 있다. 이 패턴에는 길이가 3이고 두 번째 값이 1인 리스트가 매칭된다.

연습문제

2-1 다음 중 매칭에 성공하는 식은 무엇일까?

- a = [1, 2, 3]
- 4 = a
- a = [[1, 2, 3]]
- [[a]] = [[1, 2, 3]]
- a = 4
- [a, b] = [1, 2, 3]
- [a] = [[1, 2, 3]]

2.3 언더스코어로 값 무시하기

매칭은 하되 값을 변수에 담지 않아도 되는 경우 언더스코어(_)라는 특수한 변수를 사용할 수 있다. 언더스코어는 변수처럼 동작하지만 주어진 값을 그 즉시 버린다. 패턴 매칭에서는 모든 값을 받아들이는 와일드카드로 사용할 수 있다. 다음 예제에서 사용하는 패턴은 길이가 3이고 첫 번째 값이 1인 모든 리스트에 매칭된다.

```
iex> [1, _, _] = [1, 2, 3]
[1, 2, 3]
iex> [1, _, _] = [1, "cat", "dog"]
[1, "cat", "dog"]
```

2.4 변수는 매칭당 한 번씩만 바인딩된다

매칭 중에 한 번이라도 변수에 값이 바인딩되면 매칭이 끝나기 전에는 값이 유지된다.

```
iex> [a, a] = [1, 1]
[1, 1]
iex> a
1
iex> [b, b] = [1, 2]
** (MatchError) no match of right hand side value: [1, 2]
```

예제의 첫 번째 식을 보자. 여기에서는 a가 우변의 첫 번째 1에 우선 매칭된다. 그리고 a의 값인 1이 우변의 두 번째 1에 매칭된다. 두 번째 식에서는 첫 번째 b가 1에 먼저 매칭되지만, 동시에 두 번째 b가 2에 매칭되어야 한다. b는 동시에 두 값을 가질 수 없으므로 매칭에 실패한다. 하지만 서로 다른 매칭에서는 그 매칭이 연속되더라도 변수에 새로운 값이 바인딩될 수 있다. 변수의 기존 값은 새로운 매칭에 영향을 미치지 않는다.

```
iex> a = 1
1
iex> [1, a, 3] = [1, 2, 3]
[1, 2, 3]
iex> a
2
```

변수의 기존 값과 매칭되도록 강제하려면 변수 이름 앞에 캐럿(^)을 넣으면 된다. 이를 **핀 연산자**pin operator라 한다.

```
iex> a = 1
1
iex> a = 2
2
iex> ^a = 1
** (MatchError) no match of right hand side value: 1
```

핀 연산자는 패턴 내부에 있는 변수에도 사용할 수 있다.

```
iex> a = 1
1
iex> [^a, 2, 3] = [1, 2, 3]      # a의 기존 값을 사용해 매칭
[1, 2, 3]
iex> a = 2
2
iex> [^a, 2] = [1, 2]
** (MatchError) no match of right hand side value: [1, 2]
```

패턴 매칭에는 중요한 내용이 하나 더 있는데 7장에서 리스트를 다루면서 함께 살펴보자.

연습문제

2-2 다음 중 매칭에 성공하는 식은 무엇인가?

- [a, b, a] = [1, 2, 3]
- [a, b, a] = [1, 1, 2]
- [a, b, a] = [1, 2, 1]

2-3 변수 a에 값 2가 바인딩되어 있다면 다음 중 매칭에 성공하는 식은 무엇인가?

- [a, b, a] = [1, 2, 3]
- [a, b, a] = [1, 1, 2]
- a = 1
- ^a = 2
- ^a = 1
- ^a = 2 - a

2.5 등호를 바라보는 다른 시각

엘릭서의 패턴 매칭은 얼랭의 패턴 매칭과 비슷하다. 가장 큰 차이점은 엘릭서에서는 변수에 값을 여러 차례 할당할 수 있는 반면, 얼랭에서는 단 한 번만 할당할 수 있다는 점이다.

얼랭을 만든 조 암스트롱Joe Armstrong은 얼랭의 등호를 대수학에서 쓰는 등호와 비교해 설명한다. $x=a+1$이라는 방정식이 있을 때 우리는 x에 $a+1$의 값을 할당하지 않는다. 그저 x와 $a+1$이 같은 값임을 확인할 뿐이다. x의 값을 알고 있다면 a의 값을 알아낼 수 있으며, 반대도 마찬가지다. 조 암스트롱의 생각은 우리가 명령형 프로그래밍의 할당문을 처음 익힐 때 대수학의 등호의 의미를 잊고 새롭게 배워야 했다는 것이다. 그리고 지금은 그렇게 알게 된 것을 다시 잊고 새롭게 배워야 할 때다.

패턴 매칭을 책의 도입부에서 소개한 이유도 이 때문이다. 패턴 매칭은 엘릭서에서 매우 중요한 부분이다. 조건문, 함수 호출, 함수 실행에도 패턴 매칭을 사용한다. 하지만 동시에 필자는 이 장을 통해 프로그래밍 언어를 다르게 생각하는 법을, 또 이 책을 읽는 당신이 당연하게 여기는 것들 중 일부가 엘릭서에서는 통하지 않는다는 사실을 알려주고자 했다.

다음 장에서는 그 '당연하게 여기는 것들' 중 하나를 더 깨보려 한다. 당신이 지금 사용하는 언어는 아마 데이터를 수정하기 쉽게 설계되었을 것이다. 프로그램이 하는 일이 그것 아니냐고 생각할 수도 있지만 엘릭서에서는 그렇지 않다. 다음 장에서 **모든 데이터**가 불변성을 가지는 언어를 다루어보자.

## CHAPTER 3

불변성

세상 모든 것이 변하고 쇠퇴하더라도...

헨리 프랜시스 라이트Henry Francis Lyte, 「Abide with Me」

함수형 프로그래밍에 열광하는 사람들은 불변성을 엄청나게 강조하곤 한다. 실제로 함수형 프로그래밍에서는 한번 생성된 데이터를 변경할 수 없다. 그리고 엘릭서 역시 불변 데이터를 강조한다. 대체 왜일까?

3.1 우리는 이미 불변 데이터를 알고 있다

잠시 엘릭서를 잊고 지금 당신이 사용하는 프로그래밍 언어로 다음 코드를 작성했다고 해보자.

```
count = 99
do_something_with(count)
print(count)
```

당신은 **print** 문에서 99가 출력된다고 예상할 것이다. 만약 다른 값이 나온다면 정말 놀랄 것이다. 왜냐하면 우리는 99라는 값이 항상 99라고 마음속 깊이 믿기 때문이다. 새로운 값을 변수에 명시적으로 바인딩할 수는 있지만, 99라는 값이 언제나 99라는 사실을 바꾸지는 않는다.

이 사실을 믿을 수 없는 세계에서 프로그래밍을 한다고 상상해보자. 이 세계에서는 다른 코드가 당신이 만든 코드와 동시에 실행되면서 99라는 값을 바꿀 수도 있다. do_something_with를 호출했더니 백그라운드에서 코드가 실행되어 99라는 값이 인자로 전달되고, 이 코드가 파라미터의 값을 변경할 수도 있다. 갑자기 99가 100이 될 수도 있는 것이다. 이런 일이 일어난다면 아마 (분명) 화가 날 것이다. 게다가 당신이 만든 코드가 정확한 결과를 반환한다고 더는 보장할 수 없게 된다.

이번에는 지금 사용하는 프로그래밍 언어로 다음 코드를 작성한다고 생각해보자.

```
array = [ 1, 2, 3 ]
do_something_with(array)
print(array)
```

여전히 우리는 print가 [1, 2, 3]을 출력하길 바란다. 하지만 많은 언어에서 do_something _with 함수는 배열의 레퍼런스를 받는다. 만약 이 함수가 배열의 두 번째 요소를 변경하거나 값을 모두 지운다면 우리가 예상하는 결과를 반환하지 않게 된다. 그러면 코드를 읽기도, 왜 이렇게 동작하는지를 알아보기도 어려워진다.

더 나아가 다중 스레드 환경에서 모든 스레드가 이 배열에 접근한다고 가정해보자. 스레드들이 배열을 변경하기 시작하면 배열의 상태가 어떻게 될지 그 누가 알 수 있을까?

이런 일이 발생하는 이유는 많은 프로그래밍 언어에서 복합적인 자료구조가 불변이 아니어서 자료구조 안의 내용을 모두 변경할 수 있기 때문이다. 그런 동작을 하는 코드 조각이 병렬적으로 실행되는 날에는, 당신에게는 상처만 남을 것이다.

우연히도 필자가 이번 장을 집필한 날 제시카 커^{Jessica Kerr}가 다음과 같은 트윗을 올렸다.

jessitron
GOTO was evil because we asked, "how did I get to this point of execution?" Mutability leaves us with, "how did I get to this state?"
🔁 by pragdave

"GOTO는 악(惡)이었다. 왜냐하면 '어떻게 이 실행 위치에 도달했는지'를 묻게 되기 때문이다. 가변성은 '현재 상태에 어떻게 도달했는지'라는 질문을 남긴다."

핵심을 찌르는 말이다.

3.2 불변 데이터는 확실한 데이터다

엘릭서는 이 문제를 피해 간다. 엘릭서에서는 모든 값이 불변이다. 가장 복잡한 중첩 리스트인 데이터베이스 레코드도 가장 간단한 자료형인 정수와 똑같이 동작한다. 모든 값이 불변이다.

엘릭서에서는 변수가 [1, 2, 3]과 같은 리스트를 한번 참조하면 이 변수를 다시 바인딩하지 않는 한 항상 같은 값을 참조한다. 이렇게 하면 동시성 처리를 두려워할 일이 크게 줄어든다.

한편 [1, 2, 3]의 각 요소에 100을 더해야 한다면 어떻게 될까? 엘릭서에서는 원본의 복사본을 만든 뒤 그 복사본에 새로운 값을 담는다. 원본은 변하지 않은 채로 남아 있으므로, 이 연산은 원본을 참조하는 그 어떤 코드에도 영향을 주지 않는다.

이 방식은 앞에서 소개한 '프로그래밍은 데이터를 변형하는 과정'이라는 개념에도 잘 맞는다. [1, 2, 3]을 갱신할 때 데이터의 원본에는 어떤 연산도 하지 않는다. 대신 이를 변형해 새로운 데이터를 만든다.

3.3 성능에 미치는 영향

불변 데이터를 사용하는 접근 방법이 비효율적이라고 생각하기 쉽다. 어쨌든 갱신이 일어날 때마다 데이터 복사본을 새로 만들어내고, 이전에 생성된 아주 많은 값들을 가비지 컬렉션해야 하기 때문이다. 두 가지 문제를 차례로 살펴보자.

3.3.1 데이터 복사

일반적으로 모든 데이터 복사는 비효율적이라고 여겨지지만, 사실은 그 반대다. 이미 존재하는 데이터가 불변이므로, 새로운 자료구조를 만들 때도 이전에 존재하는 데이터의 일부 또는 전부를 재사용할 수 있다.

다음과 같은 코드를 생각해보자. 여기서는 [head | tail]이라는 새로운 연산자를 사용한다. 이 연산자는 첫 번째 요소가 head이고 나머지 요소가 tail인 새로운 리스트를 만든다(이 연산자는 리스트와 재귀를 소개하는 7장에서 자세히 다룬다. 일단 믿고 사용해보자).

```
iex> list1 = [ 3, 2, 1 ]
[3, 2, 1]
iex> list2 = [ 4 | list1 ]
[4, 3, 2, 1]
```

대부분의 언어는 4, 3, 2, 1을 값으로 가지는 list2를 새로 생성한다. 이 과정에서 list1에 들어 있는 값 세 개가 list2의 끝에 복사된다. list1이 가변 데이터일 수 있으므로 일반적으로는 이렇게 처리하는 것이 맞다.

하지만 엘릭서에서는 list1이 변하지 않으므로 4를 첫 번째 요소로 하고 그 뒤에 list1의 레퍼런스를 그대로 붙여 간단히 새 리스트를 생성한다.

3.3.2 가비지 컬렉션

데이터를 변형하는 언어가 가진 또 다른 성능 문제는, 이전 값에서 새 값을 만들 때마다 사용하지 않는 오래된 값들을 남겨두는 경우가 많다는 점이다. 이 값들은 힙^{heap} 메모리를 많이 차지하므로 가비지 컬렉터가 오래된 값들을 정리해주어야 한다.

최근의 프로그래밍 언어들이 가비지 컬렉터를 갖추고 있기는 하지만, 개발자들은 가비지 컬렉터를 의심하면서 자라왔다. 성능에 매우 부정적인 영향을 미칠 수 있기 때문이다. 하지만 엘릭서의 멋진 점은 아주 많은 프로세스를 사용하는 코드를 작성할 수 있다는 점이다. 각 프로세스는 각자의 힙을 가진다. 애플리케이션의 데이터가 여러 프로세스로 분산되므로 각각의 힙은 모든 데이터가 하나의 힙에 포함될 때보다 훨씬 작다. 결과적으로 가비지 컬렉션이 더 빠르게 수행된다. 만약 힙이 가득 차기 전에 프로세스가 종료되면 모든 데이터가 사라지므로, 가비지 컬렉션을 하지 않아도 원하는 효과를 얻을 수 있다.

3.4 불변 데이터를 이용해 코딩하기

이 개념을 받아들이면 불변 데이터를 사용해 코딩하는 일이 놀랍도록 쉬워진다. 데이터를 변형하는 모든 함수가 데이터의 새로운 복사본을 반환한다는 점만 기억하면 된다. 예를 들어 문자열에 capitalize 연산[1]을 적용한다고 하면, 문자열을 직접 갱신하는 것이 아니라 capitalize 연산을 적용한 복사본을 반환받는 식이다.

```
iex> name = "elixir"
"elixir"
iex> cap_name = String.capitalize name
"Elixir"
iex> name
"elixir"
```

당신이 객체지향 언어를 주로 사용했다면 name.capitalize() 대신 String.capitalize name을 사용한 것이 어색하게 느껴질 수도 있다. 하지만 객체지향 언어에서 객체의 상태는 대부분 변경 가능하다. 따라서 name.capitalize()와 같은 함수가 객체의 내부 상태를 변경하는지, 복사본을 반환하는지, 혹은 둘 다인지 바로 알 방법이 없다. 모호한 부분이 너무 많다.

함수형 언어에서는 **항상** 데이터를 변형한다. 그 자리에서 데이터를 수정하는 일이 없다. 문법을 사용할 때마다 그 사실을 의식하게 될 것이다.

이론은 이만하면 충분하니 이제 언어를 배울 시간이다. 다음 장에서 빠르게 기본 자료형과 몇 가지 문법을 알아보고 이어지는 장에서 함수와 모듈을 살펴보자.

----

1 옮긴이_ 문자열의 첫 번째 글자를 대문자로 바꾸고 나머지 글자는 소문자로 바꾸는 함수.

## CHAPTER 4

엘릭서 기초

이 장에서 살펴볼 내용은 다음과 같다.

- 값 타입
- 시스템 타입
- 컬렉션 타입
- 네이밍, 연산자 등등
- with 표현식

이 장에서는 엘릭서가 제공하는 자료형을 알아보고, 본격적으로 학습을 시작하기에 앞서 알아야 할 몇 가지 개념을 더 살펴보고자 한다. 이 책을 읽는 당신은 프로그래머이며 정수가 무엇인지 정도는 이미 알고 있을 것이므로, 필자는 이 장을 의도적으로 간결하게 구성하고 엘릭서에 특화된 내용들에 집중했다.

4.1 내장 자료형

엘릭서에 기본 내장된 자료형은 다음과 같다.

- 값 타입
  - 정수
  - 실수

- 아톰
  - 범위
  - 정규식
- 시스템 타입
  - 프로세스 ID, 포트
  - 레퍼런스
- 컬렉션 타입
  - 튜플
  - 리스트
  - 맵
  - 바이너리

함수 역시 자료형의 일종이며, 이에 대해서는 이어지는 장에서 설명하고자 한다.

놀랍게도 이 목록에는 문자열이나 구조체 같은 것이 없다. 엘릭서에도 문자열과 구조체가 있지만, 위 목록에 있는 기본 자료형을 사용해 만들어졌다. 그렇다고 중요하지 않다는 것은 아니다. 문자열에 관해서는 11장에서 장 하나를 통째로 들여 다룰 것이다. 리스트나 맵과 같은 딕셔너리형 자료형에 관해서는 여러 장에 걸쳐 소개할 예정이며 이때 구조체도 함께 다룬다.

마지막으로, 정규식과 범위가 값 타입에 속하는지에는 다소 이견이 있다. 엄밀히 말하면 그저 구조체이지만 지금은 별도의 자료형으로 생각하는 것이 편할 것이다.

4.2 값 타입

엘릭서의 값 타입은 숫자, 이름, 범위, 정규식을 말한다.

4.2.1 정수

정수^{integer} 리터럴은 10진수(1234), 16진수(0xcafe), 8진수(0o765), 2진수(0b1010) 등의 방법으로 쓸 수 있다. 10진수에서는 숫자 중간에 언더스코어를 포함할 수도 있다. 큰 숫자를 쓸 때는 언더스코어로 자릿수를 구분한다. 예를 들어, 백만이라는 숫자는 1_000_000과 같이 쓸 수 있다. 수를 세는 방식에 따라 **100_0000**과 같이 쓸 수도 있겠다. 저장할 수 있는 값의 크기에는 제한이 없으며 표현하려는 값이 커질수록 언어 내부 구조 역시 그에 맞추어 확장된다.

```
factorial(10000)
# => 28462596809170545189...로 시작하는 35660자리의 숫자...
```

참고로 **factorial** 같은 함수를 어떻게 만드는지는 6장 '**모듈과 기명 함수**'에서 알아본다.

4.2.2 실수

부동소수점수$^{floating-point\ number}$는 소수점을 이용해 쓸 수 있다. 소수점 좌우에는 적어도 한 자리 이상의 숫자가 있어야 한다. 숫자 뒤에 지수부를 붙일 수도 있다. 다음 숫자들은 모두 유효한 실수 리터럴이다.

- 1.0
- 0.2456
- 0.314159e1
- 314159.0e-5

엘릭서의 실수는 IEEE 754 배정밀도$^{double\ precision}$ 형식을 따른다. 이 형식은 10진수 기준으로 16자리 내외의 가수부(유효숫자)와 10^{308}의 숫자를 표현할 수 있는 지수부를 가진다.

4.2.3 아톰

아톰^{atom}은 어떤 이름을 나타내는 상수다. 앞에 콜론(:)을 쓰고 유효한 문자나 엘릭서 연산자를 붙이면 아톰이 된다. 아톰으로 사용할 수 있는 문자로는 UTF-8 문자(결합 문자[1]도 포함), 숫자, 언더스코어, 골뱅이표(@) 등이 있다. 느낌표나 물음표로 끝낼 수도 있고 큰따옴표 사이에 임의의 문자를 넣어 아톰을 만들 수도 있다. 다음 값들은 모두 아톰이다.

- :fred
- :is_binary?

---

1 옮긴이_ 결합 문자(combining character)는 다른 문자를 수정하기 위한 문자다. 로마자 계열의 악센트 문자 등이 해당한다.

- :var@2

- :<>

- :===

- :"func/3"

- :"long john silver"

- :эликсир

- :mötley_crüe

아톰의 값은 아톰의 이름과 같다. 같은 이름을 가진 두 아톰은 항상 같다(심지어 그것이 바다 너머에 있는 다른 컴퓨터에서 생성되었더라도). 아톰은 값에 이름표를 달기 위해 주로 사용된다.

4.2.4 범위

연속된 정수를 표현하는 범위^{range}는 start..end와 같이 쓸 수 있다. 시작 값을 나타내는 start와 끝 값을 나타내는 end는 정수여야 한다.[2]

4.2.5 정규식

정규식^{regular expression} 리터럴은 ~r{정규식} 또는 ~r{정규식}옵션 문법으로 쓸 수 있다. 여기에서는 정규식을 구분하기 위한 구분자로 중괄호를 사용했으나, 실제로는 좀 더 유연하게 사용할 수 있다. 11.1.2절에서 시길^{sigil}에 대해 살펴보며 소개하겠지만, 구분자에는 알파벳이나 숫자가 아닌 모든 문자를 사용할 수 있다. 전통적인 방식인 ~r/.../을 사용하는 경우도 있는데, 이때는 정규식 내의 슬래시 기호가 이스케이프되어야 하므로 괄호를 사용하는 경우보다 조금 더 불편하다.

엘릭서는 펄 5 호환 문법인 PCRE[3] 방식의 정규식을 지원한다.

정규식 리터럴 뒤에 하나 이상의 문자를 붙여 옵션을 나타낼 수 있다. 이 옵션은 정규식의 매칭 방식을 수정하거나 기능을 추가한다.

---

2 옮긴이_ 엘릭서의 범위는 시작 값과 끝 값을 모두 포함한다. 예를 들어 범위 1..3에는 정수 1, 2, 3이 포함된다. 엘릭서 1.12부터는 start..end//step 문법을 사용해 숫자를 건너뛰는 범위를 만들 수도 있다. 자세한 내용은 부록 C에서 확인하자.

3 *https://www.pcre.org*

옵션	의미
f	firstline. 여러 줄로 이루어진 문자열의 첫 번째 줄에서 매칭이 시작되도록 강제한다.
i	caseless. 대/소문자를 구별하지 않게 한다.
m	multiline. 문자열이 여러 줄인 경우 ^과 $가 각 줄의 시작과 끝을 의미하게 된다. 전체 문자열의 시작과 끝에는 각각 \A와 \z를 사용해 매칭할 수 있다.
s	dotall. 온점(.)이 개행 문자에도 매칭되도록 한다.
U	ungreedy. *나 + 등의 수식어는 기본적으로 가능한 한 많이 매칭하도록 동작(greedy)하는 반면, 이 옵션은 수식어들이 가능한 한 적게 매칭하도록 한다.
u	unicode. \p 등의 유니코드용 패턴을 사용할 수 있게 한다.
x	extended. 공백 문자와 주석(#부터 줄의 끝까지)을 무시한다.

Regex 모듈을 사용해 정규식을 다룰 수 있다.

```
iex> Regex.run ~r{[aeiou]}, "caterpillar"
["a"]
iex> Regex.scan ~r{[aeiou]}, "caterpillar"
[["a"], ["e"], ["i"], ["a"]]
iex> Regex.split ~r{[aeiou]}, "caterpillar"
["c", "t", "rp", "ll", "r"]
iex> Regex.replace ~r{[aeiou]}, "caterpillar", "*"
"c*t*rp*ll*r"
```

4.3 시스템 타입

이 자료형은 엘릭서의 기반이 되는 얼랭 VM에서 사용하는 자원들을 표현한다.

4.3.1 프로세스 ID, 포트

프로세스 ID(PID)는 로컬 또는 다른 컴퓨터에 있는 프로세스를 가리키며, 포트는 프로그램이 데이터를 읽거나 쓸 (대체로 애플리케이션 외부에 있는) 자원을 가리킨다. self 함수를 호출해 현재 프로세스의 PID를 얻을 수 있다. 새로운 프로세스를 생성하면 PID 역시 새롭게 만들어진다. 엘릭서 프로세스에 대해서는 이 책의 2부에서 더 알아보도록 하자.

4.3.2 레퍼런스

make_ref 함수를 호출해 전역적으로 고유한 레퍼런스를 얻을 수 있다. 다른 레퍼런스는 이 값
과 같을 수 없다. 이 책에서는 레퍼런스를 자세히 다루지 않는다.[4]

4.4 컬렉션 타입

여기까지 본 자료형들은 다른 프로그래밍 언어에서도 자주 볼 수 있는 것들이었다. 지금부터는
좀 더 이색적인 자료형들이 등장하니, 보다 자세히 살펴보자. 엘릭서의 컬렉션에는 다른 컬렉
션을 포함해 어떤 타입의 값이든 저장할 수 있다.

4.4.1 튜플

튜플은 여러 값을 순서 있게 모은 것이다. 다른 엘릭서 자료구조와 마찬가지로 한번 생성된 튜
플은 수정할 수 없다. 튜플을 만들려면 중괄호 사이에 값들을 쉼표로 구분해 넣으면 된다.

- { 1, 2 }
- { :ok, 42, "next" }
- { :error, :enoent }

일반적인 튜플은 2개에서 4개 정도의 값을 포함한다.[5] 더 많은 값을 저장하려면 튜플보다는 맵
이나 구조체가 적절하다(맵과 구조체는 8장에서 다룬다). 패턴 매칭에서도 튜플을 사용할 수
있다.

---

4 옮긴이_ 레퍼런스는 각종 자원을 식별하는 데 사용된다. 이 책에서 자세한 내용은 소개하지 않으나, 21장 '태스크와 에이전트'에서 태스
  크를 식별하는 값으로서 반환되는 등 몇 차례 언급한다. 두 액터 사이에 메시지를 멀티플렉싱할 때 레퍼런스 비교를 통해 메시지를 식별
  하기 위해 사용되기도 한다. 자세한 예제는 *https://www.erlang.org/course/advanced#refs*에서 확인하자.

5 옮긴이_ 값이 2개인 튜플을 2-튜플(2-tuple), 값이 3개인 튜플을 3-튜플(3-tuple)과 같이 줄여 부르기도 한다. 이 책에서도 종종 사용
  하는 용어이므로 기억해두면 좋다.

```
iex> {status, count, action} = {:ok, 42, "next"}
{:ok, 42, "next"}
iex> status
:ok
iex> count
42
iex> action
"next"
```

엘릭서에서는 일반적으로 함수 실행에 성공했을 때 첫 번째 값이 :ok인 튜플을 반환한다. 예를 들면 다음과 같다(현재 디렉터리에 mix.exs라는 파일이 있다고 가정하자).

```
iex> {status, file} = File.open("mix.exs")
{:ok, #PID<0.39.0>}
```

파일을 성공적으로 열었으므로, 반환되는 튜플에는 :ok 상태와 파일에 접근하기 위한 PID가 담긴다. 이런 동작을 이용해 함수가 성공할 것을 가정하고 패턴 매칭을 만들기도 한다.

```
iex> {:ok, file} = File.open("mix.exs")
{:ok, #PID<0.39.0>}
iex> {:ok, file} = File.open("non-existent-file")
** (MatchError) no match of right hand side value: {:error, :enoent}
```

두 번째 open 호출은 파일을 열지 못해 첫 번째 값이 :error인 튜플을 반환했고, 따라서 매칭에 실패했다. 오류 메시지에서 볼 수 있듯 튜플의 두 번째 값에는 실패한 이유가 담겨 있다. enoent는 '파일이 존재하지 않습니다error no entry'의 유닉스식 표현이다.

4.4.2 리스트

앞에서 엘릭서의 리스트 리터럴 문법([1, 2, 3])을 본 적이 있다. 문법만으로는 다른 언어의 배열과 같다고 생각하기 쉽지만 그렇지 않다(사실 엘릭서에서는 튜플이 오히려 일반적인 배열에 가깝다). 엘릭서의 리스트는 링크드 리스트다.

(리스프^{Lisp}를 써봤다면 이러한 접근법이 익숙할 것이다)

7장 '리스트와 재귀'에서 이야기하겠지만, 재귀적으로 리스트를 정의하는 이러한 방식은 엘릭서 프로그래밍의 핵심이다.

구현의 특성상 리스트를 선형으로 탐색하는 것은 쉽지만 임의의 위치에 접근하는 것은 비용이 크다. n번째 값에 접근하려면 앞의 n-1개 요소를 모두 거쳐야 하기 때문이다. 같은 이유로 리스트의 첫 번째 값과 나머지를 분리하는 연산의 비용은 언제나 저렴하다.

리스트는 성능과 관련한 또 다른 특징을 가진다. 모든 엘릭서 자료구조가 불변성을 가진다는 내용을 기억하는가? 리스트 역시 한번 만들어진 이후에는 절대 바뀌지 않는다. 그러므로 리스트에서 첫 번째 값을 제거해 꼬리 부분만 남기고 싶다면 리스트를 복사하지 않아도 된다. 그저 포인터가 리스트의 꼬리를 가리키도록 하면 된다. 이것이 7장에서 다룰 모든 리스트 순회 기법들의 기본이다. 리스트에서 사용 가능한 연산자도 몇 가지 알아보자.

```
iex> [1, 2, 3] ++ [4, 5, 6] # 리스트 연결
[1, 2, 3, 4, 5, 6]
iex> [1, 2, 3, 4] -- [2, 4] # 리스트의 차이 구하기
[1, 3]
iex> 1 in [1, 2, 3, 4]      # 포함 여부 검사하기
true
iex> "wombat" in [1, 2, 3, 4]
false
```

키워드 리스트

때때로 키-값 쌍으로 이루어진 리스트가 필요하다. 엘릭서는 이를 위한 단축 문법을 지원한다.

---

6 옮긴이_ 원본 리스트의 머리 부분의 값을 제외한 나머지 값으로 이루어진 리스트다.

```
[name: "Dave", city: "Dallas", likes: "Programming"]
```

위와 같이 쓰면 엘릭서는 이것을 2-튜플들의 리스트로 바꾼다.[7]

```
[{:name, "Dave"}, {:city, "Dallas"}, {:likes, "Programming"}]
```

함수를 호출할 때 키워드 리스트가 마지막 인자면 대괄호를 생략할 수 있다. 예를 들어 다음과 같은 코드가 있다고 하자.

```
DB.save(record, [{:use_transaction, true}, {:logging, "HIGH"}])
```

이 코드는 다음과 같이 더 깔끔하게 고칠 수 있다.

```
DB.save(record, use_transaction: true, logging: "HIGH")
```

이와 비슷하게 여러 값을 넣을 수 있는 모든 상황에서 마지막 값이 키워드 리스트인 경우 대괄호를 생략할 수 있다.

```
iex> [1, fred: 1, dave: 2]
[1, {:fred, 1}, {:dave, 2}]
iex> {1, fred: 1, dave: 2}
{1, [fred: 1, dave: 2]}
```

4.5 맵

맵은 키-값 쌍으로 이루어진 컬렉션이다. 맵 리터럴은 다음처럼 생겼다.

```
%{key => value, key => value}
```

---

7 옮긴이_ 키워드 리스트는 {아톰, 값} 형식의 튜플로 이루어진 리스트다. 키에 해당하는 튜플의 첫 번째 값은 항상 아톰이어야 한다.

실제 값으로 예를 들면 다음과 같다.

```
iex> states = %{"AL" => "Alabama", "WI" => "Wisconsin"}
%{"AL" => "Alabama", "WI" => "Wisconsin"}

iex> responses = %{{:error, :enoent} => :fatal, {:error, :busy} => :retry}
%{{:error, :busy} => :retry, {:error, :enoent} => :fatal}

iex> colors = %{:red => 0xff0000, :green => 0x00ff00, :blue => 0x0000ff}
%{blue: 255, green: 65280, red: 16711680}
```

첫 번째 예는 키가 문자열인 경우, 두 번째 예는 키가 튜플인 경우, 세 번째 예는 키가 아톰인 경우다. 일반적으로 하나의 맵 안에서는 모든 키를 같은 타입으로 통일하지만 꼭 그래야 하는 것은 아니다.

```
iex> %{"one" => 1, :two => 2, {1, 1, 1} => 3}
%{:two => 2, {1, 1, 1} => 3, "one" => 1}
```

키가 아톰인 경우 키워드 리스트를 쓸 때와 같은 단축 문법을 맵에서도 사용할 수 있다.

```
iex> colors = %{red: 0xff0000, green: 0x00ff00, blue: 0x0000ff}
%{blue: 255, green: 65280, red: 16711680}
```

키 자리에 표현식을 사용할 수도 있다.

```
iex> name = "José Valim"
"José Valim"
iex> %{String.downcase(name) => name}
%{"josé valim" => "José Valim"}
```

키워드 리스트와 맵은 일견 비슷해 보이는데, 두 가지가 다 있는 이유는 무엇일까? 키워드 리스트에서는 하나의 키를 여러 번 사용할 수 있는 데 반해, 맵에서는 하나의 키를 한 번만 사용할 수 있다. 또 맵은 (특히 크기가 커질수록) 효율적이며 패턴 매칭에 사용할 수 있다(이에 관해서는 나중에 다시 언급할 것이다). 일반적으로는 명령줄 파라미터나 어떤 옵션을 전달할 때 키워드 리스트를 사용하고, 키-값 자료구조가 필요할 때는 맵을 사용한다.

4.5.1 맵에 접근하기

키를 사용해 맵에서 값을 가져올 수 있다. 모든 맵에 대해 대괄호 문법을 사용할 수 있다.

```
iex> states = %{"AL" => "Alabama", "WI" => "Wisconsin"}
%{"AL" => "Alabama", "WI" => "Wisconsin"}
iex> states["AL"]
"Alabama"
iex> states["TX"]
nil

iex> response_types = %{ {:error, :enoent} => :fatal,
...>                     {:error, :busy} => :retry }
%{{:error, :busy} => :retry, {:error, :enoent} => :fatal}
iex> response_types[{:error, :busy}]
:retry
```

키가 아톰인 경우에는 온점(.) 표기를 사용할 수도 있다.

```
iex> colors = %{red: 0xff0000, green: 0x00ff00, blue: 0x0000ff}
%{blue: 255, green: 65280, red: 16711680}
iex> colors[:red]
16711680
iex> colors.green
65280
```

온점을 사용했을 때 해당하는 키가 존재하지 않으면 KeyError 예외가 발생한다.

4.6 바이너리

때때로 연속된 비트로 이루어진 데이터에 접근해야 할 일이 있다. 한 바이트 안에도 두세 개의 각각 다른 값을 담고 있는 JPEG나 MP3 파일의 헤더 같은 것들 말이다. 엘릭서는 바이너리 자료형으로 이를 지원한다. <<와 >>로 값을 감싸서 바이너리 리터럴을 표현한다. 기본적으로 << 와 >> 사이에 여러 정수를 쉼표로 구분해서 넣는다.

```
iex> bin = <<1, 2>>
<<1, 2>>
iex> byte_size(bin)
2
```

각 필드의 크기와 타입을 지정할 수도 있다. 다음 예는 1바이트를 3개의 필드로 나누어 각각 2 비트, 4비트, 2비트의 크기를 가지도록 한 것이다(결괏값의 2진수 표현을 보기 위해 내장 라이 브러리를 사용했다).[8]

```
iex> bin = <<3 :: size(2), 5 :: size(4), 1 :: size(2)>>
<<213>>
iex> :io.format("~-8.2b~n", :binary.bin_to_list(bin))
11010101
:ok
iex> byte_size(bin)
1
```

바이너리는 중요하면서도 까다로운 영역이다. 엘릭서가 UTF 문자열을 나타낼 때 바이너리를 사용한다는 점에서 중요하며, 적어도 초기에는 바이너리를 직접 사용하고 싶지 않을 것이라는 점에서 까다롭다.

4.7 날짜와 시간

엘릭서 1.3에서 캘린더 모듈과 4개의 날짜/시간 관련 타입이 추가되었다. 처음에는 데이터를 저장하는 것에 불과했지만 엘릭서 1.5부터 여러 기능이 추가되고 있다.

엘릭서의 Calendar[9] 모듈은 날짜 데이터를 조작하는 데 사용하는 규칙을 나타낸다. 현재는 그 레고리력을 따르는 ISO-8601[10] 표준을 구현한 Calendar.ISO만이 유일한 구현체다. Date 타입은 연도, 월, 일 그리고 사용하는 캘린더 모듈에 대한 참조를 담는다.

....

8 옮긴이_ 2비트로 3을 표현하면 11, 4비트로 5를 표현하면 0101, 2비트로 1을 표현하면 01이므로 이를 모두 이어붙이면 2진수로는 11010101, 10진수로는 213이 된다.

9 옮긴이_ Calendar에는 '역법'이라는 의미도 있다.

10 http://www.iso.org/iso/home/standards/iso8601.htm

```
iex> d1 = Date.new(2018, 12, 25)
{:ok, ~D[2018-12-25]}
iex> {:ok, d1} = Date.new(2018, 12, 25)
{:ok, ~D[2018-12-25]}
iex> d2 = ~D[2018-12-25]
~D[2018-12-25]
iex> d1 == d2
true
iex> Date.day_of_week(d1)
2
iex> Date.add(d1, 7)
~D[2019-01-01]
iex> inspect d1, structs: false
"%{__struct__: Date, calendar: Calender.ISO, day: 25, month: 12, year: 2018}"
```

~D[...]나 ~T[...]는 시길이라는 문법으로, 리터럴로 엘릭서 자료구조를 생성하는 데 사용된다(자세한 내용은 11장에서 문자열과 바이너리에 대해 알아보며 다시 살펴보자). 날짜의 범위 역시 표현할 수 있다.

```
iex> d1 = ~D[2018-01-01]
~D[2018-01-01]
iex> d2 = ~D[2018-06-30]
~D[2018-06-30]
iex> first_half = Date.range(d1, d2)
#DateRange<~D[2018-01-01], ~D[2018-06-30]>
iex> Enum.count(first_half)
181
iex> ~D[2018-03-15] in first_half
true
```

Time 타입은 시, 분, 초, 소수점 자리의 초 정보를 담는다. 소수점 자리는 마이크로초 단위로 센 값과 유효 자릿수로 구성된 튜플로 저장된다. 유효 자릿수를 세므로 ~T[12:34:56.0]과 ~T[12:34:56.00]은 서로 같지 않다.

```
iex> {:ok, t1} = Time.new(12, 34, 56)
{:ok, ~T[12:34:56]}
iex> t2 = ~T[12:34:56.78]
~T[12:34:56.78]
```

```
iex> t1 == t2
false
iex> Time.add(t1, 3600)
~T[13:34:56.000000]
iex> Time.add(t1, 3600, :millisecond)
~T[12:34:59.600000]
```

날짜와 시간을 모두 담는 자료형으로는 DateTime과 NaiveDateTime이라는 두 종류가 있다. DateTime을 사용하면 타임존과 관련된 처리를 추가로 할 수 있으나, Naive가 붙은 쪽은 타임존 정보 없이 날짜와 시간 정보만 저장한다. NaiveDateTime 구조체를 만들려면 ~N[...] 시길을 사용하면 된다.[11]

날짜와 시간을 이용한 프로그램을 작성할 때는 라우 탄스코프[Lau Taarnskov]가 만든 Calendar[12] 등 서드파티 라이브러리의 지원을 받는 것이 좋다.[13]

4.8 이름, 소스 파일, 컨벤션, 연산자 등등

엘릭서 식별자는 문자 또는 언더스코어로 시작해야 하며 뒤에 문자, 숫자, 언더스코어가 이어질 수 있다. 여기서 **문자**는 (결합 문자를 포함한) UTF-8 문자를 의미하며, **숫자**는 UTF-8 10진수를 의미한다. ASCII 문자만 사용할 경우 아마 문제없이 동작할 것이다. 식별자는 물음표나 느낌표로 끝날 수도 있다. 유효한 변수명의 예를 들면 다음과 같다.

- name
- josé
- _age
- まつもと
- _42
- адрес!

---

11 옮긴이_ DateTime 구조체를 만들려면 엘릭서 1.9에 추가된 ~U[...] 시길을 사용하면 된다.

12 *https://github.com/lau/calendar*

13 옮긴이_ 엘릭서 1.8부터 타임존 데이터베이스를 지원하는 등 언어 차원에서도 지속적으로 개선이 이루어지고 있다.
    https://elixir-lang.org/blog/2019/01/14/elixir-v1-8-0-released/#time-zone-database-support

유효하지 않은 변수명의 예는 다음과 같다.

- name·
- a±2
- 42

모듈, 레코드, 프로토콜^{Protocol}, 비헤이비어^{Behaviour}[14]의 이름은 모두 영문 대문자로 시작하며, BumpyCase와 같이 첫 문자가 대문자인 여러 단어를 언더스코어 없이 붙여 쓴다. 다른 식별자는 모두 영문 소문자 또는 언더스코어로 시작하고, 단어 사이에 언더스코어를 넣어 구분한다. 패턴 매칭이나 함수의 파라미터에서 사용되지 않는 변수가 있으면 컴파일할 때 경고가 표시되지만, 첫 문자가 언더스코어인 식별자에 대해서는 경고가 표시되지 않는다.

일반적으로 소스 코드에서는 들여쓰기를 할 때 탭 대신 공백 문자 두 개를 사용한다. 주석은 샵 문자(#)로 시작해 그 줄의 끝까지 적용된다. 또 엘릭서는 소스 코드를 공식 컨벤션으로 바꾸어주는 코드 포맷터를 내장하고 있다. 이 포맷터에 관해서는 14.5절에서 살펴본다. 이 책 예제들은 대부분 이 포맷터의 형식을 따른다(일부 포맷팅 결과가 그리 좋지 않아 보이는 경우 따르지 않기도 한다).

4.8.1 참과 거짓

엘릭서에는 논리 연산에 사용하는 특별한 값 세 가지가 있다. true, false, nil[15]이 그것이다. nil은 논리 연산에서는 거짓과 같다(참고로 이 세 가지 값은 같은 이름의 아톰의 별칭^{alias}이다. 다시 말해 true는 아톰 :true와 같다). false와 nil이 아닌 값은 모두 참이다. 이 책에서는 이러한 값들을 true와 구분하기 위해 **참으로 간주된다**^{truthy}고 부른다.

4.8.2 연산자

엘릭서에는 매우 다양한 연산자가 있다. 이 책에서는 그중 일부만을 사용한다.

---

14 옮긴이_ 레코드는 필드가 정해진 데이터를 튜플 형태로 저장하는 일종의 구조체 역할을 하는 자료구조다. 같은 이름의 얼랭 자료구조와의 호환을 위해 주로 사용된다. 이 책에서는 다루지 않는다. 비헤이비어와 프로토콜은 각각 23장과 24장에서 살펴본다.

15 옮긴이_ 다른 언어의 null과 같은 개념이다.

비교 연산자

```
a === b # 값과 자료형이 모두 같으면 true (즉, 1 === 1.0은 false)
a !== b # 값과 자료형이 하나라도 같지 않으면 true (즉, 1 !== 1.0은 true)
a == b  # 값이 같으면 true (즉, 1 == 1.0은 true)
a != b  # 값이 다르면 true (즉, 1 != 1.0은 false)
a > b   # 값의 대소 비교
a >= b  # (위와 같음)
a < b   # (위와 같음)
a <= b  # (위와 같음)
```

엘릭서는 다른 언어에 비해 값 사이의 비교를 비교적 너그럽게 허용한다. 다른 자료형 사이의 값 역시 비교가 가능하다. 같거나 비교 가능한 자료형(3 > 2, 3.0 < 5 등)이라면 일반적인 순서로 비교하고, 그렇지 않으면 다음과 같은 규칙으로 정렬한다.

- 숫자 〈 아톰 〈 레퍼런스 〈 함수 〈 포트 〈 프로세스 ID 〈 튜플 〈 맵 〈 리스트 〈 바이너리[16]

논리 연산자

첫 번째 인자로 true 또는 false를 받는다.

```
a or b  # a가 true이면 true, 아니면 b
a and b # a가 false이면 false, 아니면 b
not a   # a가 true이면 false, 아니면 true
```

유연한 논리 연산자

모든 타입의 인자를 받는다. nil이나 false가 아닌 값은 모두 참으로 해석된다.

```
a || b # a가 참으로 간주되면 a, 아니면 b
a && b # a가 참으로 간주되면 b, 아니면 a
!a     # a가 참으로 간주되면 false, 아니면 true
```

---

16 옮긴이_ nil이 아톰이므로 엘릭서에서는 숫자와 nil을 비교하면 항상 nil이 크다.

산술 연산자

```
+ - * / div rem
```

정수 사이의 나눗셈인 경우에도 결과가 실수일 수 있다. 정수 연산이 필요하다면 div(a, b)를 사용해야 한다. rem은 나머지 연산자다. 함수처럼 호출한다(예: rem(11, 3) => 2). 이 연산자는 결과의 부호가 연산의 첫 번째 인자의 부호와 같다는 점에서 일반적인 모듈러 연산과는 다르다.

연결 연산자

```
binary1 <> binary2  # 두 바이너리를 연결한다.
                    # 문자열과 바이너리에 관해서는 11장에서 살펴본다.
list1 ++ list2      # 두 리스트를 연결한다.
list1 -- list2      # 리스트 1의 복사본에서 리스트 2의 값들을 제거한다.
```

in 연산자

```
a in enum    # a가 enum(리스트, 범위, 맵 등의 컬렉션)에 포함되는지 확인한다.
             # enum이 맵인 경우 a는 {키, 값} 튜플이어야 한다.
```

4.9 변수의 스코프

엘릭서에서의 변수는 문법적 스코프lexical scope를 가진다. 스코프의 기본 단위는 함수 본문이다. 즉, 함수 안에서 정의된 변수와 파라미터는 해당 함수 안에서만 유효하다. 모듈 역시 로컬 변수에 대한 스코프를 제공한다. 하지만 모듈에 선언된 변수들은 모듈의 최상위 레벨에서만 접근할 수 있으며, 모듈 안에 정의된 함수들에서는 접근할 수 없다.

4.9.1 Do 블록 스코프

대부분의 프로그래밍 언어에서 여러 줄의 코드를 하나의 코드 블록으로 묶을 수 있다. 코드를 감싸는 데는 주로 중괄호를 사용한다. C로 예를 들면 다음과 같다.

```c
int line_no = 50;
/* ... */
if (line_no == 50) {
  printf("new-page\f");
  line_no = 0;
}
```

엘릭서에는 이런 형태의 블록은 없지만 여러 표현식을 하나로 묶을 수는 있다. 가장 많이 쓰는 방법은 do 블록을 사용하는 것이다.

```elixir
line_no = 50
# ...
if (line_no == 50) do
  IO.puts "new-page\f"
  line_no = 0
end

IO.puts line_no
```

하지만 엘릭서에서는 이런 식으로 코드를 작성하도록 권장되지 않는다. 이것이 허용된다면 line_no를 블록 밖에서 초기화하는 것을 잊고서도 블록이 끝난 뒤 해당 변수에 의존하게 되기 쉽다.[17] 따라서 이런 코드를 실행하면 경고가 발생한다.[18]

```
$ elixir back_block.ex
warning: the variable "line_no" is unsafe as it has been set inside one of: case,
cond, receive, if, and, or, &&, ||. Please explicitly return the variable value
instead. Here's an example:
```

---

17 옮긴이_ 블록 밖에서 변수를 초기화하지 않으면 line_no는 if do..end 블록 안에서만 사용 가능한 변수로 정의되므로, 블록 밖에서는 line_no에 접근할 수 없게 된다.

18 옮긴이_ 이 실행 결과는 엘릭서 1.6에서 코드를 실행한 결과다. 엘릭서 1.7부터 이와 같은 '명령형 변수 할당'을 하지 못하게 되면서 출력되는 line_no의 값은 0이 아닌 50이 되며, if 문 안에서 선언된 변수 line_no는 '사용하지 않는 변수(unused variable)'로 취급된다.

```
    case integer do
      1 -> atom = :one
      2 -> atom = :two
    end

should be written as

    atom =
      case integer do
        1 -> :one
        2 -> :two
      end

Unsafe variable found at:
  t.ex:10

new-page

0
```

4.9.2 with 표현식

with 표현식은 동시에 두 가지 역할을 한다. 먼저, 변수의 로컬 스코프를 정의한다. 무언가를
계산하기 위해 임시 변수가 필요한데, 그 임시 변수가 더 넓은 스코프로 새어나가게 하고 싶지
않다면 with를 쓰면 된다. 또 with는 패턴 매칭이 실패했을 때 대응하도록 해준다. 예를 하나
들어보자. /etc/passwd 파일은 다음 내용을 포함한다.

```
_installassistant:*:25:25:Install Assistant:/var/empty:/usr/bin/false
_lp:*:26:26:Printing Services:/var/spool/cups:/usr/bin/false
_postfix:*:27:27:Postfix Mail Server:/var/spool/postfix:/usr/bin/false
```

중간에 있는 두 수는 해당 사용자에 대한 유저 ID와 그룹 ID이다. 다음 코드를 사용해 _lp라
는 사용자의 유저 ID와 그룹 ID를 찾아보자(이어지는 코드 레이아웃에 관한 설명도 함께 보길
바란다).

코드: basic-types/with-scope.exs

```elixir
content = "Now is the time"

lp  = with {:ok, file}    = File.open("/etc/passwd"),
         content         = IO.read(file, :all),  # 위와 같은 변수명 사용
         :ok             = File.close(file),
         [_, uid, gid] = Regex.run(~r/^_lp:.*?:(\d+):(\d+)/m, content)
     do
         "Group: #{gid}, User: #{uid}"
     end

IO.puts lp             # => Group: 26, User: 26
IO.puts content        # => Now is the time
```

코드 포맷팅 비교

앞서 본 with 예제는 일반적인 엘릭서 코드와는 다소 다르게 포맷팅되어 있다. 기본 탑재된 포맷터를 사용하면 다음과 같이 포맷팅된다.

코드: basic-types/with-scope-fmt.exs

```elixir
content = "Now is the time"

lp =
  with {:ok, file} = File.open("/etc/passwd"),
       content = IO.read(file, :all),
       :ok = File.close(file),
       [_, uid, gid] = Regex.run(~r/^_lp:.*?:(\d+):(\d+)/m, content) do
    "Group: #{gid}, User: #{uid}"
  end

# => Group: 26, User: 26
IO.puts(lp)
# => Now is the time
IO.puts(content)
```

어느 것이 보기 좋은지에 대한 판단은 당신에게 맡긴다.

with 표현식을 활용하면 파일을 열고 내용을 가져온 뒤, 파일을 닫고 원하는 내용을 검색하는 과정에서 필요한 임시 변수를 효과적으로 사용할 수 있다. with가 반환하는 값은 do 파라미터로 전달된 코드의 계산 결과다. 내부 변수 content는 with 안에서만 유효하므로 with 밖에는 영향을 미치지 않는다.

with와 패턴 매칭

앞 예제에서는 with 표현식 내의 기본적인 패턴 매칭들에 대해 등호(=)를 사용했다. 매칭이 하나라도 실패하면 MatchError 예외가 발생한다. 이럴 때 <- 연산자를 사용하면 패턴 매칭에 실패하는 상황을 좀 더 우아하게 처리할 수 있다. with 표현식 내에서 등호 대신 <-를 사용하면 매칭에 성공하는 경우에는 같은 동작을 보이지만, 실패하는 경우에는 매칭되지 않았던 값을 반환한다.

```
iex> with [a | _] <- [1, 2, 3], do: a
1
iex> with [a | _] <- nil, do: a
nil
```

위 예제에 바로 적용해볼 수 있다. 찾으려는 사용자가 없는 경우 예외를 만들지 않고 대신 nil을 반환하도록 수정해보자.

코드: basic-types/with-match.exs

```
result  = with {:ok, file}   =  File.open("/etc/passwd"),
               content       =  IO.read(file, :all),
               :ok           =  File.close(file),
               [_, uid, gid] <- Regex.run(~r/^xxx:.*?:(\d+):(\d+)/, content)
          do
               "Group: #{gid}, User: #{uid}"
          end
IO.puts inspect(result)          # => nil
```

xxx라는 사용자를 찾으려는 경우 Regex.run은 nil을 반환할 것이다. 그러면 [_, uid, gid]와의 패턴 매칭에 실패하므로 with의 결과는 nil이 된다.

소소한 팁

속을 열어보면, with는 함수나 매크로를 호출하는 것과 같은 취급을 받는다. 다시 말해, 다음과 같이 쓰면 안 된다.

```elixir
mean = with # 이렇게 하면 안 된다!
         count = Enum.count(values),
         sum   = Enum.sum(values)
       do
         sum/count
       end
```

첫 번째 파라미터를 with와 같은 줄에 써주어야 한다.

```elixir
mean = with count = Enum.count(values),
            sum   = Enum.sum(values)
       do
         sum/count
       end
```

또는 괄호를 사용해도 된다.

```elixir
mean = with(
         count = Enum.count(values),
         sum   = Enum.sum(values)
       ) do
         sum/count
       end
```

다른 곳에서와 마찬가지로 do를 단축 문법으로 사용할 수도 있다.

```elixir
mean = with count = Enum.count(values),
            sum   = Enum.sum(values),
       do:  sum/count
```

4.10 마무리하며

여기까지 엘릭서 프로그램을 구성하는 기본 요소를 살펴봤다. 이어지는 두 장에서는 익명 함수, 기명 함수, 모듈을 어떻게 만드는지 알아보자.

## CHAPTER 5

익명 함수

이 장에서 살펴볼 내용은 다음과 같다.

- 익명 함수
- 인자 패턴 매칭
- 고계 함수
- 클로저
- & 함수 리터럴

엘릭서는 함수형 언어이므로 함수가 기본 타입이라는 것이 그리 놀라운 일은 아니다. fn 키워드로 익명 함수를 만들 수 있다.

```
fn
  parameter-list -> body
  parameter-list -> body ...
end
```

fn...end를 문자열 리터럴을 감싸는 따옴표 같은 것이라고 여기되, 문자열 대신 함수를 반환하는 문법이라고 생각해보자. 우리는 이렇게 만든 '함수'라는 값을 다른 함수에 전달할 수 있다. 당연히 함수에 인자를 넣어 호출할 수도 있다.

함수는 기본적으로 파라미터 목록과 함수 본문을 가지며, 둘은 -> 기호로 구분된다. 예를 들어보자. 다음 코드는 함수를 정의한 뒤 sum이라는 변수에 바인딩하고, 그 함수를 호출한다.

```
iex> sum = fn (a, b) -> a + b end
#Function<12.17052888 in :erl_eval.expr/5>
iex> sum.(1, 2)
3
```

첫째 줄에서 a와 b라는 두 파라미터를 받는 함수를 만들었다. 함수 구현은 -> 기호 뒤에 이어진다(예시에서는 파라미터로 받은 a와 b를 더하는 간단한 연산이다). end 키워드로 구현을 끝내고, 이렇게 만든 함수를 sum 변수에 저장했다.

코드의 둘째 줄에서는 sum.(1,2)로 함수를 호출했다. 온점(.)을 사용해 함수를 호출하고, 괄호 안에 인자를 넣어 전달할 수 있다(나중에 살펴보겠지만 익명 함수와 기명 함수[1]는 호출 방법이 각각 다르다. 기명 함수를 호출할 때는 온점을 사용하지 않는다[2]). 익명 함수에서는 함수가 인자를 받지 않더라도 괄호를 사용해 호출해야 한다.[3]

```
iex> greet = fn -> IO.puts "Hello" end
#Function<12.17052888 in :erl_eval.expr/5>
iex> greet.()
Hello
:ok
```

하지만 함수를 정의할 때는 괄호가 필요하지 않다.

```
iex> f1 = fn a, b -> a * b end
#Function<12.17052888 in :erl_eval.expr/5>
iex> f1.(5,6)
30
iex> f2 = fn -> 99 end
#Function<12.17052888 in :erl_eval.expr/5>
iex> f2.()
99
```

---

1 옮긴이_ 이름이 있는 함수.
2 옮긴이_ 엘릭서에서는 변수와 함수가 서로 다른 네임스페이스를 사용하므로, 변수 네임스페이스에서 함수를 찾는 경우(익명 함수 호출)와 함수 네임스페이스에서 함수를 찾는 경우(기명 함수 호출)를 명시적으로 구분하기 위해 문법을 달리하게 되었다고 한다.
3 옮긴이_ 앞 장에서 예제를 통해 여러 차례 봤으나, 기명 함수를 호출할 때는 괄호를 생략할 수 있다. 한편 공식 포맷터(14.5절에서 다룬다)에서는 모든 함수에 괄호를 넣는 것을 기본 포맷팅으로 채택하고 있으므로, 코드의 가독성 또는 취향에 따라 선택하기를 권장한다.

5.1 함수와 패턴 매칭

sum.(2,3)을 호출하면 2를 a에 할당하고, 3을 b에 할당한다는 것을 쉽게 예상할 수 있다. 하지만 우리는 '할당^{assign}'이라는 단어를 경계해야 한다. 엘릭서에는 할당문이 없다. 대신 값을 패턴에 매칭하려 한다(패턴 매칭과 할당에 관해서는 2장에서 살펴봤다). 예를 들어 다음과 같은 코드가 있다고 하자.

```
a = 2
```

엘릭서는 2라는 값을 변수 a에 바인딩해 패턴 매칭한다. 이 과정은 sum 함수가 호출될 때도 동일하게 실행된다. 2와 3을 인자로 전달하면 인자는 파라미터 a, b에 패턴 매칭된다. 이 과정에서 a에 2가, b에 3이 들어간다. 다음과 동일한 것으로 볼 수 있다.

```
{a, b} = {2, 3}
```

이는 함수를 호출할 때 패턴 매칭의 특성을 이용해 더 복잡한 매칭을 할 수도 있음을 의미한다. 예컨대 패턴 매칭을 이용해 다음과 같이 2-튜플의 순서를 뒤집을 수도 있다.

```
iex> swap = fn { a, b } -> { b, a } end
#Function<12.17052888 in :erl_eval.expr/5>
iex> swap.( { 6, 8 } )
{8, 6}
```

다음 절에서 구현이 여러 개인 함수를 알아보며 이 패턴 매칭 기능을 다시 사용해보자.

연습문제

5-1 다음과 같이 동작하는 함수를 IEx에서 만들어 실행해보자.

```
list_concat.([:a, :b], [:c, :d])
# => [:a, :b, :c, :d]
```

```
sum.(1, 2, 3)
# => 6
```

```
pair_tuple_to_list.( { 1234, 5678 } )
# => [ 1234, 5678 ]
```

5.2 함수는 하나, 본문은 여러 개

함수 하나를 만들더라도 인자의 타입과 내용에 따라 여러 개의 구현을 정의할 수 있다(인자의 개수에 따라서는 구분할 수 없다. 하나의 함수를 정의하는 구현은 반드시 서로 파라미터 개수가 같아야 한다).

어떤 구현을 실행할지는 기본적으로 패턴 매칭을 통해 결정된다. 다음 예제는 File.open이 성공했을 때 첫 번째 값이 :ok인 튜플을 반환한다는 사실을 이용한 것이다. 파일을 성공적으로 열었을 때는 파일의 첫째 줄을, 파일을 열 수 없을 때는 간단한 오류 메시지를 반환하는 함수를 구현했다.

```
iex> handle_open = fn
...>   {:ok, file} -> "Read data: #{IO.read(file, :line)}"
...>   {_,  error} -> "Error: #{:file.format_error(error)}"
...> end
#Function<12.17052888 in :erl_eval.expr/5>
iex> handle_open.(File.open("code/intro/hello.exs"))  # 존재하는 파일
"Read data: IO.puts \"Hello, World!\"\n"
iex> handle_open.(File.open("nonexistent"))           # 존재하지 않는 파일
"Error: no such file or directory"
```

함수 정의를 살펴보자. 둘째 줄과 셋째 줄에서 두 개의 함수 본문을 정의했다. 두 구현 모두 튜플을 파라미터로 받는다. 첫 번째 구현에 매치되려면 튜플의 첫 번째 값이 :ok여야 한다. 두 번째 구현은 특수 변수인 언더스코어(_)를 사용해 튜플의 첫 번째 값이 :ok가 아닌 모든 경우에 매칭되도록 했다.

이제 여섯째 줄을 보자. 존재하는 파일에 대해 File.open을 호출한 결과를 handle_open 함수에 전달한다. 따라서 handle_open 함수는 {:ok, file} 튜플을 받고, 이는 둘째 줄의 구현

에 매칭된다. 매칭된 구현에서는 `IO.read`로 파일의 첫째 줄을 읽어와 반환한다.

한편 여덟째 줄에서는 존재하지 않는 파일을 열고, 그 결과로 handle_open을 호출한다. 이때 `File.open` 함수에서는 {:error, :enoent} 튜플이 반환되고, 이 값이 handle_open에 전달되어 패턴 매칭이 수행된다. 튜플의 첫 번째 값이 :ok가 아니므로, 둘째 줄이 아니라 그다음 줄에서 패턴 매칭에 성공한다. 매칭된 구현에서는 오류를 읽기 좋게 포맷팅한다.

이 코드에는 패턴 매칭 외에도 주목할 만한 점이 몇 가지 있다. 먼저 셋째 줄의 `:file.format_error` 부분을 보자. `:file`은 얼랭의 파일 처리 모듈을 가리키는데, 이 코드에서는 이 모듈의 `format_error`를 호출한다. 반면 여섯째 줄에서는 `File.open`을 호출한다. 여기서는 엘릭서 내장 모듈인 `File`을 사용한다. 이 코드는 엘릭서의 기반을 이루는 개발 환경을 코드에서 활용하는 좋은 예다. 얼랭 라이브러리는 오랜 기간 당신이 사용해주기를 기다리며 발전을 거듭해왔기에, 이를 엘릭서 코드에서 사용할 수 있다는 것은 좋은 일이다. 하지만 얼랭과 엘릭서의 함수를 호출하는 방식이 각각 다르므로 까다롭게 느낄 수도 있다.

마지막으로, 이 예제는 문자열 내에 표현식을 삽입^{string interpolation}하는 방법을 사용한다. 문자열 안에 #{...}을 사용해 표현식을 넣으면, 코드가 계산되어 그 실행 결과로 문자열이 대체된다.

긴 코드 예제를 실행하는 방법

handle_open 함수를 IEx에 직접 입력하기에는 조금 불편하다. 한번 오타가 나면 코드를 전부 다시 입력해야 한다. 대신 손에 맞는 에디터를 사용해 다음 내용으로 파일을 만든 뒤 IEx를 시작했던 디렉터리에 저장하자. 파일 이름을 handle_open.exs라 하자.

코드: first_steps/handle_open.exs

```
handle_open = fn
  {:ok, file} -> "First line: #{IO.read(file, :line)}"
  {_, error} -> "Error: #{:file.format_error(error)}"
end

IO.puts handle_open.(File.open("Rakefile"))    # 존재하는 파일을 연다.
IO.puts handle_open.(File.open("nonexistent")) # 존재하지 않는 파일을 연다.
```

이제 IEx에서 다음과 같이 입력하자.

```
c "handle_open.exs"
```

그러면 파일에 저장된 코드가 컴파일되고 실행된다.

IEx가 아닌 명령줄에서는 다음과 같이 실행한다.

```
$ elixir handle_open.exs
```

이 예제에서는 .exs 확장자로 파일을 만들었다. 이 확장자는 소스 파일에서 직접 실행할 코드에 사용한다(s를 'script'의 약자라고 생각하자). 컴파일한 뒤 실행할 파일에는 .ex 확장자를 사용한다.

연습문제

5-2 인자 3개를 받는 함수를 만들어보자. 앞의 인자 2개가 모두 0이면 "FizzBuzz"를, 첫 번째 인자만 0이면 "Fizz"를, 두 번째 인자만 0이면 "Buzz"를 반환해야 한다. 어디에도 해당하지 않으면 세 번째 인자를 반환하도록 하자. 지금까지 책에서 다룬 기능만을 사용해 만들어보자.

5-3 rem(a, b) 연산자는 a를 b로 나눈 나머지를 반환한다. n이라는 정수를 받아, [5-2]에서 만든 함수에 rem(n, 3), rem(n, 5), n을 인자로 전달하는 함수를 만들어보자. 이 함수에 10, 11, 12, …, 16을 차례로 넣으면 "Buzz, 11, Fizz, 13, 14, FizzBuzz, 16"이 반환되어야 한다(그렇다. 어떤 조건문도 사용하지 않고 FizzBuzz를 구현하는 방법이다).[4]

---

4 *http://c2.com/cgi/wiki?FizzBuzzTest*

5.3 함수를 반환하는 함수

여기 조금 이상한 코드가 있다.

```
iex> fun1 = fn -> fn -> "Hello" end end
#Function<12.17052888 in :erl_eval.expr/5>
iex> fun1.()
#Function<12.17052888 in :erl_eval.expr/5>
iex> fun1.().()
"Hello"
```

첫째 줄이 수상해 보인다. 읽기 쉽게 펼쳐 보자.

```
fun1 = fn ->
          fn ->
            "Hello"
          end
        end
```

fun1 변수에는 함수가 바인딩되어 있다. 이 함수는 파라미터를 받지 않고, 그 안에 다른 함수 정의만을 포함한다. 안에 있는 함수도 파라미터는 받지 않고 "Hello"라는 문자열만을 반환한다.

fun1.()으로 바깥 함수를 호출하면 이 함수는 내부 함수를 반환한다. 그리고 그 내부 함수를 호출(fun1.().())하면 내부 함수가 실행되어 "Hello"라는 값을 반환한다.

일반적으로는 fun1.().()와 같은 코드를 만들지 않지만, 외부 함수를 호출해 그 결과를 다른 변수에 바인딩하게 될 수는 있다. 한편 괄호를 사용해 내부 함수를 더 뚜렷하게 나타낼 수도 있다.

```
iex> fun1 = fn -> (fn -> "Hello" end) end
#Function<12.17052888 in :erl_eval.expr/5>
iex> other = fun1.()
#Function<12.17052888 in :erl_eval.expr/5>
iex> other.()
"Hello"
```

5.3.1 함수는 자신의 원래 환경을 기억한다

앞에서 본 중첩 함수를 좀 더 발전시켜보자.

```
iex> greeter = fn name -> (fn -> "Hello #{name}" end) end
#Function<12.17052888 in :erl_eval.expr/5>
iex> dave_greeter = greeter.("Dave")
#Function<12.17052888 in :erl_eval.expr/5>
iex> dave_greeter.()
"Hello Dave"
```

이제 외부 함수가 name 파라미터를 받는다. 다른 파라미터와 마찬가지로 name은 함수 안 어디에든 사용할 수 있다. 예시에서는 내부 함수의 문자열 안에서 사용된다.

외부 함수를 호출하면 내부 함수의 정의가 반환된다. 이때는 아직 #{name}이 문자열로 바뀌지 않았다. 하지만 내부 함수를 호출(dave_greeter.())하면 이름이 문자열로 대체되어 인사말이 표시된다.

이상한 일이다. 내부 함수는 외부 함수의 name 파라미터를 사용한다. 하지만 greeter.("Dave")가 값을 반환하면서 외부 함수의 실행이 끝나므로 파라미터는 스코프에서 사라졌을 것이다. 그런데 내부 함수를 실행했더니 파라미터의 값이 여전히 사용되는 것을 확인했다.

이는 엘릭서에서 함수가 정의된 스코프에 있던 변수 바인딩을 함수에 함께 저장하기 때문이다. 예시에서 name이라는 변수는 외부 함수의 스코프에 바인딩되어 있는데, 내부 함수는 자신이 정의될 때 외부 함수의 스코프를 이어받아 name 변수의 바인딩도 함께 가져가게 된다. 이와 같이 스코프가 변수 바인딩을 저장해두어 나중에 사용할 수 있도록 하는 것을 **클로저**closure라 한다. 클로저를 조금 더 활용해보자.

5.3.2 모든 함수가 파라미터를 가진 경우

이전 예제에서는 외부 함수만 인자를 받고 내부 함수는 받지 않았다. 이번에는 두 함수 모두 인자를 받는 경우를 살펴보자.

```
iex> add_n = fn n -> (fn other -> n + other end) end
#Function<12.17052888 in :erl_eval.expr/5>
iex> add_two = add_n.(2)
#Function<12.17052888 in :erl_eval.expr/5>
iex> add_five = add_n.(5)
#Function<12.17052888 in :erl_eval.expr/5>
iex> add_two.(3)
5
iex> add_five.(7)
12
```

내부 함수는 other 파라미터의 값과 외부 함수의 파라미터인 n의 값을 더한다. 외부 함수를 호출하면 n에 값이 들어가, 파라미터에 n을 더하는 함수를 반환하게 된다.

연습문제

5-4 문자열을 받는 prefix 함수를 만들어보자. 이 함수는 다른 문자열을 받는 새로운 함수를 반환하고, 두 번째 함수를 호출하면 첫 번째 문자열과 두 번째 문자열을 공백으로 이은 문자열을 반환해야 한다.

```
iex> mrs = prefix.("Mrs")
#Function<erl_eval.6.82930912>
iex> mrs.("Smith")
"Mrs Smith"
iex> prefix.("Elixir").("Rocks")
"Elixir Rocks"
```

5.4 함수를 인자로 전달하기

함수 역시 그저 값이므로, 다른 함수의 인자로 전달하는 것도 가능하다.

```
iex> times_2 = fn n -> n * 2 end
#Function<12.17052888 in :erl_eval.expr/5>
iex> apply = fn (fun, value) -> fun.(value) end
```

```
#Function<12.17052888 in :erl_eval.expr/5>
iex> apply.(times_2, 6)
12
```

여기서 apply는 함수와 값을 받아, 인자로 받은 함수에 값을 넣어 실행한 결과를 반환한다.

엘릭서에서는 이와 같이 함수를 인자로 전달하는 기능을 꽤 많은 곳에서 사용한다. 예를 들어 엘릭서에 내장된 Enum 모듈에는 map이라는 함수가 있다. 이 함수는 컬렉션과 함수를 인자로 받고, 인자로 받은 함수를 컬렉션의 각 요소에 적용한 결과를 리스트로 반환한다.

```
iex> list = [1, 3, 5, 7, 9]
[1, 3, 5, 7, 9]
iex> Enum.map list, fn elem -> elem * 2 end
[2, 6, 10, 14, 18]
iex> Enum.map list, fn elem -> elem * elem end
[1, 9, 25, 49, 81]
iex> Enum.map list, fn elem -> elem > 6 end
[false, false, false, true, true]
```

5.4.1 함수 파라미터 고정하기

패턴 매칭에서 살펴봤듯, 핀 연산자(^)는 패턴 안에 있는 변수에 변수의 현재 값을 사용하도록 해준다. 함수 파라미터에도 이 연산자를 사용할 수 있다.

코드: functions/pin.exs

```
defmodule Greeter do
  def for(name, greeting) do
    fn
      (^name) -> "#{greeting} #{name}"
      (_)     -> "I don't know you"
    end
  end
end

mr_valim = Greeter.for("José", "Oi!")
```

```
IO.puts mr_valim.("José")     # => Oi! José
IO.puts mr_valim.("Dave")     # => I don't know you
```

여기서 `Greeter.for` 함수는 두 개의 구현을 가진 함수를 반환한다. 내부 함수를 호출할 때의 파라미터가 외부 함수인 `for`에 전달된 `name`의 값과 같을 때 첫 번째 구현에 매치된다.

5.4.2 & 표기법

짧은 헬퍼 함수를 만드는 전략은 너무 흔해서 엘릭서에서도 단축 문법을 지원한다. 먼저 실제 사용법을 확인하자.

```
iex> add_one = &(&1 + 1)          # add_one = fn (n) -> n + 1 end와 같다.
#Function<6.17052888 in :erl_eval.expr/5>
iex> add_one.(44)
45
iex> square = &(&1 * &1)
#Function<6.17052888 in :erl_eval.expr/5>
iex> square.(8)
64
iex> speak = &(IO.puts(&1))
&IO.puts/1
iex> speak.("Hello")
Hello
:ok
```

`&` 연산자는 `&` 기호 뒤에 나오는 표현식을 함수로 변환한다. 표현식 안에는 `&1`, `&2`와 같은 표현이 있는데, 각각 함수의 첫 번째, 두 번째 파라미터를 의미한다. 따라서 `&(&1 + &2)`는 `fn p1, p2 -> p1 + p2 end`로 바뀐다.

이 방식이 꽤 똑똑해 보인다면, 한발 더 나아가 코드에서 `speak`를 정의하는 부분을 살펴보자. 일반적으로 엘릭서가 익명 함수를 만드는 방식을 생각하면 `&(IO.puts(&1))`은 `fn x -> IO.puts(x) end`로 바뀔 것이다. 그런데 이렇게 정의되는 익명 함수는 그저 기명 함수(IO 모듈의 `puts` 함수)를 호출하고 있고, 파라미터의 순서도 같다(다시 말해, 익명 함수의 첫 번째 파라미터가 기명 함수의 첫 번째 파라미터가 되는 식이다). 이 경우 엘릭서는 익명 함수를 최적화해 직접 `IO.puts/1` 함수를 참조하도록 한다. 이렇게 최적화되려면 인자가 같은 순서로 들어가야 한다.

```
iex> rnd = &(Float.round(&1, &2))
&Float.round/2
iex> rnd = &(Float.round(&2, &1))
#Function<12.17052888 in :erl_eval.expr/5>
```

이런 식으로 함수를 정의하다 보면 얼랭의 요소를 참조하게 되는 경우가 있다. 이는 엘릭서가 얼랭 VM 위에서 동작한다는 증거다. &abs(&1)와 같이 입력하면 역시 얼랭 함수의 참조인 &:erlang.abs/1이 반환되는데, 이는 엘릭서가 abs 함수 호출을 직접 얼랭 라이브러리에 매핑하기 때문이다.

엘릭서에서는 []과 {}이 연산자이므로 리스트와 튜플 리터럴도 함수가 될 수 있다. 다음 함수는 두 정수를 나누어서 몫과 나머지로 이루어진 튜플을 반환한다.

```
iex> divrem = &{ div(&1,&2), rem(&1,&2) }
#Function<12.17052888 in :erl_eval.expr/5>
iex> divrem.(13, 5)
{2, 3}
```

마지막으로 & 캡처 연산자capture operator는 문자열과 관련된 리터럴에서도 동작한다.

```
iex> s = &"bacon and #{&1}"
#Function<6.99386804/1 in :erl_eval.expr/5>
iex> s.("custard")
"bacon and custard"

iex> match_end = &~r/.*#{&1}$/
#Function<6.99386804/1 in :erl_eval.expr/5>
iex> "cat" =~ match_end.("t")
true
iex> "cat" =~ match_end.("!")
false
```

& 함수 캡처 연산자를 다른 형태로 사용할 수도 있다. 연산자에 함수의 이름과 파라미터 개수를 전달하면, 그 이름에 해당하는 함수를 호출하는 익명 함수를 반환한다. 이렇게 만든 익명 함수를 호출하면, 익명 함수에 넣은 인자가 그대로 기명 함수로 전달된다. 사실 이 쓰임은 이미

앞에서 본 적이 있는데, IEx에 &(IO.puts(&1))을 입력한 결과로 출력된 &IO.puts/1이 바로 이것이다. 여기서 puts는 IO 모듈의 함수이고, 하나의 인자를 받는다. 이 함수를 엘릭서식 이름으로 표현하면 IO.puts/1가 되는데, 앞에 &를 붙이면 이 함수를 익명 함수로 감싸게 된다. 예시를 보자.

```
iex> l = &length/1
&:erlang.length/1
iex> l.([1,3,5,7])
4

iex> len = &Enum.count/1
&Enum.count/1
iex> len.([1,2,3,4])
4

iex> m = &Kernel.min/2   # Kernel.min/2은 얼랭의 :erlang.min/2의 별칭(alias)이다.
&:erlang.min/2
iex> m.(99,88)
88
```

이 사용법은 내장 함수뿐 아니라 우리가 만든 기명 함수에도 마찬가지로 동작한다(아직 기명 함수를 만드는 법은 배우지 않았지만 말이다). & 표기법은 함수를 다른 함수에 전달하는 멋진 방법이다.

```
iex> Enum.map [1,2,3,4], &(&1 + 1)
[2, 3, 4, 5]
iex> Enum.map [1,2,3,4], &(&1 * &1)
[1, 4, 9, 16]
iex> Enum.map [1,2,3,4], &(&1 < 3)
[true, true, false, false]
```

5.5 함수는 엘릭서의 핵심이다

이 책을 시작할 때 프로그래밍의 기본은 데이터를 변형하는 것이라고 소개했다. 함수는 그 변형을 수행하는 자그마한 엔진이다. 함수는 엘릭서의 핵심에 자리 잡고 있다.

지금까지 익명 함수를 살펴봤다. 익명 함수는 변수에 바인딩해서 사용할 수 있지만, 함수 자체에는 이름이 없다. 물론 엘릭서에는 이름을 가진 기명 함수도 있다. 다음 장에서 기명 함수를 어떻게 사용하는지 알아보자.

## CHAPTER 6

모듈과 기명 함수

이 장에서 살펴볼 내용은 다음과 같다.

- 코드의 기본 단위인 모듈
- 퍼블릭, 프라이빗 기명 함수의 정의
- 가드 조건절
- 모듈 지시자directive와 모듈 속성
- 얼랭 모듈의 함수 호출하기

프로그램이 어느 정도 커지면 코드를 일정한 구조로 정리하고 싶어질 것이다. 엘릭서에서는 쉽게 여러 **기명 함수**named function로 코드를 나누고, 이 함수들을 **모듈**module로 묶어 정리할 수 있다. 사실 엘릭서의 기명 함수는 항상 모듈 내에서만 정의할 수 있다. 작은 예부터 시작해보자. 작업 디렉터리에 times.exs라는 소스 파일을 하나 만들자.

코드: mm/times.exs

```
defmodule Times do
  def double(n) do
    n * 2
  end
end
```

Times라는 모듈을 정의하고 그 안에 double이라는 함수를 하나 두었다. 엘릭서에서는 함수를 식별하는 요소 중 하나로 인자의 개수를 사용하는데, 이 함수는 인자를 하나 받으므로 함수를 가리킬 때는 double/1로 쓸 수 있다.

6.1 모듈 컴파일하기

예제 파일을 컴파일해서 IEx에 로드하는 방법에는 두 가지가 있다. 첫 번째 방법은 명령줄에서 다음과 같이 입력하는 것이다.

```
$ iex times.exs
iex> Times.double(4)
8
```

IEx를 실행할 때 소스 코드가 있는 파일의 이름을 지정하면 IEx는 입력 프롬프트를 띄우기 전에 해당 파일을 컴파일해서 로드해둔다. 이미 IEx가 실행 중인 경우에는 c 헬퍼 함수를 이용해 명령줄로 나가지 않더라도 파일을 컴파일할 수 있다.

```
iex> c "times.exs"
[Times]
iex> Times.double(4)
8
iex> Times.double(123)
246
```

c "times.exs" 함수를 호출하면 소스 파일을 컴파일해 IEx로 로드한다. 그 뒤에는 Times.double을 입력해 Times 모듈에 있는 double 함수를 몇 번이든 호출할 수 있다. 함수를 실행할 때 숫자 대신 문자를 넣어 일부러 오류가 발생하도록 해보자. 어떤 일이 일어날까?

```
iex> Times.double("cat")
** (ArithmeticError) bad argument in arithmetic expression: "cat" * 2
    :erlang.*("cat", 2)
    times.exs:3: Times.double/1
```

ArithmeticError 예외가 발생하고 스택 트레이스가 출력된다. 오류 메시지의 첫째 줄은 무엇이 잘못되었는지(문자열에 대해 산술 연산을 하려 했다)를 나타낸다. 이어서 어디에서 문제가 발생했는지를 알 수 있다. 여기에서 함수 이름을 Times.double/1이라고 적은 데 주목하자.

엘릭서에서 기명 함수는 함수의 이름과 파라미터의 개수arity로 식별된다. 우리가 만든 double 함수는 1개의 파라미터를 받으므로, 엘릭서는 이를 double/1로 식별한다. 만약 3개의 파라미터를 받는 다른 double 함수가 또 있다면, 이 함수는 double/3으로 식별된다. 적어도 엘릭서에서 두 함수는 완전히 별개다. 반면 우리는 파라미터 개수가 다르더라도 이름이 같으면 관련 있는 함수로 생각하기 쉬우므로, 서로 관련이 없는 두 함수에는 같은 이름을 붙이지 않는 편이 좋다.

6.2 함수의 본문은 블록이다

do...end 블록은 여러 줄의 표현식을 한데 묶어 다른 코드로 전달하는 한 가지 방법이다. 이 방법은 모듈이나 기명 함수를 정의할 때, 제어 구조 등 코드를 하나의 개체로 다루어야 하는 모든 곳에서 사용된다. 그런데 do...end는 사실 엘릭서의 기본 문법이 아니다. 실제 문법은 다음과 같다.

```
def double(n), do: n * 2
```

여러 줄의 코드를 괄호로 묶어 do:의 값으로 전달할 수도 있다.

```
def greet(greeting, name), do: (
  IO.puts greeting
  IO.puts "How're you doing, #{name}?"
)
```

do...end 문법은 개발자의 편의를 위한 문법일 뿐이다. 컴파일 과정에서 do...end는 do: 형태로 바뀐다(do: 형태 자체는 키워드 리스트의 한 항목으로, 특별한 문법이 아니다[1]). 일반적으로 한 줄짜리 코드 블록에는 do:를, 여러 줄짜리 블록에는 do...end를 사용한다. 따라서 앞서 살펴본 times 예제를 다음처럼 고쳐 쓸 수도 있다.

----

1 옮긴이_ 키워드 리스트가 마지막 인자면 대괄호를 생략할 수 있음을 배웠다. 자세한 내용은 4.4.2절 '키워드 리스트'에서 살펴본다.

코드: mm/times1.exs

```
defmodule Times do
  def double(n), do: n * 2
end
```

심지어 이렇게 쓸 수도 있다(할 수는 있지만 권장하지 않는다).

```
defmodule Times, do: (def double(n), do: n*2)
```

연습문제

6-1 주어진 숫자에 3을 곱해 반환하는 triple 함수를 Times 모듈에 구현해보자.

6-2 파일을 컴파일하는 두 가지 방법을 모두 사용해 [6-1]에서 구현한 함수를 IEx에서 실행해 보자.

6-3 주어진 숫자의 4배의 값을 반환하는 quadruple 함수를 추가해보자(double 함수를 이용할 수 있을지도 모른다).

6.3 함수 호출과 패턴 매칭

5장에서 익명 함수를 알아보면서 파라미터를 실제 인자에 바인딩할 때 패턴 매칭이 어떻게 사용되는지 살펴봤다. 기명 함수에도 같은 규칙이 적용된다. 단, 하나의 기명 함수에 여러 구현을 정의할 때는 각각의 파라미터와 본문을 가진 함수를 따로 작성해야 한다는 점이 다르다. 겉보기에는 서로 다른 함수를 여러 개 정의한 것처럼 보이지만 순수주의자들은 하나의 함수 정의에 여러 개의 구현이 붙어 있는 것이라고 주장할 것이고, 그 말이 맞다.

기명 함수를 호출할 때 엘릭서는 첫 번째 함수 정의(구현)의 파라미터 목록에 인자가 매칭되는지 확인한다. 매칭되지 않는다면 같은 함수의 다음 정의에 매칭되는지 확인한다(이 함수 정의들이 받는 파라미터 개수가 모두 같아야 함에 유의하자). 이 과정을 매칭되는 함수가 나타날 때까지, 또는 매칭할 함수가 다 떨어질 때까지 반복한다.

이 과정을 실험해보자. $n!$으로 쓰는 n 팩토리얼은 1부터 n까지의 자연수를 모두 곱한 값이다. $0!$은 1로 정의된다. 이 정의를 다른 방식으로 나타내면 다음과 같다.

- factorial(0) = 1
- factorial(n) = n * factorial(n-1)

팩토리얼 개념을 풀어 쓴 것인데, 동시에 엘릭서 코드와도 닮아 있다.

코드: mm/factorial1.exs

```
defmodule Factorial do
  def of(0), do: 1
  def of(n), do: n * of(n-1)
end
```

하나의 함수에 대해 정의를 두 벌 만들었다. `Factorial.of(2)`를 호출하면 엘릭서는 2와 첫 번째 함수의 파라미터(`0`)를 매칭하려고 시도하는데, 이 시도는 실패한다. 이어서 두 번째 정의와 매칭을 시도하고, n에 2를 바인딩하면 매칭에 성공하므로 두 번째 정의의 본문이 실행된다. 본문에서 `Factorial.of(1)`을 호출하고, 이는 같은 과정에 따라 두 번째 정의에 매칭되어 실행된다. 이번에는 `Factorial.of(0)`이 호출되는데, 이는 첫 번째 정의에 매칭된다. 이 함수는 1을 반환하며 재귀를 종료한다. 엘릭서는 콜 스택을 거슬러 올라가며 곱셈을 수행한 뒤 최종 결과를 반환한다. 이 구현은 잘 동작하지만 개선의 여지가 많다. 15.1.3절에서 꼬리 재귀를 알아보면서 개선하자. 이제 코드를 실제로 실행해보자.

```
iex> c "factorial1.exs"
[Factorial]
iex> Factorial.of(3)
6
iex> Factorial.of(7)
5040
iex> Factorial.of(10)
3628800
iex> Factorial.of(1000)
402387260077093773543702433923003985719374864210714632543799910429938512398629020
592044208486969404800479988610197196058631666872994808555890132382966994459099742450
408707375991882362772718873251977950595099527612087497546249704360141827809464649
...
```

637252423056085590370062427124341690900415369010593398383577793941097002775347200
000000000000000000000000000000000000000000000000000000000000000000000000000000000
000000000000000000000000000000000000000000000000000000000000000000000000000000000
000000000000000000000000000000000000000000000000000000000000000000000000000000000

이와 같이 재귀를 이용해 설계하고 코딩하는 패턴은 엘릭서(그리고 거의 모든 함수형 언어)에서 매우 일반적인 방법이다. 우선 정해진 답을 반환하는 가장 간단한 경우를 하나 찾는다. 이것이 일종의 기준점이 된다. 그리고 이 기준점에서 호출을 끝내는 재귀적인 답을 찾으면 된다. 예를 들어보자.

1부터 n까지의 자연수의 합

- 0개 숫자의 합은 0이다.
- n까지의 합은 n-1까지의 숫자의 합 + n이다.

리스트의 길이

- 빈 리스트의 길이는 0이다.
- 다른 리스트의 길이는 1 + 리스트 꼬리 부분[2]의 길이다.

중요한 것은 이 정의들을 코드로 옮길 때 어떤 순서로 쓰는지에 따라 결과가 달라질 수 있다는 점이다. 엘릭서는 함수들에 대해 패턴 매칭을 수행할 때 코드의 위에서 아래 순서로 확인하며, 그중 처음으로 매칭되는 함수를 실행한다. 따라서 다음과 같은 코드는 제대로 동작하지 않는다.

코드: mm/factorial1-bad.exs

```
defmodule BadFactorial do
  def of(n), do: n * of(n-1)
  def of(0), do: 1
end
```

어떤 값을 넣어 호출하든지 첫 번째 함수 정의에 매칭되므로 두 번째 함수 정의는 실행되지 않는다. 하지만 이런 경우에는 엘릭서 컴파일러가 도움을 준다. 이 코드를 컴파일하면 경고가 출력된다.

---

2 옮긴이_ 리스트의 '꼬리'는 리스트의 첫 번째 값을 제외한 나머지 리스트를 의미한다. 4.4.2절에서 리스트의 정의를 소개하며 다루었다.

```
iex> c "factorial1-bad.exs"
warning: this clause for of/1 cannot match because a previous clause at line 2
always matches
  factorial1-bad.exs:3
```

참고로 한 함수에 구현이 여러 개라면 소스 파일 내에서 구현들이 서로 붙어 있어야 한다.

연습문제

6-4 1부터 n까지 정수의 합을 재귀적으로 구하는 sum(n) 함수를 구현하고 실행해보자. 새로운 파일에 모듈을 만들고 그 안에 함수를 구현한 뒤, IEx를 실행하고 파일을 컴파일해 실행하자.

6-5 음이 아닌 두 정수의 최대공약수를 찾는 gcd(x, y) 함수를 구현해보자. 최대공약수 $gcd(x, y)$는 y가 0이면 x이고, 그렇지 않으면 $gcd(y, rem(x, y))$이다.

6.4 가드 조건절

지금까지 알아봤듯 엘릭서에서는 전달받은 인자를 이용한 패턴 매칭을 통해 어떤 함수를 실행할지를 결정한다. 그런데 인자의 타입이나 조건에 따라 실행될 함수를 결정하고 싶다면 어떻게 해야 할까? 이때 **가드 조건절**guard clause을 사용한다. 가드 조건절은 when 키워드를 사용해 함수 정의부에 붙일 수 있는 명제predicate[3]다. 패턴 매칭을 수행할 때 우선 파라미터를 이용한 전통적인 매칭을 수행하고, when이 붙어 있으면 조건을 검사한 뒤 참이어야만 함수를 실행한다.

코드: mm/guard.exs

```
defmodule Guard do
  def what_is(x) when is_number(x) do
    IO.puts "#{x} is a number"
  end
  def what_is(x) when is_list(x) do
    IO.puts "#{inspect(x)} is a list"
```

---

3 옮긴이_ 하나의 인자를 받아 true 또는 false를 반환하는 함수를 말한다. '술어'로 번역되기도 한다.

```
    end
    def what_is(x) when is_atom(x) do
      IO.puts "#{x} is an atom"
    end
  end

  Guard.what_is(99)         # => 99 is a number
  Guard.what_is(:cat)       # => cat is an atom
  Guard.what_is([1,2,3])    # => [1,2,3] is a list
```

앞에서 팩토리얼을 구현한 예제를 다시 한번 보자.

코드: mm/factorial1.exs

```
defmodule Factorial do
  def of(0), do: 1
  def of(n), do: n * of(n-1)
end
```

인자로 음수를 넣으면 무한 루프에 빠진다. n의 값을 아무리 줄이더라도 0에는 도달하지 못하기 때문이다. 즉, 무한 루프에 들어가지 않도록 가드를 추가하는 편이 좋겠다.

코드: mm/factorial2.exs

```
defmodule Factorial do
  def of(0), do: 1
  def of(n) when is_integer(n) and n > 0 do
    n * of(n-1)
  end
end
```

이렇게 구현된 함수에 음수 인자를 넣으면 어디에도 매칭되지 않을 것이다.

```
iex> c "factorial2.exs"
[Factorial]
iex> Factorial.of -100
** (FunctionClauseError) no function clause matching in Factorial.of/1...
```

파라미터는 정수여야 하므로 타입에 대한 가드도 추가했다.

6.4.1 가드 조건절에 사용할 수 있는 것들

가드 조건절에는 엘릭서 표현식 중 일부만 사용할 수 있다. 다음 목록은 엘릭서 공식 가이드[4]에 소개된 내용을 정리한 것이다.

비교 연산자

==, !=, ===, !==, >, <, <=, >=

이진 및 부정 연산자

or, and, not (!, ||, &&는 허용되지 않음에 유의)

산술 연산자

+, −, *, /

연결 연산자

<>, ++ (왼쪽이 리터럴일 때만 가능)

in 연산자

컬렉션 또는 범위 안에 값이 포함되는지를 확인한다.

타입 확인 함수

다음 함수는 인자가 특정 타입일 때 true를 반환한다. 자세한 내용은 엘릭서 공식 문서에서 확인하자.[5]

- is_atom
- is_binary
- is_bitstring
- is_boolean
- is_exception
- is_float
- is_function
- is_integer
- is_list
- is_map
- is_map_key
- is_nil
- is_number
- is_pid
- is_port
- is_reference
- is_struct
- is_tuple

---

4 https://hexdocs.pm/elixir/patterns-and-guards.html#guards

5 옮긴이_ is_map_key, is_struct 함수는 엘릭서 1.10부터, is_exception 함수는 1.11부터 사용할 수 있다.

기타 함수들

다음 내장 함수는 true, false가 아닌 값을 반환한다. 같은 문서에서 자세한 설명을 확인할 수 있다.[6]

- abs(number)
- bit_size(bitstring)
- ceil(number)
- elem(tuple, n)
- floor(number)
- length(list)
- node()
- rem(number, number)
- self()
- trunc(number)

- binary_part(binary, start, length)
- byte_size(bitstring)
- div(number, number)
- float(term)
- hd(list)
- map_size(map)
- node(pid¦ref¦port)
- round(number)
- tl(list)
- tuple_size(tuple)

가드 조건절과 조건문

팩토리얼 함수를 다시 한번 보자.

```
def of(0), do: 1
def of(n) when is_integer(n) and n > 0 do
  n * of(n-1)
end
```

조건문을 이용해서도 같은 기능을 구현할 수 있다.

```
def of(0), do: 1
def of(n) do
  if n < 0 do
    raise "factorial called on a negative number"
  else
    n * of(n-1)
  end
end
```

---

6 옮긴이_ ceil, floor 함수는 엘릭서 1.8부터 사용할 수 있다. 이 목록에 있는 함수들은 Kernel 모듈에 정의되어 있어 별도 모듈 지정 없이 사용할 수 있다. 이 목록의 함수들을 조합하거나 얼랭 함수를 이용하는 함수들이 Bitwise, Integer, Record 모듈 등에 추가로 정의되어 있는데, 이 역시 가드 조건절에서 사용할 수 있다. 관련해서는 엘릭서 공식 문서를 참조하자.

동작 면에서 이 둘은 동일하며, 둘 다 음수를 받으면 예외를 발생시킨다. 하지만 실은 같지 않다. 두 번째 구현의 of/1 함수는 모든 인자를 받을 수 있도록 구현되어 있다. 하지만 첫 번째 구현은 음수 파라미터에 대해서는 아예 구현되어 있지 않다. 다시 말해 첫 번째 구현은 함수의 정의역이 음이 아닌 정수임을 명시적으로 나타낸다. 두 예제의 차이는 그리 크지 않지만, 첫 번째 구현이 우리의 의도를 보다 정확히 표현한다.

6.5 기본 파라미터

기명 함수를 정의할 때 각 파라미터에 param \\ value 문법을 사용해 기본값을 지정할 수 있다. 기본 파라미터가 있는 함수를 호출할 때, 엘릭서는 전달받은 인자 개수와 함수의 필수 파라미터 개수(기본값이 정의되어 있지 않은 파라미터의 수)를 비교한다. 필수 파라미터 개수보다 적은 인자가 전달되면 함수에 매칭되지 않는다. 인자 개수와 필수 파라미터 개수가 같으면 인자들은 모두 필수 파라미터 자리에 들어가고, 나머지 파라미터들은 모두 기본값을 가진다. 인자가 필수 파라미터 개수보다 많으면 넘치는 수만큼 기본값을 왼쪽부터 덮어쓴다.

코드: mm/default_params.exs

```elixir
defmodule Example do
  def func(p1, p2 \\ 2, p3 \\ 3, p4) do
    IO.inspect [p1, p2, p3, p4]
  end
end

Example.func("a", "b")            # => ["a",2,3,"b"]
Example.func("a", "b", "c")       # => ["a","b",3,"c"]
Example.func("a", "b", "c", "d")  # => ["a","b","c","d"]
```

기본 파라미터를 정의한 함수는 패턴 매칭 시 신기한 동작을 보인다. 예를 들어보자.

```elixir
def func(p1, p2 \\ 2, p3 \\ 3, p4) do
  IO.inspect [p1, p2, p3, p4]
```

```
  end

  def func(p1, p2) do
    IO.inspect [p1, p2]
  end
```

코드를 컴파일하면 다음과 같은 오류가 출력된다.

```
** (CompileError) default_params.exs:7: def func/2 conflicts with defaults from
def func/4
```

오류가 출력되는 이유는 첫 번째 함수 정의(기본 파라미터가 있는 함수)가 인자 2개, 3개, 4개인 함수 호출에 모두 매칭되기 때문이다. 기억해야 할 특징이 하나 더 있다. 기본 파라미터를 가지는 함수에 여러 구현을 정의한 경우다.

코드: mm/default_params1.exs

```
defmodule DefaultParams1 do
  def func(p1, p2 \\ 123) do
    IO.inspect [p1, p2]
  end

  def func(p1, 99) do
    IO.puts "you said 99"
  end
end
```

코드를 컴파일하면 경고가 발생한다.

```
warning: def func/2 has multiple clauses and also declares default values. In such
cases, the default values should be defined in a header. Instead of:

    def foo(:first_clause, b \\ :default) do ... end
    def foo(:second_clause, b) do ... end

one should write:
```

```
        def foo(a, b \\ :default)
        def foo(:first_clause, b) do ... end
        def foo(:second_clause, b) do ... end

    default_params1.exs:6

  warning: this clause for func/2 cannot match because a previous clause at line 2
  always matches
    default_params1.exs:6
```

이는 기본값으로 인해 발생하는 혼동을 줄이기 위한 의도적인 동작이다. 이때 기본 파라미터를 사용하려면 우선 기본값 파라미터가 있는 함수를 본문 없이 정의하고, 나머지 함수들은 기본값 없이 정의하면 된다. 이렇게 하면 처음에 정의한 기본값이 모든 함수 호출에 적용된다.

코드: mm/default_params2.exs

```elixir
defmodule Params do

  def func(p1, p2 \\ 123)

  def func(p1, p2) when is_list(p1) do
    "You said #{p2} with a list"
  end

  def func(p1, p2) do
    "You passed in #{p1} and #{p2}"
  end

end

IO.puts Params.func(99)          # You passed in 99 and 123
IO.puts Params.func(99, "cat")   # You passed in 99 and cat
IO.puts Params.func([99])        # You said 123 with a list
IO.puts Params.func([99], "dog") # You said dog with a list
```

6.6 프라이빗 함수

defp 매크로로 프라이빗private 함수를 정의할 수 있다. 어디서든 호출할 수 있는 퍼블릭public 함수와 달리, 프라이빗 함수는 정의된 모듈 내에서만 호출할 수 있다. 프라이빗 함수 역시 def로 퍼블릭 함수를 정의할 때와 마찬가지로 한 함수를 여러 번 정의할 수 있다. 하지만 하나의 함수를 일부는 퍼블릭으로, 일부는 프라이빗으로 정의할 수는 없다. 즉 다음은 잘못된 코드다.

```
def fun(a) when is_list(a), do: true
defp fun(a), do: false
```

6.7 끝내주는 파이프 연산자: |>

마지막까지 아껴둔, 함수에서 가장 맛있는 부분을 소개한다. 지금까지 이런 식의 코드를 많이 봐왔을 것이다.

```
people = DB.find_customers
orders = Orders.for_customers(people)
tax    = sales_tax(orders, 2018)
filing = prepare_filing(tax)
```

먹고 살기 위해 하는 프로그래밍이다. 이건 그나마 나은데, 다른 방식으로 쓰면 다음처럼 된다.

```
filing = prepare_filing(sales_tax(Orders.for_customers(DB.find_customers), 2018))
```

어린아이들에게 채소를 먹일 때나 쓸 만한 코드다. 읽기도 힘들뿐더러 연산이 이루어지는 순서를 이해하려면 함수의 안쪽부터 거슬러 나와야 한다. 엘릭서에서는 더 나은 방법을 사용한다.

```
filing = DB.find_customers
         |> Orders.for_customers
         |> sales_tax(2018)
         |> prepare_filing
```

|> 연산자는 왼쪽 표현식의 결과를 받아서 오른쪽에 있는 함수의 첫 번째 파라미터에 넣는다. 즉, 첫 번째 함수 호출이 반환한 고객 리스트가 두 번째 함수인 for_customers의 인자가 된다. 이 함수가 반환하는 주문 리스트는 sales_tax의 첫 번째 인자가 되며, 2018은 두 번째 인자가 된다. 기본적으로 val |> f(a, b)는 f(val, a, b)와 같다.

```
list
|> sales_tax(2018)
|> prepare_filing
```

이 코드는 prepare_filing(sales_tax(list, 2018))과 같다.

앞서 본 예제에서는 식을 이루는 각 부분을 줄을 나누어 썼는데, 다음처럼 한 줄에 이어 쓸 수도 있다. 두 방법 모두 엘릭서에서 유효한 문법이다.

```
iex> (1..10) |> Enum.map(&(&1*&1)) |> Enum.filter(&(&1 < 40))
[1, 4, 9, 16, 25, 36]
```

함수의 인자를 전달할 때 괄호를 써야 함에 유의하자. 그렇지 않으면 함수를 축약할 때 쓰는 & 와 파이프 연산자가 충돌한다.

> **WARNING_** 다시 한번 강조한다. 파이프라인 안에 있는 함수 호출에서는 파라미터에 항상 괄호를 씌워야 한다.

파이프 연산자가 좋은 점은 코드를 명세와 닮은 꼴로 쓸 수 있다는 점이다. 앞서 살펴본 매출-세금 예제에서는 명세서에 이런 식으로 쓰여 있을 것이다.

- 고객 명단을 구한다.
- 고객들이 주문한 내역을 구한다.
- 주문 내역에 대한 세금을 계산한다.
- 세금을 신고한다.

이 명세를 코드로 바꾸려면 항목 사이에 |>를 넣고 각각을 함수로 구현하기만 하면 된다.

```
DB.find_customers
|> Orders.for_customers
|> sales_tax(2018)
|> prepare_filing
```

프로그래밍은 데이터를 변형하는 작업이며 |> 연산자는 변형을 명시적으로 하게 해준다. 이제

이 책의 원서에서 언어를 한 마디로 소개하는 'Functional |> Concurrent |> Pragmatic |> Fun'의 의미를 이해할 수 있을 것이다.

6.8 모듈

모듈은 당신이 정의한 것들에 네임스페이스를 만들어준다. 6.1절에서 기명 함수를 한데 묶을 때 사용한 적이 있다. 모듈은 함수만이 아니라 매크로, 구조체, 프로토콜, 심지어는 다른 모듈까지도 포함할 수 있다.

모듈 안에 정의된 함수를 모듈 밖에서 참조하려면 함수명 앞에 모듈 이름을 붙여야 한다. 같은 모듈 안에 있는 함수를 호출할 때는 붙이지 않아도 된다. 예를 들면 다음과 같다.

```
defmodule Mod do
  def func1 do
    IO.puts "in func1"
  end
  def func2 do
    func1
    IO.puts "in func2"
  end
end

Mod.func1
Mod.func2
```

func1과 func2는 같은 모듈 안에 있으므로 func2에서는 func1을 모듈명을 지정하지 않고 바로 호출한다. 모듈 밖에서는 Mod.func1과 같이 모듈명까지 지정해야 한다. 다른 프로그래밍 언어에서와 마찬가지로 엘릭서에서도 코드의 가독성과 재사용성을 높이기 위해 모듈을 중첩해 정의할 수 있다. 그런 면에서 모든 개발자는 라이브러리를 만들고 있는지도 모른다.

중첩된 모듈 안의 함수에 외부에서 접근하려면 모듈 이름을 모두 적어주어야 한다. 어떤 모듈에서 내부 모듈에 접근할 때는 모듈 이름을 모두 적어도 되고, 내부 모듈의 이름만 적어도 괜찮다.

```
defmodule Outer do
  defmodule Inner do
    def inner_func do
    end
  end

  def outer_func do
    Inner.inner_func
  end
end

Outer.outer_func
Outer.Inner.inner_func
```

사실 엘릭서에서의 모듈 중첩은 일종의 허상이다. 모든 모듈은 최상위에 정의된다. 코드상으로 모듈을 중첩해서 정의하더라도 엘릭서는 외부 모듈명을 내부 모듈명 앞에 온점(.)으로 연결해 모듈명으로 삼는다. 즉, 중첩된 모듈을 직접 정의할 수도 있다는 뜻이다.

```
defmodule Mix.Tasks.Doctest do
  def run do
  end
end

Mix.Tasks.Doctest.run
```

이는 모듈 Mix와 Mix.Tasks.Doctest 사이에 특별한 관계가 없음을 의미하기도 한다.

6.8.1 모듈 지시자

엘릭서에서는 다른 모듈을 사용할 때 세 가지 지시자directive를 사용한다. 셋 모두 프로그램이 시작하면 함께 실행되며 **문법적 스코프**lexical scope를 가진다. 지시자의 효과는 지시자를 만난 곳부터 코드를 감싸는 블록이 끝날 때까지 유효하다. 즉 지시자를 모듈 내에 정의했다면 해당 모듈 정의가 끝날 때까지 사용할 수 있으며, 함수 내에 정의했다면 해당 함수 정의가 끝날 때까지 유효하다.

import 지시자

import는 다른 모듈의 함수와 매크로를 현재 스코프로 가져온다. 코드에서 특정 모듈을 자주 사용할 때 import를 사용해서 가져오면 모듈명을 반복하는 수고를 덜 수 있다. 예를 들어 List 모듈의 flatten 함수를 임포트하면 모듈명을 지정하지 않고도 flatten 함수를 호출할 수 있다.

코드: mm/import.exs

```
defmodule Example do
  def func1 do
    List.flatten [1,[2,3],4]
  end
  def func2 do
    import List, only: [flatten: 1]
    flatten [5,[6,7],8]
  end
end
```

import의 전체 문법은 다음과 같다.

```
import Module [, only:|except: ]
```

두 번째 파라미터는 필수는 아니지만, 특정 함수나 매크로만을 가져오거나 제외하는 데 사용한다. only:나 except: 뒤에 **함수명: 인자 수** 쌍의 리스트를 넣어주면 된다. 가능한 한 작은 스코프에서 import를 사용하고, only:를 이용해 필요한 함수만 임포트하기를 권장한다.

```
import List, only: [flatten: 1, duplicate: 2]
```

only:에 :functions나 :macros 아톰을 지정해 함수만, 혹은 매크로만 임포트할 수도 있다.

alias 지시자

alias 지시자는 모듈에 별칭을 생성한다. 주목적은 타이핑할 수고를 줄이는 것이다.

```
defmodule Example do
  def compile_and_go(source) do
    alias My.Other.Module.Parser, as: Parser
    alias My.Other.Module.Runner, as: Runner
    source
    |> Parser.parse()
    |> Runner.execute()
  end
end
```

as: 파라미터는 기본적으로 모듈명의 마지막 부분으로 지정되므로 앞의 **alias**는 다음과 같이 줄여 쓸 수 있다.

```
alias My.Other.Module.Parser
alias My.Other.Module.Runner
```

더 줄여 쓸 수도 있다.

```
alias My.Other.Module.{Parser, Runner}
```

require 지시자

require는 다른 모듈에 정의된 매크로를 호출하고자 할 때 사용한다. 코드가 컴파일될 때 다른 모듈의 매크로를 이용할 수 있음을 보장해준다. 자세한 내용은 22장에서 매크로를 알아보면서 조금 더 살펴보자.

6.9 모듈 속성

엘릭서의 각 모듈은 메타데이터를 가질 수 있다. 메타데이터를 이루는 각 항목을 **모듈 속성**module attribute이라 부르며, 각각은 이름을 가진다. 모듈 내에서는 속성 이름 앞에 @를 붙여서 해당 값에 접근한다. 속성에 값을 설정하려면 다음처럼 한다.

```
@name value
```

이 구문은 모듈의 최상위에서만 사용할 수 있다. 다시 말해, 함수 정의 내에서는 모듈 속성에 값을 설정할 수 없고, 값을 읽는 것만 가능하다.

코드: mm/attributes.exs

```
defmodule Example do
  @author  "Dave Thomas"
  def get_author do
    @author
  end
end
IO.puts "Example was written by #{Example.get_author}"
```

모듈 안에서 같은 속성의 값을 여러 번 설정할 수도 있다. 함수에서 모듈 속성에 접근하는 경우 속성의 값은 함수가 정의될 당시의 값으로 설정된다.

코드: mm/attributes1.exs

```
defmodule Example do
  @attr "one"
  def first, do: @attr
  @attr "two"
  def second, do: @attr
end
IO.puts "#{Example.second}  #{Example.first}"     # => two  one
```

모듈 속성은 일반 변수와는 다르다.[7] 많은 개발자가 자바나 루비의 상수처럼 사용하지만 가급적 설정과 메타데이터 용도로만 사용하기를 권장한다.

---

7 옮긴이_ 본문에서 언급된 차이점과 더불어 컴파일 시점에 값이 결정되어 런타임에는 값을 변경할 수 없다는 차이도 있다.

6.10 모듈의 이름: 엘릭서, 얼랭, 아톰

엘릭서 모듈은 대체로 String이나 PhotoAlbum과 같은 이름을 가진다. 그리고 모듈 안에 정의된 함수는 String.length("abc")와 같은 식으로 호출한다. 사실 이 과정에서는 내부적으로 미묘한 일이 일어난다. 모듈 이름은 사실 하나의 아톰이다. 대문자로 시작하는 모듈 이름을 하나 쓰면 엘릭서는 이를 Elixir.가 앞에 붙은 아톰으로 바꾼다. 예를 들어 IO 모듈은 Elixir.IO가 되며, Dog 모듈은 Elixir.Dog이 된다.

```
iex> is_atom IO
true
iex> to_string IO
"Elixir.IO"
iex> :"Elixir.IO" === IO
true
```

즉 모듈 안에 있는 함수를 호출하는 코드는 실제로는 아톰 뒤에 점을 하나 찍고 함수명을 이어 붙인 형태다. 따라서 함수를 다음처럼 호출할 수도 있다.

```
iex> IO.puts 123
123
:ok
iex> :"Elixir.IO".puts 123
123
:ok
```

심지어는 다음처럼 할 수도 있다.

```
iex> my_io = IO
IO
iex> my_io.puts 123
123
:ok
```

6.11 얼랭 라이브러리의 함수 호출하기

얼랭에서 변수나 모듈의 이름을 정하는 컨벤션은 엘릭서와 사뭇 다르다. 얼랭에서 변수 이름은 대문자로 시작하며 아톰은 소문자로 시작한다. 예를 들어 얼랭의 timer 모듈을 얼랭에서는 timer라는 아톰 그대로 사용할 수 있지만, 엘릭서에서는 :timer라고 써야 한다. timer 모듈 내의 tc라는 함수를 엘릭서에서 사용하려면 :timer.tc와 같이 써야 한다(맨 앞에 콜론이 필요하다).

실수를 총 세 글자, 소수점 아래 한 자리까지 허용하는 필드에 출력한다고 해보자. 얼랭에는 이를 지원하는 함수가 있다. erlang format으로 검색해보면 얼랭 io 모듈의 format이라는 함수를 찾을 수 있다.[8]

문서에 따르면 얼랭에서는 이 함수를 io.format과 같이 호출하므로, 엘릭서에서는 얼랭의 모듈명을 엘릭서 아톰으로 바꾸어 호출하면 된다.

```
iex> :io.format("The number is ~3.1f~n", [5.678])
The number is 5.7
:ok
```

6.12 라이브러리 찾기

애플리케이션에서 사용할 라이브러리가 필요하다면 우선 엘릭서 모듈 중에서 찾아보면 좋다. 기본 내장된 모듈에 대한 설명은 엘릭서 공식 웹사이트[9]에 있으며, 나머지 모듈은 *https://hex.pm*이나 깃허브GitHub에 공개되어 있다('elixir'로 검색하자).

만약 찾지 못했다면 얼랭 내장 라이브러리를 찾아보거나 인터넷을 검색해보자.[10] 얼랭 라이브러리 역시 당신의 프로젝트에서 사용할 수 있다(13장에서 프로젝트를 다루며 사용법을 살펴본다). 단 얼랭 라이브러리의 문서는 얼랭의 컨벤션을 사용한다는 점에 주의하자. 얼랭에서 변수

---

8 *http://erlang.org/doc/man/io.html#format-2*

9 *http://elixir-lang.org/docs*

10 *http://erlang.org/doc* 또는 *http://erldocs.com*

는 대문자로 시작하며, 소문자로 시작하는 식별자는 아톰이다(즉, 얼랭에서 tomato로 쓰면 엘릭서에서는 :tomato로 써야 한다). 엘릭서와 얼랭의 차이점은 엘릭서 공식 홈페이지에 정리되어 있다.[11]

함수에 대해 살펴봤으니, 이제부터는 초점을 함수가 다루는 데이터로 옮겨보자. 리스트만큼 시작하기 좋은 주제가 또 있을까? 다음 장에서는 바로 그 리스트를 알아보도록 하자.

연습문제

6-7 다음 기능을 하는 라이브러리 함수를 각각 찾아 IEx에서 실행해보자. 문제 뒤에 [엘릭서]가 붙었으면 엘릭서 라이브러리에서, [얼랭]이 붙었으면 얼랭 라이브러리에서 찾으면 된다.

- 소수를 소수점 아래 두 자리까지의 문자열로 바꾸는 함수 [얼랭]
- 운영체제의 환경 변수를 얻어오는 함수 [엘릭서]
- 파일의 확장자를 반환하는 함수(예를 들어 "dave/test.exs"가 주어지면 .exs를 반환) [엘릭서]
- 현재 작업 디렉터리를 반환하는 함수 [엘릭서]
- JSON 형식의 문자열을 엘릭서 자료구조로 바꾸는 함수(설치하지는 말고 검색만 해보자)
- 운영체제의 셸에서 명령어를 실행하는 함수

---

11 https://elixir-lang.org/crash-course.html

리스트와 재귀

이 장에서 살펴볼 내용은 다음과 같다.

- 리스트의 재귀적 구조
- 리스트 탐색하기, 리스트 만들기
- 맵map, 리듀스reduce 연산 구현하기

전통적인 언어에서 리스트를 이용해 프로그램을 작성할 때는 일반적으로 리스트를 순회 대상으로 여겼으며 반복문으로 다루는 것이 자연스러웠다. 하지만 정말 그렇다면 '리스트와 재귀'라는 장은 필요하지 않을 것이다. 문제를 올바른 방식으로 바라본다면 재귀야말로 링크드 리스트를 다루는 완벽한 도구다.

7.1 리스트의 머리와 꼬리

4.4절에서 살펴봤듯 리스트는 비어 있거나 머리head와 꼬리tail로 구성되어 있다. 머리는 값을 담고, 꼬리는 머리를 제외한 나머지 값을 담은 리스트다.[1] 이는 리스트의 재귀적 정의다. 빈 리스트는 다음과 같이 쓴다.

---

1 옮긴이_ 이후에는 정의에 따라 리스트의 첫 값을 '머리'로, 첫 값을 제외한 나머지 리스트를 '꼬리'라고 부른다.

```
[ ]
```

파이프 기호(|)를 사용해서 리스트의 머리와 꼬리 사이를 구분할 수 있다고 상상해보자. 우리가 흔히 [3]과 같이 쓰는 값 하나짜리 리스트는, 3이라는 값이 빈 리스트와 이어져 있는 것처럼 바꾸어 쓸 수 있다(하이라이트된 부분이 내부 리스트다).

```
[ 3 | [ ] ]
```

파이프 기호 왼쪽에 있는 값을 리스트의 머리라고 하고, 오른쪽을 리스트의 꼬리라고 하자. 리스트 [2, 3]에서 머리는 2고 꼬리는 값 하나짜리 리스트([3])다. 그런데 꼬리에 해당하는 리스트는 바로 앞 예제에서 봤다. 따라서 [2, 3]은 다음처럼 쓸 수도 있다.

```
[ 2 | [ 3 | [ ] ] ]
```

이쯤 되면 당신의 머릿속에서 오늘 올라온 XKCD[2]나 보러 가자는 속삭임이 들려올지도 모른다. 이런 건 아무 쓸모도 없다고 말이다. 잠시만이라도 머릿속 목소리를 무시하도록 노력하자. 이제 곧 마법 같은 일이 일어날 것이다. 하지만 그 전에, 리스트에 값을 하나 추가해 [1, 2, 3]을 만들자. 이 리스트는 머리가 1이고 그 뒤에 [2, 3]이 이어지는데, 뒤에 이어지는 리스트는 바로 앞에서도 봤다.

```
[ 1 | [ 2 | [ 3 | [ ] ] ] ]
```

놀랍게도 이 표기는 유효한 엘릭서 문법이다. IEx에 그대로 입력해보자.

```
iex> [ 1 | [ 2 | [ 3 | [] ] ] ]
[1, 2, 3]
```

그리고 여기서 마법이 시작된다. 2.2절에서 패턴 매칭을 다루면서, 패턴에 리스트도 사용할 수 있으며 이때 우변에 있는 리스트의 값이 좌변으로 할당됨을 살펴봤다.

---

2 옮긴이_ XKCD는 긱(Geek)스러운 내용을 소재로 하는 웹 만화다.

```
iex> [a, b, c] = [ 1, 2, 3 ]
[1, 2, 3]
iex> a
1
iex> b
2
iex> c
3
```

한발 더 나아가 파이프 기호를 패턴에 사용할 수도 있다. 파이프 기호 왼쪽에는 리스트의 머리 부분이 매칭되고, 오른쪽에는 꼬리 부분이 매칭된다.

```
iex> [ head | tail ] = [ 1, 2, 3 ]
[1, 2, 3]
iex> head
1
iex> tail
[2, 3]
```

7.2 머리와 꼬리를 사용해 리스트 처리하기

리스트를 머리와 꼬리로 나눌 수 있게 되었으니, 이제 값과 리스트를 각각 머리와 꼬리로 삼아 새로운 리스트를 만들어보자. 그런데 왜 리스트를 모듈과 함수 바로 다음에 소개하는 것일까? 그 이유는 리스트와 재귀 함수는 바늘과 실처럼 함께 다니기 때문이다. 리스트의 길이를 구하는 알고리즘은 다음과 같다.

- 빈 리스트의 길이는 0이다.
- 리스트의 길이는 리스트 꼬리 길이에 1을 더한 것이다.

IEx는 어떻게 리스트를 표시하는가

11장 '문자열과 바이너리'에서 엘릭서가 문자열을 내부적으로 표현하는 방식 두 가지를 알아본다. 하나는 우리에게도 친숙한 방식으로, 연속된 메모리 위치에 문자들을 나열하는 것이다. 큰따옴표(") 문자열 리터럴이 이에 해당한다.

두 번째 방식은 작은따옴표(')를 사용하는데, 이때 문자열은 내부적으로 정수 코드포인트[3]의 리스트로 표현된다. 예를 들어 문자열 'cat'은 99, 97, 116이라는 세 개의 코드포인트로 표현된다. 이 방식은 IEx의 골칫거리이기도 하다. [99, 97, 116]이라는 리스트가 있을 때, IEx는 이 리스트가 문자열 'cat'인지 숫자 세 개짜리 리스트인지 구분하지 못한다. 이때 IEx는 휴리스틱[heuristic][4]을 사용해 문제를 해결한다. 만약 리스트의 모든 값이 출력할 수 있는 아스키 문자 범위에 있으면 리스트는 문자열로 표시되고, 그렇지 않으면 정수 리스트를 그대로 출력한다.

```
iex> [99, 97, 116]
'cat'
iex> [99, 97, 116, 0]          # '0'은 문자로 출력할 수 없다
[99, 97, 116, 0]
```

11장에서 이 동작을 우회하는 방법을 다룬다. 그때까지는 리스트를 기대했는데 갑자기 문자열이 튀어나와도 놀라지 말자.

리스트 길이를 구하는 알고리즘은 다음처럼 간단히 엘릭서 코드로 옮길 수 있다.

코드: lists/mylist.exs

```
defmodule MyList do
  def len([]), do: 0
  def len([ head | tail ]), do: 1 + len(tail)
end
```

len 함수의 두 번째 정의만이 약간 까다롭다.

---

3 옮긴이_ 각 문자에 대응되는 유니코드 코드포인트 값. 아스키(ASCII)코드 범위에 있는 문자는 아스키코드와 유니코드 코드포인트 값이 같다.

4 옮긴이_ 완벽한 판단을 할 수 없는 상황에서 활용 가능한 정보만으로 판단하는 방법을 말한다.

```
def len([ head | tail ]) ...
```

이 코드는 비어 있지 않은 모든 리스트에 패턴 매칭된다. 여기에 매칭되면 변수 head는 리스트의 첫 번째 요소를 값으로 갖게 되고, tail은 리스트의 남은 부분을 받는다(재귀가 끝나면 모든 리스트가 빈 리스트가 되므로, 리스트의 꼬리는 []가 될 수도 있다).

이 함수가 리스트 [11, 12, 13, 14, 15]에 어떻게 동작하는지 살펴보자. 각 단계마다 리스트의 첫 요소를 하나씩 떼어낸 뒤 꼬리 길이에 1을 더한다.

```
len([11,12,13,14,15])
= 1 + len([12,13,14,15])
= 1 + 1 + len([13,14,15])
= 1 + 1 + 1 + len([14,15])
= 1 + 1 + 1 + 1 + len([15])
= 1 + 1 + 1 + 1 + 1 + len([])
= 1 + 1 + 1 + 1 + 1 + 0
= 5
```

실제로 코드를 실행해서 예상대로 동작하는지 보자.

```
iex> c "mylist.exs"
warning: variable "head" is unused (if the variable is not meant to be used,
prefix it with an underscore)
  mylist.exs:3: MyList.len/1
[MyList]
iex> MyList.len([])
0
iex> MyList.len([11,12,13,14,15])
5
```

잘 동작하지만 컴파일 경고가 발생한다. 함수 안에 있는 head 변수를 사용하지 않았기 때문이다. 이때 특수 변수인 언더스코어(_)를 변수 자리에 사용하면 경고를 제거함과 동시에 head 변수를 사용하지 않음을 명시적으로 나타낼 수 있다. 사용하지 않는 변수의 이름 앞에 언더스코어를 붙여서 변수 이름은 유지하되 경고만 없앨 수도 있다. 필자 역시 사용하지 않는 파라미터를 나타낼 때 이 방법을 종종 사용한다.

코드: lists/mylist1.exs

```
defmodule MyList do
  def len([]), do: 0
  def len([ _head | tail ]), do: 1 + len(tail)
end
```

코드를 컴파일하면 경고가 사라진다(수정한 **MyList**를 컴파일하면 "redefining module MyList"라는 경고를 볼 수도 있는데, 이건 단순히 엘릭서가 신중하기 때문이다).

```
iex> c "mylist1.exs"
[MyList]
iex> MyList.len([1,2,3,4,5])
5
iex> MyList.len(["cat", "dog"])
2
```

7.3 머리와 꼬리를 사용해 리스트 만들기

이제 조금 더 과감해지자. 숫자로 이루어진 리스트를 받아, 그 숫자들의 제곱을 새로운 리스트로 반환하는 함수를 만들어보자. 전체 코드를 적지는 않았지만 다음 함수는 **MyList** 모듈에 정의되어 있다.

코드: lists/mylist1.exs

```
def square([]), do: []
def square([ head | tail ]), do: [ head*head | square(tail) ]
```

코드는 짧지만 많은 의미를 담고 있다. 먼저 각 **square** 함수의 파라미터 패턴에 주목하자. 첫 번째 정의는 빈 리스트에 매칭되고, 두 번째 정의는 나머지 리스트에 매칭된다. 이어서 두 번째 함수 정의의 본문을 보자.

```
def square([ head | tail ]), do: [ head*head | square(tail) ]
```

비어 있지 않은 리스트가 패턴 매칭되면 새로운 리스트가 반환된다. 새로운 리스트의 머리는 원래 리스트 머리의 값의 제곱이고, 꼬리는 원래 리스트의 꼬리를 square 함수에 넣어 반환받은 리스트가 된다. 재귀적으로 리스트를 연산하고 있다. 한번 실행해보자.

```
iex> c "mylist1.exs"
[MyList]
iex> MyList.square []          # 첫 번째 정의에 매칭된다
[]
iex> MyList.square [4,5,6]     # 두 번째 정의에 매칭된다
[16, 25, 36]
```

비슷한 예를 하나 더 살펴보자. 이번에는 리스트에 있는 모든 요소에 1을 더하는 함수다.

코드: lists/mylist1.exs

```
def add_1([]), do: []
def add_1([ head | tail ]), do: [ head+1 | add_1(tail) ]
```

함수를 호출해보자.

```
iex> c "mylist1.exs"
[MyList]
iex> MyList.add_1 [1000]
[1001]
iex> MyList.add_1 [4,6,8]
[5, 7, 9]
```

7.4 맵 함수 만들기

square와 add_1 모두 실제 연산은 함수의 두 번째 정의에서 이루어졌다. 그리고 그 정의도 거의 비슷한 내용이었다. 둘 다 새로운 리스트를 반환했는데, 새로운 리스트의 머리 부분은 인자의 머리의 값을 제곱하거나 1을 더한 결과였고, 꼬리 부분은 인자의 꼬리를 새로운 인자로 한 재귀 호출의 결과였다. 이 동작을 일반화해 **map**이라는 함수를 새로 정의해보자. 이 함수는 리

스트와 함수를 받아 새로운 리스트를 반환하는데, 반환되는 리스트에는 인자로 받은 함수를 원본 리스트의 각 요소에 적용한 결과를 담는다.

코드: lists/mylist1.exs

```
def map([], _func), do: []
def map([ head | tail ], func), do: [ func.(head) | map(tail, func) ]
```

map 함수는 square, add_1 함수와 거의 동일하다. 빈 리스트를 받으면 빈 리스트를 반환한다. 그렇지 않으면 새로운 리스트를 반환하는데, 리스트의 머리는 인자로 받은 함수를 적용한 값이고, 꼬리는 같은 함수를 재귀 호출한 결과다. 빈 리스트에 대한 함수 구현에서는 인자로 받은 함수를 사용하지 않으므로 두 번째 파라미터의 이름에 _func과 같이 언더스코어를 붙였다. 언더스코어를 사용하면 변수가 사용되지 않았을 때 발생하는 경고를 제거해준다. 리스트와 함수 (fn으로 정의할 수 있다)를 전달해 함수를 호출해보자.

```
iex> c "mylist1.exs"
[MyList]
iex> MyList.map [1,2,3,4], fn (n) -> n*n end
[1, 4, 9, 16]
```

함수 역시 기본 내장 자료형으로, fn과 end 사이에 본문을 넣어 정의한다. 이렇게 정의한 함수는 map 함수의 두 번째 인자(func)가 되고, map 함수 안에서 func.(head)와 같이 호출된다. 그러면 head의 값이 제곱이 되어 새 리스트에 들어간다. map에 다른 함수를 넣어 호출해보자.

```
iex> MyList.map [1,2,3,4], fn (n) -> n+1 end
[2, 3, 4, 5]
```

또 다른 함수도 넣어보자.

```
iex> MyList.map [1,2,3,4], fn (n) -> n > 2 end
[false, false, true, true]
```

& 표기법으로도 같은 동작을 구현할 수 있다.

```
iex> MyList.map [1,2,3,4], &(&1 + 1)
[2, 3, 4, 5]
iex> MyList.map [1,2,3,4], &(&1 > 2)
[false, false, true, true]
```

7.5 리스트를 줄여 하나의 값으로 만들기

방금 만든 map/2 함수는 리스트의 각 요소에 독립적으로 함수를 적용하는 개념을 추상화한 것이다. 그렇다면 함수를 요소마다 적용하는 것이 아니라 여러 요소에 걸쳐 적용하고 싶을 때는 어떻게 할까? 리스트에 있는 값을 모두 더하거나, 곱하거나 또는 리스트에서 가장 큰 값을 찾아내는 작업은 어떻게 추상화할까?

컬렉션의 모든 값을 더하는 sum 함수는 컬렉션을 줄여reduce 하나의 값으로 만든다. 컬렉션에서 가장 크거나 작은 값을 찾거나, 각 요소를 곱하거나, 모든 문자열을 합치는 함수도 마찬가지다. 그렇다면 컬렉션을 하나의 값으로 줄이는 일반화된 함수는 어떻게 만들까?

일단 컬렉션을 받아야 한다. 초기값도 필요하다(sum/1 함수는 0을 초기값으로 받게 된다). 또한 함수도 하나 있어야 하는데, 이 함수는 현재까지의 누적된 연산 결과(컬렉션의 앞부분을 하나의 값으로 줄인 결과)와 컬렉션의 다음 값을 받아 연산의 다음 결과를 반환한다. 따라서 우리가 만들 reduce 함수는 다음처럼 인자 세 개를 받는다.

```
reduce(collection, initial_value, fun)
```

이제 이 함수를 재귀적으로 설계해보자.

- reduce([ ], value, _fun) → value
- reduce([head | tail], value, fun) → reduce(tail, fun.(head, value), fun)

reduce 함수는 리스트의 머리와 연산의 현재 값에 함수를 적용한다. 그리고 리스트의 꼬리에 reduce 연산을 적용할 때 그 연산 결과를 새로운 현재 값으로 전달한다. 다음 코드는 reduce 함수의 구현이다. 앞서 본 재귀적 설계를 잘 따르는지 확인하자.

```
defmodule MyList do
  def reduce([], value, _) do
    value
  end
  def reduce([head | tail], value, func) do
    reduce(tail, func.(head, value), func)
  end
end
```

당연하지만 함수를 전달할 때 & 표기법도 사용할 수 있다.

```
iex> c "reduce.exs"
[MyList]
iex> MyList.reduce([1,2,3,4,5], 0, &(&1 + &2))
15
iex> MyList.reduce([1,2,3,4,5], 1, &(&1 * &2))
120
```

연습문제

7-1 리스트와 함수를 받는 mapsum 함수를 만들어보자. 이 함수는 리스트의 각 요소에 함수를 적용한 뒤, 그 결과를 모두 더한 값을 반환한다. 호출 예는 다음과 같다.

```
iex> MyList.mapsum [1, 2, 3], &(&1 * &1)
14
```

7-2 이번에는 max(list) 함수를 구현해보자. 이 함수는 리스트에서 가장 큰 값을 반환한다(생각보다 조금 어려울 수 있다).

7-3 엘릭서에서 작은따옴표로 둘러싸인 문자열은 사실 각 문자 코드들의 리스트다. 리스트의 각 요소에 n을 더하는 caesar(list, n) 함수를 만들어보자. 만약 더한 문자 코드의 값이 'z'를 넘어가면 'a'로 돌아가 이어서 세어주자.[5]

---

5 옮긴이_ 기본적인 카이사르 암호의 구현이다.

```
iex> MyList.caesar('ryvkve', 13)
?????? (직접 맞혀보자!)
```

7.6 더 복잡한 리스트 패턴

값을 하나씩 처리하는 방법으로 모든 리스트 문제를 풀 수 있는 것은 아니다. 다행히 조인 연산자인 ¦는 연산자 왼쪽에 여러 값을 두도록 해준다. 따라서 다음과 같이 쓸 수도 있다.

```
iex> [ 1, 2, 3 ¦ [ 4, 5, 6 ]]
[1, 2, 3, 4, 5, 6]
```

패턴 매칭에서도 똑같이 동작한다. 따라서 리스트의 앞부분에 있는 여러 값을 한꺼번에 매칭할 수 있다. 예를 들어 다음 프로그램은 리스트의 값을 한 쌍씩 묶어 순서를 바꾼다.

코드: lists/swap.exs

```
defmodule Swapper do
  def swap([]), do: []
  def swap([ a, b ¦ tail ]), do: [ b, a ¦ swap(tail) ]
  def swap([_]), do: raise "Can't swap a list with an odd number of elements"
end
```

IEx에서 코드를 실행해보자.

```
iex> c "swap.exs"
[Swapper]
iex> Swapper.swap [1,2,3,4,5,6]
[2, 1, 4, 3, 6, 5]
iex> Swapper.swap [1,2,3,4,5,6,7]
** (RuntimeError) Can't swap a list with an odd number of elements
```

swap 함수의 세 번째 정의에는 값 하나짜리 리스트가 매칭된다. 재귀 호출을 수행한 결과 리스트에 값이 하나만 남았을 때가 이 경우에 해당한다. 매 호출마다 값을 두 개씩 처리하고 있으므로, 처음에 받은 리스트의 길이가 홀수일 때 이 패턴에 매칭된다.

7.6.1 리스트의 리스트

이번에는 여러 날씨 관측소에서 온도와 강수량을 기록한다고 해보자. 각 기록은 다음 형태로 저장된다.

```
[ timestamp, location_id, temperature, rainfall ]
```

기록들의 리스트를 받아, 27번 관측소에서 보내온 기록들만 찾아보자.

코드: lists/weather.exs

```
defmodule WeatherHistory do
  def for_location_27([]), do: []
  def for_location_27([ [time, 27, temp, rain ] | tail]) do
    [ [time, 27, temp, rain] | for_location_27(tail) ]
  end
  def for_location_27([ _ | tail]), do: for_location_27(tail)
end
```

이 코드는 리스트가 빌 때까지 재귀 처리하는 경우의 일반적인 구현이다. 그런데 함수의 두 번째 정의를 보자. 지금까지는 리스트의 첫 번째 값을 **head**라는 변수에 매칭했는데, 여기에 다음과 같은 패턴이 자리하고 있다.

```
for_location_27([ [ time, 27, temp, rain ] | tail])
```

패턴에 매칭되려면 리스트의 첫 번째 값이 값 네 개짜리 리스트여야 하고, 내부 리스트의 두 번째 값이 27이어야 한다. 이 함수는 우리가 원하는 날씨 관측소의 기록에만 실행된다. 한편 이러한 방식으로 필터링을 수행할 때는 조건에 매칭되지 않는 경우도 생각해야 한다. 함수의 세 번째 정의가 바로 그 역할을 해준다. 세 번째 정의의 파라미터 목록을 다음처럼 작성할 수도 있다.

```
for_location_27([ [ time, _, temp, rain ] | tail])
```

하지만 실제로는 리스트의 첫 번째 값이 무엇이든, 어떤 형식이든 상관없이 매칭되어야 한다. 같은 모듈에 간단한 테스트 데이터를 정의해두었다.

코드: lists/weather.exs

```
def test_data do
  [
    [1366225622, 26, 15, 0.125],
    [1366225622, 27, 15, 0.45],
    [1366225622, 28, 21, 0.25],
    [1366229222, 26, 19, 0.081],
    [1366229222, 27, 17, 0.468],
    [1366229222, 28, 15, 0.60],
    [1366232822, 26, 22, 0.095],
    [1366232822, 27, 21, 0.05],
    [1366232822, 28, 24, 0.03],
    [1366236422, 26, 17, 0.025]
  ]
end
```

이 데이터로 IEx에서 함수를 실행해보자. 더 쉽게 실행하기 위해 **import** 함수를 사용한다. **import**를 사용하면 **WeatherHistory** 모듈에 있는 함수들을 로컬 네임 스코프로 가져올 수 있다. 따라서 **import**를 호출한 다음에는 함수 호출 시 모듈명을 앞에 적지 않아도 된다.

```
iex> c "weather.exs"
[WeatherHistory]
iex> import WeatherHistory
WeatherHistory
iex> for_location_27(test_data)
[
  [1366225622, 27, 15, 0.45],
  [1366229222, 27, 17, 0.468],
  [1366232822, 27, 21, 0.05]
]
```

이 함수는 특정 관측소의 데이터만 가져올 수 있다는 한계가 있다. 원하는 관측소의 위치를 파라미터로 전달할 수 있다면 더 좋을 것이다. 이때도 패턴 매칭을 사용한다.

코드: lists/weather2.exs

```elixir
defmodule WeatherHistory do
  def for_location([], _target_loc), do: []
  def for_location([ [time, target_loc, temp, rain ] | tail], target_loc) do
    [ [time, target_loc, temp, rain] | for_location(tail, target_loc) ]
  end
  def for_location([ _ | tail], target_loc), do: for_location(tail, target_loc)
end
```

이제 두 번째 함수는 리스트에서 추출한 위치 정보가 파라미터로 받은 관측소 위치 정보와 같을 때만 매칭된다. 한편 이 함수는 조금 더 개선할 여지가 있다. 필터링 과정에서 우리는 위치 정보만을 사용하고 리스트 머리 부분에 있는 나머지 필드 세 개는 사용하지 않는다. 하지만 출력할 리스트를 구성할 때는 리스트 머리 부분의 값 전체를 사용한다. 다행히도 엘릭서의 패턴 매칭은 재귀적이어서 패턴 안에서도 패턴 매칭을 수행할 수 있다.

코드: lists/weather3.exs

```elixir
defmodule WeatherHistory do
  def for_location([], _target_loc), do: []
  def for_location([ head = [_, target_loc, _, _ ] | tail], target_loc) do
    [ head | for_location(tail, target_loc) ]
  end
  def for_location([ _ | tail], target_loc), do: for_location(tail, target_loc)
end
```

코드에서 중요한 부분은 다음 줄이다.

```elixir
def for_location([ head = [_, target_loc, _, _ ] | tail], target_loc)
```

수정 전 코드와 비교해보자.

```elixir
def for_location([ [ time, target_loc, temp, rain ] | tail], target_loc)
```

수정된 코드에서는 사용하지 않을 필드에 언더스코어를 사용했다. 그리고 값 네 개짜리 리스트를 통째로 head라는 파라미터에 패턴 매칭했다. 이는 '리스트의 머리 중 두 번째 값이 target_loc인 것에 매칭하고, 그때 리스트의 머리 부분 전체를 head라는 변수에 매칭하라'라는 의미다. 우리는 전체 리스트에서 특정 내부 리스트만을 골라내고, 동시에 그 내부 리스트의 각 구성 요소를 뽑아냈다.

수정 전 코드에서는 내부 리스트의 각 필드를 사용해 결과 리스트를 만들었다.

```
def for_location([ [ time, target_loc, temp, rain ] | tail], target_loc) do
  [ [ time, target_loc, temp, rain ] | for_location(tail, target_loc) ]
end
```

새로운 코드에서는 head만을 사용해 코드를 훨씬 깨끗하게 작성할 수 있다.

```
def for_location([ head = [_, target_loc, _, _ ] | tail], target_loc) do
  [ head | for_location(tail, target_loc) ]
end
```

연습문제

7-4 MyList.span(from, to) 함수를 만들어보자. 이 함수는 from부터 to까지의 숫자를 리스트로 반환한다.

7.7 리스트 모듈 실전

List 모듈은 리스트를 다루기 위한 여러 함수를 제공한다.

```
#
# 리스트 연결
#
iex> [1,2,3] ++ [4,5,6]
```

```
[1, 2, 3, 4, 5, 6]
#
# 평탄화
#
iex> List.flatten([[[1], 2], [[[3]]]])
[1, 2, 3]
#
# 폴딩 (reduce와 비슷하지만 방향을 정할 수 있다)
#
iex> List.foldl([1,2,3], "", fn value, acc -> "#{value}(#{acc})" end)
"3(2(1()))"
iex> List.foldr([1,2,3], "", fn value, acc -> "#{value}(#{acc})" end)
"1(2(3()))"
#
# 리스트 중간을 수정 (가벼운 연산은 아니다)
#
iex> list = [ 1, 2, 3 ]
[ 1, 2, 3 ]
iex> List.replace_at(list, 2, "buckle my shoe")
[1, 2, "buckle my shoe"]
#
# 리스트 안의 튜플에 접근하기
#
iex> kw = [{:name, "Dave"}, {:likes, "Programming"}, {:where, "Dallas", "TX"}]
[{:name, "Dave"}, {:likes, "Programming"}, {:where, "Dallas", "TX"}]
iex> List.keyfind(kw, "Dallas", 1)
{:where, "Dallas", "TX"}
iex> List.keyfind(kw, "TX", 2)
{:where, "Dallas", "TX"}
iex> List.keyfind(kw, "TX", 1)
nil
iex> List.keyfind(kw, "TX", 1, "No city called TX")
"No city called TX"
iex> kw = List.keydelete(kw, "TX", 2)
[name: "Dave", likes: "Programming"]
iex> kw = List.keyreplace(kw, :name, 0, {:first_name, "Dave"})
[first_name: "Dave", likes: "Programming"]
```

7.8 리스트와 친해지기

리스트는 연속된 값을 다룰 때 자연스럽게 사용하게 되는 자료구조다. 데이터를 파싱할 때, 값의 컬렉션을 다룰 때, 연속적인 함수 호출의 결과를 기록할 때 등에 리스트를 사용한다. 리스트는 익숙해질 때까지 시간을 들일 가치가 있다.

다음 장에서는 맵을 비롯해 다양한 딕셔너리 타입을 살펴본다. 이 타입들은 데이터를 키-값 쌍의 컬렉션으로 정리하도록 해준다.

## CHAPTER 8

맵, 키워드 리스트, 집합, 구조체

이 장에서 살펴볼 내용은 다음과 같다.

- 딕셔너리 방식 자료형 두어 개
- 패턴 매칭 이용하기, 맵 수정하기
- 구조체
- 중첩된 자료구조

딕셔너리는 키와 값을 연결해 데이터를 저장하는 자료형을 말한다. 딕셔너리에 해당하는 맵과 키워드 리스트는 4장에서 간략하게 살펴봤다. 이번 장에서는 패턴 매칭에서 딕셔너리 타입을 사용하는 방법과 데이터를 수정하는 방법을 다룬다. 이어서 정해진 구조를 가진 특수한 맵인 구조체struct를 알아보고, 마지막으로는 중첩된 자료구조(이를테면 맵 안에 있는 맵)에서 필드를 수정하는 방법을 찾아본다.

본격적으로 시작하기 전에 생각해볼 것이 한 가지 있다. 바로 '여러 딕셔너리 방식 자료형 중에서 무엇을, 어떤 기준으로 선택해야 하는가?'이다.

8.1 무엇을 써야 할까?

딕셔너리 방식 자료형이 필요할 때는 다음 순서대로 스스로에게 질문해보자.

질문	사용할 자료형
내용을 기준으로 패턴 매칭을 하고 싶은가?	맵
(예를 들어 :name이라는 키가 있는 경우를 패턴 매칭하고 싶은가?)	
같은 키로 여러 항목을 저장해야 하는가?	키워드 리스트
요소들의 순서가 보장되어야 하는가?	키워드 리스트
필드가 정해져 있나?(즉, 데이터의 구조가 항상 동일한가?)	구조체
어느 것에도 해당하지 않는 경우	맵

8.2 키워드 리스트

키워드 리스트는 일반적으로 함수에 옵션을 전달할 때 사용한다.

코드: maps/keywords.exs

```
defmodule Canvas do

  @defaults [ fg: "black", bg: "white", font: "Merriweather" ]

  def draw_text(text, options \\ []) do
    options = Keyword.merge(@defaults, options)
    IO.puts "Drawing text #{inspect(text)}"
    IO.puts "Foreground:  #{options[:fg]}"
    IO.puts "Background:  #{Keyword.get(options, :bg)}"
    IO.puts "Font:        #{Keyword.get(options, :font)}"
    IO.puts "Pattern:     #{Keyword.get(options, :pattern, "solid")}"
    IO.puts "Style:       #{inspect Keyword.get_values(options, :style)}"
  end

end

Canvas.draw_text("hello", fg: "red", style: "italic", style: "bold")
```

```
# =>
#   Drawing text "hello"
#   Foreground:  red
#   Background:  white
#   Font:        Merriweather
#   Pattern:     solid
#   Style:       ["italic", "bold"]
```

접근 연산자access operator인 kwlist[key] 문법을 사용해 값에 쉽게 접근할 수 있다. 또한
Keyword[1]와 Enum[2] 모듈의 모든 함수를 사용할 수 있다.

8.3 맵

맵은 랜덤 액세스가 가능한 키-값 자료구조로, 크기와 관계없이 좋은 성능을 낸다. Map 모듈[3]
의 API를 사용할 수 있다.

```
iex> map = %{ name: "Dave", likes: "Programming", where: "Dallas" }
%{likes: "Programming", name: "Dave", where: "Dallas"}
iex> Map.keys map
[:likes, :name, :where]
iex> Map.values map
["Programming", "Dave", "Dallas"]
iex> map[:name]
"Dave"
iex> map.name
"Dave"
iex> map1 = Map.drop map, [:where, :likes]
%{name: "Dave"}
iex> map2 = Map.put map, :also_likes, "Ruby"
%{also_likes: "Ruby", likes: "Programming", name: "Dave", where: "Dallas"}
iex> Map.keys map2
[:also_likes, :likes, :name, :where]
```

----

1 *https://hexdocs.pm/elixir/Keyword.html*

2 *https://hexdocs.pm/elixir/Enum.html*

3 *https://hexdocs.pm/elixir/Map.html*

```
iex> Map.has_key? map1, :where
false
iex> { value, updated_map } = Map.pop map2, :also_likes
{"Ruby", %{likes: "Programming", name: "Dave", where: "Dallas"}}
iex> Map.equal? map, updated_map
true
```

8.4 패턴 매칭하기, 맵 수정하기

맵을 다룰 때 가장 많이 묻게 되는 질문은 바로 '특정 키(때로는 특정 값까지도)가 존재하는가'
이다. 예를 들어 다음과 같은 맵이 있다고 하자.

```
person = %{ name: "Dave", height: 1.88 }
```

- 맵에 :name이라는 키가 있는가?

```
iex> %{ name: a_name } = person
%{height: 1.88, name: "Dave"}
iex> a_name
"Dave"
```

- 맵에 :name과 :height 키가 모두 있는가?

```
iex> %{ name: _, height: _ } = person
%{height: 1.88, name: "Dave"}
```

- :name 키의 값이 "Dave"인가?

```
iex> %{ name: "Dave" } = person
%{height: 1.88, name: "Dave"}
```

예시로 사용한 맵에는 :weight라는 키가 없으므로 다음 패턴 매칭은 실패한다.

```
iex> %{ name: _, weight: _ } = person
** (MatchError) no match of right hand side value: %{height: 1.88, name: "Dave"}
```

첫 번째 패턴 매칭에서 맵의 구조를 분해destructuring해 :name에 연결된 값을 추출한 데 주목하자. 이러한 동작은 다양하게 응용할 수 있다. 예를 하나 들어보자. for 문은 컬렉션을 순회하며 원하는 값을 필터링할 수 있게 해준다(자세한 내용은 **10.4절 '컴프리헨션 문'**에서 다룬다). 다음 예제에서는 for를 이용해 여러 사람의 데이터를 순회하며, 항목을 필터링하는 데 필요한 height 값을 추출하기 위해 구조 분해를 사용한다.

코드: maps/query.exs

```
people = [
  %{ name: "Grumpy",    height: 1.24 },
  %{ name: "Dave",      height: 1.88 },
  %{ name: "Dopey",     height: 1.32 },
  %{ name: "Shaquille", height: 2.16 },
  %{ name: "Sneezy",    height: 1.28 }
]

IO.inspect(for person = %{ height: height } <- people, height > 1.5, do: person)
```

실행한 결과는 다음과 같다.

```
[%{height: 1.88, name: "Dave"}, %{height: 2.16, name: "Shaquille"}]
```

앞 코드에서는 for 컴프리헨션 문에 people(맵의 리스트)을 입력했다. 이 리스트의 각 요소(맵 전체)가 person에 차례로 바인딩되고, 그 안에서 신장 값이 height에 바인딩되었다. 그중에서 신장이 1.5를 넘는 사람만 필터링해 do 블록을 통해 반환되므로 전체 for 문은 키가 큰 사람 리스트를 반환하고, 그것이 IO.inspect를 통해 출력되었다.

이때 패턴 매칭은 앞서 본 다른 패턴 매칭과 같은 원리로 이루어지며, 이러한 맵의 특성은 cond 표현식이나 함수 정의부에서의 매칭은 물론이고 패턴을 사용하는 모든 곳에서 사용할 수 있다.

```
defmodule HotelRoom do

  def book(%{name: name, height: height})
  when height > 1.9 do
    IO.puts "Need extra-long bed for #{name}"
  end

  def book(%{name: name, height: height})
  when height < 1.3 do
    IO.puts "Need low shower controls for #{name}"
  end

  def book(person) do
    IO.puts "Need regular bed for #{person.name}"
  end

end

people |> Enum.each(&HotelRoom.book/1)

# => Need low shower controls for Grumpy
#    Need regular bed for Dave
#    Need regular bed for Dopey
#    Need extra-long bed for Shaquille
#    Need low shower controls for Sneezy
```

8.4.1 패턴 매칭은 키를 바인딩하지는 않는다

패턴 매칭을 이용하더라도 키 자체를 변수에 바인딩할 수는 없다. 예를 들어 다음처럼 쓸 수는 있다.

```
iex> %{ 2 => state } = %{ 1 => :ok, 2 => :error }
%{1 => :ok, 2 => :error}
iex> state
:error
```

하지만 다음처럼은 사용할 수 없다.

```
iex> %{ item => :ok } = %{ 1 => :ok, 2 => :error }
** (CompileError) iex:5: cannot use variable item as map key inside a pattern...
```

8.4.2 변수에 저장된 키로는 매칭할 수 있다

2.4절에서 기본적인 패턴 매칭을 다루면서 핀 연산자의 쓰임도 살펴봤다. 핀 연산자는 매칭의
좌변(패턴)에 변수가 있을 때 변수의 값을 매칭에 사용하도록 한다. 맵의 키에 대해서도 핀 연
산자를 사용할 수 있다.

```
iex> data = %{ name: "Dave", state: "TX", likes: "Elixir" }
%{likes: "Elixir", name: "Dave", state: "TX"}
iex> for key <- [ :name, :likes ] do
...>    %{ ^key => value } = data
...>    value
...> end
["Dave", "Elixir"]
```

8.5 맵 수정하기

맵 전체를 순회하지 않더라도 맵에 새 키-값 쌍을 추가하거나 기존 값을 수정할 수 있다. 하지
만 엘릭서의 다른 값들과 마찬가지로 맵 역시 불변 데이터이므로, 맵을 수정해 얻는 결과는 새
로운 맵이 된다. 맵은 다음과 같은 방법으로 간단하게 수정할 수 있다.

```
new_map = %{ old_map | key => value, ... }
```

이 문법을 이용하면 기존 맵의 복사본에 파이프 기호 뒤에 있는 항목들을 갱신한 맵이 반환된
다.

```
iex> m = %{ a: 1, b: 2, c: 3 }
%{a: 1, b: 2, c: 3}
iex> m1 = %{ m | b: "two", c: "three" }
%{a: 1, b: "two", c: "three"}
iex> m2 = %{ m1 | a: "one" }
%{a: "one", b: "two", c: "three"}
```

하지만 이 문법은 원래 맵에 있던 항목을 수정하기 위한 것으로, 새 항목을 추가해주지는 않는다. 새 항목을 추가하려면 `Map.put_new/3` 함수를 사용해야 한다.[4]

8.6 구조체

엘릭서는 `%{...}` 문법을 맵으로 인식한다. 하지만 그 이상, 특히 맵으로 어떤 작업을 하려고 하는지, 특정 키만 허용해야 하는지, 일부 키에 기본값이 있어야 하는지 등은 알지 못한다. 일반적으로 맵을 사용할 때는 이런 것들을 굳이 신경 쓰지 않아도 된다. 하지만 타입이 있는 맵이 필요하다면 어떻게 해야 할까? 필드가 정해져 있고, 그 필드들에 기본값이 있으며, 저장된 데이터뿐 아니라 맵의 타입 자체로도 패턴 매칭하고 싶다면? 바로 **구조체**struct를 사용할 때다.

구조체는 사실 맵의 어떤 제한된 형태를 모듈로 감싼 것에 지나지 않는다. 타입에 상관없이 모든 값을 키로 사용할 수 있는 맵과 달리 구조체의 키는 항상 아톰이어야 한다. 또한 모듈의 이름이 그 구조체의 타입이 된다. 모듈 내에서 `defstruct` 매크로를 사용해 구조체의 필드를 정의할 수 있다.

코드: maps/defstruct.exs

```
defmodule Subscriber do
  defstruct name: "", paid: false, over_18: true
end
```

IEx를 이용해 실행해보자.

....

4 옮긴이_ 비슷한 역할을 하는 함수로 Map.put/3도 있다. 추가하려는 키가 이미 맵에 존재한다면 put 함수는 기존 값을 덮어쓰지만 put_new 함수는 값을 수정하지 않는다는 차이가 있다.

```
$ iex defstruct.exs
iex> s1 = %Subscriber{}
%Subscriber{name: "", over_18: true, paid: false}
iex> s2 = %Subscriber{ name: "Dave" }
%Subscriber{name: "Dave", over_18: true, paid: false}
iex> s3 = %Subscriber{ name: "Mary", paid: true }
%Subscriber{name: "Mary", over_18: true, paid: true}
```

구조체는 맵을 만들 때와 똑같은 문법으로 만든다. %와 { 사이에 모듈의 이름을 추가로 넣기만 하면 된다. 구조체 내의 필드에 접근할 때는 온점(.)이나 패턴 매칭을 사용한다.

```
iex> s3.name
"Mary"
iex> %Subscriber{name: a_name} = s3
%Subscriber{name: "Mary", over_18: true, paid: true}
iex> a_name
"Mary"
```

구조체를 수정할 때도 맵을 수정하는 문법을 사용할 수 있다.

```
iex> s4 = %Subscriber{ s3 | name: "Marie"}
%Subscriber{name: "Marie", over_18: true, paid: true}
```

구조체를 모듈 안에 정의하는 이유는 뭘까? 구조체에 특화된 연산이 필요하기 때문이다.

코드: maps/defsturct1.exs

```
defmodule Attendee do
  defstruct name: "", paid: false, over_18: true

  def may_attend_after_party(attendee = %Attendee{}) do
    attendee.paid && attendee.over_18
  end

  def print_vip_badge(%Attendee{name: name}) when name != "" do
    IO.puts "Very cheap badge for #{name}"
  end

  def print_vip_badge(%Attendee{}) do
```

```
      raise "missing name for badge"
    end
end
```

```
$ iex defstruct1.exs
iex> a1 = %Attendee{name: "Dave", over_18: true}
%Attendee{name: "Dave", over_18: true, paid: false}
iex> Attendee.may_attend_after_party(a1)
false
iex> a2 = %Attendee{a1 | paid: true}
%Attendee{name: "Dave", over_18: true, paid: true}
iex> Attendee.may_attend_after_party(a2)
true
iex> Attendee.print_vip_badge(a2)
Very cheap badge for Dave
:ok
iex> a3 = %Attendee{}
%Attendee{name: "", over_18: true, paid: false}
iex> Attendee.print_vip_badge(a3)
** (RuntimeError) missing name for badge...
```

Attendee 구조체를 다루기 위해 같은 모듈에 정의된 함수를 호출한다는 점에 주목하자. 구조체는 다형성을 구현할 때 매우 중요한 개념이다. 다형성에 관해서는 24장에서 프로토콜을 다루며 함께 알아보자.

8.7 중첩된 딕셔너리 구조

여러 딕셔너리 타입 자료형을 사용해서 키와 값을 연결할 수 있는데, 딕셔너리 타입 역시 그 값이 될 수 있다. 예를 들어 버그 제보 시스템이 있다고 해보자. 버그 제보를 자료구조로 표현하면 다음과 같이 나타낼 수 있다.

코드: maps/nested.exs

```
defmodule Customer do
  defstruct name: "", company: ""
```

```
      end

defmodule BugReport do
  defstruct owner: %Customer{}, details: "", severity: 1
end
```

간단한 버그 제보 구조체를 하나 생성해보자.

```
iex> report = %BugReport{owner: %Customer{name: "Dave", company: "Pragmatic"},
...>                         details: "broken"}
%BugReport{
  details: "broken",
  owner: %Customer{company: "Pragmatic", name: "Dave"},
  severity: 1
}
```

구조체의 owner 필드의 값은 Customer라는 다른 구조체다. 이렇게 중첩된 필드에도 온점(.)
을 통해 접근할 수 있다.

```
iex> report.owner.company
"Pragmatic"
```

그런데 버그 제보자의 회사명이 틀렸다고 한다. Pragmatic이 아니라 PragProg여야 한다는
것이다. 한번 고쳐보자.

```
iex> report = %BugReport{ report | owner:
...>                         %Customer{ report.owner | company: "PragProg" }}
%BugReport{
  details: "broken",
  owner: %Customer{company: "PragProg", name: "Dave"},
  severity: 1
}
```

되긴 했지만, 코드가 참 못났다. 회사명 하나를 바꾸기 위해 owner 필드를 통째로 새 구조체로
바꿨고, 코드는 길고 읽기 어려워졌다. 이런 방식을 사용하면 실수할 가능성도 높아진다. 다행
스럽게도 엘릭서에는 중첩된 딕셔너리에 쉽게 접근하도록 해주는 함수들이 있다. 그중 하나인
put_in은 중첩된 자료구조 내에 값을 저장해준다.

```
iex> put_in(report.owner.company, "PragProg")
%BugReport{
  details: "broken",
  owner: %Customer{company: "PragProg", name: "Dave"},
  severity: 1
}
```

이 함수가 무슨 마법을 부리는 것은 아니다. 사실 그저 우리가 써야 했던 길고 긴 코드를 대신 만들어내는 매크로일 뿐이다. update_in 함수는 자료구조 내의 특정 값에 함수를 적용한다.

```
iex> update_in(report.owner.name, &("Mr. " <> &1))
%BugReport{
  details: "broken",
  owner: %Customer{company: "PragProg", name: "Mr. Dave"},
  severity: 1
}
```

get_in과 get_and_update_in이라는 함수도 있다. IEx로 제공되는 문서에서 필요한 정보를 모두 얻을 수 있다. 두 함수를 사용하면 중첩된 자료구조에서 값을 가져올 수 있다.

8.7.1 구조체가 아닌 경우의 데이터 접근

일반적인 맵이나 키워드 리스트에서 이 함수들을 사용하는 경우 아톰 키를 사용할 수도 있다.

```
iex> report = %{ owner: %{ name: "Dave", company: "Pragmatic" }, severity: 1}
%{owner: %{company: "Pragmatic", name: "Dave"}, severity: 1}
iex> put_in(report[:owner][:company], "PragProg")
%{owner: %{company: "PragProg", name: "Dave"}, severity: 1}
iex> update_in(report[:owner][:name], &("Mr. " <> &1))
%{owner: %{company: "Pragmatic", name: "Mr. Dave"}, severity: 1}
```

8.7.2 동적으로 (런타임에) 중첩된 자료구조에 접근하기

지금까지 본 중첩 데이터 접근 함수들은 사실 모두 매크로였다. 즉 컴파일 타임에 동작하며, 그로 인한 제약이 몇 가지 있다.

- 함수 호출에 전달할 수 있는 키가 정적이다.
- 키를 함수 파라미터로 전달할 수 없다.

이러한 제약들은 매크로가 컴파일 타임에 파라미터를 코드로 바꿔 쓰므로 자연스럽게 따라온 결과다. 제약을 없애기 위해 get_in, put_in, update_in, get_and_update_in은 별도 파라미터로 키의 리스트를 받기도 한다. 이 방식은 내부적으로 매크로를 호출하지 않고 함수를 호출하므로 연산을 동적으로 수행한다.

매크로와 함수를 호출하는 파라미터는 각각 다음과 같다.

	매크로 호출	함수 호출
get_in	없음	(딕셔너리, 키 리스트)
put_in	(경로, 저장할 값)	(딕셔너리, 키 리스트, 저장할 값)
update_in	(경로, 실행할 함수)	(딕셔너리, 키 리스트, 실행할 함수)
get_and_update_in	(경로, 실행할 함수)	(딕셔너리, 키 리스트, 실행할 함수)

간단한 예제로 살펴보자.

코드: maps/dynamic_nested.exs

```
nested = %{
  buttercup: %{
    actor: %{
      first: "Robin",
      last:  "Wright"
    },
    role: "princess"
  },
  westley: %{
    actor: %{
      first: "Cary",
      last:  "Elwis"      # 오타!
```

```
      },
      role: "farm boy"
    }
  }

IO.inspect get_in(nested, [:buttercup])
# => %{actor: %{first: "Robin", last: "Wright"}, role: "princess"}

IO.inspect get_in(nested, [:buttercup, :actor])
# => %{first: "Robin", last: "Wright"}

IO.inspect get_in(nested, [:buttercup, :actor, :first])
# => "Robin"

IO.inspect put_in(nested, [:westley, :actor, :last], "Elwes")
# => %{buttercup: %{actor: %{first: "Robin", last: "Wright"}, role: "princess"},
# =>     westley: %{actor: %{first: "Cary", last: "Elwes"}, role: "farm boy"}}
```

동적 버전 get_in과 get_and_update_in을 사용할 때 활용할 수 있는 트릭이 있다. 키 자리에 함수를 전달하면 함수가 실행되며 해당 자리에 맞는 값을 반환한다.

코드: maps/get_in_func.exs

```
authors = [
  %{ name: "José",  language: "Elixir" },
  %{ name: "Matz",  language: "Ruby" },
  %{ name: "Larry", language: "Perl" }
]

languages_with_an_r = fn (:get, collection, next_fn) ->
  for row <- collection do
    if String.contains?(row.language, "r") do
      next_fn.(row)
    end
  end
end

IO.inspect get_in(authors, [languages_with_an_r, :name])
# => [ "José", nil, "Larry" ]
```

8.7.3 Access 모듈

Access 모듈에는 get_in, get_and_update_in의 파라미터로 사용 가능한 함수 몇 가지가 미리 정의되어 있다. 이 함수들은 자료구조를 탐색할 때 원하는 항목을 찾아내는 일종의 필터 역할을 한다. all과 at 함수는 리스트에만 사용할 수 있다. all은 리스트의 모든 항목을 반환하며, at은 0번째부터 시작해 n번째 값을 반환한다.

코드: maps/access1.exs

```
cast = [
  %{
    character: "Buttercup",
    actor: %{
      first: "Robin",
      last:  "Wright"
    },
    role: "princess"
  },
  %{
    character: "Westley",
    actor: %{
      first: "Cary",
      last:  "Elwes"
    },
    role: "farm boy"
  }
]

IO.inspect get_in(cast, [Access.all(), :character])
# => ["Buttercup", "Westley"]

IO.inspect get_in(cast, [Access.at(1), :role])
# => "farm boy"

IO.inspect get_and_update_in(cast, [Access.all(), :actor, :last],
                             fn (val) -> {val, String.upcase(val)} end)
# => {["Wright", "Elwes"],
#    [%{actor: %{first: "Robin", last: "WRIGHT"}, character: "Buttercup",
#        role: "princess"},
#      %{actor: %{first: "Cary", last: "ELWES"}, character: "Westley",
#        role: "farm boy"}]}
```

튜플에는 elem 함수를 사용할 수 있다.

코드: maps/access2.exs

```
cast = [
  %{
    character: "Buttercup",
    actor:     {"Robin", "Wright"},
    role:      "princess"
  },
  %{
    character: "Westley",
    actor:     {"Carey", "Elwes"},
    role:      "farm boy"
  }
]

IO.inspect get_in(cast, [Access.all(), :actor, Access.elem(1)])
# => ["Wright", "Elwes"]

IO.inspect get_and_update_in(cast, [Access.all(), :actor, Access.elem(1)],
                             fn (val) -> {val, String.reverse(val)} end)
# => {["Wright", "Elwes"],
#    [%{actor: {"Robin", "thgirW"}, character: "Buttercup", role: "princess"},
#     %{actor: {"Carey", "sewlE"}, character: "Westley", role: "farm boy"}]}
```

딕셔너리 타입(맵, 구조체)에는 key와 key! 함수를 사용할 수 있다.

코드: maps/access3.exs

```
cast = %{
  buttercup: %{
    actor:     {"Robin", "Wright"},
    role:      "princess"
  },
  westley: %{
    actor:     {"Carey", "Elwes"},
    role:      "farm boy"
  }
}

IO.inspect get_in(cast, [Access.key(:westley), :actor, Access.elem(1)])
```

```
# => "Elwes"

IO.inspect get_and_update_in(cast, [Access.key(:buttercup), :role],
                             fn (val) -> {val, "Queen"} end)
# => {"princess",
#     %{buttercup: %{actor: {"Robin", "Wright"}, role: "Queen"},
#       westley: %{actor: {"Carey", "Elwes"}, role: "farm boy"}}}
```

마지막으로 `Access.pop`은 맵이나 키워드 리스트에서 특정 키가 있는 항목을 제거한다. 그리고 제거한 키에 저장되어 있던 값, 해당 항목을 제거한 나머지 데이터로 이루어진 튜플을 반환한다. 원본 딕셔너리에 지정한 키가 존재하지 않으면 `nil`을 반환한다. 스택의 pop 액션과 이름은 같지만 전혀 관련 없다.

```
iex> Access.pop(%{name: "Elixir", creator: "Valim"}, :name)
{"Elixir", %{creator: "Valim"}}
iex> Access.pop([name: "Elixir", creator: "Valim"], :name)
{"Elixir", [creator: "Valim"]}
iex> Access.pop(%{name: "Elixir", creator: "Valim"}, :year)
{nil, %{creator: "Valim", name: "Elixir"}}
```

8.8 집합

집합은 MapSet 모듈에 구현되어 있다.

```
iex> set1 = 1..5 |> Enum.into(MapSet.new)
#MapSet<[1, 2, 3, 4, 5]>
iex> set2 = 3..8 |> Enum.into(MapSet.new)
#MapSet<[3, 4, 5, 6, 7, 8]>
iex> MapSet.member? set1, 3
true
iex> MapSet.union set1, set2
#MapSet<[1, 2, 3, 4, 5, 6, 7, 8]>
iex> MapSet.difference set1, set2
#MapSet<[1, 2]>
iex> MapSet.difference set2, set1
```

```
#MapSet<[6, 7, 8]>
iex> MapSet.intersection set2, set1
#MapSet<[3, 4, 5]>
```

8.9 큰 힘은 큰 유혹을 낳는다

딕셔너리 타입은 분명 언제든 사용할 수 있는 매우 강력한 도구다. 그리고 동시에 잘못 사용할 수도 있다. 이를테면 구조체가 당신을 어둠의 길로 이끌 수도 있다. 구조체와 그 구조체를 사용하는 함수를 하나의 모듈 정의 안에 묶을 수 있기 때문이다. 언젠가 머릿속 깊은 곳에서 활동하던 객체지향 센서가 갑자기 튀어나와 "이것 봐라, 클래스 정의랑 비슷하네?" 하고 속삭일지도 모른다. 그게 맞다. 실제로 구조체(또는 맵)와 모듈을 이용해 객체지향 프로그래밍과 비슷한 식으로 코드를 작성하는 것이 불가능하지는 않다.

하지만 그런 방식은 별로 좋지 못하다. 객체가 나쁘다는 것이 아니라, 프로그래밍 패러다임이 뒤섞이고 함수형 프로그래밍으로부터 얻을 수 있는 이점들이 흐려지기 때문이다. 그대여, 젊은 개발자여. 부디 순수한 상태 그대로 있어줬으면 한다.

이제 어둠으로부터 당신을 멀리할 겸 분위기를 조금 전환해보자. 다음 장에서는 (타입에 대한 논의라는 탈을 쓰고) 함수와 함수가 다루는 데이터를 분리함으로써 얻는 이점을 이야기한다.

## CHAPTER 9

속닥속닥 – 타입이란 무엇일까?

9.1 엘릭서에서 타입이란

이전 두 장에서 리스트와 맵의 기본 내용을 다루었다. 이미 눈치챘을지도 모르겠지만, 리스트와 맵을 타입이라고 소개하긴 했으나 정확히 표현했다고 하기는 어렵다. 먼저 이해해야 하는 사실은, 기본 자료형이 반드시 그 자료형으로 표현할 수 있는 타입과 같을 필요는 없다는 것이다. 예를 들어, 기본 자료형인 엘릭서 리스트는 단지 값들을 순서대로 묶어놓았을 뿐이다. [...] 리터럴을 사용해 리스트를 생성하고, ¦ 연산자로 리스트의 구조를 분해하거나 만들 수 있다.

그리고 또 다른 계층에 List 모듈이 있다. 이 모듈은 리스트 연산 함수들을 제공하며, 함수들은 보통 이러한 부가 기능을 추가하기 위해 재귀와 기본 자료형의 기능인 ¦ 연산자를 사용한다. 필자는 기본 자료형인 리스트와 List 모듈의 기능에 차이가 있다고 생각한다. 리스트는 실제로 데이터가 어떻게 저장되는지를 나타낸 구현일 뿐이고, List 모듈은 그 위에 추상화된 계층을 씌운 것이다. 둘 다 타입을 구현하긴 하지만 그 종류가 다르다. 예를 들어 기본 자료형인 리스트에는 flatten 함수가 없다. 구현과 연산이 분리되어 있는 것이다. 맵 또한 키와 값을 연결해 데이터를 저장하는 기본 자료형이다. 그리고 리스트와 비슷하게 맵 역시 더 풍부한 타입을 구현한 엘릭서 모듈이 따로 있다.

엘릭서의 Keyword 모듈은 키워드 리스트 타입을 제공하는데, 이 타입은 실제로는 튜플의 리스트다.

```
options = [ {:width, 72}, {:style, "light"}, {:style, "print"} ]
```

이 역시 리스트이므로 List 모듈의 모든 함수를 사용할 수 있는데, 키워드 리스트는 여기에 딕
셔너리 같은 동작까지 추가된 것이다.

```
iex> options = [ {:width, 72}, {:style, "light"}, {:style, "print"} ]
[width: 72, style: "light", style: "print"]
iex> List.last options
{:style, "print"}
iex> Keyword.get_values options, :style
["light", "print"]
```

이것은 동적 객체지향 언어에서 말하는 덕 타이핑^{duck typing}의 일종이다.[1] Keyword 모듈은 기본
자료형이 없지만, 정해진 구조를 가진 리스트라면 무엇이든 이 모듈을 사용할 수 있다. 이는 엘
릭서 컬렉션 API의 폭이 꽤 넓음을 의미한다. 키워드 리스트를 사용하면 기본 리스트 타입의
API와 List, Keyword 모듈의 API를 모두 사용할 수 있다. 여기에 더해 Enum과 Collectable
도 활용할 수 있는데, 바로 다음 장에서 알아보자.

----

1 *http://en.wikipedia.org/wiki/Duck_typing*

## CHAPTER 10

컬렉션 다루기 – Enum과 Stream

이 장에서 살펴볼 내용은 다음과 같다.

- Enum 모듈
- Stream 모듈
- Collectable 프로토콜
- 컴프리헨션 문

엘릭서에는 '컬렉션'으로 취급되는 타입이 여러 가지 있다. 앞서 본 리스트나 맵은 물론이고 범위, 파일, 심지어는 함수도 컬렉션으로 생각할 수 있다. 24장에서 프로토콜을 소개하면서 언급하겠지만 직접 정의해 사용할 수도 있다.

물론 각 타입은 내부 구현이 모두 다르지만 공통점이 있다. 순회 탐색할 수 있다는 점이다. 그중 일부에는 항목을 추가할 수도 있다. 이렇게 순회 가능한 타입들을 기술적으로는 **Enumerable** 프로토콜을 구현했다고 한다. 엘릭서에는 순회 함수를 모아둔 모듈이 두 가지 있는데 대표적으로 **Enum** 모듈이 있다. 안 쓰는 곳을 찾기 힘들 정도이니 반드시 자세히 알아두자. 그리고 **Stream** 모듈을 사용하면 컬렉션을 지연^{lazily} 계산할 수 있다. 이는 값이 필요할 때만 계산한다는 의미이며, 자주 사용하지는 않지만 필요할 때는 매우 유용하다.

각 모듈이 제공하는 모든 API 목록을 이 책에 싣지는 않았다. 정확하면서도 최신 정보를 반영한 목록을 인터넷에서 확인할 수 있다.[1] 대신 이 책에서는 일반적인 쓰임새를 소개하며, 자세한

---

1 https://elixir-lang.org/docs.html

내용은 직접 문서를 찾아보기를 권한다(이 모듈을 잘 알면 엘릭서를 훨씬 잘 사용할 수 있다).

10.1 Enum: 컬렉션 처리하기

Enum은 엘릭서에서 가장 많이 사용하는 라이브러리일 것이다. 컬렉션을 순회하고, 특정 항목을 필터링하고, 합치거나 나누는 등 컬렉션을 다루는 여러 연산에서 사용한다. Enum 모듈을 주로 사용하는 작업은 다음과 같다.

다른 컬렉션을 리스트로 바꾸기

```
iex> list = Enum.to_list 1..5
[1, 2, 3, 4, 5]
```

컬렉션 연결하기

```
iex> Enum.concat([1,2,3], [4,5,6])
[1, 2, 3, 4, 5, 6]
iex> Enum.concat [1,2,3], 'abc'
[1, 2, 3, 97, 98, 99]
```

기존 컬렉션의 각 값에 함수를 적용해 새 컬렉션 만들기

```
iex> Enum.map(list, &(&1 * 10))
[10, 20, 30, 40, 50]
iex> Enum.map(list, &String.duplicate("*", &1))
["*", "**", "***", "****", "*****"]
```

위치 또는 조건으로 값을 선택하기

```
iex> Enum.at(10..20, 3)
13
iex> Enum.at(10..20, 20)
nil
```

```
iex> Enum.at(10..20, 20, :no_one_here)
:no_one_here
iex> Enum.filter(list, &(&1 > 2))
[3, 4, 5]
iex> require Integer      # is_even을 사용하기 위해 호출
Integer
iex> Enum.filter(list, &Integer.is_even/1)
[2, 4]
iex> Enum.reject(list, &Integer.is_even/1)
[1, 3, 5]
```

값 정렬, 비교하기

```
iex> Enum.sort ["there", "was", "a", "crooked", "man"]
["a", "crooked", "man", "there", "was"]
iex> Enum.sort ["there", "was", "a", "crooked", "man"],
...>        &(String.length(&1) <= String.length(&2))
["a", "was", "man", "there", "crooked"]
iex> Enum.max ["there", "was", "a", "crooked", "man"]
"was"
iex> Enum.max_by ["there", "was", "a", "crooked", "man"], &String.length/1
"crooked"
```

컬렉션 나누기

```
iex> Enum.take(list, 3)
[1, 2, 3]
iex> Enum.take_every list, 2
[1, 3, 5]
iex> Enum.take_while(list, &(&1 < 4))
[1, 2, 3]
iex> Enum.split(list, 3)
{[1, 2, 3], [4, 5]}
iex> Enum.split_while(list, &(&1 < 4))
{[1, 2, 3], [4, 5]}
```

컬렉션의 값을 합쳐 문자열로 만들기

```
iex> Enum.join(list)
"12345"
iex> Enum.join(list, ", ")
"1, 2, 3, 4, 5"
```

명제

```
iex> Enum.all?(list, &(&1 < 4))
false
iex> Enum.any?(list, &(&1 < 4))
true
iex> Enum.member?(list, 4)
true
iex> Enum.empty?(list)
false
```

컬렉션 합치기

```
iex> Enum.zip(list, [:a, :b, :c])
[{1, :a}, {2, :b}, {3, :c}]
iex> Enum.with_index(["once", "upon", "a", "time"])
[{"once", 0}, {"upon", 1}, {"a", 2}, {"time", 3}]
```

각 항목을 합쳐 하나의 값으로 만들기

```
iex> Enum.reduce(1..100, &(&1+&2))
5050
iex> Enum.reduce(["now", "is", "the", "time"], fn word, longest ->
...>        if String.length(word) > String.length(longest) do
...>            word
...>        else
...>            longest
...>        end
...> end)
"time"
iex> Enum.reduce(["now", "is", "the", "time"], 0, fn word, longest ->
```

```
...>        if    String.length(word) > longest,
...>        do:    String.length(word),
...>        else: longest
...> end)
4
```

트럼프 카드 다루기

```
iex> import Enum
iex> deck = for rank <- '23456789TJQKA', suit <- 'CDHS', do: [suit,rank]
['C2', 'D2', 'H2', 'S2', 'C3', 'D3', ... ]
iex> deck |> shuffle |> take(13)
['DQ', 'S6', 'HJ', 'H4', 'C7', 'D6', 'SJ', 'S9', 'D7', 'HA', 'S4', 'C2', 'CT']
iex> hands = deck |> shuffle |> chunk_every(13)
[['D8', 'CQ', 'H2', 'H3', 'HK', 'H9', 'DK', 'S9', 'CT', 'ST', 'SK', 'D2', 'HA'],
 ['C5', 'S3', 'CK', 'HQ', 'D3', 'D4', 'CA', 'C8', 'S6', 'DQ', 'H5', 'S2', 'C4'],
 ['C7', 'C6', 'C2', 'D6', 'D7', 'SA', 'SQ', 'H8', 'DT', 'C3', 'H7', 'DA', 'HT'],
 ['S5', 'S4', 'C9', 'S8', 'D5', 'H4', 'S7', 'SJ', 'HJ', 'D9', 'DJ', 'CJ', 'H6']]
```

10.1.1 정렬에 관한 팁

165쪽 '값 정렬, 비교하기' 예시에서 살펴본 sort 함수를 다시 한번 보자.

```
iex> Enum.sort ["there", "was", "a", "crooked", "man"],
...>        &(String.length(&1) <= String.length(&2))
```

정렬을 안정적으로stable[2] 하려면 < 대신 <=를 사용해야 한다.

---

2 옮긴이_ 컬렉션 내에 같은 키를 가진 항목이 여러 개일 때, 항목들의 전후 순서가 유지되도록 정렬하는 것을 말한다.

10-1 라이브러리나 리스트 컴프리헨션 문을 사용하지 않고 Enum 모듈의 all?, each, filter, split, take 함수를 직접 만들어보자. filter를 구현하려면 if 문이 필요하다. if 문의 문법은 다음과 같다.

```
if condition do
  expression(s)
else
  expression(s)
end
```

10-2 [어려움] flatten(list) 함수를 구현해보자. 이 함수는 리스트를 받는데, 리스트는 하위 리스트를 포함할 수 있으며 하위 리스트는 또 다른 하위 리스트를 포함할 수 있다. 리스트의 최대 깊이에는 제한이 없다. 반환되는 값은 각 요소를 순서대로 늘어놓은 1차원 리스트여야 한다.

```
iex> MyList.flatten([1, [2, 3, [4]], 5, [[[6]]]])
[1, 2, 3, 4, 5, 6]
```

- 힌트: 순서가 올바른 결과를 얻으려면 Enum.reverse를 사용해야 한다.

10.2 Stream: 지연 계산하기

엘릭서에서 Enum 모듈은 소위 '탐욕스러운greedy' 연산을 한다. 즉, 컬렉션을 전달하면 그 컬렉션의 모든 값들에 연산을 수행한다. 그리고 수행한 연산의 결과는 일반적으로 새로운 컬렉션이 된다. 다음 파이프라인 예제를 보자.

코드: enum/pipeline.exs

```
[ 1, 2, 3, 4, 5 ]
  # => [ 1, 2, 3, 4, 5 ]
|> Enum.map(&(&1*&1))
  # => [ 1, 4, 9, 16, 25 ]
```

```
|> Enum.with_index
    # => [ {1, 0}, {4, 1}, {9, 2}, {16, 3}, {25, 4} ]
|> Enum.map(fn {value, index} -> value - index end)
    # => [1, 3, 7, 13, 21]
|> IO.inspect              # => [1, 3, 7, 13, 21]
```

처음 나오는 map 함수는 원본 리스트를 받아 각 값을 제곱한 새로운 리스트를 만든다. with_index는 이 리스트를 받아 {값, 인덱스} 튜플의 리스트를 반환하며, 이어지는 map 함수는 각 항목의 값에서 인덱스를 빼어 IO.inspect에 전달한다. 즉 이 파이프라인은 최종 결과물을 만들어내기까지 리스트를 총 4개 생성한다. 다른 예를 하나 들어보자. 다음은 파일로부터 내용을 읽어 가장 길이가 긴 줄의 내용을 반환하는 코드다.

코드: enum/longest_line.exs

```
IO.puts File.read!("/usr/share/dict/words")
        |> String.split
        |> Enum.max_by(&String.length/1)
```

예시에서는 사전에 수록된 단어 목록을 사용했는데, 가장 긴 단어(이를테면 formaldehydesulphoxylate)를 찾기 위해 사전 전체(필자의 기기에서는 2.4메가바이트였다)를 메모리에 올리고 23만 6천여 개 단어의 리스트로 만들었다.

앞서 본 두 가지 예시 모두 답을 찾을 수는 있으나 이상적인 풀이는 아니다. Enum 모듈의 함수들은 스스로 완결성을 가지기 때문이다. 각 호출이 컬렉션을 받아 다른 완성된 컬렉션을 반환한다. 대신 컬렉션의 각 항목을 필요할 때만 가져와 처리할 수 있다면 좋을 것이다. 그러면 연산 도중의 결과를 완성된 컬렉션으로 갖고 있을 필요 없이, 원본 컬렉션의 각 값에 함수를 차례로 적용하기만 하면 된다. 스트림stream이 바로 그 역할을 한다.

10.2.1 스트림 조합하기

스트림을 만드는 간단한 예를 하나 보자.

```
iex> s = Stream.map [1, 3, 5, 7], &(&1 + 1)
#Stream<[enum: [1, 3, 5, 7], funs: [#Function<46.3851/1 in Stream.map/2>] ]>
```

같은 리스트에 Enum.map을 호출하면 [2, 4, 6, 8]이라는 결과를 즉시 얻을 수 있다. 위 예제에서는 대신 스트림 값이 반환되는데, 이 스트림에는 컬렉션에 수행해야 할 연산의 명세가 포함된다. 그렇다면 스트림에서 실제 결과를 받아오려면 어떻게 해야 할까? 이 스트림을 컬렉션으로 생각하고 Enum 모듈의 함수에 넣으면 된다.

```
iex> s = Stream.map [1, 3, 5, 7], &(&1 + 1)
#Stream<[enum: [1, 3, 5, 7], funs: [#Function<46.3851/1 in Stream.map/2>] ]>
iex> Enum.to_list s
[2, 4, 6, 8]
```

스트림 역시 Enumerable 프로토콜을 구현한 타입이므로 Stream 모듈의 함수에 컬렉션 대신 스트림을 전달할 수도 있다. 따라서 스트림을 조합해 사용할 수 있다.

```
iex> squares = Stream.map [1, 2, 3, 4], &(&1*&1)
#Stream<[enum: [1, 2, 3, 4],
        funs: [#Function<32.133702391 in Stream.map/2>] ]>

iex> plus_ones = Stream.map squares, &(&1+1)
#Stream<[enum: [1, 2, 3, 4],
        funs: [#Function<32.133702391 in Stream.map/2>,
              #Function<32.133702391 in Stream.map/2>] ]>

iex> odds = Stream.filter plus_ones, fn x -> rem(x,2) == 1 end
#Stream<[enum: [1, 2, 3, 4],
        funs: [#Function<26.133702391 in Stream.filter/2>,
              #Function<32.133702391 in Stream.map/2>,
              #Function<32.133702391 in Stream.map/2>] ]>

iex> Enum.to_list odds
[5, 17]
```

물론 이 코드는 다음과 같이 정리할 수 있다.

코드: enum/stream1.exs

```
[1,2,3,4]
|> Stream.map(&(&1*&1))
|> Stream.map(&(&1+1))
```

```
|> Stream.filter(fn x -> rem(x,2) == 1 end)
|> Enum.to_list
```

스트림은 중간 결과를 담은 리스트를 만들지 않는다. 그저 원본 컬렉션의 각 값을 연속된 연산에 차례로 태울 뿐이다. 앞의 IEx 세션에 출력된 스트림 값이 스트림의 동작을 이해하는 실마리가 된다. 조합된 스트림은 함수의 리스트로 표현되어, 실제로 연산이 수행될 때 컬렉션의 각 항목에 차례로 적용된다.

리스트에만 스트림을 사용할 수 있는 것은 아니다. 많은 엘릭서 모듈이 스트림을 지원한다. 예를 들어, 169쪽에서 살펴본 가장 긴 단어를 찾는 예제는 스트림을 이용해 다음처럼 고칠 수 있다.

코드: enum/stream2.exs

```
IO.puts File.open!("/usr/share/dict/words")
        |> IO.stream(:line)
        |> Enum.max_by(&String.length/1)
```

이 코드의 핵심은 **IO.stream** 함수다. 이 함수는 IO 디바이스(열린 파일)를 줄 단위로 값을 제공하는 스트림으로 바꿔준다. 이런 구현 방식은 대단히 유용해서, 두 함수를 줄인 단축 함수도 제공된다.

코드: enum/stream3.exs

```
IO.puts File.stream!("/usr/share/dict/words") |> Enum.max_by(&String.length/1)
```

중간 결괏값을 저장하지 않는다는 점은 장점이지만 실행 시간은 원래 구현보다 두 배 정도 느려진다. 하지만 데이터가 다른 서버나 외부 센서(예를 들면 온도계)로부터 올 때는 괜찮은 구현이다. 데이터가 천천히 들어오거나 끝없이 들어올 수도 있기 때문이다. Enum으로 구현하면 데이터가 모두 들어올 때까지 기다려야 하지만, 스트림을 이용하면 데이터가 들어올 때마다 처리할 수 있다.

10.2.2 무한 스트림

스트림은 지연 계산을 하므로 입력이 미리 준비되어 있지 않아도 괜찮다. 다음 예를 보자.

```
iex> Enum.map(1..10_000_000, &(&1+1)) |> Enum.take(5)
[2, 3, 4, 5, 6]
```

이 구현은 결과가 출력될 때까지 약 8초가 걸린다. 값 천만 개짜리 리스트를 만들고 거기에서 처음 다섯 개의 값을 가져오기 때문이다. 코드를 다음과 같이 고쳐보자.

```
iex> Stream.map(1..10_000_000, &(&1+1)) |> Enum.take(5)
[2, 3, 4, 5, 6]
```

이 경우 결괏값이 즉시 반환된다. take는 5개의 값만 있으면 되므로, 스트림에서 5개의 값만 받아오면 그 뒤를 추가로 계산할 필요가 없다.

이 예제에서는 스트림이 받는 컬렉션이 유한했지만, 무한히 많은 값을 받을 수도 있다. 무한히 큰 컬렉션을 만들려면 함수를 이용해 스트림을 만들어주어야 한다.

10.2.3 직접 스트림 만들기

스트림은 엘릭서 라이브러리 중에서 홀로 독립되어 있는 편인데, 런타임에서 특별히 지원해 주는 부분이 없기 때문이다. 그렇다고 스트림 타입을 직접 만들기 위해 아주 낮은 수준까지 내려가야 하는 것은 아니다. 물론 실제 구현은 복잡하지만(문자열이나 날짜 처리 이론이 복잡한 것과 마찬가지다) 이를 추상화한 몇 가지 함수가 수고를 덜어준다. 그 함수로는 cycle, repeatedly, iterate, unfold, resource 등이 있다(함수 이름만 봐서는 마지막 두 함수가 어떤 역할을 하는지 도저히 알기 어렵듯이 내부 구현은 매우 복잡하다). 일단 가장 간단한 함수 세 개부터 시작해보자. 바로 cycle, repeatedly, iterate이다.

Stream.cycle

Stream.cycle 함수는 컬렉션을 받아 컬렉션의 항목을 담은 무한히 긴 스트림을 생성한다. 컬렉션의 항목 순서대로 나아가다 끝에 다다르면 처음으로 돌아와 다시 반복한다. 다음 코드는 행마다 클래스를 green 또는 white로 번갈아 지정하는 HTML 테이블 코드를 생성한다.

```
iex> Stream.cycle(~w{ green white }) |>
...> Stream.zip(1..5) |>
...> Enum.map(fn {class, value} ->
...>      "<tr class='#{class}'><td>#{value}</td></tr>\n" end) |>
...> IO.puts
<tr class="green"><td>1</td></tr>
<tr class="white"><td>2</td></tr>
<tr class="green"><td>3</td></tr>
<tr class="white"><td>4</td></tr>
<tr class="green"><td>5</td></tr>
:ok
```

Stream.repeatedly

Stream.repeatedly는 함수를 받아, 새 값이 필요할 때마다 함수를 호출한다.

```
iex> Stream.repeatedly(fn -> true end) |> Enum.take(3)
[true, true, true]
iex> Stream.repeatedly(&:random.uniform/0) |> Enum.take(3)
[0.7230402056221108, 0.94581636451987, 0.5014907142064751]
```

Stream.iterate

Stream.iterate(start_value, next_fun) 함수도 무한한 스트림을 생성한다. 처음 값은 start_value이며, 다음 값은 이 값에 함수 next_fun을 적용해 얻는다. 이 연산은 스트림이 사용되는 한 계속 수행되며, 각 값은 이전 값에 next_fun을 적용한 값이 된다. 몇 가지 예를 들어보자.

```
iex> Stream.iterate(0, &(&1+1)) |> Enum.take(5)
[0, 1, 2, 3, 4]
iex> Stream.iterate(2, &(&1*&1)) |> Enum.take(5)
[2, 4, 16, 256, 65536]
iex> Stream.iterate([], &[&1]) |> Enum.take(5)
[[], [[]], [[[]]], [[[[]]]], [[[[[]]]]]]
```

Stream.unfold

이제 조금 더 모험을 해보자. `Stream.unfold`는 `iterate`와 비슷하나, 스트림으로 내보낼 값과 다음 연산에 전달할 값을 명시적으로 분리할 수 있다는 차이가 있다. `unfold`는 초기값과 함수를 받는다. 함수는 인자를 이용해 두 개의 값을 생성해 튜플로 반환하면 되는데, 튜플의 첫 번째 값은 이번에 스트림을 통해 내보낼 값이며, 두 번째 값은 다음 반복 때 이 함수에 전달될 값이다. 함수가 `nil`을 반환하면 스트림이 종료된다.

뜬구름 잡는 이야기처럼 들리겠지만 `Stream.unfold`는 꽤 쓸 만하다. 이 함수는 값이 이전 상태에 의존하는 무한한 스트림을 생성하는 범용적인 방법이다. 여기서 가장 중요한 것은 값을 생성하는 함수다. 일반적인 형태는 다음과 같다.

```
fn state -> { stream_value, new_state } end
```

다음 코드는 피보나치 수를 생성하는 스트림을 `unfold`를 이용해 구현한 것이다.

```
iex> Stream.unfold({0, 1}, fn {f1, f2} -> {f1, {f2, f1+f2}} end) |> Enum.take(15)
[0, 1, 1, 2, 3, 5, 8, 13, 21, 34, 55, 89, 144, 233, 377]
```

여기서 스트림의 상태는 현재 피보나치 수와 다음 피보나치 수를 가진 튜플이다. 초기 상태로는 `{0, 1}`을 사용하고, 매 반복마다 튜플의 첫 번째 값을 스트림으로 내보낸다. 다음 상태는 기존 상태를 한 칸씩 옮긴 것으로, 이전 상태가 `{f1, f2}`였다면 다음 상태는 `{f2, f1+f2}`가 된다.

Stream.resource

스트림과 외부에 있는 리소스가 어떻게 상호작용하는지 궁금해질 즈음이다. 171쪽에서 파일 내용을 줄 단위 스트림으로 만드는 코드를 봤는데, 같은 것을 직접 구현해서 사용하려면 어떻게 해야 할까? 스트림이 시작될 때 파일을 열고, 내용을 줄 단위로 반환하고, 다 읽어들이고 나면 파일을 닫아야 한다. 데이터베이스를 사용한다면 커서 방식 페이징[3]을 이용해 값을 차례대로 가져와 스트림으로 바꿔야 한다. 스트림이 시작될 때 쿼리를 수행해 각 레코드를 스트림으

----

3 옮긴이_ 테이블의 특정 레코드를 참조하는 커서를 조작해 레코드를 순회 탐색하는 방식을 말한다.

로 내보내고, 데이터를 모두 가져오고 나면 쿼리를 종료하게 된다. 바로 이 작업에 Stream. resource를 사용한다.

Stream.resource는 Stream.unfold를 기반으로 하지만 두 가지 차이가 있다. unfold의 첫 번째 인자는 반복 함수를 처음 호출할 때 전달할 값이었다. 하지만 그 값이 어떤 자원이라면 스트림이 실제로 값을 내보내기 전까지는 그 자원에 접근하지 않는 것이 좋다. 스트림이 만들어지더라도 실제로 값을 내보내기까지 시간이 오래 걸릴 수도 있다. 따라서 resource는 값이 아니라 값을 반환하는 함수를 받는다. 이것이 첫 번째 차이점이다.

두 번째 차이는 리소스를 모두 가져온 뒤 스트림을 종료할 때의 처리와 관련 있다. 이를 위해 resource 함수는 세 번째 인자를 받는다. 세 번째 인자로 전달되는 함수는 마지막 상태를 받아 자원 할당을 해제하는 데 필요한 처리를 수행한다.

라이브러리 문서에 소개된 예제 코드는 다음과 같다.

```
Stream.resource(fn -> File.open!("sample") end,
            fn file ->
              case IO.read(file, :line) do
                data when is_binary(data) -> {[data], file}
                _ -> {:halt, file}
              end
            end,
            fn file -> File.close(file) end)
```

스트림이 활성화될 때 첫 번째 함수가 파일을 열어 파일 정보(파일에 접근하도록 해주는 IO 디바이스)를 두 번째 함수에 전달한다. 두 번째 함수는 파일을 줄 단위로 읽어 그 내용과 파일 정보로 이루어진 튜플을 반환하고, 파일의 끝에 도달하면 :halt 튜플을 반환한다. 세 번째 함수에서 파일을 닫는다.

마지막으로 지금까지와는 다른 종류의 리소스인 '시간'을 생각해보자. Stream.resource를 사용해 분 단위가 바뀌기까지 남은 시간을 초 단위로 세는 카운트다운 타이머를 구현해보려 한다. 자원을 할당받기 위한 첫 번째 함수에서는 남은 시간을 초 단위로 반환한다. 이 함수는 스트림이 실제로 계산될 때마다 실행되므로, 반환하는 카운트다운 값은 언제 호출되는지에 따라 다르다.

반복 호출되는 두 번째 함수에서는 남은 시간을 관리한다. 정각이면 {:halt, 0} 튜플을 반환하고, 정각이 아니면 1초간 기다린 후 최신 카운트다운 값을 담은 문자열과 갱신된 카운터를 반환한다. 이 예제에서는 리소스 할당을 해제할 필요가 없으므로 세 번째 함수는 아무 동작도 하지 않는다. 코드로 구현하면 다음과 같다.

코드: enum/countdown.exs

```
defmodule Countdown do

  def sleep(seconds) do
    receive do
      after seconds*1000 -> nil
    end
  end

  def say(text) do
    spawn fn -> :os.cmd('say #{text}') end
  end

  def timer do
    Stream.resource(
      fn ->            # 분 단위가 바뀔 때까지 남은 초를 계산한다
        {_h,_m,s} = :erlang.time
        60 - s - 1
      end,

      fn               # 1초 뒤 카운트다운 값을 반환한다
        0 ->
          {:halt, 0}

        count ->
          sleep(1)
          { [inspect(count)], count - 1 }
      end,

      fn _ -> nil end   # 할당 해제할 자원 없음
    )
  end
end
```

눈썰미가 좋은 독자는 Countdown 모듈의 **say** 함수를 발견했을 것이다. 이 함수는 맥 OS의 셸

명령어 **say**를 호출해 인자로 들어온 값을 컴퓨터가 말하도록 한다. 리눅스에서는 **espeak**, 윈도우에서는 **ptts**를 호출해 같은 기능을 사용할 수 있다.

실제로 실행해보자.

```
$ iex countdown.exs
iex> counter = Countdown.timer
#Function<17.133702391/2 in Stream.resource/3>

iex> printer = counter |> Stream.each(&IO.puts/1)
#Stream[enum: #Function<17.133702391/2 in Stream.resource/3>,
 funs: [#Function<0.133702391/1 in Stream.each/2>] ]>

iex> speaker = printer |> Stream.each(&Countdown.say/1)
#Stream[enum: #Function<17.133702391/2 in Stream.resource/3>,
 funs: [#Function<0.13370239/1 in Stream.each/2>,
  #Function<0.133702391/1 in Stream.each/2>] ]>
```

시간의 변화를 리소스로 만들어 카운트다운 값을 화면에 출력하고, 이것을 읽어주는 스트림을 만들었다. 하지만 값을 실제로 요청하지는 않았으므로 아직은 아무것도 출력하지 않는다. 실제 값을 한번 가져와보자.

```
iex> speaker |> Enum.take(5)
37      ** 숫자가 1초에 하나씩 출력된다.
36      ** 게다가 컴퓨터가 출력되는 숫자를 소리내어 읽어준다.
35
34
33
["37", "36", "35", "34", "33"]
```

잘 동작한다. 시계가 22초를 가리킬 때 실행한 결과이므로 카운트다운이 37에서 시작한다. 같은 스트림을 몇 초 후에 다시 실행해보자.

```
iex> speaker |> Enum.take(3)
29
28
27
["29", "28", "27"]
```

몇 초 더 기다린 뒤, 분 단위가 바뀔 때까지 실행해보자.

```
iex> speaker |> Enum.to_list
6
5
4
3
2
1
["6", "5", "4", "3", "2", "1"]
```

이 코드는 좋은 구현은 아니다. 코드가 실행되면서 생기는 지연을 sleep 함수에서 보정하지 못하기 때문이다. 하지만 스트림을 이용하면 비동기적인 리소스를 쉽게 다룰 수 있다는 점은 배울 만하다. 또 스트림은 사용할 때마다 초기화되므로 사이드 이펙트를 일으킬 염려가 없다는 점 역시 알아두면 좋다. 스트림을 파이프로 Enum 함수와 연결할 때마다 새롭게 계산된 따끈따끈한 값을 받을 수 있다.

10.2.4 스트림의 실용성

함수형 프로그래밍이 문제를 새로운 관점에서 바라보게 했듯이, 스트림을 알고 나면 반복이나 컬렉션을 새로운 관점에서 보게 된다. 물론 반복이 필요한 상황에 언제나 스트림을 사용해야 하는 것은 아니다. 다만 실제 값이 필요해질 때까지 연산을 미루고 싶거나 큰 데이터를 군이 한꺼번에 처리할 필요가 없다면 스트림 사용을 고려해보자.

10.3 Collectable 프로토콜

10.1절에서 살펴봤듯 Enumerable 프로토콜은 자료형 내의 데이터를 순회해 저장된 값을 얻어오는 데 사용한다. Collectable은 그 반대 역할, 즉 값을 추가해 컬렉션을 만드는 데 사용한다. 모든 컬렉션 자료형에 값을 추가할 수 있는 것은 아니다. 이를테면 범위 타입에는 항목을 추가할 수 없다.

Collectable 프로토콜의 API는 저수준 구현이어서 일반적으로는 Enum.into 함수나 곧 살펴볼 컴프리헨션 문을 사용한다. 예를 들어 범위 타입의 값을 빈 리스트에 넣으려면 다음처럼 한다.

```
iex> Enum.into 1..5, []
[1, 2, 3, 4, 5]
```

리스트가 비어 있지 않으면 새롭게 들어오는 항목들이 리스트의 뒤에 따라붙는다.[4]

```
iex> Enum.into 1..5, [ 100, 101 ]
[100, 101, 1, 2, 3, 4, 5]
```

출력 스트림에도 Collectable 프로토콜이 구현되어 있다. 다음 코드는 콘솔 입력을 콘솔 출력으로 지연 복사한다.

```
iex> Enum.into IO.stream(:stdio, :line), IO.stream(:stdio, :line)
```

10.4 컴프리헨션 문

함수형 코드를 작성하다 보면 컬렉션에 매핑 함수를 적용하거나 항목을 필터링하는 일이 많다. **컴프리헨션 문**comprehension은 컬렉션을 다루는 일반적인 작업에 사용 가능한 단축 문법으로, 활용하면 작업을 좀 더 쉽게 수행하고 코드의 가독성도 높일 수 있다.

컴프리헨션 문에 담긴 아이디어는 매우 간단하다. 컬렉션이 하나 이상 있을 때 각 컬렉션의 값으로 만들 수 있는 모든 조합을 계산한 뒤, 조건에 따라 항목을 필터링해 남은 값으로 새 컬렉션을 생성한다. 문법은 겉보기에는 쉬워 보인다.

```
result = for 제너레이터 또는 필터... [, into: 값], do: 표현식
```

자세한 내용으로 들어가기 전에 기본적인 예를 몇 가지 살펴보자.

---

4 옮긴이_ 엘릭서 1.8부터 비어 있지 않은 리스트를 Enum.into나 for 컴프리헨션 문의 :into 옵션으로 넣는 것이 권장되지 않는다. 대신 Kernel.++/2 또는 Keyword.merge/2를 사용하기를 권장한다.

```
iex> for x <- [ 1, 2, 3, 4, 5 ], do: x * x
[1, 4, 9, 16, 25]
iex> for x <- [ 1, 2, 3, 4, 5 ], x < 4, do: x * x
[1, 4, 9]
```

제너레이터를 사용해 컬렉션에서 값을 어떻게 추출할지를 정할 수 있다. 제너레이터의 문법은
다음과 같다.

패턴 <- 순회 가능한 값

패턴에 매칭된 변수들은 컴프리헨션 문의 다른 부분에서(do 블록 내에서도) 사용할 수 있다.
예를 들어, x <- [1, 2, 3]은 우선 x=1인 상태로 컴프리헨션의 나머지 부분을 실행하고, 그다
음에 x=2인 상태로 나머지 부분을 실행한다. 제너레이터가 2개이면 각각을 중첩해 적용한다.

---

x <- [1, 2], y <- [5, 6]

제너레이터를 이와 같이 작성하면 x=1, y=5 → x=1, y=6 → x=2, y=5 → x=2, y=6 순서로 컴
프리헨션 문의 나머지 부분을 수행하게 된다. 이 값들을 do 블록 안에서 x, y 변수로 사용할 수
있다.

```
iex> for x <- [1,2], y <- [5,6], do:  x * y
[5, 6, 10, 12]
iex> for x <- [1,2], y <- [5,6], do:  {x, y}
[{1, 5}, {1, 6}, {2, 5}, {2, 6}]
```

앞에서 받은 변수를 뒤에 있는 제너레이터에서 사용할 수도 있다.

```
iex> min_maxes = [{1,4}, {2,3}, {10, 15}]
[{1, 4}, {2, 3}, {10, 15}]
iex> for {min,max} <- min_maxes, n <- min..max, do: n
[1, 2, 3, 4, 2, 3, 10, 11, 12, 13, 14, 15]
```

필터는 참 혹은 거짓을 반환하는 명제predicate다. 필터는 컴프리헨션의 뒷부분에서 원하는 값만
을 사용하도록 문지기 역할을 한다. 필터 조건이 거짓이면 컴프리헨션 문이 더 실행되지 않고

다음 값으로 넘어간다.

예를 들어보자. 다음 코드는 1부터 8까지의 리스트로 만들 수 있는 모든 숫자 쌍 중에 서로 곱한 값이 10의 배수인 것만을 찾아 반환한다. 코드의 컴프리헨션 문은 숫자 쌍을 순회하기 위한 제너레이터 두 개와 필터 두 개를 사용한다. 첫 번째 필터는 첫 번째 수가 두 번째 수보다 작지 않은 숫자 쌍을 골라내며, 두 번째 필터는 두 수의 곱이 10의 배수인지 확인한다.

```
iex> first8 = [ 1,2,3,4,5,6,7,8 ]
[1, 2, 3, 4, 5, 6, 7, 8]
iex> for x <- first8, y <- first8, x >= y, rem(x*y, 10)==0, do: { x, y }
[{5, 2}, {5, 4}, {6, 5}, {8, 5}]
```

이 컴프리헨션 문은 x=1, y=1 → x=1, y=2 → … 와 같은 식으로 총 64회 반복된다. 하지만 첫 번째 필터가 x가 y보다 작은 경우를 걸러내므로 두 번째 필터는 36회만 실행된다. 제너레이터의 좌변에는 패턴이 오므로 데이터의 구조를 분해해 사용할 수도 있다. 다음 코드는 컴프리헨션 문을 이용해 키워드 리스트의 키와 값을 서로 바꾸는 예다.

```
iex> reports = [ dallas: :hot, minneapolis: :cold, dc: :muggy, la: :smoggy ]
[dallas: :hot, minneapolis: :cold, dc: :muggy, la: :smoggy]
iex> for { city, weather } <- reports, do: { weather, city }
[hot: :dallas, cold: :minneapolis, muggy: :dc, smoggy: :la]
```

10.4.1 비트스트링에 컴프리헨션 사용하기

연속된 비트인 비트스트링bitstring(그리고 비트스트링의 확장인 바이너리나 문자열) 역시 2진수의 컬렉션으로 생각할 수 있다. 따라서 비트스트링에도 컴프리헨션 문을 사용할 수 있다는 사실은 어쩌면 당연하다. 하지만 문법은 그런 당연함과는 다소 거리가 있다.

```
iex> for << ch <- "hello" >>, do: ch
'hello'
iex> for << ch <- "hello" >>, do: <<ch>>
["h", "e", "l", "l", "o"]
```

제너레이터가 바이너리를 의미하는 << >> 기호로 감싸여 있다. 첫 번째 컴프리헨션 문에서는 do 블록이 각 문자에 대한 정수 코드를 반환하므로, 결과로 반환되는 리스트는 [104, 101, 108, 108, 111]이다. IEx에서 이 리스트는 'hello'로 표시된다. 두 번째 컴프리헨션 문은 각각의 정수 코드를 문자열로 바꿔 반환하므로 결과는 한 글자짜리 문자열들의 리스트가 된다.

제너레이터의 좌변이 패턴이므로 바이너리 패턴 매칭도 사용할 수 있다. 다음 코드는 문자열을 이루는 각 문자의 정수 코드를 8진수로 바꾼다.

```
iex> for << << b1::size(2), b2::size(3), b3::size(3) >> <- "hello" >>,
...> do: "0#{b1}#{b2}#{b3}"
["0150", "0145", "0154", "0154", "0157"]
```

10.4.2 컴프리헨션 문의 스코프

컴프리헨션 문 내에서 할당하는 변수는 해당 컴프리헨션 문 안에서만 사용할 수 있다. 외부 변수의 값에는 영향을 미치지 않는다.

```
iex> name = "Dave"
"Dave"
iex> for name <- [ "cat", "dog" ], do: String.upcase(name)
["CAT", "DOG"]
iex> name
"Dave"
```

10.4.3 컴프리헨션 문이 반환하는 값

지금까지 본 컴프리헨션 문은 리스트를 반환했으며, 리스트에 포함되는 값은 컴프리헨션 문의 각 반복에서 do 블록이 반환하는 값이었다. into: 파라미터를 사용해 이 동작을 바꿀 수 있다. into: 파라미터는 결과를 저장할 컬렉션을 받는다. 예를 들어 결과를 맵으로 받을 수도 있다.

```
iex> for x <- ~w{ cat dog }, into: %{}, do: { x, String.upcase(x) }
%{"cat" => "CAT", "dog" => "DOG"}
```

`Map.new`를 쓰면 의미가 좀 더 명확하게 전달될 것이다.

```
iex> for x <- ~w{ cat dog }, into: Map.new, do: { x, String.upcase(x) }
%{"cat" => "CAT", "dog" => "DOG"}
```

컬렉션이 꼭 비어 있을 필요는 없다.

```
iex> for x <- ~w{ cat dog }, into: %{"ant" => "ANT"}, do: { x, String.upcase(x) }
%{"ant" => "ANT", "cat" => "CAT", "dog" => "DOG"}
```

`into:` 옵션은 `Collectable` 프로토콜을 구현한 값을 받는다(프로토콜은 서로 다른 자료형 사이의 공통적인 동작을 정의한 것으로, 24장에서 다시 살펴본다). `Collectable` 프로토콜을 구현한 타입에는 리스트, 바이너리, 함수, 맵, 파일, 해시 딕셔너리, 해시 셋[5], IO 스트림 등이 있다. 따라서 다음과 같은 코드도 작성할 수 있다.

```
iex> for x <- ~w{ cat dog }, into: IO.stream(:stdio,:line), do: "<<#{x}>>\n"
<<cat>>
<<dog>>
%IO.Stream{device: :standard_io, line_or_bytes: :line, raw: false}
```

연습문제

10-3 2부터 n까지의 소수 리스트를 반환하는 함수를 만들어보자. 7장의 마지막 연습문제에서 작성한 span 함수와 리스트 컴프리헨션 문을 이용하자.

10-4 Pragmatic Bookshelf 출판사는 사무실이 텍사스주(TX)와 노스캐롤라이나주(NC)에 있으며 두 주로 배송되는 주문 건에는 소비세가 부과된다. 소비세율은 키워드 리스트로 주어진다.

```
tax_rates = [NC: 0.075, TX: 0.08]
```

주문 리스트는 다음과 같다.

---

5 옮긴이_ 해시 딕셔너리(HashDict 모듈), 해시 셋(HashSet 모듈)은 엘릭서 1.2에서 지원 종료되었다. 두 모듈 대신 각각 Map, MapSet 모듈을 사용하도록 권장된다.

```
orders = [
  [ id: 123, ship_to: :NC, net_amount: 100.00 ],
  [ id: 124, ship_to: :OK, net_amount: 35.50 ],
  [ id: 125, ship_to: :TX, net_amount: 24.00 ],
  [ id: 126, ship_to: :TX, net_amount: 44.80 ],
  [ id: 127, ship_to: :NC, net_amount: 25.00 ],
  [ id: 128, ship_to: :MA, net_amount: 10.00 ],
  [ id: 129, ship_to: :CA, net_amount: 102.00 ],
  [ id: 130, ship_to: :NC, net_amount: 50.00 ] ]
```

두 리스트를 받아 주문 리스트의 복사본을 반환하는 함수를 구현하자. 반환되는 주문 리스트의 각 항목에는 금액(net_amount)에 소비세를 더한 total_amount 필드를 추가해야 한다. 두 주 외의 다른 곳으로 배송되는 주문에는 소비세가 부과되지 않는다.

10.5 과거의 신성함으로부터 돌아오기

L. 피터 도이치[L. Peter Deutsch][6]는 순회와 재귀에 대해 이렇게 말했다.

> "순회하는 것은 인간적이고, 재귀하는 것은 신성하다.
>
> (To iterate is human, to recurse divine.)"

필자도 엘릭서 코드를 처음 작성하기 시작했을 때 같은 느낌을 받았다. 여러 재귀 함수를 패턴 매칭해 사용할 때의 즐거움은 설계에 큰 영향을 미쳤다. 그러던 어느 날, 재귀를 지나치게 쓰고 있는 건 아닌가 하는 생각이 들기 시작했다.

실제로 대부분의 일상적인 작업은 재귀보다는 반복을 이용하면 더 편하다. 코드의 양이 줄어들고, 읽기도 쉽고, 아마 더 효율적일 것이다. 언제 재귀를 사용하고 언제 반복을 사용하면 좋은지 생각해보면 엘릭서를 효과적으로 익히는 데 도움이 된다. 필자는 가능한 한 반복을 사용하기를 추천한다. 다음 장에서는 엘릭서와 얼랭에서의 문자열 처리를 알아본다.

---

6 옮긴이_ 포스트스크립트(PostScript) 인터프리터인 고스트스크립트(Ghostscript) 등을 만든 개발자.

문자열과 바이너리

이 장에서 살펴볼 내용은 다음과 같다.

- 문자열과 문자열 리터럴
- 문자 리스트(작은따옴표 리터럴)
- 패턴 매칭과 문자열 처리

그동안 문자열을 사용하기는 했지만 자세히 살펴보지는 않았으니 이번 장에서 짚고 가도록 하자.

11.1 문자열 리터럴

엘릭서에는 두 종류의 문자열이 있다. 하나는 작은따옴표로 감싼single-quoted 것이고 다른 하나는 큰따옴표로 감싼double-quoted 것이다. 둘은 내부 구현이 매우 다르지만 공통점도 많다. 양쪽 모두 다음과 같은 특징이 있다.

- UTF-8 인코딩된 문자를 저장할 수 있다.
- 이스케이프 문자를 포함할 수 있다.

| \a | BEL (0x07) | \b | BS (0x08) | \d | DEL (0x7f) |
| \e | ESC (0x1b) | \f | FF (0x0c) | \n | NL (0x0a) |

\r	CR (0x0d)	\s	SP (0x20)	\t	TAB (0x09)
\v	VT (0x0b)	\uhhh	1~6자리 hex	\xhh	2자리 hex

- #{...} 문법으로 엘릭서 표현식을 삽입할 수 있다.

```
iex> name = "dave"
"dave"
iex> "Hello, #{String.capitalize name}!"
"Hello, Dave!"
```

- 특별한 의미를 가진 문자는 백슬래시(\)를 사용해 이스케이프할 수 있다.
- 히어독스heredocs 표기법을 지원한다.

11.1.1 히어독스

모든 문자열은 여러 줄로 늘어날 수 있다. 문자열을 출력할 때는 IO.puts와 IO.write라는 두 함수를 사용할 수 있는데, puts는 항상 줄바꿈을 추가한다. 이 절에서 여러 줄인 문자열을 출력할 때는 줄바꿈을 추가하지 않는 write 함수를 사용한다.

```
IO.puts "start"
IO.write "
  my
  string
"
IO.puts "end"
```

코드를 실행하면 다음과 같이 출력된다.

```
start

  my
  string
end
```

여러 줄 문자열의 앞뒤 줄바꿈, 중간에 위치한 줄의 들여쓰기가 그대로 유지되었다. **히어독**

$\leq$heredocs 표기법은 이러한 문제를 해결해준다. 다음처럼 문자열 구분자를 세 번 입력하고(''' 또는 """) 내용의 들여쓰기에 맞추어서 닫는 구분자를 넣어주면 된다.

```
IO.puts "start"
IO.write """
   my
   string
   """
IO.puts "end"
```

코드를 실행하면 이번에는 다음과 같이 출력된다.

```
start
my
string
end
```

히어독스는 함수나 모듈의 문서를 추가할 때 많이 사용한다.

11.1.2 시길

루비와 비슷하게, 엘릭서는 일부 리터럴에 대한 대체 문법을 제공한다. 그중 하나로, 4.2.5절에서 살펴봤듯 ~r{...}로 정규식을 생성할 수 있다. 이와 같이 ~로 시작하는 리터럴을 엘릭서에서는 **시길**sigil[1]이라 부른다.

시길은 틸드(~)로 시작하며 영문 대문자나 소문자 중 한 글자, 구분자로 싸인 내용, 부가적인 옵션이 차례로 이어진다. 구분자는 <...>, {...}, [...], (...), |...|, /.../, "...", '...' 등이 될 수 있다. 틸드 뒤에 오는 문자는 시길의 종류를 결정한다.

~C	이스케이프 또는 문자열 삽입을 수행하지 않는 문자 리스트
~c	이스케이프 및 문자열 삽입을 수행하는 문자 리스트로, 작은따옴표(') 문자열과 같음
~D	yyyy-mm-dd 형식의 날짜로, 타입은 Date
~N	yyyy-mm-dd hh:mm:ss[.ddd] 형식의 NaiveDateTime

....
1 마력을 가진 심벌이라는 의미

~R	이스케이프 또는 문자열 삽입을 수행하지 않는 정규식
~r	이스케이프 및 문자열 삽입을 수행하는 정규식
~S	이스케이프 또는 문자열 삽입을 수행하지 않는 문자열
~s	이스케이프 및 문자열 삽입을 수행하는 문자열로, 큰따옴표(")문자열과 같음
~T	hh:mm:ss[.dddd] 형식의 시간으로, 타입은 Time
~U	ISO-8601 형식의 날짜로, 타입은 DateTime[2]
~W	공백 문자로 값을 구분하는 리스트로, 이스케이프 또는 문자열 삽입을 수행하지 않음
~w	공백 문자로 값을 구분하는 리스트로, 이스케이프 및 문자열 삽입을 수행함

다음은 다양한 구분자를 사용한 시길의 예시다.

```
iex> ~C[1\n2#{1+2}]
'1\\n2\#{1+2}'
iex> ~c"1\n2#{1+2}"
'1\n23'
iex> ~S[1\n2#{1+2}]
"1\\n2\#{1+2}"
iex> ~s/1\n2#{1+2}/
"1\n23"
iex> ~W[the c#{'a'}t sat on the mat]
["the", "c\#{'a'}t", "sat", "on", "the", "mat"]
iex> ~w[the c#{'a'}t sat on the mat]
["the", "cat", "sat", "on", "the", "mat"]
iex> ~D<1999-12-31>
~D[1999-12-31]
iex> ~T[12:34:56]
~T[12:34:56]
iex> ~N{1999-12-31 23:59:59}
~N[1999-12-31 23:59:59]
```

~W와 ~w 시길은 옵션으로 a, c, s를 받는다. 이 옵션은 값을 아톰, 문자 리스트, 문자열 중 무엇으로 반환할지를 결정한다. ~r 시길의 옵션은 4.2.5절 '정규식'에서 살펴봤다.

```
iex> ~w[the c#{'a'}t sat on the mat]a
[:the, :cat, :sat, :on, :the, :mat]
iex> ~w[the c#{'a'}t sat on the mat]c
```

---

2 옮긴이_ 엘릭서 1.9에 추가되었다.

```
['the', 'cat', 'sat', 'on', 'the', 'mat']
iex> ~w[the c#{'a'}t sat on the mat]s
["the", "cat", "sat", "on", "the", "mat"]
```

내용을 감싸는 구분자는 '단어가 아닌nonword' 문자라면 무엇이든 괜찮다. 괄호 종류((, [, {, <)
로 시작했다면 그에 대응하는 닫힘 문자를 종료 구분자로 사용해야 한다. 구분자가 괄호가 아
니라면 이스케이프되지 않은 상태로 두 번째로 나오는 시작 구분자가 종료 구분자가 된다. 엘
릭서는 구분자의 중첩을 확인하지 않는다. 따라서 ~s{a{b}와 같은 시길은 a{b라는 세 글자짜
리 문자열이 된다. 만약 시작 구분자가 작은따옴표나 큰따옴표 세 개면, 이 시길은 히어독스로
취급된다.

```
iex> ~w"""
...> the
...> cat
...> sat
...> """
["the", "cat", "sat"]
```

히어독스 시길에 옵션을 넣고 싶을 때도(대부분 ~r을 사용할 때다) 마찬가지로 종료 구분자
뒤에 넣어주면 된다.

```
iex> ~r"""
...> hello
...> """i
~r/hello\n/i
```

흥미롭게도 시길을 직접 만들 수도 있다. 자세한 내용은 25장 '더 멋진 것들'에서 살펴본다.

11.2 '문자열'이라는 이름

더 깊은 내용으로 들어가기 전에 설명할 것이 하나 있다. 다른 언어는 대부분 'cat'과 "cat"
을 모두 문자열string이라고 하며 이 책에서도 지금까지 그렇게 설명해왔다. 하지만 엘릭서에서는

조금 다르다.

엘릭서에서는 관습적으로 큰따옴표 문자열만을 '문자열'이라 부른다. 작은따옴표를 사용한 경우는 '문자 리스트^{character list}'라고 한다. 이는 상당히 중요하다. 작은따옴표 문자열과 큰따옴표 문자열은 매우 다르며, 문자열을 받는 라이브러리는 큰따옴표 문자열에 대해서만 동작한다. 두 형식이 어떻게 다른지 조금 더 자세히 살펴보자.

11.3 작은따옴표 문자열은 문자 코드의 리스트다

작은따옴표 문자열은 내부적으로는 정수의 리스트로 표현되는데, 이때 각 정숫값은 문자열의 유니코드 코드포인트다. 작은따옴표 문자열을 **문자 리스트**라고 부르는 이유가 바로 이 때문이다.

```
iex> str = 'wombat'
'wombat'
iex> is_list str
true
iex> length str
6
iex> Enum.reverse str
'tabmow'
```

조금 혼란스럽기는 하다. str이 리스트라고는 하는데, 그러면서도 마치 문자열인 것처럼 출력된다. 이렇게 동작하는 이유는 정수 리스트를 이루는 값이 모두 출력 가능한 문자의 코드포인트일 때 IEx가 리스트를 문자열로 출력하기 때문이다.[3] 리스트를 만들어서 직접 확인해보자.

```
iex> [ 67, 65, 84 ]
'CAT'
```

다양한 방법으로 문자 리스트의 내부 표현을 확인할 수 있다.

```
iex> str = 'wombat'
'wombat'
```

---

3 옮긴이_ 같은 내용을 7.2절에서도 살펴본 적이 있다.

```
iex> :io.format "~w~n", [ str ]
[119, 111, 109, 98, 97, 116]
:ok
iex> List.to_tuple str
{119, 111, 109, 98, 97, 116}
iex> str ++ [0]
[119, 111, 109, 98, 97, 116, 0]
```

~w 포맷 문자열은 str이 얼랭 표준 문법에 따른 값(이 경우 정수 리스트)으로 출력되도록 강제한다. ~n은 줄바꿈을 의미한다. 마지막 줄에서는 널^{null} 바이트를 리스트 끝에 넣어 새로운 문자 리스트를 만들었다. 이제 리스트에 있는 값이 모두 출력 가능하다고 간주할 수 없게 되었으므로 문자가 아닌 정수 코드포인트가 그대로 표시되었다.

이와 같이 문자 리스트가 출력 가능하지 않다고 판단되는 값을 포함하는 경우 문자열 대신 리스트를 보게 된다.

```
iex> 'əx/əy'
[8706, 120, 47, 8706, 121]
```

문자 리스트 역시 리스트이므로 패턴 매칭과 List 모듈의 함수를 사용할 수 있다.

```
iex> 'pole' ++ 'vault'
'polevault'
iex> 'pole' -- 'vault'
'poe'
iex> List.zip [ 'abc', '123' ]
[{97, 49}, {98, 50}, {99, 51}]
iex> [ head ¦ tail ] = 'cat'
'cat'
iex> head
99
iex> tail
'at'
iex> [ head ¦ tail ]
'cat'
```

'cat'의 head 값이 왜 c가 아니고 99일까? 문자 리스트는 정수 문자 코드의 리스트이므로 각 항목은 숫자다. 따라서 소문자 c를 나타내는 문자 코드인 99가 출력된다.

한편 ?c 표기법을 사용해 문자 c의 코드를 얻을 수도 있다. 이 표기법은 문자 리스트에서 패턴 매칭을 사용해 정보를 추출할 때 유용하다. 다음 예제는 10진수가 담긴 문자 리스트를 받아 숫자로 파싱한다(부호는 있을 수도 있고 없을 수도 있다).

코드: strings/parse.exs

```elixir
defmodule Parse do
  def number([ ?- | tail ]), do: _number_digits(tail, 0) * -1
  def number([ ?+ | tail ]), do: _number_digits(tail, 0)
  def number(str), do: _number_digits(str, 0)

  defp _number_digits([], value), do: value
  defp _number_digits([ digit | tail ], value)
  when digit in '0123456789' do
    _number_digits(tail, value*10 + digit - ?0)
  end
  defp _number_digits([ non_digit | _ ], _) do
    raise "Invalid digit '#{[non_digit]}'"
  end
end
```

IEx에서 실행해보자.

```elixir
iex> c("parse.exs")
[Parse]
iex> Parse.number('123')
123
iex> Parse.number('-123')
-123
iex> Parse.number('+123')
123
iex> Parse.number('+9')
9
iex> Parse.number('+a')
** (RuntimeError) Invalid digit 'a'
```

11-1 작은따옴표 문자열을 받아서, 문자열이 출력 가능한 아스키 문자(공백부터 틸드(~)까지[4]) 만으로 이루어졌으면 true를 반환하는 함수를 만들어보자.

11-2 파라미터로 받은 두 값이 서로 애너그램anagram[5] 관계이면 true를 반환하는 anagram? (word1, word2) 함수를 만들어보자.

11-3 IEx에 다음과 같이 입력해보자.

```
iex> [ 'cat' | 'dog' ]
['cat',100,111,103]
```

왜 'cat'은 문자열로 출력되고 'dog'은 숫자로 출력되었을까?

11-4 [어려움] 숫자 [+-*/] 숫자 형식의 문자 리스트를 받아 계산한 결과를 반환하는 함수를 만들어보자. 각 숫자는 부호를 포함하지 않는다.

```
calculate('123 + 27') # => 150
```

11.4 바이너리

바이너리binary 타입은 연속된 비트를 나타낸다. 바이너리 리터럴은 <<term, ... >>과 같이 쓴다. 가장 단순한 단위 값은 0부터 255 사이의 숫자 하나로, 이 숫자들이 바이너리 안에 연속된 바이트로 저장된다.

---

4 옮긴이_ 아스키코드에서 출력 가능한 첫 번째 문자는 공백(코드포인트 32)이고, 출력 가능한 마지막 문자는 틸드(코드포인트 126)이다.

5 옮긴이_ 단어나 문장을 구성하는 문자의 순서를 바꾸어 다른 단어나 문장을 만드는 것. 여기서는 두 문자열 중 한 문자열의 문자의 위치를 변경하면 서로 같은 문자열이 되는지를 의미한다.

```
iex> b = << 1, 2, 3 >>
<<1, 2, 3>>
iex> byte_size b
3
iex> bit_size b
24
```

각 값은 기본적으로 1바이트를 차지하지만 데이터 크기를 비트 단위로 설정할 수도 있다. 미디어 파일이나 네트워크 패킷 같은 바이너리 포맷 데이터를 다룰 때 유용하다.

```
iex> b = << 1::size(2), 1::size(3) >> # 01 001
<<9::size(5)>>                         # = 9 (10진수)
iex> byte_size b
1
iex> bit_size b
5
```

바이너리에는 정수 외에 실수나 다른 바이너리도 저장할 수 있다.

```
iex> int = << 1 >>
<<1>>
iex> float = << 2.5 :: float >>
<<64, 4, 0, 0, 0, 0, 0, 0>>
iex> mix = << int :: binary, float :: binary >>
<<1, 64, 4, 0, 0, 0, 0, 0, 0>>
```

데이터에서 비트를 추출하는 예제로 바이너리와의 첫 만남을 마무리하자. IEEE 754 부동소수점수는 부호를 나타내는 1비트, 그 뒤의 지수를 나타내는 11비트, 가수^{mantissa}를 나타내는 나머지 52비트로 구성된다. 지수 부분은 실제 지수보다 1023만큼 큰 값이며 가수는 최상위 비트를 1로 가정할 때의 소수점 아래 부분이다. 이 정의를 이용해 실수를 이루는 각 필드를 추출한 뒤 :math.pow로 거듭제곱 연산을 거쳐 조합하면 원래 숫자를 얻을 수 있다.

```
iex> << sign::size(1), exp::size(11), mantissa::size(52) >> = << 3.14159::float >>
<<64, 9, 33, 249, 240, 27, 134, 110>>
iex> (1 + mantissa / :math.pow(2, 52)) * :math.pow(2, exp-1023) * (1 - 2*sign)
3.14159
```

11.5 큰따옴표 문자열은 바이너리다

작은따옴표 문자열은 문자의 리스트로 저장되지만, 큰따옴표 문자열은 연속된 바이트에 UTF-8 인코딩되어 저장된다. 이 방식은 메모리나 데이터 접근의 관점에서 분명 더 효율적이나, 겉으로 드러나지 않는 두 가지 의미를 더 지닌다.

먼저, UTF-8 문자는 한 글자가 여러 바이트를 사용할 수 있기 때문에 바이너리의 크기와 문자열의 길이가 반드시 일치하지는 않는다.

```
iex> dqs = "∂x/∂y"
"∂x/∂y"
iex> String.length dqs
5
iex> byte_size dqs
9
iex> String.at(dqs, 0)
"∂"
iex> String.codepoints(dqs)
["∂", "x", "/", "∂", "y"]
iex> String.split(dqs, "/")
["∂x", "∂y"]
```

두 번째로, 문자열을 표현할 때 더 이상 리스트를 사용하지 않으므로 리스트 문법 외에 바이너리 문법도 함께 익혀야 한다.

11.5.1 문자열과 엘릭서 라이브러리

엘릭서 라이브러리 문서에서 문자열string 또는 바이너리binary라는 용어는 항상 큰따옴표 문자열을 의미한다. String 모듈에는 큰따옴표 문자열에 대해 사용할 수 있는 함수가 정의되어 있다.[6]

at(str, offset)

　　0부터 시작해 offset번째 위치에 있는 자소grapheme를 반환한다. offset이 음수일 때는

6　옮긴이_ 본문에서는 String 모듈이 제공하는 주요 함수들을 소개하며, 실제 사용할 수 있는 함수의 종류는 더 많다. 전체 목록은 공식 문서(*https://hexdocs.pm/elixir/String.html*)에서 확인하자.

문자열의 끝부터 센다.

```
iex> String.at("əog", 0)
"ə"
iex> String.at("əog", -1)
"g"
```

capitalize(str)

문자열을 모두 소문자로 바꾼 뒤 첫 번째 문자를 대문자로 바꾼다.

```
iex> String.capitalize "école"
"École"
iex> String.capitalize "ÎÎÎÎÎ"
"Îîîîî"
```

codepoints(str)

문자열의 코드포인트 리스트를 반환한다.

```
iex> String.codepoints("José's əøg")
["J", "o", "s", "é", "'", "s", " ", "ə", "ø", "g"]
```

downcase(str)

문자열의 모든 문자를 소문자로 바꾼다.

```
iex> String.downcase "ØRSteD"
"ørsted"
```

duplicate(str, n)

문자열을 n번 복사해 반환한다.

```
iex> String.duplicate "Ho! ", 3
"Ho! Ho! Ho! "
```

ends_with?(str, suffix | [suffixes])

문자열이 suffix 또는 suffixes 중 하나로 끝나면 true를 반환한다.

```
iex> String.ends_with? "string", ["elix", "stri", "ring"]
true
```

first(str)

문자열의 첫 번째 자소를 반환한다.

```
iex> String.first "ðog"
"ð"
```

graphemes(str)

문자열의 자소 리스트를 반환한다. codepoints 함수와 비슷하지만 결합 문자 처리 방법이 다르다. codepoints 함수는 결합 문자를 구성하는 각 문자를 모두 나누어 반환한다. 예시에서는 ë를 나타내기 위해 문자 e와 결합 문자를 사용했다.

```
iex> String.codepoints "noe\u0308l"
["n", "o", "e", "¨ ", "l"]
iex> String.graphemes "noe\u0308l"
["n", "o", "ë", "l"]
```

jaro_distance(str1, str2)

두 문자열의 유사도를 나타내는 0과 1 사이의 실수를 반환한다.

```
iex> String.jaro_distance("jonathan", "jonathon")
0.9166666666666666
iex> String.jaro_distance("josé", "john")
0.6666666666666666
```

last(str)

문자열의 마지막 자소를 반환한다.

```
iex> String.last "ɘog"
"g"
```

length(str)

문자열의 자소 개수를 반환한다.

```
iex> String.length "əx/əy"
5
```

myers_difference(str1, str2)

문자열 하나를 다른 하나로 변환하려면 어떻게 바꾸어야 하는지를 리스트로 반환한다.

```
iex> String.myers_difference("banana", "panama")
[del: "b", ins: "p", eq: "ana", del: "n", ins: "m", eq: "a"]
```

next_codepoint(str)

문자열을 분리해 첫 번째 코드포인트와 나머지 문자열을 반환한다. 문자열이 비어 있으면 nil이 반환된다. 이 함수는 이터레이터를 구성하는 데 사용된다.

```elixir
defmodule MyString do
  def each(str, func), do: _each(String.next_codepoint(str), func)

  defp _each({codepoint, rest}, func) do
    func.(codepoint)
    _each(String.next_codepoint(rest), func)
  end

  defp _each(nil, _), do: []
end

MyString.each "ɘog", fn c -> IO.puts c end
```

코드를 실행하면 다음과 같이 출력된다.

```
ə
o
g
```

next_grapheme(str)

next_codepoint 함수와 마찬가지로 동작하지만 자소를 반환한다(문자열의 끝에 도달하면 :no_grapheme을 반환한다).

pad_leading(str, new_length, padding \\ " ")

최소 길이 new_length의 새로운 문자열을 반환한다. str로 들어온 문자열이 오른쪽 정렬되고 padding이 나머지 부분을 채운다.

```
iex> String.pad_leading("cat", 5, ">")
">>cat"
```

pad_trailing(str, new_length, padding \\ " ")

최소 길이 new_length의 새로운 문자열을 반환한다. str로 들어온 문자열이 왼쪽 정렬되고 padding이 나머지 부분을 채운다.

```
iex> String.pad_trailing("cat", 5)
"cat "
```

printable?(str)

문자열이 출력 가능한 문자만으로 이루어져 있으면 true를 반환한다.

```
iex> String.printable? "José"
true
iex> String.printable? "\x00 a null"
false
```

replace(str, pattern, replacement, options \\ [global: true, insert_replaced: nil])

> options에 따라 str 안의 pattern을 replacement로 바꾼다. :global 옵션이 true 이면 패턴에 맞는 경우를 모두 찾아서 바꾸고, 그렇지 않으면 처음으로 일치한 문자열만 변경한다. :insert_replaced 옵션이 숫자면 replacement의 지정된 자리에 pattern 이 삽입된다. 이 옵션에 리스트를 넣으면 패턴을 여러 번 삽입할 수 있다.[7]

```
iex> String.replace "the cat on the mat", "at", "AT"
"the cAT on the mAT"
iex> String.replace "the cat on the mat", "at", "AT", global: false
"the cAT on the mat"
iex> String.replace "the cat on the mat", "at", "AT", insert_replaced: 0
"the catAT on the matAT"
iex> String.replace "the cat on the mat", "at", "AT", insert_replaced:
[0,2]
"the catATat on the matATat"
```

reverse(str)

> 문자열 안의 자소 순서를 뒤집는다.

```
iex> String.reverse "pupils"
"slipup"
iex> String.reverse "Σf÷∂"
"∂÷fΣ"
```

slice(str, offset, len)

> 원본 문자열을 offset 번째 문자부터 len 길이만큼 잘라 반환한다(offset이 음수이면 문자열의 끝부터 센다).

---

7 옮긴이_ :insert_replaced 옵션은 중복을 피하면서 replacement에서 pattern을 재사용하는 기능이나, 엘릭서 1.9에서 지원 중 단되었다. 같은 동작을 대체 구현하는 방법은 여러 가지인데 pattern으로 정규식을 사용하거나, replacement가 함수이거나, 얼랭의 :binary.replace/4를 사용하면 된다.

```
iex> String.slice "the cat on the mat", 4, 3
"cat"
iex> String.slice "the cat on the mat", -3, 3
"mat"
```

split(str, pattern \\ nil, options \\ [global: true])

pattern을 구분자로 해 문자열을 나눈다. :global이 false이면 패턴에 처음으로 일치
된 곳에서만 분할이 일어난다. pattern은 문자열, 정규식, nil 중 하나다. nil이면 공
백을 기준으로 문자열을 나눈다.

```
iex> String.split " the cat on the mat "
["the", "cat", "on", "the", "mat"]
iex> String.split "the cat on the mat", "t"
["", "he ca", " on ", "he ma", ""]
iex> String.split "the cat on the mat", ~r{[ae]}
["th", " c", "t on th", " m", "t"]
iex> String.split "the cat on the mat", ~r{[ae]}, parts: 2
["th", " cat on the mat"]
```

starts_with?(str, prefix | [prefixes])

문자열이 prefix 또는 prefixes 중 하나로 시작하면 true를 반환한다.

```
iex> String.starts_with? "string", ["elix", "stri", "ring"]
true
```

trim(str)

문자열 앞, 뒤의 공백 문자를 잘라낸다.

```
iex> String.trim "\t Hello \r\n"
"Hello"
```

trim(str, character)

문자열 앞, 뒤의 character 문자를 잘라낸다.

```
iex> String.trim "!!!SALE!!!", "!"
"SALE"
```

trim_leading(str)

문자열 앞의 공백 문자를 잘라낸다.

```
iex> String.trim_leading "\t\f Hello\t\n"
"Hello\t\n"
```

trim_leading(str, character)

문자열 앞의 character 문자를 잘라낸다.

```
iex> String.trim_leading "!!!SALE!!!", "!"
"SALE!!!"
```

trim_trailing(str)

문자열 뒤의 공백 문자를 잘라낸다.

```
iex> String.trim_trailing(" line \r\n")
" line"
```

trim_trailing(str, character)

문자열 뒤의 character 문자를 잘라낸다.

```
iex> String.trim_trailing "!!!SALE!!!", "!"
"!!!SALE"
```

upcase(str)

문자열의 모든 문자를 대문자로 바꾼다.

```
iex> String.upcase "José Ørstüd"
"JOSÉ ØRSTÜD"
```

valid?(str)

문자열이 유효한 유니코드 코드포인트로 이루어져 있으면 true를 반환한다.

```
iex> String.valid? "ə"
true
iex> String.valid? "əog"
true
iex> String.valid? << 0x80, 0x81 >>
false
```

연습문제

11-5 큰따옴표 문자열의 리스트를 받아 줄마다 각 문자열을 출력하는 함수를 작성해보자. 단, 가장 긴 문자열의 폭에 맞추어 가운데 정렬되어야 한다. UTF 문자를 입력했을 때도 동작하도록 구현해보자.

```
iex> center(["cat", "zebra", "elephant"])
  cat
 zebra
elephant
```

11.6 바이너리와 패턴 매칭

바이너리에서 매우 중요한 법칙은 '애매하다면 필드의 타입을 명시하자'이다. 바이너리에서 사용 가능한 타입은 binary, bits, bitstring, bytes, float, integer, utf8, utf16, utf32이다. 또 조건을 추가할 수도 있다.

- size(n): 필드의 크기(비트 단위)
- signed, unsigned: 정수 필드에 대해 부호가 있는 것으로 해석할지 여부
- 엔디언endianness[8]: big, little, native

하이픈(−)을 사용해 여러 속성을 구분할 수 있다.

```
<< length::unsigned-integer-size(12), flags::bitstring-size(4) >> = data
```

하지만 아무리 바이너리 파일이나 프로토콜 포맷 작업을 많이 하더라도, 이런 무시무시한 것을 가장 많이 사용하는 곳은 뭐니뭐니해도 UTF−8 문자열 처리다.

11.6.1 바이너리로 문자열 처리하기

리스트를 처리할 때는 리스트의 머리와 나머지 부분을 분리해 패턴 매칭할 수 있었다. 문자열이 저장된 바이너리에도 같은 방법을 사용할 수 있다. 이때는 문자열의 머리(첫 번째 자소)가 UTF−8 타입이고 나머지 부분도 여전히 바이너리임을 명시해야 한다.

코드: strings/utf−iterate.ex

```
defmodule Utf8 do
  def each(str, func) when is_binary(str), do: _each(str, func)

  defp _each(<< head :: utf8, tail :: binary >>, func) do
    func.(head)
    _each(tail, func)
  end
```

....

8 옮긴이_ 정수와 같이 여러 바이트를 사용하는 데이터를 메모리 등에 저장할 때 큰 단위를 앞에 저장할지(빅 엔디언), 작은 단위를 앞에 저장할지(리틀 엔디언)를 결정하는 옵션이다.

```
  defp _each(<<>>, _func), do: []
end

Utf8.each " əog", fn char -> IO.puts char end
```

코드를 실행하면 다음과 같은 내용이 출력된다.

```
8706
111
103
```

리스트와 마찬가지로 깔끔히 처리되었지만, 중요한 차이가 몇 가지 있다. 이 코드에서는 패턴 매칭에 [head | tail] 대신 <<head :: utf8, tail :: binary>>를 사용했고, 빈 리스트 [] 대신 빈 바이너리 <<>>로 재귀를 종료했다.

연습문제

11-6 문자열 안에 있는 각 문장에 capitalize 연산을 적용하는 함수를 작성해보자. 각 문장은 온점(.)과 공백으로 끝난다. 문자열을 구성하는 각 문자의 대소문자 여부는 무작위다.

```
iex> capitalize_sentences("oh. a DOG. woof. ")
"Oh. A dog. Woof. "
```

11-7 10장 연습문제 [10-4]에서 소비세를 계산해봤는데, 이번 예제에서는 매출 정보가 파일에 담겨 온다. 파일에는 id, ship_to, net_amount 값이 쉼표로 구분되어 있으며 내용은 다음과 같다.

```
id,ship_to,net_amount
123,:NC,100.00
124,:OK,35.50
125,:TX,24.00
126,:TX,44.80
127,:NC,25.00
128,:MA,10.00
129,:CA,102.00
120,:NC,50.00
```

파일을 읽고 파싱해 결과를 10장 연습문제에서 구현한 함수에 전달하는 함수를 작성해보자. 파싱된 데이터는 10장에서와 같은 키워드 리스트 형식이어야 한다. 그리고 각 필드는 정확한 타입으로 파싱해야 한다(id 필드는 정수로 파싱하는 등).

File.open, IO.read(file, :line), IO.stream(file) 라이브러리 함수가 필요하다.

11.7 친숙하지만 아직 낯선

엘릭서에서 문자열을 이처럼 별나게 처리하는 것은 엘릭서의 기반이 된 얼랭 환경이 오랫동안 진화해온 결과를 이어받았기 때문이다. 언어를 바닥부터 만들었다면 다른 형태가 되었을 수도 있다. 하지만 바이너리를 사용해 매칭하는 조금 이상한 방식을 극복하고 나면 이 방식이 꽤 괜찮음을 알게 될 것이다. 특히 패턴 매칭을 사용하면 특정 문자 배열로 시작하는 문자열을 찾기가 매우 쉬우므로 간단한 파싱 작업을 하기가 훨씬 편해진다.

눈치챘을지 모르겠지만 이 책에서 진도가 꽤 나갔는데도 if나 case 같은 제어 구문이 아직 등장하지 않았다. 엘릭서에서는 전통적인 언어들에 비해 제어 구문을 적게 사용한다. 따라서 제어 구문을 소개하는 내용도 의도적으로 뒷부분에 배치했다. 하지만 아주 사용하지 않는 것은 아니니 다음 장에서 살펴보자.

## CHAPTER 12

제어 구문

이 장에서 살펴볼 내용은 다음과 같다.

- if와 unless
- cond (if의 여러 조건 버전)
- case (switch의 패턴 매칭 버전)
- 예외

엘릭서 코드는 명령형을 지양하고 선언형을 지향한다. 엘릭서로 코드를 작성하다 보면 작은 함수를 많이 만들게 된다. 이 함수에 가드 조건절과 파라미터 패턴 매칭을 조합하면 다른 언어의 제어 구문을 대부분 대체할 수 있다.

엘릭서에 제어 구문이 아예 없는 것은 아니다. 하지만 되도록 사용하지 않고 코드를 작성해보기를 바라는 마음에 지금에야 소개한다. 당신은 분명 cond나 case를 쓰게 될 것이다. 반드시 써야 하는 상황도 존재하기는 한다. 하지만 그 전에 함수형 프로그래밍으로 해결할 수 있을지 먼저 고민해보기를 권한다. 당장은 큰 차이가 없어 보일지라도 더 많은 코드를 작성할수록 함수형 프로그래밍이 주는 이점이 드러난다.

명시적인 제어 구문을 사용하지 않은 함수는 대체로 더 짧고 본래 목적에 충실하다. 당연히 코드를 읽고, 테스트하고, 재사용하기도 쉬워진다. 엘릭서에서 열 줄이 넘는 함수를 만든다면 이 장에서 다루는 제어 구문을 포함할 가능성이 높다. 그리고 그런 제어 구문들은 더 간단하게 다시 쓸 수 있다. 주의 사항을 이해했다면 이제 시작하자.

12.1 if와 unless

if와 unless는 두 파라미터를 받는다. 하나는 조건이고 다른 하나는 do:와 else: 키를 가진 키워드 리스트다. if 표현식은 조건이 참으로 간주되면 do: 키에 저장된 코드를 실행하고, 거짓으로 간주되면 else:에 저장된 코드를 실행한다. do: 키는 필수이나 else: 키는 필수가 아니다.

```
iex> if 1 == 1, do: "true part", else: "false part"
"true part"

iex> if 1 == 2, do: "true part", else: "false part"
"false part"
```

함수를 정의할 때와 마찬가지로 편의 문법을 사용할 수 있다. 코드 중 첫 번째 if는 다음과 같이 고쳐 쓸 수 있다.

```
iex> if 1 == 1 do
...>    "true part"
...> else
...>    "false part"
...> end
"true part"
```

unless는 if와 성격이 정반대인 쌍둥이라고 생각하면 된다.

```
iex> unless 1 == 1, do: "error", else: "OK"
"OK"
iex> unless 1 == 2, do: "OK", else: "error"
"OK"
iex> unless 1 == 2 do
...>    "OK"
...> else
...>    "error"
...> end
"OK"
```

if와 unless는 do:와 else: 중 실제 실행된 표현식의 값을 가진다.[1]

---

1 옮긴이_ if에서 else 키가 없을 때 조건이 거짓으로 간주되는 경우 nil이 반환된다.

12.2 cond

cond 매크로를 사용하면 여러 조건을 연속해서 확인할 수 있다. 각 조건마다 매칭되었을 때 실행할 코드를 정의해두면, 처음으로 참으로 간주되는 조건에 해당하는 코드가 실행된다.

FizzBuzz 게임에 cond를 이용해보자. 1부터 차례대로 숫자를 세다가 3의 배수에는 "Fizz"라고 출력하고, 5의 배수에는 "Buzz"라고 출력한다. 3의 배수와 5의 배수에 모두 해당하면 "FizzBuzz"라고 출력하고, 어디에도 해당하지 않으면 숫자를 그대로 출력한다. 다음과 같이 구현해볼 수 있다.

코드: control/fizzbuzz.ex

```
defmodule FizzBuzz do

  def upto(n) when n > 0, do: _upto(1, n, [])

  defp _upto(_current, 0, result),  do: Enum.reverse result

  defp _upto(current, left, result) do
    next_answer =
      cond do
        rem(current, 3) == 0 and rem(current, 5) == 0 ->
          "FizzBuzz"
        rem(current, 3) == 0 ->
          "Fizz"
        rem(current, 5) == 0 ->
          "Buzz"
        true ->
          current
      end
    _upto(current+1, left-1, [ next_answer | result ])
  end
end
```

여덟 번째 줄부터 cond가 시작된다. cond가 반환한 값은 next_answer라는 변수에 저장된다. 3과 5의 배수인 경우, 3의 배수인 경우, 5의 배수인 경우, 어디에도 해당하지 않는 경우를 각각 의미하는 4개 조건을 cond 내부에 만들어두었다. 엘릭서는 이 조건을 차례로 검사하다가 처음으로 참이 되는 조건의 -> 뒤에 있는 표현식을 실행하고 그 결과를 반환한다. 그리고 _upto를 호출해 재귀적으로 다음 값에 대해 함수를 실행한다. 어느 조건에도 해당되지 않는 경우를 처리하기 위해 true ->를 사용했는데, 전통적인 case 문을 사용하는 언어의 else나 default와 같은 것이다.

이 구현에는 작은 문제가 있다. 나중에 계산한 값이 리스트의 앞에 온다는 점이다. 연산이 끝나면 리스트가 답을 역순으로 들고 있게 되므로, 재귀의 기본 케이스(left가 0일 때)에서 리스트를 반대로 뒤집어 반환하도록 구현했다. 이런 식으로 구현하는 일은 매우 흔하다. 리스트를 뒤집는 연산은 최적화되어 있으므로 성능은 걱정하지 않아도 괜찮다. IEx에서 코드를 실행해보자.

```
iex> c("fizzbuzz.ex")
[FizzBuzz]
iex> FizzBuzz.upto(20)
[1, 2, "Fizz", 4, "Buzz", "Fizz", 7, 8, "Fizz", "Buzz", 11, "Fizz",
.. 13, 14, "FizzBuzz", 16, 17, "Fizz", 19, "Buzz"]
```

reverse 호출을 없애고 다른 식으로 구현할 수도 있다. 숫자를 역순으로 세면 (다시 말해, n에서 시작해 1에서 끝나도록 하면) 결과로 반환되는 리스트는 반대로 뒤집지 않아도 올바른 순서가 된다.

코드: control/fizzbuzz1.ex

```
defmodule FizzBuzz do

  def upto(n) when n > 0, do: _downto(n, [])

  defp _downto(0, result),  do: result
  defp _downto(current, result) do
    next_answer =
      cond do
        rem(current, 3) == 0 and rem(current, 5) == 0 ->
          "FizzBuzz"
        rem(current, 3) == 0 ->
          "Fizz"
        rem(current, 5) == 0 ->
          "Buzz"
        true ->
          current
      end
```

```
      _downto(current-1, [ next_answer ¦ result ])
    end
  end
```

이전에 작성한 control/fizzbuzz.ex보다는 깔끔해졌다. 하지만 동시에 일반적인 구현과는 조금 거리가 있다. 코드를 읽는 사람은 숫자를 오름차순으로 센 뒤 결과를 뒤집는 것을 기대하기 때문이다.

다른 방법으로 한번 구현해보자. FizzBuzz 게임은 숫자를 문자열로 변형한다. 코드로 데이터를 변형한다는 관점에서 생각하면 Enum.map 함수를 사용해 1부터 n까지의 숫자를 각각에 맞는 FizzBuzz 단어로 변형할 수 있다.

코드: control/fizzbuzz2.ex

```
defmodule FizzBuzz do
  def upto(n) when n > 0 do
    1..n |> Enum.map(&fizzbuzz/1)
  end

  defp fizzbuzz(n) do
    cond do
      rem(n, 3) == 0 and rem(n, 5) == 0 ->
        "FizzBuzz"
      rem(n, 3) == 0 ->
        "Fizz"
      rem(n, 5) == 0 ->
        "Buzz"
      true ->
        n
    end
  end
end
```

이 절에서 cond가 어떻게 동작하는지 소개하고는 있지만 cond 대신 패턴 매칭을 이용하는 편이 나을 때가 많다. 물론 어떤 방법을 선택할지는 당신에게 달렸다.

```elixir
defmodule FizzBuzz do
  def upto(n) when n > 0, do:  1..n |> Enum.map(&fizzbuzz/1)

  defp fizzbuzz(n), do: _fizzword(n, rem(n, 3), rem(n, 5))

  defp _fizzword(_n, 0, 0), do: "FizzBuzz"
  defp _fizzword(_n, 0, _), do: "Fizz"
  defp _fizzword(_n, _, 0), do: "Buzz"
  defp _fizzword( n, _, _), do: n
end
```

12.3 case

case는 하나의 값을 여러 패턴에 대해 확인해, 매칭되는 첫 번째 패턴에 해당하는 코드를 실행하고 그 연산 결과를 반환한다. 패턴은 가드 조건절을 포함할 수도 있다.

예를 들어, File.open 함수는 2-튜플을 반환한다. 파일을 여는 데 성공하면 열린 파일의 식별자 file을 담은 {:ok, file} 튜플을 반환하고, 실패하면 실패한 이유를 담은 {:error, reason} 튜플을 반환한다. 그러므로 case를 사용해 성공 여부에 따라 적당한 처리를 수행하도록 구현할 수 있다(다음 예제에서는 자신의 소스 파일을 연다).

코드: control/case.ex

```elixir
case File.open("case.ex") do
  { :ok, file } ->
    IO.puts "First line: #{IO.read(file, :line)}"
  { :error, reason } ->
    IO.puts "Failed to open file: #{reason}"
end
```

코드를 실행하면 다음과 같은 내용이 출력된다.

```
First line: case File.open("case.ex") do
```

존재하지 않는 파일을 가리키도록 파일명을 수정하고 다시 실행하면 'Failed to open file: enoent'가 출력된다. 다음처럼 중첩된 패턴 매칭을 사용할 수도 있다.

코드: control/case1.exs

```
defmodule Users do
  dave = %{ name: "Dave", state: "TX", likes: "programming" }
  case dave do
    %{state: some_state} = person ->
      IO.puts "#{person.name} lives in #{some_state}"
    _ ->
      IO.puts "No matches"
  end
end
```

함수 호출 시 실행할 함수를 선택하기 위해 패턴 매칭과 가드 조건절을 어떻게 조합할 수 있는지는 6.4절에서 살펴봤다. case에서도 같은 방법을 사용할 수 있다.

코드: control/case2.exs

```
dave = %{name: "Dave", age: 27}
case dave do
  person = %{age: age} when is_number(age) and age >= 21 ->
    IO.puts "You are cleared to enter the Foo Bar, #{person.name}"
  _ ->
    IO.puts "Sorry, no admission"
end
```

12.4 예외 발생시키기

들어가기에 앞서 엘릭서에서 예외는 공식적으로는 제어 구문이 아님을 밝혀둔다. 엘릭서의 예외는 일반적으로 절대 발생하지 않을 상황을 위해 만들어졌다. 데이터베이스가 다운되었거나 네임 서버가 응답하지 않는 경우라면 예외적인 상황이다. 이름이 고정된 설정 파일을 열지 못한 것도 예외적인 상황으로 볼 수 있다. 하지만 사용자가 입력한 파일명에 해당하는 파일을 열지 못한 것은 예외적인 상황이 아니다. 사용자는 언제든 오타를 낼 수 있기 때문이다.

raise 함수로 예외를 발생시킬 수 있다. 가장 간단한 형태로, raise 함수에 문자열을 넣으면 RuntimeError 타입의 예외가 생성된다.

```
iex> raise "Giving up"
** (RuntimeError) Giving up
```

예외의 타입과 다른 속성을 raise에 함께 전달할 수도 있다. 모든 예외 타입은 기본적으로 message 속성을 포함한다.

```
iex> raise RuntimeError
** (RuntimeError) runtime error
iex> raise RuntimeError, message: "override message"
** (RuntimeError) override message
```

엘릭서에서는 다른 언어보다 예외를 훨씬 덜 쓴다. 엘릭서의 설계 철학상 오류는 기본적으로 상위로 전파되어 관리 프로세스에 의해 처리되어야 한다. 이에 관해서는 18장에서 OTP 슈퍼바이저에 대해 이야기하면서 다룬다.

물론 엘릭서도 예외를 발생시키고 처리하는 일반적인 메커니즘을 모두 지원한다. 다만 최소한으로 사용해야 한다는 점을 강조하고자 자세한 내용은 본문이 아니라 부록에서 소개한다.

12.5 예외를 이용해 설계하기

File.open이 성공하면 {:ok, file}이 반환되고 실패하면 {:error, reason}이 반환된다. 따라서 파일을 열지 못할 가능성이 있으며 실패했을 때 다른 처리를 수행하게 하려면 다음처럼 구현할 수 있다.

```
case File.open(user_file_name) do
  {:ok, file} ->
    process(file)
```

```
  {:error, message} ->
    IO.puts :stderr, "Couldn't open #{user_file_name}: #{message}"
end
```

파일을 항상 열 수 있을 것으로 기대한다면 실패했을 때 예외를 발생시킬 수도 있다.

```
case File.open("config_file") do
  {:ok, file} ->
    process(file)
  {:error, message} ->
    raise "Failed to open config file: #{message}"
end
```

또는 다음처럼 작성해서 실패했을 때 언어 수준에서 예외를 내도록 할 수도 있다.

```
{ :ok, file } = File.open("config_file")
process(file)
```

만약 파일을 열지 못해 첫 번째 줄의 패턴 매칭에 실패하면 엘릭서는 MatchError를 발생시킨다. 실패 시 명시적으로 예외를 발생시키는 코드보다는 알아보기가 다소 어렵겠지만, 오류가절대 발생하지 않아야 하는 경우에는 이 정도면 충분하다(적어도 오류가 실제로 발생해서 운영 팀 사람들이 더 자세한 정보를 요구하기 전까지는 괜찮을 것이다).

실패했을 때 예외를 발생시켜야 하는 상황에는 File.open!을 사용하는 편이 낫다. 함수명 뒤에 있는 느낌표는 엘릭서 컨벤션으로, 함수 실행이 실패하면 예외가 발생하며 그 예외에는 의미 있는 내용이 담겨 있다고 생각하면 된다.

```
file = File.open!("config_file")
```

따라서 이렇게만 써두고 다른 일을 하러 가면 되겠다.

12.6 더 적은 것들로 더 큰 효과를

엘릭서에 포함된 제어 구문은 매우 적다. if, unless, cond, case, raise(굳이 포함하자면) 정도가 끝이다. 하지만 놀랍게도 실전에서는 이 정도로 충분하다. 엘릭서에서는 분기문을 많이 사용하지 않아도 매우 풍부한 표현이 가능하다. 그리고 결과적으로 코드를 다루기도 더 쉽다.

이것으로 엘릭서의 기초에 대한 소개를 마친다. 2부로 넘어가기 전에, 지금까지 소개한 내용을 활용해 프로젝트를 하나 만들어보자.

연습문제

12-1 case를 이용해 FizzBuzz 예제를 다시 작성해보자.

12-2 지금까지 cond, case, 함수 분리를 이용해 총 세 가지 방법으로 FizzBuzz를 구현했다. 세 가지 구현을 다시 한번 살펴보고 문제를 가장 잘 표현하는 구현은 무엇일지 생각해보자. 코드를 관리하기에 가장 편한 구현은 무엇일까? case나 함수 분리를 이용한 방법은 다른 언어의 제어 구문과는 사뭇 다르다. 혹시 둘 중 하나를 가장 좋은 구현으로 꼽았다면, 다음에 엘릭서 코드를 작성할 때 이를 상기할 방법을 생각해보자.

12-3 엘릭서에 내장된 함수들은 두 가지 형식을 가지는 경우가 많다. xxx 형식 함수는 성공하면 {:ok, data}를 반환하고 실패하면 {:error, reason}을 반환하는 반면, xxx! 형식 함수는 성공하면 데이터를 반환하고 실패하면 예외를 발생시킨다. 단 xxx! 형식 함수가 없는 경우도 있다.

단일 파라미터를 받는 ok! 함수를 구현해보자. 파라미터가 {:ok, data}이면 data를 반환하고, 그렇지 않으면 파라미터의 정보를 담아 예외를 발생시켜야 한다. 호출 예는 다음과 같다.

```
file = ok!(File.open("somefile"))
```

첫 번째 프로젝트

이 장에서 살펴볼 내용은 다음과 같다.

- 프로젝트 구조
- mix 빌드 도구
- ExUnit 테스트 프레임워크
- 문서화

간단한 스크립팅은 여기까지 하고 이제 조금 형식을 갖춘 프로그래밍을 해보자. 그러려면 소스 코드를 정리하고, 테스트를 작성하고, 의존성을 관리할 필요가 생긴다. 그러다 보면 자연스럽 게 엘릭서 생태계의 컨벤션을 따르게 될 텐데, 컨벤션을 따르면 도구의 도움을 받을 수 있기 때 문이다.

이번 장에서는 엘릭서 빌드 도구인 mix를 소개한다. mix 프로젝트의 디렉터리 구조를 살펴보 고 외부 의존성을 어떻게 관리하는지 알아본다. 마지막으로 ExUnit을 사용해 테스트 코드를 작성하고, 코드 문서 안의 예제가 잘 동작하는지 테스트한다. 설명만으로는 재미가 없으니 깃 허브GitHub 프로젝트에서 최근 이슈 n개를 가져와 표시하는 이슈 트래커 앱을 만들어보자. 그 과정에서 라이브러리를 찾기도 하고, 일반적인 엘릭서 프로젝트에서 이루어지는 설계에 관한 의사 결정도 하게 될 것이다. 이 프로젝트를 issues라 하자.

13.1 목표: 깃허브에서 이슈 가져오기

깃허브는 이슈를 조회하는 멋진 API를 제공한다.[1] 다음 주소로 GET 요청을 보내면 이슈가 담긴 JSON 리스트를 받을 수 있다.

- https://api.github.com/repos/사용자명/프로젝트명/issues

리스트를 포맷팅하고 정렬한 뒤 최근 n개만을 표 형식으로 나타내고자 한다.

```
  #  │ created_at           │ title
----+----------------------+----------------------------------------
 889 │ 2013-03-16T22:03:13Z │ MIX_PATH environment variable (of sorts)
 892 │ 2013-03-20T19:22:07Z │ Enhanced mix test --cover
 893 │ 2013-03-21T06:23:00Z │ mix test time reports
 898 │ 2013-03-23T19:19:08Z │ Add mix compile --warnings-as-errors
```

13.1.1 코드가 동작하는 방식

우리는 이 프로그램을 명령줄을 통해 실행할 것이다. 프로그램에 깃허브 사용자 이름, 프로젝트 이름, 이슈를 몇 개 가져올지를 전달해야 하므로 기본적인 명령줄 파싱이 필요하다. 또 깃허브에는 HTTP 클라이언트를 사용해 접근해야 하므로 HTTP 클라이언트가 되어줄 라이브러리를 찾아야 한다. 응답은 JSON 형식일 것이므로 JSON을 다룰 라이브러리 역시 필요하다. JSON 파싱을 끝낸 데이터를 정렬하고, 마지막으로 각 필드를 표 형태로 출력해야 한다.

지금까지 소개한 데이터 변형 과정을 일종의 생산 라인으로 생각해보자. 가공되지 않은 데이터가 한쪽 끝으로 들어가면 각 단계에서 변형을 거쳐 최종 결과가 나온다.

---

[1] *https://docs.github.com/en/rest*

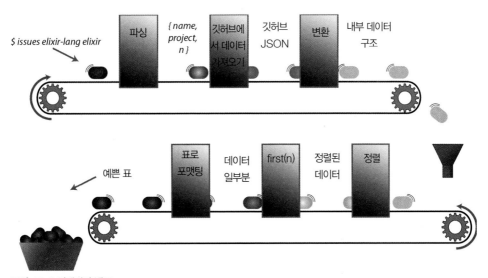

그림 13-1 컨베이어 벨트

그림에서 데이터는 명령줄을 출발해 최종적으로 '예쁜 표'가 된다. 데이터는 각 단계에서 변형 (파싱, 가져오기 등)을 거친다. 바로 이 변형 과정들이 우리가 작성할 함수다. 각각을 차례로 살펴보자.

13.2 1단계: mix로 새로운 프로젝트 만들기

mix는 엘릭서 프로젝트를 관리하는 명령줄 유틸리티다. mix를 사용해 프로젝트 생성, 프로젝트 의존성 관리, 테스트, 코드 실행 등을 수행할 수 있다. 엘릭서가 설치되어 있다면 mix도 사용할 수 있다. 다음을 실행해보자.

```
$ mix help
mix                      # Run the default task (current: mix run)
mix archive              # List all archives
mix archive.build        # Archive this project into a .ez file
  :     :                     :          :
mix new                  # Create a new Elixir project
mix run                  # Run the given file or expression
```

```
mix test          # Run a project's tests
iex -S mix        # Start IEx and run the default task
```

이 명령어는 mix로 수행할 수 있는 작업의 목록을 보여준다(엘릭서 버전에 따라 조금 달라질 수 있다). 특정 작업에 관한 정보를 자세히 알고 싶다면 **mix help 작업명**을 사용하자.

```
$ mix help deps
                        mix deps

Lists all dependencies and their status.

Dependencies must be specified in the mix.exs file in one of the following
formats:
. . .
```

기본 제공되는 작업 외에도 mix 작업을 직접 작성해 프로젝트에 사용하고 다른 프로젝트와도 공유할 수 있다.[2]

13.2.1 프로젝트 트리 생성하기

엘릭서 프로젝트는 각각 디렉터리 트리를 가진다. mix로 이 트리를 관리할 때는 mix 컨벤션 (엘릭서 커뮤니티의 컨벤션이기도 하다)을 따른다. 이 장의 나머지 부분에서도 이 컨벤션을 사용한다.

앞에서 이 프로젝트를 issues라 부르기로 했으니 디렉터리 이름으로도 issues를 사용하자. mix를 사용해 디렉터리를 만들 수 있다. 새 프로젝트를 만들기에 적당한 곳을 찾아 명령줄에서 다음과 같이 입력하자.

```
$ mix new issues
* creating README.md
: :
* creating test
* creating test/test_helper.exs
* creating test/issues_test.exs
```

---

2 http://elixir-lang.org/getting-started/mix-otp/introduction-to-mix.html

```
Your Mix project was created successfully.
You can use "mix" to compile it, test it, and more:

    cd issues
    mix test

Run "mix help" for more commands.
```

만들어진 파일을 트리 구조로 표현하면 다음과 같다.[3]

```
issues
├── .formatter.exs
├── .gitignore
├── README.md
├── config
│   └── config.exs
├── lib
│   └── issues.ex
├── mix.exs
└── test
    ├── issues_test.exs
    └── test_helper.exs
```

issues/ 디렉터리로 들어가보자. 코드 버전 관리를 시작한다면 지금 하는 편이 좋다. 필자는 깃[Git]을 사용하므로 다음과 같이 입력했다.

```
$ git init
$ git add .
$ git commit -m "Initial commit of new project"
```

버전 관리에 관해서는 여기까지만 언급한다. 당신의 손에 맞는 방법을 사용해 코드 버전을 관리하길 바란다.

새 프로젝트는 디렉터리 세 개와 파일 몇 개를 포함한다.

---

3 옮긴이_ 엘릭서 1.9부터는 config 디렉터리가 자동으로 생성되지 않는다. 하지만 여전히 엘릭서 컨벤션의 일부이므로 내용을 제외하지 않고 소개한다. 13.8.1절 '애플리케이션 설정'에서 소개하는 내용으로 파일을 생성하면 동작에는 문제가 없다. config 디렉터리가 자동으로 생성되지 않는 이유는 부록 C에서 다룬다.

- .formatter.exs

  소스 코드 포맷터 설정.

- .gitignore

  리포지터리에 저장하지 않을 파일(빌드 시에 생성되는 파일 등)을 지정한다.

- README.md

  프로젝트의 상세한 내용을 기술하는 파일(마크다운 형식). 프로젝트를 깃허브에 저장하면 이 파일의 내용이 프로젝트 첫 페이지에 보인다.

- config/

  애플리케이션의 여러 설정을 여기에 저장한다.

- lib/

  프로젝트의 소스 코드가 위치한 곳. mix가 최상위 모듈을 이미 추가해두었다(이 프로젝트에서는 issues.ex).

- mix.exs

  이 소스 파일은 프로젝트의 설정을 담는다. 프로젝트를 진행하면서 여기에 필요한 것들을 추가한다.

- test/

  테스트 파일을 저장하는 곳. mix가 이미 헬퍼 파일과 Issues 모듈의 단위 테스트에 필요한 기본 코드를 생성해두었다.

이제 코드를 추가하기만 하면 된다. 하지만 그 전에, 어떻게 구현할지 잠깐 생각해보자.

13.3 변형: 명령줄 파싱

명령줄부터 시작하자. 우선, 명령줄 옵션을 다루는 코드와 프로그램의 핵심 부분이 뒤엉키면 좋지 않다. 그러므로 유저가 입력한 내용과 프로그램이 수행하는 작업 사이를 연결하는 모듈을 별도로 만들자. 일반적으로 명령줄을 다루는 모듈의 이름에는 **프로젝트명**.CLI 형식을 사용하므로, 이 프로젝트에서는 Issues.CLI 모듈에 코드를 작성한다. 역시 컨벤션에 따라 명령줄 인자를 배열로 받는 run 함수를 이 모듈의 메인 시작 지점으로서 구현한다.

그렇다면 이 모듈은 어디에 위치해야 할까? 디렉터리 구조에 대한 컨벤션을 따라 lib/ 디렉터리 안에 프로젝트와 같은 이름으로 하위 디렉터리(lib/issues/)를 만들자. 이 디렉터리에는 애플리케이션의 메인 소스가 담긴 파일이 위치한다. 파일 하나에는 일반적으로 모듈을 하나만 담으며, 각 모듈 이름 앞에는 Issues 네임스페이스가 붙는다. 즉, 모듈 이름이 디렉터리 구조를 따라간다.

우리가 작성할 모듈은 Issues.CLI, 즉 Issues 안에 있는 CLI 모듈이다. 이를 디렉터리 구조에 반영하면 모듈은 lib/issues 안의 cli.ex 파일에 위치하게 된다.

```
lib
├── issues
│   └── cli.ex
└── issues.ex
```

엘릭서에 내장된 옵션 파싱을 위한 라이브러리[4]를 사용하자. -h와 --help만을 옵션으로 인식하고, 나머지는 모두 인자로 인식하도록 하자. 이 파서는 튜플을 반환하는데 튜플의 첫 번째 요소는 옵션을 담은 키워드 리스트고, 두 번째 요소는 옵션이 아닌 인자 리스트다. CLI 모듈의 초기 구현은 다음과 같다.

코드: project/0/issues/lib/issues/cli.ex

```elixir
defmodule Issues.CLI do
  @default_count 4
  @moduledoc """
  명령줄 파싱을 수행한 뒤, 각종 함수를 호출해
  깃허브 프로젝트의 최근 _n_개 이슈를 표 형식으로 만들어 출력한다.
  """
  def run(argv) do
    parse_args(argv)
  end

  @doc """
  'argv'는 -h 또는 --help(이 경우 :help를 반환)이거나,
  깃허브 사용자 이름, 프로젝트 이름, (선택적으로) 가져올 이슈 개수여야 한다.

  '{사용자명, 프로젝트명, 이슈 개수}' 또는 :help를 반환한다.
  """
  def parse_args(argv) do
    parse = OptionParser.parse(argv, switches: [ help: :boolean], aliases: [ h:
  :help ])
```

---

4 *https://hexdocs.pm/elixir/OptionParser.html*

```
    case parse do
      { [ help: true ], _, _ }
        -> :help
      { _, [ user, project, count ], _ }
        -> { user, project, count }
      { _, [ user, project ], _ }
        -> { user, project, @default_count }
      _ -> :help
    end
  end
end
```

13.4 기본적인 테스트 작성하기

아직 아무 테스트도 없다는 점이 마음에 걸린다. 다행히 엘릭서에는 멋진(그리고 단순한) 테스트 프레임워크 ExUnit이 있다. test/issues_test.exs 파일을 살펴보자.

코드: project/0/issues/test/issues_test.exs

```
defmodule IssuesTest do
  use ExUnit.Case
  doctest Issues

  test "greets the world" do
    assert Issues.hello() == :world
  end
end
```

이 파일은 앞으로 작성할 모든 테스트 파일의 템플릿 역할을 한다. 필요한 만큼 새 파일을 만들고 이 보일러 플레이트를 복사해서 붙여넣으면 된다. 이 파일을 이용해 CLI 모듈의 테스트를 작성하고 test/cli_test.exs에 저장하자(테스트 파일 이름은 반드시 _test로 끝나야 한다). 이 테스트에서는 옵션 파서가 -h와 --help 옵션을 성공적으로 감지하는지, 옵션이 없을 때 인자를 반환하는지를 검증한다. 또한 인자를 두 개만 받았을 때 세 번째 파라미터(가져올 이슈의 개수)에 기본값이 들어가는지도 확인한다.

```
defmodule CliTest do
  use ExUnit.Case
  doctest Issues

  import Issues.CLI, only: [ parse_args: 1 ]

  test "-h나 --help가 옵션으로 파싱되면 :help가 반환된다." do
    assert parse_args(["-h", "anything"]) == :help
    assert parse_args(["--help", "anything"]) == :help
  end

  test "값을 3개 전달하면 값 3개가 반환된다." do
    assert parse_args(["user", "project", "99"]) == { "user", "project", 99 }
  end

  test "값을 2개 전달하면 개수에 기본값을 사용한다." do
    assert parse_args(["user", "project"]) == { "user", "project", 4 }
  end
end
```

모든 테스트에서 ExUnit에서 기본으로 제공하는 **assert** 매크로를 사용했다. 이 매크로는 똑똑하다. 단언문이 실패하면 우리가 작성한 표현식에서 값을 추출해 멋진 오류 메시지를 표시한다. 테스트를 실행하려면 `mix test` 작업을 사용하자.

```
issues$ mix test
Compiled lib/issues.ex
Compiled lib/issues/cli.ex
Generated issues app
..

 1) test 값을 3개 전달하면 값 3개가 반환된다. (CliTest)
    test/cli_test.exs:13
    Assertion with == failed
    code:  assert parse_args(["user", "project", "99"]) == {"user", "project",
99}
    left:  {"user", "project", "99"}
    right: {"user", "project", 99}
    stacktrace:
```

```
    test/cli_test.exs:14: (test)

.
Finished in 0.04 seconds (0.00s async, 0.04s sync)
4 tests, 1 failure
```

테스트 네 개 중 하나가 실패했다. 세 번째 파라미터로 개수를 전달했더니 코드가 잘못 실행된다. 테스트 결과는 실패한 단언문의 종류(==), 실패한 위치, 비교한 두 값을 보여준다. 좌변(parse_args가 반환한 값)과 우변(기대한 결과)이 어떻게 다른지도 볼 수 있는데, 터미널이 컬러 문자 표시를 지원한다면 좌변의 "99"는 빨간색으로, 우변의 99는 초록색으로 보일 것이다. 숫자를 기대했는데 함수가 문자열을 반환한 것이다.

이 정도는 쉽게 고칠 수 있다. 내장 함수인 String.to_integer는 바이너리(문자열)를 정수로 바꾼다.

코드: project/1/issues/lib/issues/cli.ex

```
def parse_args(argv) do
  parse = OptionParser.parse(argv, switches: [ help: :boolean],
                                   aliases: [ h: :help ])
  case parse do
    { [ help: true ], _,              _ } -> :help
    { _, [ user, project, count ], _ } -> { user, project, String.to_integer(count) }
    { _, [ user, project ],           _ } -> { user, project, @default_count }
    _
                                       -> :help
  end
end
```

연습문제

13-1 지금까지 진행한 내용을 꼭 따라 해보자. 프로젝트를 생성하고 옵션 파서를 작성해 테스트하자. 앞으로 이러한 작업을 많이 하게 될 테니 지금부터 시작해보자.

13.5 리팩터링: 거대 함수 주의보

parse_args에는 고칠 만한 부분이 두 가지 정도 있다. 첫 번째는 조건문이 있다는 점이고 두 번째는 너무 길다는 점이다. 함수를 나누어보자.

코드: project/1a/issues/lib/issues/cli.ex

```elixir
def parse_args(argv) do
  OptionParser.parse(argv, switches: [ help: :boolean],
                           aliases: [ h: :help ])
  |> elem(1)
  |> args_to_internal_representation()
end

def args_to_internal_representation([user, project, count]) do
  { user, project, String.to_integer(count) }
end

def args_to_internal_representation([user, project]) do
  { user, project, @default_count }
end

def args_to_internal_representation(_) do # 잘못된 인자 또는 --help
  :help
end
```

테스트를 실행해 잘 동작하는지 확인하자.

```
issues$ mix test
......
Finished in 0.04 seconds (0.00s async, 0.04s sync)
2 doctests, 4 tests, 0 failures
```

13.6 변형: 깃허브에서 데이터 가져오기

데이터 변형을 이어가자. 이번에는 파싱된 인자를 이용해 깃허브에서 데이터를 가져올 차례다. 이를 위해 run 함수를 수정해 parse_args 함수가 반환한 값으로 process를 호출하도록 하자. 일반적인 언어에서는 다음처럼 작성한다.

```
process(parse_args(argv))
```

하지만 이 코드를 이해하려면 역방향으로 읽어야 한다. 엘릭서 파이프 연산자를 이용하면 연속된 연산을 더 명확히 표현할 수 있다.

코드: project/1a/issues/lib/issues/cli.ex

```
def run(argv) do
  argv
  |> parse_args
  |> process
end
```

이때 두 종류의 process 함수가 필요하다. 하나는 사용자가 도움말을 요청해 parse_args가 :help를 반환했을 때를 처리하며, 다른 하나는 parse_args가 사용자, 프로젝트, 이슈 개수가 담긴 튜플을 반환했을 때를 처리한다.

코드: project/1a/issues/lib/issues/cli.ex

```
def process(:help) do
  IO.puts """
  usage: issues <user> <project> [ count | #{@default_count} ]
  """
  System.halt(0)
end

def process({user, project, _count}) do
  Issues.GithubIssues.fetch(user, project)
end
```

함수를 실행할 때도 mix를 사용할 수 있다. 먼저 도움말이 잘 표시되는지 살펴보자.

```
$ mix run -e 'Issues.CLI.run(["-h"])'
usage: issues <user> <project> [ count ¦ 4 ]
```

mix run에 엘릭서 표현식을 넣으면 표현식이 애플리케이션의 컨텍스트 안에서 실행된다. 애
플리케이션에 수정된 코드가 있으면 mix가 이를 자동으로 감지해 다시 컴파일한 뒤 표현식을
실행한다.

한편 사용자와 프로젝트 이름을 넣어 실행하면 애플리케이션이 죽는다. 아직 그 부분 코드를
작성하지 않았기 때문이다.

```
$ mix run -e 'Issues.CLI.run(["elixir-lang", "elixir"])'
** (UndefinedFunctionError) function Issues.GithubIssues.fetch/2 is undefined
(module Issues.GithubIssues is not available)
    Issues.GithubIssues.fetch("elixir-lang", "elixir")
```

이제 이 부분을 채워보자. 이 프로그램은 깃허브의 웹 API에 접근하는 HTTP 클라이언트로서
동작해야 한다. 그러려면 외부 라이브러리가 필요할 듯하다.

13.7 2단계: 라이브러리 사용하기

엘릭서에는 여러 기본 라이브러리가 내장되어 있는데 일부는 엘릭서로, 일부는 얼랭으로 만
들어졌다. 필요한 기능이 있으면 먼저 엘릭서 공식 문서(*http://elixir-lang.org/docs.
html*)를 찾아보자. 필요한 기능을 제공하는 라이브러리가 꽤 있을 것이다. 만약 원하는 기능
이 없다면 표준 얼랭 라이브러리에서 찾아보자. 간단한 작업은 아니다. *http://erlang.org/
doc*에 접속해 왼쪽 사이드바의 'Application Groups'를 보자. 분류별로 라이브러리가 정리되
어 있으니, 이 안에서 필요한 기능을 찾으면 된다.

필요한 기능을 두 곳에서 찾았다면, 그 라이브러리는 이미 애플리케이션에서 사용 가능한 상태
이므로 추가로 아무 작업도 하지 않아도 된다. 반면에 찾는 것이 없었다면 외부 의존성을 추가
해야 한다.

13.7.1 외부 라이브러리 찾기

루비에는 루비젬^{RubyGem}이, 파이썬에는 pip가, Node.js에는 npm이 있듯 엘릭서에는 **hex**라는 패키지 매니저가 있다. *https://hex.pm*에서 mix 기반 프로젝트에 추가할 패키지를 찾아보자.

필요한 기능을 아직도 못 찾았다면 구글과 깃허브가 도와줄 것이다. 'elixir http client'나 'erlang distributed logger' 같은 단어로 검색해보자. 아마 라이브러리를 찾을 수 있을 것이다.

이 프로젝트에는 HTTP 클라이언트가 필요하다. 엘릭서 내장 라이브러리에는 필요한 기능이 없지만 hex.pm에는 여러 HTTP 클라이언트 라이브러리가 공개되어 있다. 그중 HTTPoison 을 사용하면 좋겠다. 프로젝트에 이 라이브러리를 추가하자.

13.7.2 프로젝트에 라이브러리 추가하기

mix는 모든 외부 라이브러리가 프로젝트 디렉터리 안에 복사되어야 한다는 정책이 있지만 굳이 신경 쓰지 않아도 된다. 의존성을 나열하기만 하면 mix가 남은 작업을 모두 해주기 때문이다. 프로젝트 최상위에 있던 **mix.exs** 파일을 기억하는가? 이 파일의 원본은 다음과 같다.

코드: project/0/issues/mix.exs

```
defmodule Issues.MixProject do
  use Mix.Project
  def project do
    [
      app: :issues,
      version: "0.1.0",
      elixir: "~> 1.13",
      start_permanent: Mix.env() == :prod,
      deps: deps()
    ]
  end

  # Run "mix help compile.app" to learn about applications.
  def application do
    [
      extra_applications: [:logger]
    ]
  end
```

```
# Run "mix help deps" to learn about dependencies.
defp deps do
  [
    # {:dep_from_hexpm, "~> 0.3.0"},
    # {:dep_from_git, git: "https://github.com/elixir-lang/my_dep.git", tag:
"0.1.0"},
  ]
end
end
```

새로운 의존성을 추가하려면 **deps** 함수를 수정해야 한다. HTTPoison 패키지는 hex.pm에 등록되어 있으므로 매우 쉽게 가져올 수 있다. 패키지의 이름과 원하는 버전만 적으면 된다.

코드: project/1a/issues/mix.exs

```
defp deps do
  [
    { :httpoison, "~> 1.0" }
  ]
end
```

버전을 "~> 1.0"과 같이 입력했는데, 이렇게 입력하면 HTTPoison의 메이저 버전이 1이고 마이너 버전이 0 이상인 버전에 매칭된다. IEx에서 h Version을 입력하면 엘릭서 프로젝트의 버전 표기 정책에 관한 내용을 자세히 확인할 수 있다.

mix.exs 파일을 수정했으니 이제 mix가 의존성을 관리해준다. mix deps를 입력해 의존 라이브러리의 목록과 각 라이브러리의 상태를 확인하자.

```
$ mix deps
* httpoison (package)
  the dependency is not available, run 'mix deps.get'
```

라이브러리를 다운로드하려면 mix deps.get을 입력한다.

```
Resolving Hex dependencies...
Dependency resolution completed:
New:
  certifi 2.6.1
  hackney 1.17.4
  httpoison 1.8.0
  idna 6.1.1
  metrics 1.0.1
  mimerl 1.2.0
  parse_trans 3.3.1
  ssl_verify_fun 1.1.6
  unicode_util_compat 0.7.0
* Getting httpoison (Hex package)
  . . .
```

mix deps를 다시 한번 실행해보자.

```
* certifi (Hex package) (rebar3)
  locked at 2.6.1 (certifi) 524c97b4
  the dependency build is outdated, please run "mix deps.compile"
* hackney (Hex package) (rebar3)
  locked at 1.17.4 (hackney) de16ff49
  the dependency build is outdated, please run "mix deps.compile"
* httpoison (Hex package) (mix)
  locked at 1.8.0 (httpoison) 28089eaa
  the dependency build is outdated, please run "mix deps.compile"
  . . .
```

HTTPoison 라이브러리가 설치되었지만 아직 컴파일되지 않았다. 라이브러리가 컴파일되지 않았다고 걱정하지 말자. 라이브러리를 처음 사용할 때 자동으로 컴파일된다. 참고로 mix는 설치한 각 라이브러리의 버전을 mix.lock 파일에 저장하므로, 나중에도 지금 설치한 버전을 다운로드해 사용할 수 있다.

프로젝트 트리를 다시 살펴보면 deps라는 새 디렉터리에 의존 라이브러리가 저장된 것을 볼 수 있다. 이 의존 라이브러리 역시 하나의 프로젝트일 뿐이므로 우리도 라이브러리의 소스 코드나 문서를 읽을 수 있다.

13.7.3 다시 변형으로

풀어야 하는 문제로 돌아와서, 사용자 이름과 프로젝트를 받아 프로젝트의 이슈를 담은 자료구조로 변형하는 GithubIssues.fetch 함수를 구현하자. 깃허브의 HTTPoison 문서에 공개된 라이브러리 사용법[5]을 참고해 Issues.GithubIssues 모듈을 만들어보자.

코드: project/1a/issues/lib/issues/github_issues.ex

```
defmodule Issues.GithubIssues do
  @user_agent [ {"User-agent", "Elixir dave@pragprog.com"} ]
  def fetch(user, project) do
    issues_url(user, project)
    |> HTTPoison.get(@user_agent)
    |> handle_response
  end

  def issues_url(user, project) do
    "https://api.github.com/repos/#{user}/#{project}/issues"
  end

  def handle_response({ :ok, %{status_code: 200, body: body}}) do
    { :ok, body }
  end

  def handle_response({ _, %{status_code: _, body: body}}) do
    { :error, body }
  end
end
```

데이터를 가져오려면 깃허브 URL에 대해 HTTPoison.get을 호출하면 된다(깃허브 API가 잘

---

5 https://github.com/edgurgel/httpoison

동작하도록 User-agent 헤더도 넣어주어야 한다). 함수를 호출하면 결과를 담은 자료구조가 반환된다. 응답을 성공적으로 받았으면 :ok와 응답 본문을 담은 튜플이, 실패했으면 오류 내용을 담은 :error 튜플이 반환된다.

짚고 넘어갈 부분이 하나 있다. HTTPoison 깃허브 문서에 실린 예제 코드에서는 HTTPoison.start를 호출하는데, 이는 HTTPoison이 실제로는 메인 프로세스와 분리된 별도의 애플리케이션으로 실행되기 때문이다. 많은 개발자가 이 코드를 그대로 복사해 사용하곤 한다.

엘릭서 예전 버전에서는 HTTPoison.start를 직접 호출하지 않고 애플리케이션이 시작할 때 자동으로 시작되게 하려면 mix.exs의 애플리케이션 목록에 라이브러리 이름을 넣어주어야 했다.

```
def application do
  [ applications: [ :logger, :httpoison ] ]
end
```

최근 버전에서는 HTTPoison을 의존 라이브러리로 추가하면 애플리케이션이 시작할 때 mix가 이를 자동으로 실행해준다. 따라서 applications에 추가할 필요도, HTTPoison.start를 호출할 필요도 없이 의존성 목록에 넣어주기만 하면 된다.[6]

애플리케이션이란?

OTP는 실행 중인 애플리케이션의 묶음을 관리하는 프레임워크다. 그런데 여기서 '애플리케이션'이란 대체 무엇일까? 처음에는 직관적이지 않을지도 모르지만 답은 다음과 같다.

얼랭 혹은 엘릭서 프로그램은 보통 상호 협력하는 작은 애플리케이션들의 집합으로 구성된다. 일반적으로 다른 언어에서 라이브러리로 불리는 코드가 엘릭서에서는 애플리케이션이다. 애플리케이션을 컴포넌트나 서비스라고 생각하면 좋다.

IEx에서 프로그램을 실행해보자. -S mix 옵션을 사용하면 mix를 실행한 뒤, 현재 애플리케이션의 컨텍스트에서 인터랙티브 모드로 진입한다. 의존 라이브러리를 설치하고 나서 처음으로

---

6 옮긴이_ 엘릭서 1.3까지는 applications에 의존 애플리케이션을 등록해야 했지만, 엘릭서 1.4부터는 mix가 의존성 리스트를 읽어들여 필요한 애플리케이션을 자동으로 실행해준다.

코드를 실행하므로 코드와 라이브러리가 컴파일된다.

```
$ iex -S mix
Erlang/OTP 24 [erts-12.2] [source] [64-bit] [smp:8:8] [ds:8:8:10] [async-
threads:1] [jit]

===> Analyzing applications...
===> Compiling parse_trans
===> Analyzing applications...
===> Compiling mimerl
: :
Generated issues app
Interactive Elixir (1.13.1) - press Ctrl+C to exit (type h() ENTER for help)
iex(1)>
```

구현한 함수를 실행해보자(지면 관계상 출력 형식을 조금 바꾸었다).

```
iex> Issues.GithubIssues.fetch("elixir-lang", "elixir")
{:ok,
[
  {"url":"https://api.github.com/repos/elixir-lang/elixir/issues/7121",
   "repository_url":"https://api.github.com/repos/elixir-lang/elixir",
   "labels_url": "https://api.github.com/repos/elixir-lang/elixir/issues/7121/
labels{/name}",
   "events_url":"https://api.github.com/repos/elixir-lang/elixir/issues/7121/events",
   "html_url":"https://github.com/elixir-lang/elixir/issues/7121",
   "id":282654795,
   "number":7121,
   "title":"IEx.Helpers.h duplicate output for default arguments",
   "user":{
     "login":"wojtekmach",
     "id":76071,
     "avatar_url":"https://avatars0.githubusercontent.com/u/76071?v=4",
     "gravatar_id":"",
     "url":"https://api.github.com/users/wojtekmach",
     "html_url":"https://github.com/wojtekmach",
     "followers_url":"https://api.github.com/users/wojtekmach/followers",
. . . . . . .
```

반환된 튜플은 깃허브에서 받은 응답을 포함한다. 튜플의 첫 번째 값은 :ok이고, 두 번째 값은
데이터를 JSON 형식으로 인코딩한 문자열이다.

13.8 변형: 응답 변환하기

API 응답을 데이터 구조로 바꾸려면 JSON 처리 라이브러리가 필요하다. hex.pm에서 검색한 결과 poison 라이브러리(HTTPoison과는 관계없다)를 찾았으므로 mix.exs 파일에 의존성을 추가하자.[7]

코드: project/2/issues/mix.exs

```elixir
defp deps do
  [
    { :httpoison, "~> 1.0" },
    { :poison, "~> 5.0" },
  ]
end
```

mix deps.get을 실행하면 poison이 설치된다.

문자열을 자료구조로 바꾸려면 깃허브 API에서 받은 메시지를 반환하기 전에 메시지 본문에 대해 Poison.Parser.parse! 함수를 호출하자.

코드: project/3/issues/lib/issues/github_issues.ex

```elixir
def handle_response({ _, %{status_code: status_code, body: body}}) do
  {
    status_code |> check_for_error(),
    body        |> Poison.Parser.parse!(%{})
  }
end

defp check_for_error(200), do: :ok
defp check_for_error(_), do: :error
```

한편, handle_response에 의해 fetch가 에러 튜플을 반환할 때의 처리를 보강해야 할 듯하다. CLI 모듈에 새로운 함수를 하나 추가하자. 이 함수는 fetch가 성공 응답이면 내용을 그대로 반환하고, 실패 응답이면 내용에서 오류 메시지를 추출해 출력한다.

----

7 https://github.com/devinus/poison

```
def process({user, project, _count}) do
  Issues.GithubIssues.fetch(user, project)
  |> decode_response()
end

def decode_response({:ok, body}), do: body
def decode_response({:error, error}) do
  IO.puts "Error fetching from Github: #{error["message"]}"
  System.halt(2)
end
```

깃허브 API 호출 성공 시 반환되는 JSON은 엘릭서 자료구조로는 맵의 리스트다. 각 맵에는 깃허브 이슈가 담겨 있다.

---

hex.pm에 없는 라이브러리

우리에게 필요한 라이브러리는 대부분 hex.pm에 등록되어 있으므로 mix는 자동으로 hex.pm 에서 라이브러리를 가져온다. 하지만 가끔은 라이브러리를 찾으러 멀리 나가야 할 때도 있다. 다 행히 mix는 외부에서 의존성을 가져올 수 있으며 그중 대부분은 깃허브다.[8]

HTTPoison은 Hackney라는 라이브러리를 사용하는데, 이 책의 이전 판 출간 당시에는 Hackney가 hex.pm에 등록되어 있지 않았다. 따라서 mix.exs에 다음과 같이 의존성을 추가 해야 했다.

```
def deps do
  [ { . . . },
    { :hackney, github: "benoitc/hackney" }
  ]
end
```

---

8 옮긴이_ hex.pm과 깃허브 외에도 로컬에 있는 의존 라이브러리 등도 가져올 수 있다. 자세한 내용은 mix help deps 명령어를 입력해 확인하자.

13.8.1 애플리케이션 설정

더 나아가기 전에 해두면 좋은 일이 있다. `issues_url` 함수에 깃허브 URL이 하드코딩되어 있는데, 이 URL을 설정 가능하도록 해주자. mix의 프로젝트 컨벤션에는 `config/` 디렉터리가 있고, 그 안에 기본적으로 `config.exs`가 있다. 이 파일은 애플리케이션 설정을 담는다. 다음과 같이 시작한다.[9]

```
import Config
```

프로젝트를 구성하는 각 애플리케이션에 대한 설정을 이 파일에 저장한다. `Issues` 애플리케이션에 대한 설정을 작성하려면 다음과 같이 입력하자.

코드: project/3a/issues/config/config.exs

```
import Config
config :issues, github_url: "https://api.github.com"
```

각 `config` 줄은 애플리케이션의 환경 변수[10]에 하나 이상의 키-값 쌍을 추가한다. 같은 애플리케이션에 대해 여러 줄을 작성하면 설정이 누적되며, 중복된 키가 있으면 나중에 작성된 설정이 먼저 작성된 설정을 덮어쓴다. 애플리케이션 환경 변수에서 값을 얻어오려면 `Application.get_env` 함수를 사용하자.

코드: project/3a/issues/lib/issues/github_issues.ex

```
# 컴파일 시점에 값을 가져오기 위해 모듈 속성을 사용한다.
@github_url Application.get_env(:issues, :github_url)

def issues_url(user, project) do
  "#{@github_url}/repos/#{user}/#{project}/issues"
end
```

애플리케이션 환경 변수는 얼랭 코드에서도 많이 사용하므로, 직접 작성한 코드뿐 아니라 외부

----

9 옮긴이_ 엘릭서 1.9 이후 변경된 사용법으로, 엘릭서 1.8까지는 import Config 대신 use Mix.Config를 사용했다.

10 옮긴이_ 각 애플리케이션의 설정을 담는 키워드 리스트로, 운영체제 환경 변수와는 관계가 없다. 운영체제 환경 변수를 얻어오려면 System.get_env/2 함수를 사용하자.

코드에 대한 설정도 같은 방법으로 작성할 수 있다.

환경에 따라 설정을 달리하고 싶은 경우도 있다. 이때는 다른 파일에서 설정을 가져오는 import_config 함수를 사용하자.[11]

```
import Config
import_config "#{config_env()}.exs"
```

config.exs가 위와 같다면 환경에 따라 dev.exs, test.exs, prod.exs 등의 파일 중 하나가 사용된다.[12]

13.9 변형: 데이터 정렬

원래 설계를 다시 한번 보자.

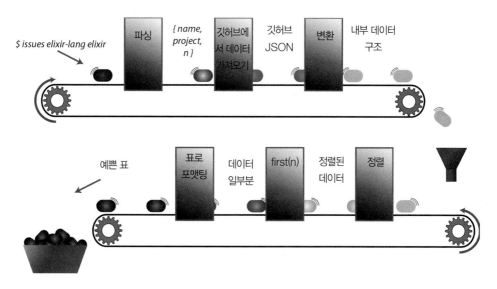

---

11 옮긴이_ config_env()는 엘릭서 1.11부터 사용 가능한 함수로, 이전 버전에서는 같은 자리에 Mix.env()를 사용하면 된다.

12 옮긴이_ 컴파일될 때의 환경을 말하는 것으로, 일반적으로 mix 환경과 같은 의미다. 기본적으로 dev, test, prod라는 세 가지 설정을 지원한다. dev는 기본 환경, test는 mix test 명령 수행 시의 환경, prod는 개발 환경과 배포 환경을 분리하고자 미리 정의된 환경이자 의존 라이브러리가 동작하는 환경이다. 운영체제 환경 변수 MIX_ENV로 설정할 수 있다. 자세한 내용은 mix의 공식 문서(https://hexdocs.pm/mix/Mix.html#module-environments)를 참고하자.

순조롭게 진행되는 듯하다. 지금까지 컨베이어 벨트의 위쪽을 모두 구현했다. 다음 변형은 새로운 항목이 앞에 오도록 created_at 필드를 기준으로 데이터를 정렬하는 작업이다.

이 작업은 표준 엘릭서 라이브러리 함수인 sort/2를 사용하면 충분하다. 이 코드를 별도의 모듈로 분리할 수도 있으나 조금 과한 것 같기도 하다. 일단 CLI 모듈에 함수를 두고, 나중에 관련된 함수를 추가할 때 함께 분리할 수 있도록 기억만 해두자. CLI 모듈에 추가한 코드는 다음과 같다.

코드: project/3b/issues/lib/issues/cli.ex

```
def process({user, project, _count}) do
  Issues.GithubIssues.fetch(user, project)
  |> decode_response()
  |> sort_into_descending_order()
end

def sort_into_descending_order(list_of_issues) do
  list_of_issues
  |> Enum.sort(fn i1, i2 ->
    i1["created_at"] >= i2["created_at"]
  end)
end
```

sort_into_descending_order가 기대한 대로 동작할지 조금 걱정스럽다. 잘 썼을 가능성과 잘못 썼을 가능성이 반반이므로, 잘 돌아가는지 CLI 단위 테스트로 확인해보자.

코드: project/3b/issues/test/cli_test.exs

```
test "내림차순 정렬이 잘 수행된다." do
  result = sort_into_descending_order(fake_created_at_list(["c", "a", "b"]))
  issues = for issue <- result, do: Map.get(issue, "created_at")
  assert issues == ~w{ c b a }
end

defp fake_created_at_list(values) do
  for value <- values,
  do: %{"created_at" => value, "other_data" => "xxx"}
end
```

테스트 최상단의 import에서 sort_into_descending_order도 가져오도록 수정하자.

```
import Issues.CLI, only: [ parse_args: 1,
                           sort_into_descending_order: 1 ]
```

실행해보자.

```
$ mix test
.......

Finished in 0.03 seconds (0.00s async, 0.03s sync)
2 doctests, 5 tests, 0 failures
```

괜찮아 보인다. 아주 좋다.

13.10 변형: 첫 n개 항목 가져오기

다음 변형은 리스트에서 첫 count개 항목을 뽑는 작업이다. 함수를 직접 작성하고 싶은 유혹 (어떻게 만들면 좋을까?)을 참고 내장 함수인 Enum.take를 사용하자.

```
def process({user, project, count}) do
  Issues.GithubIssues.fetch(user, project)
  |> decode_response()
  |> sort_into_descending_order()
  |> last(count)
end

def last(list, count) do
  list
  |> Enum.take(count)
  |> Enum.reverse
end
```

13.11 변형: 표 형식으로 포맷팅하기

이제 포맷팅된 표를 만드는 작업만 남았다. 다음과 같이 함수를 파이프라인에 추가할 수 있다면 아주 좋을 것이다.

```
def process({user, project, count}) do
  Issues.GithubIssues.fetch(user, project)
  |> decode_response()
  |> sort_into_ascending_order()
  |> last(count)
  |> print_table_for_columns(["number", "created_at", "title"])
end
```

표에 넣을 컬럼의 목록을 포맷터 함수에 전달하면 함수가 표준 출력standard output을 통해 표를 표시한다. 새로운 라이브러리나 특별한 설계가 필요하지 않으므로 바로 코드를 소개한다.

코드: project/4/issues/lib/issues/table_formatter.ex

```
defmodule Issues.TableFormatter do
  import Enum, only: [ each: 2, map: 2, map_join: 3, max: 1 ]

  def print_table_for_columns(rows, headers) do
    with data_by_columns = split_into_columns(rows, headers),
         column_widths  = widths_of(data_by_columns),
         format         = format_for(column_widths)
    do
```

```elixir
        puts_one_line_in_columns(headers, format)
        IO.puts(separator(column_widths))
        puts_in_columns(data_by_columns, format)
    end
  end

  def split_into_columns(rows, headers) do
    for header <- headers do
      for row <- rows, do: printable(row[header])
    end
  end

  def printable(str) when is_binary(str), do: str
  def printable(str), do: to_string(str)

  def widths_of(columns) do
    for column <- columns, do: column |> map(&String.length/1) |> max
  end

  def format_for(column_widths) do
    map_join(column_widths, " ¦ ", fn width -> "~-#{width}s" end) <> "~n"
  end

  def separator(column_widths) do
    map_join(column_widths, "-+-", fn width -> List.duplicate("-", width) end)
  end

  def puts_in_columns(data_by_columns, format) do
    data_by_columns
    |> List.zip
    |> map(&Tuple.to_list/1)
    |> each(&puts_one_line_in_columns(&1, format))
  end

  def puts_one_line_in_columns(fields, format) do
    :io.format(format, fields)
  end
end
```

포맷터 모듈에 대한 단위 테스트는 다음과 같다.

```elixir
defmodule TableFormatterTest do
  use ExUnit.Case         # 테스트 기능을 가져온다
  import ExUnit.CaptureIO  # 표준 출력(stdout)으로 나가는 값을 가져올 수 있게 한다
  alias Issues.TableFormatter, as: TF

  @simple_test_data [
    [ c1: "r1 c1", c2: "r1 c2", c3: "r1 c3", c4: "r1+++c4" ],
    [ c1: "r2 c1", c2: "r2 c2", c3: "r2 c3", c4: "r2 c4" ],
    [ c1: "r3 c1", c2: "r3 c2", c3: "r3 c3", c4: "r3 c4" ],
    [ c1: "r4 c1", c2: "r4++c2", c3: "r4 c3", c4: "r4 c4" ]
  ]

  @headers [ :c1, :c2, :c4 ]

  def split_with_three_columns do
    TF.split_into_columns(@simple_test_data, @headers)
  end

  test "컬럼을 나눈다." do
    columns = split_with_three_columns()
    assert length(columns) == length(@headers)
    assert List.first(columns) == ["r1 c1", "r2 c1", "r3 c1", "r4 c1"]
    assert List.last(columns) == ["r1+++c4", "r2 c4", "r3 c4", "r4 c4"]
  end

  test "컬럼의 너비" do
    widths = TF.widths_of(split_with_three_columns())
    assert widths == [ 5, 6, 7 ]
  end

  test "문자열이 올바른 형식으로 반환된다." do
    assert TF.format_for([9, 10, 11]) == "~-9s | ~-10s | ~-11s~n"
  end

  test "결과가 올바르게 출력된다." do
    result = capture_io fn ->
      TF.print_table_for_columns(@simple_test_data, @headers)
    end
    assert result == """
    c1    | c2     | c4
    ------+--------+--------
    r1 c1 | r1 c2  | r1+++c4
```

```
      r2 c1 ¦ r2 c2  ¦ r2 c4
      r3 c1 ¦ r3 c2  ¦ r3 c4
      r4 c1 ¦ r4++c2 ¦ r4 c4
      """
    end
  end
```

(지면에는 나타내지 않았지만 마지막 테스트에서 비교한 값에는 마지막에 공백이 포함되어 있다)

이제 CLI.process 함수에서 포맷터 함수를 호출해야 한다. 긴 모듈명을 모두 쓰지 않고 import를 사용해 호출하는 편이 깔끔하다. import 문은 cli.ex의 맨 위에 두자.

```
defmodule Issues.CLI do
  import Issues.TableFormatter, only: [ print_table_for_columns: 2 ]
```

한편 테스트 코드에서는 굉장한 기능을 사용하고 있다. ExUnit.CaptureIO를 임포트해 capture_io 함수를 호출하는데, 이 함수는 전달받은 코드를 실행한 뒤 표준 출력으로 나가는 내용을 캡처해 문자열로 반환한다.

13.12 3단계: 명령줄 실행 파일 만들기

mix로 run 함수를 호출해 코드를 실행할 수는 있지만 일반 사용자에게 친숙한 방법은 아니다. 그러므로 명령줄로 실행 가능한 무언가를 만들어보자.

mix는 코드를 의존성과 함께 유닉스 기반 플랫폼에서 실행 가능한 단일 파일로 패키징하도록 해준다. 이는 얼랭의 escript 유틸리티를 사용한 기능이다. escript 유틸리티는 컴파일되어 zip 형식으로 압축된 프로그램을 실행한다. 이를 이용해 issues라는 프로그램을 만들어 실행해보자.

escript는 프로그램을 실행할 때 mix.exs 파일에서 escript 옵션을 찾는다. 이 옵션은 escript 설정을 키워드 리스트로 반환한다. 이 옵션 중에서 가장 중요한 값은 main_module: 인데, 여기에 지정된 모듈은 main 함수를 포함해야 한다. escript는 이 main 함수에 명령줄 인자를 문자 리스트(바이너리가 아님에 주의하자)의 리스트로 전달한다. 명령줄과 관련된 내용이므로 Issues.CLI 모듈에 main 함수를 넣으면 좋을 듯하다. 우선 mix.exs부터 수정해주자.

코드: project/4/issues/mix.exs

```elixir
defmodule Issues.MixProject do
  use Mix.Project

  def project do
    [
      app: :issues,
      escript: escript_config(),
      version: "0.1.0",
      elixir: "~> 1.13",
      start_permanent: Mix.env() == :prod,
      deps: deps()
    ]
  end

  def application do
    [
      extra_applications: [:logger]
    ]
  end

  defp deps do
    [
      { :httpoison, "~> 1.0.0" },
      { :poison, "~> 3.1" },
    ]
  end

  defp escript_config do
    [
      main_module: Issues.CLI
    ]
  end
end
```

이제 CLI 모듈에 main 함수를 추가하자. 이미 만들어둔 run 함수의 이름을 바꾸기만 하면 된다.

코드: project/4/issues/lib/issues/cli.ex

```
def main(argv) do
  argv
  |> parse_args
  |> process
end
```

mix를 사용해 프로그램을 패키징하자.

```
$ mix escript.build
Generated escript issues
```

이제 애플리케이션을 로컬에서 실행할 수 있으며, 친구에게도 보낼 수 있다. 얼랭이 설치된 모든 컴퓨터에서 이 애플리케이션을 실행할 수 있다.

```
$ ./issues pragdave earmark 4
num ¦ created_at           ¦ title
----+---------------------+----------------------------------------
159 ¦ 2017-09-21T10:01:24Z ¦ Block level HTML ... messes up formatting
161 ¦ 2017-10-11T09:12:59Z ¦ Be clear in README ... GFM are supported.
162 ¦ 2017-10-11T16:59:50Z ¦ Working on #161, looking at rendering
171 ¦ 2017-12-03T11:08:40Z ¦ Fix typespecs
```

13.13 4단계: 로깅 추가하기

규모가 큰 엘릭서 애플리케이션을 상상해보자. 수많은 프로세스가 여러 노드에서 실행되며, 이런 상황에서는 실행 중에 일어나는 중요한 이벤트를 추적할 표준적인 방법이 반드시 필요하다. 엘릭서 로거logger가 그 역할을 한다. mix.exs에는 기본적으로 로거가 포함되어 있으므로 애플리케이션이 시작할 때 로거도 함께 실행된다.

코드: project/5/issues/mix.exs

```
def application do
  [
    extra_applications: [:logger]
  ]
end
```

로그 메시지는 중요도에 따라 총 네 단계로 나뉜다. 각 단계는 중요도가 낮은 것부터 높은 것 순서로 debug, info, warn, error다.[13] 어떤 단계의 메시지를 실제로 로깅할지도 선택할 수 있으며, 두 가지 방법으로 설정한다.

먼저, 컴파일 시에 로그를 남길 최저 단계를 결정할 수 있다. 이 단계보다 중요도가 낮은 로그 메시지는 컴파일 결과에 아예 포함되지 않는다. config/config.exs 파일에서 설정한다.[14]

코드: project/5/issues/config/config.exs

```
import Config
config :issues,
       github_url: "https://api.github.com"
config :logger,
       compile_time_purge_matching: [
         [level_lower_than: :info]
       ]
```

또는 Logger.configure를 호출해 런타임에 로그를 남길 최저 단계를 변경할 수도 있다(당연하지만, 컴파일 시 제외된 로그 단계는 활성화할 수 없다).

설정을 마쳤으니 이제 로깅을 추가해보자. 기본 로그 함수는 Logger.debug, Logger.info, Logger.warn, Logger.error이다. 각 함수는 문자열 또는 인자 없는 함수를 받는다.[15]

---

13 옮긴이_ 엘릭서 1.7(정확히는 얼랭/OTP 21 이상을 사용하는 환경)부터 로그 중요도 단계가 추가되고, 최저 단계 설정 방법이 변경되었다. 자세한 내용은 부록 C를 참고하자.

14 옮긴이_ compile_time_purge_matching 옵션은 엘릭서 1.7에 추가된 옵션으로, 이전 버전에서는 다음과 같이 작성한다.
```
config :logger,
  compile_time_purge_level: :info
```

15 옮긴이_ 엘릭서 1.11부터 맵과 키워드 리스트도 받는다.

```
Logger.debug "Order total #{total(order)}"
Logger.debug fn -> "Order total #{total(order)}" end
```

왜 인자로 함수를 받을까? total(order)를 계산하는 비용이 비쌀 수도 있기 때문이다. 첫 번째 방법으로 호출하면 런타임에 디버그 단계 로그를 남기지 않도록 설정하더라도 항상 값이 계산되어 부하를 일으킨다. 반면에 인자로 함수를 받으면 total 함수는 실제로 로그를 작성해야 할 때만 호출된다.[16]

다시 코드로 돌아와 fetch 함수에 로깅을 추가해보자.

코드: project/5/issues/lib/issues/github_issues.ex

```
defmodule Issues.GithubIssues do
  require Logger
  @user_agent [ {"User-agent", "Elixir dave@pragprog.com"} ]

  # 컴파일 시점에 값을 가져오기 위해 모듈 속성을 사용한다.
  @github_url Application.get_env(:issues, :github_url)

  def fetch(user, project) do
    Logger.info("Fetching #{user}'s project #{project}")
    issues_url(user, project)
    |> HTTPoison.get(@user_agent)
    |> handle_response
  end

  def issues_url(user, project) do
    "#{@github_url}/repos/#{user}/#{project}/issues"
  end

  def handle_response({ _, %{status_code: status_code, body: body}}) do
    Logger.info("Got response: status code=#{status_code}")
    Logger.debug(fn -> inspect(body) end)
    {
      status_code |> check_for_error(),
      body |> Poison.Parser.parse!()
    }
  end
```

---

16 옮긴이_ 엘릭서 1.7부터 실제로 로그가 출력되지 않으면 로그 메시지 안의 값이 계산되지 않도록 변경되었다.

```
  defp check_for_error(200), do: :ok
  defp check_for_error(_), do: :error
end
```

모듈 최상단에서 **require Logger**를 사용해야 함을 유념하자.[17] 이 줄을 넣지 않으면(필자는 매번 잊어버린다) Logger 함수 호출 시 오류가 발생한다.

새로운 코드를 IEx에서 실행해보자.

```
iex> Issues.CLI.process {"pragdave", "earmark", 1}
19:53:44.207 [info] Fetching pragdave's project earmark
19:53:44.804 [info] Got response: status code=200
num ¦ created_at           ¦ title
----+---------------------+---------------
171 ¦ 2017-12-03T11:08:40Z ¦ Fix typespecs
:ok
```

248쪽 코드 **project/5/issues/config/config.exs**에서 중요도가 **info** 이상인 로그 메시지만 남기도록 설정했으므로 **debug** 단계의 로그 메시지는 표시되지 않는다.

13.14 5단계: 프로젝트 문서 생성하기

자바에는 Javadoc이 있고 루비에는 RDoc이 있듯 엘릭서에는 ExDoc이라는 문서화 도구가 있다. ExDoc은 프로젝트와 모듈, 모듈 안에 정의된 것들, 당신이 코드에 작성한 문서를 모두 보여준다.

사용법은 쉽다. 먼저 **mix.exs** 파일에 ExDoc 의존성을 추가하자. 출력 포맷터도 필요한데, 마크다운을 HTML로 변환하는 순수 엘릭서 라이브러리인 **earmark**를 사용하자.

```
defp deps do
  [
```

---

17 옮긴이_ Logger.debug 및 Logger.info 등은 매크로이므로, 다른 모듈에서 정의된 매크로를 사용하기 위해 require를 사용했다. 매크로와 require 문에 관해서는 22장 '매크로와 코드 실행'을 확인하자.

```
      { :httpoison, "~> 1.0" },
      { :poison, "~> 5.0" },
      { :ex_doc, "~> 0.25" },
      { :earmark, "~> 1.4" },
    ]
  end
```

mix.exs에 프로젝트 이름과 URL(깃허브에 있다면)을 추가하자. ExDoc은 이 URL을 활용해 소스 코드로 이동하는 링크를 제공한다. 이 파라미터들은 project 함수 내에 정의한다.

```
def project do
  [
    app: :issues,
    escript: escript_config(),
    version: "0.1.0",
    elixir: "~> 1.13",
    start_permanent: Mix.env() == :prod,
    name: "Issues",
    source_url: "https://github.com/pragdave/issues",
    deps: deps()
  ]
end
```

설정이 완료되었으면 mix deps.get을 실행해 의존 라이브러리를 다운로드하자.

문서를 생성하려면 다음 명령어를 실행한다.

```
$ mix docs
Docs generated with success.
Open up docs/index.html in your browser to read them.
```

처음 이 작업을 실행하면 ExDoc이 설치된다. ExDoc은 C 코드 컴파일도 수행하므로 사용하는 기기가 개발 환경을 갖추고 있어야 한다.

작업이 완료되면 docs/index.html을 브라우저에서 열어보자. 왼쪽의 사이드바를 사용해 모듈을 검색하거나 계층 구조를 타고 들어갈 수 있다. 다음 그림은 TableFormatter의 문서를 연 것이다.

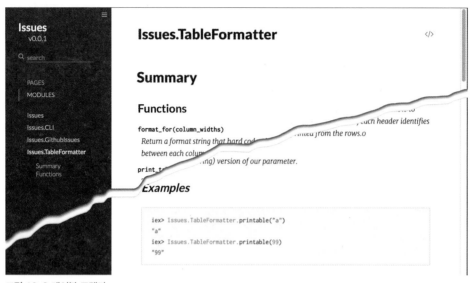

그림 13-2 테이블 포맷터

모든 작업을 마쳤다. 완성된 프로젝트는 다운로드한 소스 파일의 **project/5/issues**에 있다.

13.15 데이터 변형을 통해 코딩하기

이 장에서는 엘릭서 프로젝트를 어떻게 만드는지 살펴보며 그 과정에서 일반적으로 사용하는 도구와 절차를 소개했다. 여러 작은 함수들로 데이터를 변형하는 방법, 변형에 대한 설계가 코드의 뼈대가 되는 과정, 테스트의 편리함 등을 보였다.

하지만 무엇보다도 엘릭서 개발의 즐거움을 공유하고, 데이터와 데이터 변형이라는 관점에서 세상을 바라보는 것이 개발에서 매우 생산적임을 알리고 싶었다. 처음 설계를 다시 한번 보자.

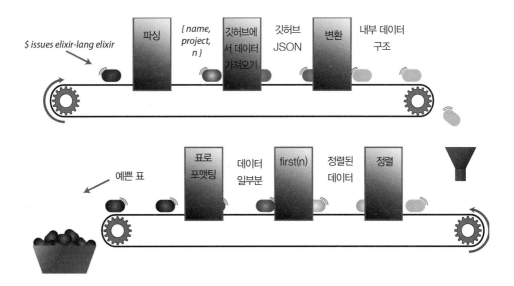

그리고 CLI.process 함수도 다시 한번 보자.

```
def process({user, project, count}) do
  Issues.GithubIssues.fetch(user, project)
  |> decode_response()
  |> sort_into_ascending_order()
  |> last(count)
  |> print_table_for_columns(["number", "created_at", "title"])
end
```

매우 멋지다. 다음 장에서는 엘릭서를 더 즐겁게 사용하도록 해주는 도구를 살펴본다.

13-5 미국의 해양대기청^{National Oceanic and Atmospheric Administration}에서는 시간별로 1,800곳의 날씨를 XML 피드로 제공한다.[18] 예를 들어 필자가 글을 쓰고 있는 곳에서 가장 가까운 작은 공항의 피드는 *http://w1.weather.gov/xml/current_obs/KDTO.xml*에 있다.

데이터를 가져와 파싱한 뒤 멋진 형태로 보여주는 애플리케이션을 작성해보자.

- 힌트: XML 파싱 라이브러리를 다운로드할 필요는 없다.

---

18 *http://w1.weather.gov/xml/current_obs*

## CHAPTER 14

툴링

이 장에서 살펴볼 내용은 다음과 같다.

- 디버깅
- 테스트
- 코드 탐색
- 서버 모니터링
- 소스 코드 포맷팅

생긴 지 오래되지 않은 언어는 개발을 지원하는 툴이 많지 않을 거라 생각하기 쉽다. 언어를 개발하는 팀이 툴에 집중할 겨를이 없을 것이기 때문이다. 하지만 엘릭서는 그렇지 않다. 엘릭서 코어 팀은 초창기부터 툴을 매우 중요시했고, 코드를 개발하는 데 필요한 최상의 환경을 갖추기 위해 많은 시간을 투자하고 있다.

이 장에서는 짧게나마 엘릭서가 지원하는 툴 몇 가지를 살펴본다. 물론 여기에 소개하는 내용이 전부는 아니다. 멋진 문서를 만들어내는 ExDoc은 13장에서 살펴봤으며, 20.5절에서는 OTP 애플리케이션을 소개하면서 애플리케이션이 실행 중인 상태에서 배포를 관리하도록 해주는 릴리스 관리 툴도 사용해본다.

우선 테스트, 코드 탐색, 서버 모니터링 툴을 살펴보자.

14.1 IEx를 사용한 디버깅

IEx는 엘릭서 코드를 갖고 놀기에 매우 좋은 도구인 동시에 디버거라는 비밀스러운 면도 갖고 있다. 아주 근사하지는 않지만, 프로그램이 실행되는 도중에 들어가 실행 환경을 확인할 수 있다.

엘릭서 코드가 실행 중에 **중단점**breakpoint을 만나면 디버거로 진입한다. 중단점을 만드는 방법은 두 가지인데 하나는 디버깅하고 싶은 위치에 함수 호출을 추가하는 것이고, 다른 하나는 IEx에서 중단점을 만드는 것이다. 버그가 있는 다음 코드에 두 방법을 모두 사용해보자.

코드: tooling/buggy/lib/buggy.ex

```elixir
defmodule Buggy do
  def parse_header(
    <<
      format::integer-16,
      tracks::integer-16,
      division::integer-16
    >>
  ) do

    IO.puts "format: #{format}"
    IO.puts "tracks: #{tracks}"
    IO.puts "division: #{decode(division)}"
  end

  def decode(<< 1::1, beats::15 >>) do
    "♩ = #{beats}"
  end

  def decode(<< 0::1, fps::7, beats::8 >>) do
    "#{-fps} fps, #{beats}/frame"
  end
end
```

이 코드는 MIDI 파일 헤더 부분의 데이터를 디코딩한다. 데이터는 각각 형식, 트랙 수, 단위 시간을 나타내는 16비트 필드 세 개로 구성되어 있다. 단위 시간을 나타내는 마지막 필드는 둘 중 한 가지 형식을 가진다.

parse_header/1 함수는 전체 헤더를 세 개의 필드로 나누고, decode/1 함수는 어떤 단위 시간 형식을 가지는지를 구분해 처리한다.

한번 실행해보자. 입력으로는 한 MIDI 파일에서 추출한 헤더를 사용했다.

```
$ iex -S mix
iex> header = << 0, 1, 0, 8, 0, 120 >>
<<0, 1, 0, 8, 0, 120>>
iex> Buggy.parse_header header
format: 1
tracks: 8
** (FunctionClauseError) no function clause matching in Buggy.decode/1
iex>
```

실행에 실패했다! 오류 내용으로 보건대 decode 함수에 제대로 된 값을 주지 못한 듯하다. 디버거를 사용해 무슨 일이 일어나고 있는지 확인해보자.

14.1.1 IEx.pry로 중단점 만들기

pry라는 함수를 이용해 소스 코드에 중단점을 추가하자. 예를 들어 decode 함수를 호출하기 직전에 코드 실행을 멈추고 싶으면 다음과 같이 쓴다.

```
def parse_header(
  <<
    format::integer-16,
    tracks::integer-16,
```

```
    division::integer-16
  >>
) do

  require IEx; IEx.pry
  IO.puts "format: #{format}"
  IO.puts "tracks: #{tracks}"
  IO.puts "division: #{decode(division)}"
end
```

(pry 함수는 매크로이므로 require IEx가 필요하다)

코드를 다시 실행해보자.

```
$ iex -S mix
iex> Buggy.parse_header << 0, 1, 0, 8, 0, 120 >>
Break reached: Buggy.parse_header/1 (lib/buggy.ex:10)

    8:    ) do
    9:
   10:      require IEx; IEx.pry
   11:      IO.puts "format: #{format}"
   12:      IO.puts "tracks: #{tracks}"

pry> binding
[division: 120, format: 1, tracks: 8]
iex> continue()
format: 1
tracks: 8
** (FunctionClauseError) no function clause matching in Buggy.decode/1
```

중단점에 도달하자 IEx가 **들여다보기**[pry] 모드로 들어가, 현재 실행 중인 함수와 중단점 주변의 소스 코드를 보여준다.

이 시점에서 IEx는 현재 실행 중인 함수의 컨텍스트 위에서 동작하므로 **binding**을 호출하면 함수 내 로컬 변수에 관한 정보를 표시한다. division 변숫값은 120이라는 정수인데 decode 함수의 파라미터 정의와는 맞지 않는다. **decode** 함수는 정수가 아니라 바이너리가 들어올 것을 기대한다. 이에 맞추어 코드를 수정하자.

```
def parse_header(
  <<
    format::integer-16,
    tracks::integer-16,
  division::bits-16
  >>
) do
...
```

pry 호출은 아직 그대로 두었다. 재컴파일한 뒤 실행해보자.

```
iex> r Buggy
{:reloaded, Buggy, [Buggy]}
iex> Buggy.parse_header << 0, 1, 0, 8, 0, 120 >>
Break reached: Buggy.parse_header/1 (lib/buggy.ex:10)

    8:    ) do
    9:
   10:        require IEx; IEx.pry
   11:        IO.puts "format: #{format}"
   12:        IO.puts "tracks: #{tracks}"

pry> binding
[division: <<0, 120>>, format: 1, tracks: 8]
pry> continue
format: 1
tracks: 8
division: 0 fps, 120/frame
:ok
```

이제 division은 바이너리이므로 continue를 호출해 코드를 이어서 실행하면 오류 없이 헤더 정보가 출력된다. 그런데... 단위 시간 필드의 디코딩이 잘못 이루어지고 있는 듯하다. 최상위 비트가 0이므로 사분음표 기준 형식으로 디코딩해야 하는데 SMPTE 형식인 것처럼 처리되고 있다.

14.1.2 break를 이용해 중단점 만들기

중단점을 만들 때 두 번째 방법을 사용하면 코드를 수정하지 않아도 된다. IEx에서 break! 명령어를 사용해 퍼블릭 함수에 중단점을 추가할 수 있다. pry 호출을 제거하고 코드를 다시 실행한 뒤 IEx에서 decode 함수에 중단점을 설정하자.

```
iex> require IEx
IEx
iex> break! Buggy.decode/1
1
iex> breaks

 ID   Module.function/arity    Pending stops
----  -----------------------  ----------------
 1        Buggy.decode/1             1

iex> Buggy.parse_header << 0, 1, 0, 8, 0, 120 >>
format: 1
tracks: 8
Break reached: Buggy.decode/1 (lib/buggy.ex:19)

  17:    end
  18:
  19:    def decode(<< 0::1, fps::7, beats::8 >>) do
  20:      "#{-fps} fps, #{beats}/frame"
  21:    end

pry> binding
[beats: 120, fps: 0]
```

중단점에서 확인해보니 division에 0000000001111000[1]을 전달했을 때 정말 잘못된 decode 함수에 매칭되고 있었다. 패턴을 제대로 구분하려면 최상위 비트를 서로 반대로 했어야 했다. 바르게 고치면 SMPTE 형식에 대응하는 함수는 다음과 같다.

```
def decode(<<1::1, fps::7, beats::8>>) do
```

그리고 사분음표 형식에 대응하는 함수는 다음과 같아야 한다.

---

[1] 옮긴이_ 하위 8비트를 10진수로 나타내면 120이므로 바이너리 표기법으로는 <<0, 120>>이다.

```
def decode(<<0::1, beats::15>>) do
```

디버거는 이 책에서 소개한 것 외에도 많은 기능을 갖추고 있다. `IEx.break!/4` 문서를 읽어보면 도움이 된다.

14.1.3 너무 작위적인 것 아닌가?

고백할 것이 있다. 필자는 엘릭서 중단점 기능을 이 책을 쓰면서 처음 사용해봤다. 함수 중간에 실행을 중단할 목적으로 코드를 추가로 넣어야 한다면 필자는 그냥 예외를 발생시켜서 필요한 정보를 얻을 것이다. 또한 IEx로는 퍼블릭 함수에만 중단점을 만들 수 있으므로, 코드가 대부분 프라이빗 함수인 필자의 경우에는 문제를 진단하기에 충분한 정보를 얻기 어렵다.

하지만 필자는 낡고 오래된 시대의 사람이다. 필자가 가장 좋아하는 에디터는 카드 천공기다. 그러니 필자가 디버거를 사용하지 않는다고 해서 당신까지 디버거에서 멀어지지는 않기를 바란다.

14.2 테스트

앞 장에서 이슈 트래커 앱을 만들면서 ExUnit 프레임워크를 사용해 테스트를 작성해봤다. 이제 조금 더 깊이 파고들어보자.

14.2.1 주석으로 테스트 작성하기

함수를 문서화할 때는 사용 예시를 추가하곤 한다. "이런 인자를 넣으면 이런 값이 반환됩니다."라는 식이다. 엘릭서에서 예시를 적을 때는 일반적으로 IEx 세션에서 함수를 실행한 것처럼 문서화한다.

이슈 트래커 앱 예제를 다시 보자. `TableFormatter` 모듈에는 문서화할 수 있는 독립된 함수가 여럿 있다.

```elixir
defmodule Issues.TableFormatter do

  import Enum, only: [ each: 2, map: 2, map_join: 3, max: 1 ]

  @doc """
  표의 각 행이 될 맵의 리스트와 헤더의 리스트를 받아,
  각 행에서 헤더를 기준으로 데이터를 식별해 표준 출력(STDOUT)으로 표를 표시한다.
  즉 각 헤더는 표의 열이 되며, 이를 이용해 각 행에서 필드의 값을 추출해 출력한다.

  각 열의 가로 길이는 해당 열의 가장 긴 값에 맞도록 계산한다.
  """
  def print_table_for_columns(rows, headers) do
    with data_by_columns = split_into_columns(rows, headers),
         column_widths    = widths_of(data_by_columns),
         format           = format_for(column_widths)
    do
        puts_one_line_in_columns(headers, format)
        IO.puts(separator(column_widths))
        puts_in_columns(data_by_columns, format)
    end
  end

  @doc """
  각 행이 키-값 쌍으로 이루어진 리스트일 때, 이 행의 리스트를 받아
  각 필드의 값만으로 이루어진 리스트를 반환한다.
  'header' 파라미터는 추출할 필드(열) 이름이 담긴 리스트다.

  ## 사용 예

      iex> list = [Enum.into([{"a", "1"},{"b", "2"},{"c", "3"}], %{}),
      ...>         Enum.into([{"a", "4"},{"b", "5"},{"c", "6"}], %{})]
      iex> Issues.TableFormatter.split_into_columns(list, [ "a", "b", "c" ])
      [ ["1", "4"], ["2", "5"], ["3", "6"] ]

  """
  def split_into_columns(rows, headers) do
    for header <- headers do
      for row <- rows, do: printable(row[header])
    end
  end

  @doc """
```

파라미터를 바이너리(문자열)로 변환해 반환한다.

```
## 사용 예
    iex> Issues.TableFormatter.printable("a")
    "a"
    iex> Issues.TableFormatter.printable(99)
    "99"
"""

def printable(str) when is_binary(str), do: str
def printable(str), do: to_string(str)


@doc """
데이터를 담은 리스트를 포함하는 중첩 리스트를 받아,
각 열의 최대 길이가 담긴 리스트를 반환한다.

## 사용 예
    iex> data = [ [ "cat", "wombat", "elk"], ["mongoose", "ant", "gnu"]]
    iex> Issues.TableFormatter.widths_of(data)
    [ 6, 8 ]
"""
def widths_of(columns) do
  for column <- columns, do: column |> map(&String.length/1) |> max
end


@doc """
숫자의 리스트를 받아, 표의 열을 나누는 포맷 문자열을 반환한다.
각 열 사이에는 '" | "' 문자를 넣는다.

## 사용 예
    iex> widths = [5,6,99]
    iex> Issues.TableFormatter.format_for(widths)
    "~-5s | ~-6s | ~-99s~n"
"""
def format_for(column_widths) do
  map_join(column_widths, " | ", fn width -> "~-#{width}s" end) <> "~n"
end


@doc """
표의 제목 행 아래에 올 구분선을 만든다.
열 구분선과 같은 위치에는 + 기호, 그 외의 자리에는 - 기호를 사용한다.

## 사용 예
    iex> widths = [5,6,9]
    iex> Issues.TableFormatter.separator(widths)
```

```
       "------+--------+----------"
  """

  def separator(column_widths) do
    map_join(column_widths, "-+-", fn width -> List.duplicate("-", width) end)
  end


  @doc """
  데이터의 행으로 이루어진 리스트, 필드 리스트, 포맷 문자열을 받아
  포맷 문자열의 형식으로 추출한 데이터를 출력한다.
  """
  def puts_in_columns(data_by_columns, format) do
    data_by_columns
    |> List.zip
    |> map(&Tuple.to_list/1)
    |> each(&puts_one_line_in_columns(&1, format))
  end

  def puts_one_line_in_columns(fields, format) do
    :io.format(format, fields)
  end
end
```

몇몇 함수의 문서에서 IEx 형식으로 예시를 설명하고 있다. 필자는 이 방식을 선호한다. 나중에 이 코드를 보는 사람들도 코드를 어떻게 사용해야 하는지를 쉽게 이해할 수 있기 때문이다. 그리고 무엇보다 함수를 실제로 사용할 때 어떤 느낌일지 **스스로** 이해하게 된다. 필자는 실제 코딩을 시작하기 전에 IEx 형식 예시를 먼저 만들어보고 API가 그럴듯해 보일 때까지 다듬는다.

하지만 한번 만들어진 문서는 잘 관리되지 않는다. 코드는 수정되었는데 문서는 수정되지 않아서 문서의 가치를 차츰 잃어가는 일이 많다. 다행히도 ExUnit에는 doctest라는 도구가 있다. 이 도구는 코드의 @doc 내에 있는 IEx 세션을 가져와 실행해 주석에 쓰인 결과와 실제 실행된 결과가 일치하는지 검증한다.

doctest를 사용하려면 테스트 파일에 다음 줄을 추가하자. 여러 줄을 연속으로 적을 수도 있다.

```
doctest <<모듈명>>
```

모듈을 테스트하는 파일(이를테면 `table_formatter_test.exs`)에 함께 추가해도 되고, doctest만을 위한 테스트 파일을 새로 만들어도 상관없다. 여기서는 두 번째 방법을 사용하자. test/doc_test.exs라는 새 파일을 만들고 다음을 입력한 뒤 저장하자.

코드: project/5/issues/test/doc_test.exs

```elixir
defmodule DocTest do
  use ExUnit.Case
  doctest Issues.TableFormatter
end
```

파일을 실행하면 다음과 같이 출력된다.

```
$ mix test test/doc_test.exs
.....
Finished in 0.03 seconds (0.00s async, 0.03s sync)
5 doctests, 0 failures
```

당연하지만 이 파일은 전체 테스트에도 포함된다.

```
$ mix test
................
Finished in 0.07 seconds (0.00s async, 0.07s sync)
7 doctests, 9 tests, 0 failures
```

잘못된 값을 적어 테스트가 틀리면 어떻게 되는지 확인해보자.

```
@doc """
파라미터를 바이너리(문자열)로 변환해 반환한다.

## 사용 예
    iex> Issues.TableFormatter.printable("a")
    "a"
    iex> Issues.TableFormatter.printable(99)
    "99.0"
"""
```

```
def printable(str) when is_binary(str), do: str
def printable(str), do: to_string(str)
```

테스트를 다시 실행하면 다음과 같이 잘못된 부분을 잘 잡아내는 것을 확인할 수 있다.

```
$ mix test test/doc_test.exs
...
 1) doctest Issues.TableFormatter.printable/1 (2) (DocTest)
    test/doc_test.exs:4
    Doctest failed
    doctest:
      iex> Issues.TableFormatter.printable(99)
      "99.0"
    code:  Issues.TableFormatter.printable(99) === "99.0"
    left:  "99"
    right: "99.0"
    stacktrace:
      lib/issues/table_formatter.ex:48: Issues.TableFormatter (module)

...
5 doctests, 1 failure
```

14.2.2 여러 테스트 정리하기

모듈 단위로 테스트하기보다 별도의 단위로 묶어 테스트하는 편이 더 좋을 때가 있다. 하나의
함수에 여러 테스트가 필요할 때도 있고, 여러 함수를 테스트할 때 같은 데이터를 사용하고 싶
을 때도 있다. 모두 ExUnit으로 할 수 있다. 간단한 모듈 하나를 테스트해보자.

코드: tooling/pbt/lib/stats.ex

```
defmodule Stats do
  def sum(vals),     do: vals |> Enum.reduce(0, &+/2)
  def count(vals),   do: vals |> length
  def average(vals), do: sum(vals) / count(vals)
end
```

테스트 파일을 만들면 대략 다음과 같은 형태가 된다.

코드: tooling/pbt/test/describe.exs

```elixir
defmodule TestStats do
  use ExUnit.Case

  test "합 계산" do
    list = [1, 3, 5, 7, 9]
    assert Stats.sum(list) == 25
  end

  test "항목 수 계산" do
    list = [1, 3, 5, 7, 9]
    assert Stats.count(list) == 5
  end

  test "값의 평균 계산" do
    list = [1, 3, 5, 7, 9]
    assert Stats.average(list) == 5
  end
end
```

몇 가지 문제점이 있다. 먼저, 이 테스트들은 정수 리스트에만 대응한다. 실수 입력이 들어올 때도 테스트할 수 있으면 좋을 것이다. ExUnit의 describe 기능을 이용해 이 테스트들이 정수 리스트에 대한 테스트임을 나타내자.

코드: tooling/pbt/test/describe.exs

```elixir
defmodule TestStats0 do
  use ExUnit.Case

  describe "정수 리스트" do
    test "합 계산" do
      list = [1, 3, 5, 7, 9]
      assert Stats.sum(list) == 25
    end

    test "항목 수 계산" do
      list = [1, 3, 5, 7, 9]
      assert Stats.count(list) == 5
    end

    test "값의 평균 계산" do
```

```
        list = [1, 3, 5, 7, 9]
        assert Stats.average(list) == 5
      end
    end
end
```

테스트가 실패하면 describe에 지정한 이름과 테스트 이름이 함께 출력된다.

```
test 정수 리스트 합 계산 (TestStats0)
    test/describe.exs:12
    Assertion with == failed
    ...
```

두 번째 문제는 테스트 데이터가 중복되어 있다는 점이다. 예제만 보면 큰 문제가 아닐지 모른
다. 하지만 데이터가 복잡해 매번 생성하기 어려울 때도 분명 있다. 이럴 때는 setup 기능을 사
용해 공통되는 코드를 한데로 모으자. 테스트에서 수행할 연산의 기댓값까지 setup 내에 넣을
수도 있다. 이렇게 하면 테스트 데이터를 수정해야 할 때 한 곳만 수정하면 된다.

코드: tooling/pbt/test/describe.exs

```
defmodule TestStats1 do
  use ExUnit.Case

  describe "정수 리스트" do

    setup do
      [ list:   [1, 3, 5, 7, 9, 11],
        sum:    36,
        count:  6
      ]
    end

    test "합 계산", fixture do
      assert Stats.sum(fixture.list) == fixture.sum
    end

    test "항목 수 계산", fixture do
      assert Stats.count(fixture.list) == fixture.count
    end
```

```
    test "값의 평균 계산", fixture do
      assert Stats.average(fixture.list) == fixture.sum / fixture.count
    end
  end
end
```

setup 함수는 각 테스트가 수행되기 전에 자동으로 실행된다(전체 테스트가 실행되기 전 단한 번만 실행되는 setup_all 함수도 있다). setup 함수는 테스트 데이터를 키워드 리스트에 담아 반환한다. 이렇게 테스트에 사용되는 데이터를 흔히 **픽스처**fixture라 한다.

setup에서 반환한 데이터는 각 테스트의 이름 뒤에 위치하는 두 번째 파라미터로 전달된다. 예제에서는 이 파라미터를 fixture라는 변수에 바인딩하고 fixture.list 문법으로 각 필드에 접근한다. 또한 예제에서는 setup에 코드 블록을 넘겼지만, 함수명을 아톰으로 전달해 지정한 함수가 실행되게 할 수도 있다.

setup 내에서 on_exit을 이용해 콜백을 정의할 수도 있다. 테스트가 종료된 후 실행될 함수를 정의하는 것으로, 테스트가 데이터를 변경한 경우의 롤백 등을 수행할 수 있다.

ExUnit에는 많은 기능이 있으니 시간을 내어 공식 문서를 한 번쯤 읽어보기를 권한다.[2]

14.2.3 속성 기반 테스트

테스트 결과를 검증하려면 테스트할 함수가 주어진 입력에 대해 어떤 값을 반환해야 하는지 미리 알아야 한다. 이런 테스트는 좋은 방식이지만 한계도 있다. 이를테면 실제 코드를 작성할 때 가정한 것들이 그대로 테스트에도 자리 잡아 경계조건에 대한 테스트가 제대로 이루어지지 않을 가능성이 있다.

함수를 테스트하는 또 다른 방법은 함수의 전반적인 속성을 테스트하는 것이다. 예를 들어 문자열에 포함된 영문자를 대문자로 바꾸는 함수를 구현했다면, 어떤 입력이 주어지든 다음처럼 동작할 것이라 생각할 수 있다.

- 입력된 문자열의 길이와 반환된 문자열의 길이가 같다.
- 함수를 호출하면 문자열 안에 있는 영문 소문자가 모두 대문자로 바뀐다.

---

2 https://hexdocs.pm/ex_unit/ExUnit.html

나열한 항목들은 이 함수의 고유한 속성이다. 따라서 몇 개의 값으로만 테스트하는 것이 아니라, 여러 가지 문자열을 입력에 넣고 결과가 이 속성에 부합하는지를 통계적으로 확인할 수 있다. 모든 테스트를 통과한다고 해서 함수가 올바르게 동작한다고 증명되지는 않는다(옳을 확률이 매우 높기는 하겠지만 말이다). 하지만 테스트가 하나라도 실패한다는 건 이 함수가 처리하지 못하는 경계조건을 발견했다는 뜻이므로 더욱 가치가 있다. 속성 기반 테스트를 적용하면 이런 오류를 매우 쉽게 찾을 수 있다. 앞서 구현한 **Stats** 모듈을 다시 보자.

코드: tooling/pbt/lib/stats.ex

```elixir
defmodule Stats do
  def sum(vals),     do: vals |> Enum.reduce(0, &+/2)
  def count(vals),   do: vals |> length
  def average(vals), do: sum(vals) / count(vals)
end
```

이 모듈에서 테스트할 수 있는 함수의 속성을 몇 가지 생각해보면 다음과 같다.

- 항목 1개짜리 리스트의 값의 합은 항목의 값과 같다.
- count 함수는 음수를 반환하지 않는다.
- count의 결과와 average의 결과를 서로 곱하면 sum이 반환한 값과 같다(약간의 오차는 있을 수 있다).

함수의 속성을 테스트하려면 테스트 프레임워크가 조건에 맞는 값을 많이 생성해내야 한다. 이 예시에서는 많은 숫자가 필요하다.

이럴 때 속성 테스트 라이브러리를 사용하자. 엘릭서에는 (필자가 만든 Quixir를 포함해) 속성 기반 테스트를 위한 라이브러리가 몇 가지 있다. 이 책에서 사용하는 라이브러리는 StreamData[3]로, 엘릭서를 만든 조제 발림이 개발에 참여하고 있기에 언젠가 엘릭서 코어에 포함되지 않을까 하고 예상해본다. StreamData를 사용하면 다음과 같이 쓸 수 있다.

```elixir
check all number <- real() do
  # ...
end
```

---

3 *https://github.com/whatyouhide/stream_data*

real 함수는 실수를 반환하는 제너레이터다. check all에 의해 실행되는데, 이름만 보면 모든 실수에 대해 테스트할 것 같지만 (모르긴 몰라도 꽤 시간이 걸릴 것이다) 사실 정해진 횟수만큼만 반복하고 끝난다(기본적으로 100회 반복한다).

실제로 사용해보자. 먼저 의존성 목록에 StreamData를 추가하자.

코드: tooling/pbt/mix.exs

```
defp deps do
  [
    { :stream_data, ">= 0.0.0" },
  ]
end
```

이제 속성 테스트를 작성할 수 있다. 첫 테스트 코드는 다음과 같다.

코드: tooling/pbt/test/stats_property_test.exs

```
defmodule StatsPropertyTest do
  use ExUnit.Case
  use ExUnitProperties

  describe "정수 리스트" do
   property "항목 1개짜리 리스트의 값의 합은 항목의 값과 같다" do
      check all number <- integer() do
        assert Stats.sum([number]) == number
      end
    end
  end
end
```

코드는 일반적인 테스트와 크게 다르지 않다. 단 속성 테스트 프레임워크를 사용하려면 파일 상단에 use ExUnitProperties를 추가해야 한다.

실제 테스트는 property 블록 안에서 수행한다. 270쪽에서 본 check all 블록을 사용하며, 블록 안에서 검증(assert Stats.sum([number]) == number)이 이루어진다. 테스트를 실행해보자.

```
$ mix test test/stats_property_test.exs
.

Finished in 0.1 seconds
1 property, 0 failures
```

테스트가 실패하면 어떻게 될까? 테스트를 일부러 깨뜨려서 확인해보자.

```
check all number <- real do
  assert Stats.sum([number]) == number + 1
end
```

```
1) property 정수 리스트 항목 1개짜리 리스트의 값의 합은 항목의 값과 같다
(StatsPropertyTest)
   test/stats_property_test.exs:17
   Failed with generated values (after 0 successful run(s)):

      * Clause:    number <- integer()
        Generated: 0

   Assertion with == failed
   code:  assert Stats.sum([number]) == number + 1
   left:  0
   right: 1
```

결과를 보면 number의 값이 0일 때 테스트가 실패했다. 테스트가 다시 잘 동작하도록 고치고 나머지 두 속성에 대한 테스트도 추가하자.

코드: tooling/pbt/test/stats_property_test.exs

```
property "count 함수가 음수를 반환해서는 안 된다" do
  check all l <- list_of(integer()) do
    assert Stats.count(l) >= 0
  end
end

property "항목 1개짜리 리스트의 값의 합은 항목의 값과 같다" do
  check all number <- integer() do
```

```
      assert Stats.sum([number]) == number
    end
  end

  property "합은 평균과 항목 개수의 곱과 같다" do
    check all l <- list_of(integer()) do
      assert_in_delta(
        Stats.sum(l),
        Stats.count(l)*Stats.average(l),
        1.0e-6
      )
    end
  end
```

새로 추가한 두 테스트에서는 다른 제너레이터를 사용한다. `list_of(integer())`는 0개 이상의 정수가 담긴 리스트를 생성한다. 실행해보면 놀랍게도 테스트가 실패한다!

```
$ mix test test/stats_property_test.exs
....

  1) property 정수 리스트 합은 평균과 항목 개수의 곱과 같다 (StatsPropertyTest)
     test/stats_property_test.exs:18
     ** (ExUnitProperties.Error) failed with generated values (after 0 successful
runs):

         * Clause:    l <- list_of(integer())
           Generated: []

     got exception:

         ** (ArithmeticError) bad argument in arithmetic expression
     code: check all l <- list_of(integer()) do

 . . .

Finished in 0.1 seconds (0.00s async, 0.1s sync)
3 properties, 1 failure

Randomized with seed 18456
```

l이 빈 리스트([])일 때 **ArithmeticError**가 발생하면서 테스트에 실패했다. 빈 리스트의 평균을 구하려고 했기 때문에 발생한 문제로, 값의 합(0)을 리스트의 길이(0)로 나누려고 했는데 0으로는 나눌 수 없으므로 오류가 발생했다. 들어올 수 있는 입력을 탐색하다 문제가 되는 입력 하나를 찾았다. 아주 만족스러운 결과다.

이는 분명 Stats 모듈의 버그다. 하지만 지금은 코드를 수정하지 않고, 테스트하지 말아야 할 경계조건으로 생각해보자. 테스트 파일을 두 가지 방법으로 수정해볼 수 있다. 첫 번째 방법은 만들어진 값 중 조건에 맞지 않는 것을 테스트하지 않고 건너뛰게 하는 것이다. 이때 nonempty 함수를 사용한다.

코드: tooling/pbt/test/stats_property_test.exs

```
property "합은 평균과 항목 개수의 곱과 같다 (nonempty)" do
  check all l <- list_of(integer()) |> nonempty do
    assert_in_delta(
      Stats.sum(l),
      Stats.count(l)*Stats.average(l),
      1.0e-6
    )
  end
end
```

이제는 제너레이터가 빈 리스트를 만들어내더라도 nonempty 함수가 걸러낸다. nonempty는 StreamData가 제공하는 필터다. 이외에도 여러 필터가 있으며, 직접 정의해서 사용할 수도 있다.

두 번째 방법은 리스트를 생성할 때 애초에 빈 리스트를 생성하지 않도록 막는 것이다. min_length 옵션을 사용한다.

코드: tooling/pbt/test/stats_property_test.exs

```
property "합은 평균과 항목 개수의 곱과 같다 (min_length)" do
  check all l <- list_of(integer(), min_length: 1) do
    assert_in_delta(
      Stats.sum(l),
      Stats.count(l)*Stats.average(l),
      1.0e-6
```

```
      )
    end
  end
```

한발 더 깊이

속성 기반 테스트에 흥미가 있다면 ExUnitProperties 모듈 문서에서 다른 예제를 살펴보자.[4]

StreamData 라이브러리는 테스트 외의 목적으로도 사용할 수 있도록 만들어졌다. 특정 조건을 만족하는 값의 스트림을 만들고 싶을 때 사용해봐도 좋다.

14.2.4 테스트 커버리지

테스트되지 않은 코드가 한 줄이라도 있다면 그 코드는 불완전하다고 믿는 사람들이 있다(필자는 그렇지는 않다). 그런 사람들은 테스트 커버리지 툴을 사용해 어떤 코드가 테스트되지 않는지 확인하곤 한다.

excoveralls[5]라는 라이브러리를 사용해 13장에서 만든 이슈 트래커 앱에 테스트를 추가할 만한 곳이 있는지 살펴보자. 툴을 프로젝트에 추가하려면 mix.exs만 수정하면 된다. 먼저 의존성을 추가하자.

코드: tooling/issues/mix.exs

```
defp deps do
  [
    { :httpoison,   "~> 1.0" },
    { :poison,      "~> 5.0" },
    { :ex_doc,      "~> 0.25" },
    { :earmark,     "~> 1.4" },
    { :excoveralls, "~> 0.14", only: :test }
  ]
end
```

----

4 https://hexdocs.pm/stream_data/ExUnitProperties.html

5 https://github.com/parroty/excoveralls

옮긴이_ 번역 시점의 최신 버전인 0.14.4를 사용한다. 엘릭서 버전에 따라 호환되는 라이브러리 버전이 다를 수 있다.

project 함수에서 excoveralls가 지원하는 여러 명령어를 mix와 연결하고, 이 명령어들이
테스트(test) 환경에서 실행되도록 강제하자.

코드: tooling/issues/mix.exs

```
def project do
  [
    app: :issues,
    escript: escript_config(),
    version: "0.1.0",
    elixir: "~> 1.13",
    start_permanent: Mix.env() == :prod,
    name: "Issues",
    source_url: "https://github.com/pragdave/issues",
    test_coverage: [tool: ExCoveralls],
    preferred_cli_env: [
      "coveralls": :test,
      "coveralls.detail": :test,
      "coveralls.post": :test,
      "coveralls.html": :test
    ],
    deps: deps()
  ]
end
```

mix deps.get을 실행한 뒤 첫 커버리지 리포트를 만들어보자.

```
$ mix coveralls
................

Finished in 0.04 seconds (0.00s async, 0.04s sync)
7 doctests, 9 tests, 0 failures

Randomized with seed 381346
----------------
COV    FILE                            LINES RELEVANT   MISSED
100.0% lib/issues.ex                      18        1        0
 40.0% lib/issues/cli.ex                   74       15        9
  0.0% lib/issues/github_issues.ex         31        7        7
100.0% lib/issues/table_formatter.ex      107       15        0
```

```
[TOTAL]  57.9%
----------------
```

먼저 테스트를 수행한 뒤 애플리케이션 안에 있는 각 파일에 대한 분석 결과가 출력된다.

issues.ex은 기본적으로 아무 동작도 하지 않는 보일러 플레이트 코드이므로, 커버리지 수치에는 큰 의미가 없다. cli.ex는 어느 정도 테스트되고 있으나 조금 더 개선할 여지가 있어 보인다. github_issues.ex는 테스트되지 않고 있다. 하지만 가장 좋은 것을 아껴두었다는 듯, 테이블 포맷터의 경우 모든 코드가 테스트되고 있다(doctest를 적용하는 예제로 이 파일을 사용했기 때문이다).

excoveralls는 더 자세한 리포트를 콘솔에 출력하거나(mix coveralls.detail) HTML 파일로(mix coveralls.html) 저장할 수 있다. HTML 파일로 만드는 경우 다음 그림과 같은 cover/excoveralls.html 파일이 생성된다.

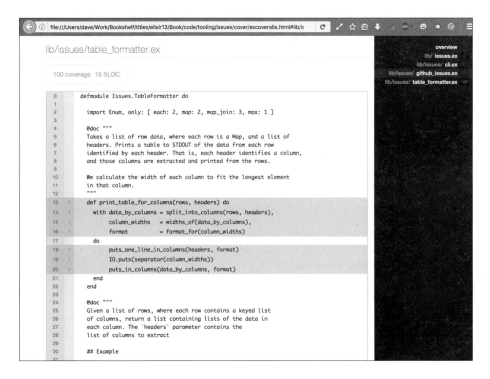

마지막으로, excoveralls는 여러 지속적 통합(CI)[6] 시스템과 연동할 수도 있다. 자세한 내용은 라이브러리의 깃허브 페이지에서 확인하자.

14.3 코드 의존성

mix는 프로젝트를 컴파일할 때 매우 영리하게 동작한다. 소스 파일 사이의 의존성을 분석해 수정된 파일이나 수정된 파일에 의존하는 파일들만 다시 컴파일한다. 개발자도 코드 의존성을 확인할 수 있으므로 코드에 대한 이해를 높일 수 있다. `mix xref` 명령어를 사용하면 된다.[7]

mix xref callers Mod | Mod.func | Mod.func/arity

주어진 모듈 또는 함수(인자 수까지 지정 가능)가 어디에서 호출되는지 확인한다.

```
$ mix xref callers IO
lib/issues/cli.ex (runtime)
lib/issues/table_formatter.ex (runtime)
```

mix xref graph

애플리케이션의 의존성 트리를 출력한다.

```
$ mix xref graph
lib/issues.ex
lib/issues/cli.ex
├── lib/issues/github_issues.ex
└── lib/issues/table_formatter.ex (export)
lib/issues/github_issues.ex
lib/issues/table_formatter.ex
```

....

6 옮긴이_ 'Continuous Integration'의 약자로, 프로젝트의 빌드 및 테스트를 자동으로 실행해 프로젝트의 품질을 유지하는 기법을 말한다.

7 옮긴이_ 엘릭서 1.13 현재 사용 가능한 명령어만 소개한다. 엘릭서 1.9까지는 mix xref unreachable(호출하는 시점에 찾을 수 없는 함수 목록 출력), mix xref deprecations(지원 중단된 함수 목록 출력) 등을 추가로 사용할 수 있는데, 이 명령어들은 엘릭서 이후 버전에서 컴파일러로 통합되어 더는 사용할 수 없다.

dot 명령어[8]를 사용해 의존성을 그래프 형식의 그림으로 나타낼 수 있다.

```
$ mix xref graph --format dot
$ dot -Grankdir=LR -Epenwidth=2 -Ecolor=#a0a0a0 \
      -Tpng xref_graph.dot -o xref_graph.png
```

위 명령어를 실행하면 다음과 같은 그림이 나타난다.

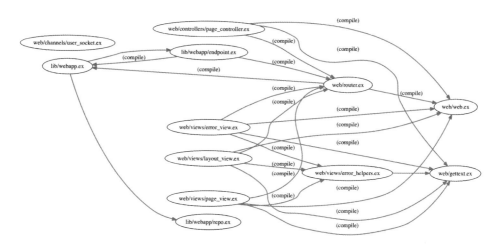

mix xref trace 파일명

엘릭서 1.13에 새롭게 추가된 명령어로, 해당 파일이 같은 애플리케이션 내의 다른 모듈에 의존하는 부분(모듈 임포트, 함수 호출 등)을 모두 표시한다.

```
$ mix xref trace lib/issues/cli.ex
lib/issues/cli.ex:2: require Issues.TableFormatter (export)
lib/issues/cli.ex:49: call Issues.GithubIssues.fetch/2 (runtime)
lib/issues/cli.ex:53: call Issues.TableFormatter.print_table_for_columns/2
(runtime)
lib/issues/cli.ex:53: import Issues.TableFormatter.print_table_for_
columns/2 (runtime)
```

---

8 *http://www.graphviz.org*

14.4 서버 모니터링

얼랭은 요구사항이 높고 중요한 애플리케이션들을 20년 이상 유지해온 플랫폼인 만큼 매우 수준 높은 서버 모니터링 툴을 지원한다. 가장 간단한 툴 한 가지는 언어에 기본적으로 포함되어 있다. IEx에서 다음 함수를 실행해보자.

```
iex> :observer.start()
```

이 툴을 사용하면 다음과 같은 정보를 얻을 수 있다.[9]

기본적인 시스템 정보

부하 그래프

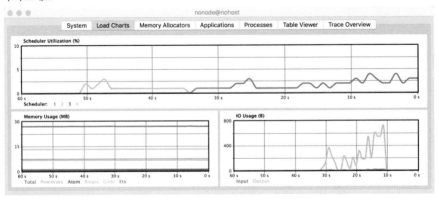

---

9 옮긴이_ 맥 OS에서 옵서버 툴을 사용하려면 wxWidgets가 설치되어 있어야 한다.

얼랭 ETS[10] 테이블의 정보와 내용

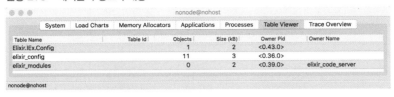

실행 중인 프로세스 정보

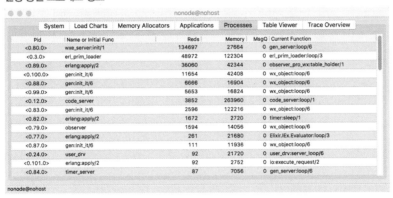

실행 중인 애플리케이션 정보

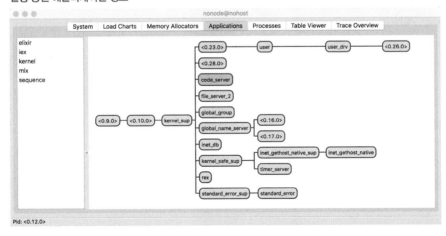

---

10 옮긴이_ 'Erlang Term Storage'의 약자로, 얼랭에서 지원하는 인메모리 데이터베이스다. 얼랭 런타임 시스템 내에 많은 데이터를 저
장하고, 상수 시간 내에 데이터에 접근할 수 있다.

메모리 할당 현황

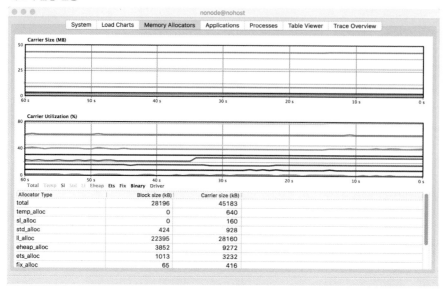

함수 호출, 메시지, 이벤트 전달에 대한 트레이싱

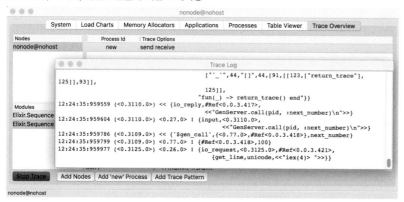

애플리케이션 레벨 모니터링에 관해서는 핀터레스트의 Elixometer[11] 라이브러리를 살펴보기를 권한다.

---

11 *https://github.com/pinterest/elixometer*

14.5 소스 코드 포맷팅

필자가 애를 먹는 부분이다. 엘릭서 코어 팀은 여러 엘릭서 코어 프로젝트에 제안되는 소스 코드의 포맷을 표준화하려 한다. 포맷이 맞지 않는다는 이유로 사람들을 혼내거나 풀 리퀘스트를 거절하는 대신, 소스 코드 포맷을 쉽게 맞추기 위한 포맷팅 툴을 엘릭서 1.6에 추가했다. 이 포맷터는 꽤 똑똑한데, 엘릭서 문법은 물론이고 코드를 파싱한 파스 트리parse tree까지 참조해 포맷팅한다. 따라서 포맷팅 과정에서 코드의 줄바꿈이 달라지거나, 쉼표가 제거되거나, 괄호가 추가되기도 한다.

`mix format` 명령 하나면 이 모든 마법을 일으킬 수 있다. 한 파일만 포맷팅할 수도 있고, 특정 디렉터리 아래의 파일 또는 전체 프로젝트에도 수행할 수 있다(`mix help format`을 실행해 더 자세한 정보를 확인하자). 포맷팅을 하면 파일이 수정되니, 잘 수정되었는지 실행 전에 다시 한번 확인하는 편이 좋다.

몇 가지 예를 통해 포맷팅 전과 후에 코드가 어떻게 바뀌는지 확인해보자. 다음은 포맷팅하지 않은 못난 코드다.

```
def no_vowels string
  do
    string |>
          String.replace(~r/[aeiou]/, "*")
  end
        def separator(column_widths) do
      map_join(column_widths, "-+-", fn width ->
 List.duplicate("-", width)
end)
  end
```

포맷터를 실행하면 다음처럼 깔끔하게 정돈된다.

```
def no_vowels(string) do
  string
  |> String.replace(~r/[aeiou]/, "*")
end

def separator(column_widths) do
  map_join(column_widths, "-+-", fn width ->
```

```
      List.duplicate("-", width)
    end)
end
```

한 코드가 여러 줄에 걸쳐 있을 때도 포맷터가 똑똑하게 정리해준다. 다음 코드를 보자.

```
  @names [
Doc, Grumpy, Happy,
  Sleepy, Bashful, Sneezy,
     Dopey
  ]
```

포맷터를 실행하면 다음과 같이 바뀐다.

```
  @names [
    Doc,
    Grumpy,
    Happy,
    Sleepy,
    Bashful,
    Sneezy,
    Dopey
  ]
```

원본 코드에 줄바꿈이 있었으므로 포맷팅 결과 한 줄에 하나의 값만 담도록 정규화되었다.

이와 같이 포맷터에는 많은 장점이 있다. 하지만 개인적으로는 포맷터를 사용하지 않는데, 필자가 중요시하는 코드 레이아웃을 해치기 때문이다. 이를테면 필자는 항목들을 세로로 정렬하는 것을 좋아한다. 코드를 읽고 유지하기에 매우 편리하기 때문이다. 여러 에디터가 이 기능을 지원하기도 한다.

```
  options = %{
    style:      "light",
    background: "green"
  }

  name        = "Alphabet"
  url         = "https://abc.xyz"
  entry_count = 10
```

아쉽게도 엘릭서 포맷터는 여분의 공백을 열심히 지우므로 포맷터를 거치면 코드가 다음과 같이 바뀐다.

```
options = %{
  style: "light",
  background: "green"
}
name = "Alphabet"
url = "https://abc.xyz"
entry_count = 10
```

끝에 쉼표를 붙이는 것에 관해서도 할 말이 있다. 어떤 것들을 리스트로 나열할 때 필자는 항목마다 줄을 나누고 모든 항목 끝에 쉼표를 붙인다. 그러면 항목끼리 순서를 바꾸거나, 정렬하거나, 새 항목을 추가할 때의 수고가 줄어든다. 모든 줄의 형식이 같으므로 첫 줄 혹은 마지막 줄이라는 이유로 다르게 처리하지 않아도 된다.

```
plugins = [
  Format,
  Index,
  Print,
]
```

하지만 포맷터는 이것이 어리석다고 생각하는지 마지막 쉼표를 떼어버린다.

```
plugins = [
  Format,
  Index,
  Print
]
```

마지막으로, 포맷터는 줄 끝에 이어지는 주석을 허용하지 않는다. 필자는 코드 블록 안에서 주석을 (거의 달지 않지만) 달 때 내용이 많지 않다면 주로 줄 끝에 단다.

```
def format(template,     # EEx 형식 바이너리
  bindings,              # 변수-값 바인딩
  options) do            # :verbose | :narrow
```

```
    # ...
  end
```

예가 별로 좋지는 않지만, 포맷터가 만들어내는 결과물은 좀 더 별로다.

```
# EEx 형식 바이너리
def format(
    template,
    # 변수-값 바인딩
    bindings,
    # :verbose | :narrow
    options
  ) do
  # ...
end
```

그래서 결론은 무엇인가? 편한 쪽을 선택하자. 혹시 포맷팅이 필요한 프로젝트에 코드를 제안하고 싶다면 포맷터를 사용하자.

14.6 물론 이것이 다가 아니다

엘릭서는 툴링의 축복을 받은 언어라고 할 수 있다. 얼랭의 풍부한 툴을 이어받은 한편 엘릭서 사용자 커뮤니티에서도 좋은 툴을 지지하고 빈틈을 메우는 새로운 툴을 만들어내고 있기 때문이다. 사람들이 쓰는 툴을 따라가다보면 어느새 더 빠르고 자신있게 개발을 하는 자신을 발견할 것이다.

지금까지 1부에서는 전통적 프로그래밍을 다루었다. 이제 드디어 엘릭서만의 강점인 동시성 프로그래밍을 살펴볼 때가 왔다.

II

동시성 프로그래밍

슬슬 동시성 프로그래밍을 시작할 때다. 당신이 이 책을 읽는 이유이기도 할 테니 말이다. 2부에서는 엘릭서의
액터Actor 기반 동시성 모델을 살펴보고, 높은 확장성과 안정성을 지닌 애플리케이션을 만들도록 해주는 얼랭
매니지먼트 아키텍처인 OTP도 자세히 알아본다.

Part II

동시성 프로그래밍

## CHAPTER 15

여러 프로세스 다루기

이든: 모든 객체는 자라서 액터가 되고 싶어 합니다.

파울러: @이든 슬프게도 대부분은 기다리다 끝나버려요.

코드를 동시에 독립적으로 실행 가능한 작은 단위로 패키징한다는 개념은 엘릭서의 핵심 기능 중 하나다. 전통적인 프로그래밍 언어를 사용해왔다면 이런 개념이 우려스러울 수도 있다. 동시성 프로그래밍은 어렵다고 '알려져' 있고, 일반적으로 프로세스를 많이 만들면 성능 면에서 비용이 크기 때문이다.

엘릭서에서는 그런 문제들을 걱정하지 않아도 된다. 기반이 되는 얼랭 VM의 구조 덕분이다. 엘릭서는 **액터 모델**actor model을 사용한다. 액터란 다른 프로세스와 데이터를 전혀 공유하지 않는 독립적인 프로세스를 말한다. spawn으로 쉽게 새 프로세스를 만들고, send로 프로세스에 메시지를 보낸 뒤 receive로 돌아오는 메시지를 받을 수 있다. 이게 전부다(오류 처리나 모니터링과 같이 자세한 내용은 일단 나중에 생각하자).

지금까지 당신은 동시성을 구현하기 위해 스레드나 운영체제 프로세스를 만들어 사용해야 했다. 구현하는 내내 판도라의 상자를 여는 기분이었을 것이다. 지금까지의 방법은 잘못될 여지가 너무 많았다. 엘릭서는 이런 걱정을 날려준다. 엘릭서 개발자들은 새로운 프로세스를 부담 없이 생성한다. 마치 자바에서 객체를 만들듯 말이다.

여담이지만, 엘릭서에서 말하는 프로세스는 무겁고 느린 운영체제 프로세스가 아니다. 엘릭서는 얼랭이 제공하는 프로세스를 사용하는데,[1] 얼랭 프로세스는 일반적인 프로세스와 마찬가지로 모든 CPU에서 실행되지만 부하는 매우 적다. 차차 다루겠지만 적당한 컴퓨터로도 수만 개의 엘릭서 프로세스를 매우 쉽게 생성할 수 있다.

15.1 간단한 프로세스

다음 코드에 정의된 함수를 새로운 프로세스를 띄워 실행해보려 한다.

코드: spawn/spawn-basic.ex

```elixir
defmodule SpawnBasic do
  def greet do
    IO.puts "Hello"
  end
end
```

이게 전부다. 특별할 것이라고는 없는 일반적인 코드다. IEx에서 코드를 실행해보자.

```
iex> c("spawn-basic.ex")
[SpawnBasic]
```

---

1 옮긴이_ 얼랭에서의 프로세스는 운영체제가 아니라 VM 위에서 동작하는 가상 스레드(그린 스레드)로 생각하면 된다. 단 얼랭 프로세스는 일반적인 관점에서 스레드보다는 프로세스에 가까워 '그린 프로세스'로 부르는 편이 좀 더 정확하다. 가상 스레드에 관해서는 *https://en.wikipedia.org/wiki/Green_threads*를 참고하자.

먼저 이 함수를 평소처럼 호출해보자.

```
iex> SpawnBasic.greet
Hello
:ok
```

이번에는 별도의 프로세스에서 실행해보자.

```
iex> spawn(SpawnBasic, :greet, [])
Hello
#PID<0.42.0>
```

spawn 함수는 새로운 프로세스를 생성하고 실행한다. 여러 방법으로 사용할 수 있지만, 익명 함수를 전달하는 방법과 모듈, 함수명, 인자 리스트[2]를 전달하는 방법이 가장 간단하다. 예제에서는 두 번째 방법을 사용했다.

spawn은 PID(프로세스 ID)라는 프로세스 식별자를 반환한다. PID는 만들어진 프로세스를 고유하게 나타낸다(세상의 모든 프로세스 중에서도 고유하게 구별되도록 할 수도 있으나, 여기서는 일단 이 애플리케이션 안에서만 고유하다).

이렇게 만들어진 프로세스는 지정된 코드를 실행한다. 하지만 우리는 코드가 곧 실행될 것이라는 사실만 알 뿐, 정확히 언제 실행될지는 알 수 없다.

예제에서는 spawn이 PID를 반환하기도 전에 함수가 실행되어 'Hello'가 출력되었다. 하지만 항상 이 순서대로 실행되지는 않으므로 주의해야 한다. 프로세스가 원하는 순서대로 실행되도록 하려면 일종의 프로세스 간 동기화가 필요하다. 여기에 메시지를 사용해보자.

15.1.1 프로세스 간 메시지 주고받기

예제를 수정해 프로세스와 메시지를 주고받아보자. greet 함수(프로세스)에 문자열을 담은 메시지를 보내면 greet 함수는 받은 메시지를 포함하는 인사말로 응답한다.

프로세스에 메시지를 보내려면 send 함수를 사용한다. 인자로는 PID와 보낼 메시지(엘릭서

----

2   옮긴이_ 함수 호출에 필요한 세 가지 요소로, MFA(Module, Function, Arguments)라 줄여 부르기도 한다.

값이라면 무엇이든 괜찮다. 이를 텀^{term3}이라고도 한다)를 받는다. 어떤 값이든 보낼 수는 있지만 일반적으로 아톰이나 튜플을 사용한다.

받을 메시지를 기다릴 때는 receive를 사용한다. receive는 case와 비슷한데, case의 파라미터로 메시지가 들어온다고 생각하면 된다. 매칭하려는 패턴과 그때 실행할 코드를 원하는 만큼 정의할 수 있으며, 역시 case와 마찬가지로 처음으로 매칭되는 패턴에 해당하는 코드가 실행된다. 이 내용을 반영해 수정한 코드는 다음과 같다.

코드: spawn/spawn1.exs

```
defmodule Spawn1 do
  def greet do
    receive do
      {sender, msg} ->
        send sender, { :ok, "Hello, #{msg}" }
    end
  end
end

# 클라이언트
pid = spawn(Spawn1, :greet, [])
send pid, {self(), "World!"}

receive do
  {:ok, message} ->
    IO.puts message
end
```

greet 함수가 이제 receive를 사용해 메시지를 기다리고, 메시지가 도착하면 receive 블록 안에서 메시지를 매칭한다. 이 코드는 2-튜플에만 매칭하는데, 이 튜플의 첫 번째 값은 메시지를 보낸 프로세스의 PID고 두 번째 값은 메시지의 본문이다. 패턴에 이어진 코드에서는 send sender, ...를 사용해 답장을 보낸다. 답장에는 :ok와 인사말 문자열이 담긴다.

모듈 밖에서는 spawn을 호출해 프로세스를 생성하고 생성된 프로세스에 send로 튜플을 보낸다.

---

3 옮긴이_ 텀은 모든 종류의 데이터를 의미하는 얼랭 용어다. 함수의 타입 명세 등에 '타입에 관계없이 모든 값을 받는다'라는 의미로 사용되기도 한다.

```
send pid, { self, "World!" }
```

self 함수는 현재 프로세스의 PID를 반환한다. 예제에서는 이 PID를 greet 함수에 전달해, 프로세스가 응답을 어디로 보내야 하는지 알게끔 했다.

코드는 프로세스에 메시지를 보낸 뒤에 돌아올 응답을 기다린다. 프로세스에서 응답이 돌아온 뒤, 받은 데이터를 {:ok, message}에 패턴 매칭해 튜플에서 실제 메시지를 추출한다는 점에 주목하자. 수정한 코드를 IEx에서 실행해보자.

```
iex> c("spawn1.exs")
Hello, World!
[Spawn1]
```

아주 멋지다. 텍스트가 프로세스에 보내지고, greet 함수를 실행하는 프로세스가 응답해 인사말이 완성되었다.

15.1.2 여러 메시지 다루기

두 번째 메시지를 보내보자.

코드: spawn/spawn2.exs

```
defmodule Spawn2 do
  def greet do
    receive do
      {sender, msg} ->
        send sender, { :ok, "Hello, #{msg}" }
    end
  end
end

# 클라이언트
pid = spawn(Spawn2, :greet, [])

send pid, {self(), "World!"}
receive do
```

```
    {:ok, message} ->
      IO.puts message
  end

  send pid, {self(), "Kermit!"}
  receive do
    {:ok, message} ->
      IO.puts message
  end
```

이 코드를 IEx에서 실행해보자.

```
iex> c("spawn2.exs")
Hello, World!
.... 끝없는 기다림 ....
```

첫 번째 메시지에 대한 응답은 받았는데 두 번째 메시지는 함흥차사다. 더 나쁜 것은 IEx가 그대로 굳어버려서 ^C(Control-C)를 눌러 빠져나와야 한다는 점이다. 이는 greet 함수가 하나의 메시지만을 처리할 수 있기 때문이다. receive를 처리하고 나면 greet이 그대로 종료되어 두 번째 메시지가 처리되지 않는다. 그 결과 두 번째 receive는 오지 않을 응답을 계속 기다리며 멈추게 된다.

일단 IEx가 멈추지 않도록 고쳐보자. after라는 수도 패턴^{pseudo pattern}을 사용해 receive가 오랫동안 응답을 받지 못하면 타임아웃이 발생하도록 하자.

코드: spawn/spawn3.exs

```
defmodule Spawn3 do
  def greet do
    receive do
      {sender, msg} ->
        send sender, { :ok, "Hello, #{msg}" }
    end
  end
end

# 클라이언트
pid = spawn(Spawn3, :greet, [])
```

```
    send pid, {self(), "World!"}
    receive do
      {:ok, message} ->
        IO.puts message
    end

    send pid, {self(), "Kermit!"}
    receive do
      {:ok, message} ->
        IO.puts message
      after 500 ->
        IO.puts "The greeter has gone away"
    end
```

```
iex> c("spawn3.exs")
Hello, World!
... 잠시 후 ...
The greeter has gone away
[Spawn3]
```

그렇다면 greet 함수가 메시지를 여러 개 처리하도록 하려면 어떻게 해야 할까? 일반적으로 생각하면 receive를 반복하면 될 듯하다. 엘릭서에는 반복문이 없지만 재귀는 있으니 재귀를 한번 사용해보자.

코드: spawn/spawn4.exs

```
defmodule Spawn4 do
  def greet do
    receive do
      {sender, msg} ->
        send sender, { :ok, "Hello, #{msg}" }
        greet()
    end
  end
end

# 클라이언트
pid = spawn(Spawn4, :greet, [])
send pid, {self(), "World!"}
receive do
```

```
  {:ok, message} ->
    IO.puts message
end

send pid, {self(), "Kermit!"}
receive do
  {:ok, message} ->
    IO.puts message
  after 500 ->
    IO.puts "The greeter has gone away"
end
```

이제는 메시지가 모두 처리된다.

```
iex> c("spawn4.exs")
Hello, World!
Hello, Kermit!
[Spawn4]
```

15.1.3 재귀, 반복, 스택

greet 함수의 구현이 그리 바람직해 보이지 않을 수도 있다. 메시지를 받을 때마다 자기 자신을 다시 호출하기 때문이다. 많은 언어에서는 함수를 호출할 때마다 스택 프레임이 추가되므로, 메시지를 많이 주고받으면 메모리를 바닥내고 만다.

하지만 엘릭서에는 **꼬리 재귀 최적화**tail-call optimization가 구현되어 있어 그런 일은 일어나지 않는다. 함수에서 마지막으로 수행하는 연산이 자기 자신으로의 호출일 때는, 함수를 추가로 호출하지 않고 그냥 런타임이 함수의 시작 부분으로 돌아간다. 재귀 호출에 인자가 있다면 기존 파라미터의 값이 새로운 인자로 대체된다. 단, 꼬리 재귀 최적화의 효과를 얻으려면 재귀 호출이 반드시 함수의 마지막에 실행되어야 한다. 예를 들어, 다음 코드는 꼬리 재귀가 아니다.

```
def factorial(0), do: 1
def factorial(n), do: n * factorial(n-1)
```

코드상으로는 재귀 호출이 마지막에 있지만, 마지막에 실행되는 연산은 아니다. 재귀 호출이 값을 반환한 뒤에도 곱셈이 남는다. 꼬리 재귀로 바꾸려면 곱셈을 재귀 호출 안으로 옮겨야 한다. 즉, 누적된 값을 저장하는 추가 파라미터가 필요하다.

코드: spawn/fact_tr.exs

```elixir
defmodule TailRecursive do
  def factorial(n),    do: _fact(n, 1)
  defp _fact(0, acc), do: acc
  defp _fact(n, acc), do: _fact(n-1, acc*n)
end
```

15.2 프로세스 부하

이 장을 시작하면서 엘릭서 프로세스는 부하가 매우 적다고 소개했다. 조금 오만하게 들렸을지 모르겠으나 이제 정말로 그러함을 보이고자 한다. 프로세스 n개를 생성하는 코드를 작성해보자. 첫 번째 프로세스가 숫자를 두 번째 프로세스에 보내고, 두 번째 프로세스는 숫자를 증가시켜 세 번째 프로세스에 보낸다. 마지막 프로세스에 도달할 때까지 이 작업을 계속하며, 마지막 프로세스가 최상위 코드에 숫자를 반환한다.

코드: spawn/chain.exs

```elixir
defmodule Chain do
  def counter(next_pid) do
    receive do
      n ->
        send next_pid, n + 1
    end
  end

  def create_processes(n) do
    code_to_run = fn (_,send_to) ->
      spawn(Chain, :counter, [send_to])
    end

    last = Enum.reduce(1..n, self(), code_to_run)
```

```
    send(last, 0)     # 마지막 프로세스에 0을 보내 카운트를 시작한다.

    receive do        # 그리고 결과가 돌아올 때까지 기다린다.
      final_answer when is_integer(final_answer) ->
        "Result is #{inspect(final_answer)}"
    end
  end

  def run(n) do
    :timer.tc(Chain, :create_processes, [n])
    |> IO.inspect
  end
end
```

각 프로세스에서는 둘째 줄에 정의된 counter 함수가 실행된다. 이 함수는 프로세스 사슬상 다음 프로세스의 PID를 전달받는데, 프로세스가 메시지로 숫자를 받으면 이를 증가시켜 다음 프로세스로 전송한다.

create_processes 함수는 아마 지금까지 접한 엘릭서 코드 중 가장 복잡할 것이다. 차근차근 살펴보자.

우선, 이 함수는 생성할 프로세수 개수를 인자로 받아 그 수만큼 프로세스를 생성한다. 프로세스를 생성하는 코드는 한 줄짜리 익명 함수로 정의되어 code_to_run 변수에 할당되어 있다. 이 함수는 열넷째 줄에 있는 Enum.reduce에서 실행되므로 형식에 맞추어 파라미터 두 개를 받는다. 함수의 구현은 지금은 신경 쓰지 말자.

이어지는 Enum.reduce가 1..n까지의 범위를 순회하며 code_to_run을 호출해 프로세스 사슬을 구성한다. 누적 연산의 초기값은 현재 PID인 self()이며, 매 반복마다 이 누적된 값이 code_to_run의 두 번째 파라미터로 전달된다.

이제 code_to_run 함수의 구현을 살펴보자. 이 함수에서는 counter를 실행하는 프로세스를 새로 생성한다. 이때 reduce의 누적된 값인 send_to(함수의 두 번째 파라미터)를 생성될 프로세스에 전달한다. spawn은 새로 생성된 프로세스의 PID를 반환하므로, 이 값이 Enum.reduce의 새로운 누적 값이 된다. 즉, 새로운 프로세스를 생성할 때마다 직전에 만들어진 프로세스의 PID를 새 프로세스에 전달하는 과정이 반복된다. 따라서 반복을 마친 뒤 reduce가 최종적으로 반환하는 값은 마지막으로 누적된 값, 즉 마지막으로 생성된 프로세스의 PID가 된다.

다음 줄에서 마지막 프로세스에 0을 보내어 공 굴리기를 시작한다. 마지막 프로세스는 값을 하나 증가시켜 끝에서 두 번째 프로세스에 1을 보낸다. 이 과정은 처음 생성된 프로세스에 이를 때까지 반복되고, 처음 생성된 프로세스가 우리(self())에게 최종 결과를 보내준다.[4] 그 결과를 receive 블록으로 받아 보기 좋은 형식으로 출력하면 모든 작업이 마무리된다.

예제 코드의 receive 블록은 새로운 응용을 사용한다. 가드 조건절로 패턴 매칭과 함수 호출에 조건을 추가하는 방법을 6.4절에서 알아봤는데, receive 블록에서 패턴 매칭을 수행할 때도 같은 방법을 사용할 수 있다.

가드 조건절을 추가한 것은 엘릭서의 일부 버전에 존재하는 버그를 우회하기 위해서다.[5] iex -S mix로 프로그램을 컴파일하고 실행할 때, 컴파일 프로세스의 종료 기록이 IEx 프로세스의 메시지 큐에 남는 경우가 있었다. 이 메시지를 무시하고 정수에 대해서만 처리할 것임을 밝히려고 가드 조건절을 추가했다.

지금까지 많은 내용을 소개했는데, 이 모든 것은 run 함수로부터 시작된다. run은 tc라는 얼랭 내장 라이브러리를 사용해 함수 실행 시간을 측정한다. 모듈 이름, 함수 이름, 파라미터를 전달하면 함수를 실행한 뒤 튜플을 반환한다. 반환된 튜플의 첫 번째 값에는 실행 시간(마이크로초 단위)이, 두 번째 값에는 함수의 실행 결과가 담긴다.

IEx 대신 명령줄을 통해 코드를 실행하자(이유는 곧 알게 된다). 다음은 필자의 2011 맥북 에어(2.13기가헤르츠 코어 2 듀오 프로세서, 4기가바이트 램)에서 실행한 결과다.

```
$ elixir -r chain.exs -e "Chain.run(10)"
{4015, "Result is 10"}
```

프로세스 10개를 실행하는 데 약 4밀리초가 걸렸고 결과도 정확해 보인다. 이제 프로세스 100개를 실행해보자.

```
$ elixir -r chain.exs -e "Chain.run(100)"
{4562, "Result is 100"}
```

----

4 옮긴이_ 이해를 돕고자 보충하면, 프로세스 사슬을 역순으로 만드는 것으로 생각하면 좋다. 가장 나중에 만든 프로세스가 사슬의 첫 프로세스가 되고, 가장 처음에 만든 프로세스가 사슬의 마지막 프로세스가 된다.

5 옮긴이_ 엘릭서 베타 버전에 존재하던 버그로, 지금은 이 문제를 걱정하지 않아도 된다. 가드 조건절을 추가하기 위한 에피소드로 생각하면 도움이 될 것이다(https://github.com/elixir-lang/elixir/issues/1050).

실행 시간이 생각보다 많이 늘지 않았다. 프로세스 생성을 처음 시작할 때 생기는 지연의 영향인 듯하다. 이번에는 1,000개를 실행해보자!

```
$ elixir -r chain.exs -e "Chain.run(1_000)"
{8458, "Result is 1000"}
```

10,000개도 해보자.

```
$ elixir -r chain.exs -e "Chain.run(10_000)"
{66769, "Result is 10000"}
```

10,000개의 프로세스를 생성하고 실행하는 데 66밀리초가 걸린다. 400,000개는 어떨까?

```
$ elixir -r chain.exs -e "Chain.run(400_000)"
=ERROR REPORT==== 25-Apr-2013::15:16:14 ===
Too many processes
** (SystemLimitError) a system limit has been reached
```

VM이 400,000개의 프로세스를 지원하지 않는 것으로 보인다. 다행히 수정할 수 없는 건 아니고 단지 제한의 기본값에 도달했을 뿐이다. VM의 +P 파라미터를 사용해 이 값을 변경할 수 있다. --erl 파라미터를 사용해 VM에 파라미터를 전달하자(명령줄로 실행한 이유는 바로 이 때문이다).

```
$ elixir --erl "+P 1000000" -r chain.exs -e "Chain.run(400_000)"
{2249466, "Result is 400000"}
```

마지막으로 1,000,000개 프로세스를 띄워보자.

```
$ elixir --erl "+P 1000000" -r chain.exs -e "Chain.run(1_000_000)"
{5135238, "Result is 1000000"}
```

프로세스 1,000,000개를 실행하는 데 5초가 약간 넘게 걸렸다. [그림 15-2]의 그래프에 나타나듯, 초기 구동 시간의 영향을 벗어나면 프로세스 생성에 걸리는 시간은 꽤 선형적이다.

이 정도 성능은 매우 놀라운 일이다. 코드를 설계하는 방식을 바꿀 만하다. 이제 당신은 수많은 작은 헬퍼 프로세스를 만들고 각 프로세스가 상태를 가지도록 할 수 있다. 어떤 면에서 엘릭서 프로세스는 객체지향 시스템의 객체와 비슷하다(다만 더 독립적이다).

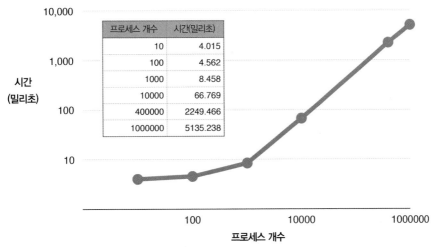

프로세스 개수	시간(밀리초)
10	4.015
100	4.562
1000	8.458
10000	66.769
400000	2249.466
1000000	5135.238

그림 15-2 spawn 성능 측정

연습문제

15-1 예제 코드를 직접 실행하고, 생성한 프로세스 개수에 따라 걸린 시간을 비교해보자.

15-2 프로세스를 두 개 생성하고 각 프로세스에 고유한 토큰을 전달하는 프로그램을 작성해보자(예를 들어 "fred", "betty"). 프로세스가 받은 토큰을 그대로 다시 응답하도록 해보자.

- 응답이 들어오는 순서가 이론적으로 결정되어 있는가? 실제로는 어떤가?
- 그렇지 않다면, 응답이 정해진 순서대로 들어오게 하려면 어떻게 해야 할까?

15.3 프로세스가 종료될 때

프로세스가 종료될 때 누가 그 사실을 알까? 기본적으로는 아무도 모른다. VM이 알고 있기는 하고, 그것을 콘솔로 알려줄 수는 있지만, 당신의 코드는 관련 내용을 얻고 싶다고 명시적으로 알리지 않는 한 프로세스가 종료되었다는 사실을 알지 못한다.

예를 들면 이렇다. 얼랭 timer 라이브러리를 사용해 500밀리초 동안 동작을 멈춘 뒤 :boom 상태로 종료하는 프로세스를 생성하고, 프로세스를 만든 쪽에서 receive로 메시지를 기다린다고 해보자. 코드는 메시지를 수신하면 받은 메시지를 출력하고, 1초 이상 메시지를 받지 않으면 아무 일도 일어나지 않았다고 출력한다.

코드: spawn/link1.exs

```elixir
defmodule Link1 do
  import :timer, only: [ sleep: 1 ]

  def sad_function do
    sleep 500
    exit(:boom)
  end

  def run do
    spawn(Link1, :sad_function, [])
    receive do
      msg ->
        IO.puts "MESSAGE RECEIVED: #{inspect msg}"
    after 1000 ->
        IO.puts "Nothing happened as far as I am concerned"
    end
  end
end

Link1.run
```

(이전에 사용하던 프로그래밍 언어로는 어떻게 작성할지 생각해보자) 이 코드를 콘솔에서 실행해보자.

```
$ elixir -r link1.exs
Nothing happened as far as I am concerned
```

생성된 프로세스가 종료될 때 코드는 어떤 알림도 받지 못했다.

15.3.1 두 프로세스 링크하기

두 프로세스가 서로의 아픔을 공유하도록 둘을 링크[link]할 수 있다. 두 프로세스가 링크되면 한쪽이 종료될 때 다른 쪽이 관련 정보를 받을 수 있다. 프로세스 생성과 링크를 각각 할 수도 있지만 spawn_link는 호출 한 번으로 한꺼번에 수행해준다.

코드: spawn/link2.exs

```
defmodule Link2 do
  import :timer, only: [ sleep: 1 ]

  def sad_function do
    sleep 500
    exit(:boom)
  end

  def run do
    spawn_link(Link2, :sad_function, [])
    receive do
      msg ->
        IO.puts "MESSAGE RECEIVED: #{inspect msg}"
      after 1000 ->
        IO.puts "Nothing happened as far as I am concerned"
    end
  end
end

Link2.run
```

프로세스가 비정상적으로 종료되면 런타임이 이를 알려준다.

```
$ elixir -r link2.exs
** (EXIT from #PID<0.73.0>) :boom
```

자식 프로세스가 종료되자 전체 애플리케이션이 종료되었다. 이것이 서로 링크된 프로세스의 기본적인 동작이다. 하나가 비정상 종료되면 다른 하나도 종료된다.

자동 종료하지 않고 다른 프로세스의 종료를 다루려면 어떻게 해야 할까? 글쎄, 할 수는 있지만 그러지 않기를 권장한다. 엘릭서는 프로세스 트리를 구축하는 데 OTP 프레임워크를 사용하며 OTP에는 프로세스 관리 개념도 포함되어 있다. 이 프레임워크는 엄청난 노력의 결과물이므로, 가급적 OTP가 제공하는 관리 기능을 이용하는 편이 좋다. 이에 관해서는 18장 'OTP – 슈퍼바이저'에서 다룬다.

하지만 링크된 프로세스로부터 오는 종료 신호를 우리가 다룰 수 있는 메시지로 변환해서 처리하는 일이 불가능하지는 않다. 종료 신호를 잡아서trap the exit 처리하면 된다.

코드: spawn/link3.exs

```elixir
defmodule Link3 do
  import :timer, only: [ sleep: 1 ]

  def sad_function do
    sleep 500
    exit(:boom)
  end

  def run do
    Process.flag(:trap_exit, true)
    spawn_link(Link3, :sad_function, [])
    receive do
      msg ->
        IO.puts "MESSAGE RECEIVED: #{inspect msg}"
    after 1000 ->
      IO.puts "Nothing happened as far as I am concerned"
    end
  end
end

Link3.run
```

이번에는 생성된 프로세스가 종료될 때 :EXIT 메시지를 수신한다.

```
$ elixir -r link3.exs
MESSAGE RECEIVED: {:EXIT, #PID<0.78.0>, :boom}
```

생성된 프로세스가 종료된 이유는 동작에 영향을 미치지 않는다. 필요한 작업을 끝냈을 때, 명시적으로 종료되었을 때, 예외가 발생했을 때 모두 같은 :EXIT 메시지를 수신한다. 단 어떤 이유로 종료되었는지에 관한 자세한 내용이 메시지에 포함된다.

15.3.2 프로세스 모니터링하기

링크는 호출한 프로세스와 다른 프로세스를 연결하고, 각 프로세스는 서로에게 알림을 받는다. 반면 **모니터링**monitoring의 경우 다른 프로세스가 종료될 때는 똑같이 알림을 받지만, 반대 방향 (프로세스를 생성한 쪽이 종료되었을 때)으로는 알리지 않는다. 즉 단방향 알림이다. 프로세스를 모니터링하면 프로세스가 종료되거나 실패했을 때, 또는 존재하지 않을 때 `:DOWN` 메시지를 받는다.

spawn_monitor를 사용해 프로세스 생성과 동시에 모니터링을 활성화할 수 있다. `Process.monitor`로 이미 존재하는 프로세스를 모니터링(또는 `Process.link`를 사용해 프로세스에 링크)할 수도 있지만, 이 경우 잠재적으로 경쟁 상태에 빠질 수 있다. 모니터 호출이 완료되기 전에 상대 프로세스가 종료되면 알림을 받지 못하기 때문이다. 반면에 `spawn_link`와 `spawn_monitor`는 원자성을 가지는 연산이므로 항상 실패를 잡아낼 수 있다.

코드: spawn/monitor1.exs

```elixir
defmodule Monitor1 do
  import :timer, only: [ sleep: 1 ]

  def sad_function do
    sleep 500
    exit(:boom)
  end

  def run do
    res = spawn_monitor(Monitor1, :sad_function, [])
    IO.puts inspect res
    receive do
      msg ->
        IO.puts "MESSAGE RECEIVED: #{inspect msg}"
      after 1000 ->
        IO.puts "Nothing happened as far as I am concerned"
    end
  end
end

Monitor1.run
```

실행 결과는 spawn_link를 사용했을 때와 비슷하다.

```
$ elixir -r monitor1.exs
{#PID<0.78.0>, #Reference<0.1328...>}
MESSAGE RECEIVED: {:DOWN, #Reference<0.1328...>, :process, #PID<0.78.0>, :boom}
```

(:DOWN 메시지의 Reference 레코드는 모니터링을 활성화할 때 생성된 모니터의 고유 식별자다. spawn_monitor 호출 또한 PID와 함께 모니터의 레퍼런스를 반환한다)

그렇다면, 링크와 모니터링은 어떻게 구분해서 사용하는 것이 좋을까? 프로세스가 지니는 의미에 따라 선택하면 된다. 한 프로세스가 실패했을 때 다른 프로세스도 종료되어야 한다면 프로세스 링크를 사용하는 편이 좋다. 반면 이유가 무엇이든 다른 프로세스가 종료될 때 알림을 받으려면 모니터링을 사용하자.

연습문제

얼랭 함수 timer.sleep(time_in_ms)는 주어진 시간(밀리초 단위) 동안 현재 프로세스를 멈춘다. 다음 과제를 풀면서 원하는 상황을 만들기 위해 이 함수가 필요할 것이다.

이번 연습문제의 목적은 코드를 작성하면서 접하게 될 다양한 종료 보고에 익숙해지도록 하는 것이다.

15-3 부모 프로세스로 메시지를 보낸 뒤 바로 종료하는 프로세스를 spawn_link로 시작해보자. 부모 프로세스는 500밀리초간 멈춘 뒤 받을 수 있는 만큼 메시지를 받자. 무엇을 받았는지 확인해보자. 자식 프로세스가 종료되었을 때 알림을 기다리지 않은 것이 문제가 될까?

15-4 위의 문제를 다시 한번 수행하되, 이번에는 자식 프로세스에서 예외를 발생시켜보자. 무엇이 달라졌는가?

15-5 위의 두 문제를 spawn_link 대신 spawn_monitor로 바꾸어 다시 해보자.

15.4 병렬 맵 – 얼랭의 "Hello, World"

데빈 토레스[Devin Torres][6]에 따르면 얼랭을 다루는 책이라면 법적으로 반드시 병렬 맵 함수를 넣어야 한다. 일반적으로 map은 컬렉션의 각 항목에 함수를 적용한 결과를 리스트로 반환한다. 병렬 맵도 마찬가지이되 각 항목마다 별도의 프로세스에서 함수를 적용한다.

코드: spawn/pmap.exs

```
defmodule Parallel do
  def pmap(collection, fun) do
    me = self()
    collection
    |> Enum.map(fn (elem) ->
         spawn_link fn -> (send me, { self(), fun.(elem) }) end
       end)
    |> Enum.map(fn (pid) ->
         receive do { ^pid, result } -> result end
       end)
  end
end
```

이 메서드는 변형을 두 번 수행한다(|> 연산자를 찾아보자). 첫 번째 변형에서는 collection을 PID 리스트로 매핑하며, 각 PID에 해당하는 프로세스에서는 리스트의 각 항목에 함수를 실행한다. 컬렉션이 1,000개 항목으로 이루어졌다면 1,000개 프로세스가 실행된다. 두 번째 변형에서는 PID 리스트를 각 프로세스가 반환한 결과로 바꾼다. receive 블록 안에서 ^pid를 사용해 각 PID에서 보낸 결과를 순서대로 가져온다는 점에 주목하자. 이렇게 구현하지 않으면 결과가 무작위 순서로 섞인다.

잘 동작하는지 확인하자.

```
iex> c("pmap.exs")
[Parallel]
iex> Parallel.pmap 1..10, &(&1 * &1)
[1,4,9,16,25,36,49,64,81,100]
```

----

6 옮긴이_ 소프트웨어 개발자로, 엘릭서의 poison 라이브러리, 얼랭의 poolboy 라이브러리 등을 만들었다.

꽤 잘 동작한다. 다만 더 개선할 수도 있는데, 이에 관해서는 **21장 '태스크와 에이전트'**에서 다룬다.

연습문제

15-6 pmap의 상단에서 self 값을 me라는 변수에 할당했다. 그리고 생성한 프로세스가 메시지를 반환할 곳을 지정할 때 me를 사용했다. 왜 별도의 변수로 받아서 사용했을까?

15-7 pmap 코드에서 ^pid를 _pid로 바꿔보자. 이제 receive 블록은 프로세스가 응답을 보낸 순서대로 메시지를 받는다. 코드를 실행해 결과를 확인하자. 출력이 달라졌는가? 아마 달라지지 않았을 것이다. 하지만 프로그램에는 분명 버그가 있다. 문제를 드러나게 할 수 있는가? 다른 함수를 전달하거나, sleep을 사용해 프로세스를 멈추거나, 프로세스 개수를 늘려서 테스트해보자. 문제가 드러나면 _pid를 다시 ^pid로 고치고, 결과가 올바른 순서로 돌아오는지 확인하자.

15.5 피보나치 서버

예제 프로그램을 하나 더 살펴보며 이번 장을 마무리하자. 살펴볼 프로그램은 n의 리스트에 대해 $fib(n)$을 계산한다. 여기서 $fib(n)$은 n번째 피보나치 수를 말한다(피보나치수열은 0, 1로 시작하며, 이어지는 수는 이전 두 수를 더한 값이다[7]). 피보나치수열을 선택한 이유는 우리가 연습 삼아 자주 계산하는 수열이라서가 아니라, 10번째부터 37번째까지의 피보나치 수를 구하는 연산에 걸리는 시간이 일반적인 컴퓨터에서 측정하기 좋은 정도이기 때문이다.

까다로운 점은 우리가 만들 프로그램이 다양한 피보나치 수를 병렬적으로 계산해야 한다는 점이다. 이를 수행하기 위해 실제로 계산을 수행할 작은 서버 프로세스를 작성할 것이다. 그리고 계산 프로세스에 작업을 할당하는 스케줄러를 추가로 구현할 것이다. 메시지 흐름을 그림으로 나타내면 다음과 같다.

---

7 *http://en.wikipedia.org/wiki/Fibonacci_number*

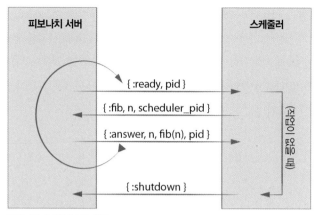

그림 15-3 피보나치 서버

계산기가 다음 숫자를 받을 준비가 되면 :ready 메시지를 스케줄러에 보낸다. 스케줄러는 할 일이 있으면 계산기에 :fib 메시지와 함께 작업을 보내고, 할 일이 없으면 :shutdown을 보낸 다. 계산기는 :fib 메시지를 받으면 피보나치 수를 계산해 답을 :answer 메시지에 담아 반환 한다. :shutdown을 받으면 프로세스를 종료한다. 피보나치 계산기 모듈의 코드는 다음과 같다.

코드: spawn/fib.exs

```elixir
defmodule FibSolver do
  def fib(scheduler) do
    send scheduler, { :ready, self() }
    receive do
      { :fib, n, client } ->
        send client, { :answer, n, fib_calc(n), self() }
        fib(scheduler)
      { :shutdown } ->
        exit(:normal)
    end
  end

  # 매우 비효율적이지만, 의도한 것이다
  defp fib_calc(0), do: 0
  defp fib_calc(1), do: 1
  defp fib_calc(n), do: fib_calc(n-1) + fib_calc(n-2)
end
```

공개된 API는 스케줄러의 PID를 받는 **fib** 함수 하나다. 프로세스는 실행을 시작하며 :ready 메시지를 스케줄러에 보내고 응답이 돌아오기를 기다린다. 스케줄러로부터 :fib 메시지를 받은 경우 계산 프로세스는 답을 계산해 클라이언트에 보내고, 자신을 재귀적으로 호출한다. 이렇게 하면 새로운 :ready 메시지가 발송되어 클라이언트에게 계산할 준비가 되었음을 알린다. :shutdown을 수신하면 프로세스가 종료된다.

15.5.1 작업 스케줄러

스케줄러는 조금 더 복잡한데, 서버 프로세스 개수와 작업량 변동에 유연하게 대응하도록 설계되었기 때문이다.

코드: spawn/fib.exs

```elixir
defmodule Scheduler do

  def run(num_processes, module, func, to_calculate) do
    (1..num_processes)
    |> Enum.map(fn (_) -> spawn(module, func, [self()]) end)
    |> schedule_processes(to_calculate, [])
  end

  defp schedule_processes(processes, queue, results) do
    receive do
      {:ready, pid} when length(queue) > 0 ->
        [ next | tail ] = queue
        send pid, {:fib, next, self()}
        schedule_processes(processes, tail, results)

      {:ready, pid} ->
        send pid, {:shutdown}
        if length(processes) > 1 do
          schedule_processes(List.delete(processes, pid), queue, results)
        else
          Enum.sort(results, fn {n1,_}, {n2,_} -> n1 <= n2 end)
        end

      {:answer, number, result, _pid} ->
        schedule_processes(processes, queue, [ {number, result} | results ])
```

```
      end
    end
  end
```

스케줄러의 공개 API는 run 함수다. run은 생성할 프로세스 개수, 실행할 모듈과 함수, 계산할 데이터 리스트를 받는다. 스케줄러는 실제로 수행할 작업이 무엇인지 알지 못한다.

이 사실은 중요하다. 스케줄러는 피보나치 수에 관해서는 아무것도 모른다. 염기서열을 다루는 프로세스나 비밀번호 크래킹을 수행하는 프로세스도 정확히 같은 코드로 관리할 수 있다. run 함수는 전달된 숫자만큼 프로세스를 생성하고, 프로세스들의 PID를 기록한 뒤, 실제 스케줄링을 담당하는 함수인 schedule_process를 호출한다.

schedule_process는 기본적으로 receive 루프다. 계산기 서버에서 :ready 메시지를 받으면 큐에 남은 작업이 있는지 확인하고, 있으면 작업을 계산기에 전달한다. 그리고 큐에서 값을 하나 제거하고 재귀적으로 자신을 다시 호출한다.

큐가 빈 상태에서 :ready 메시지를 받으면 스케줄러는 서버에 shutdown 메시지를 보낸다. 마지막 프로세스에 shutdown 메시지를 보낸 경우에는 작업이 완료된 것이므로 누적된 결과를 정렬하고 처리를 마친다. 프로세스에 shutdown 메시지를 보냈으나 아직 실행 중인 다른 프로세스가 남아 있는 경우, 프로세스 목록에서 해당 프로세스를 제거하고 다음 메시지를 처리하기 위해 재귀 호출을 수행한다.

계산기 서버로부터 :answer 메시지를 받으면 답을 기록한 뒤 다음 메시지를 처리할 수 있도록 재귀 호출한다. 스케줄러를 실행하는 코드는 다음과 같다.

코드: spawn/fib.exs

```
to_process = List.duplicate(37, 20)

Enum.each 1..10, fn num_processes ->
  {time, result} = :timer.tc(
    Scheduler, :run,
    [num_processes, FibSolver, :fib, to_process]
  )

  if num_processes == 1 do
    IO.puts inspect result
```

```
      IO.puts "\n #      시간 (s)"
    end
    :io.format "~2B      ~.2f~n", [num_processes, time/1000000.0]
  end
end
```

to_process 리스트에는 fib 서버에 전달할 숫자를 저장한다. 예제에서는 같은 숫자인 37을 20회 저장한다. 각 프로세서에 부하를 좀 더 주기 위해서다.

프로세스 개수를 1개부터 10개까지 바꾸어가며 코드를 총 10회 실행하고, :timer.tc를 사용해 프로세스 개수에 따른 실행 시간을 측정해 초 단위로 출력하자. 첫 시도에는 연산 결과도 함께 표시해주자.

```
$ elixir fib.exs
[{37, 24157817}, {37, 24157817}, {37, 24157817}, . . . ]

  #     시간(초)
  1     21.22
  2     11.24
  3     7.99
  4     5.89
  5     5.95
  6     6.40
  7     6.00
  8     5.92
  9     5.84
 10     5.85
```

코디 러셀Cody Russell이 친절하게도 본인의 4코어 시스템에서 이 코드를 실행해줬다. 그 결과, 프로세스 개수가 1에서 2로 늘어나면 걸리는 시간이 현저히 감소하고, 프로세스가 4개가 될 때까지 조금씩 감소하다가 그 이상이 되면 변화가 거의 없었다. 프로세스가 4개를 초과하면 '활성 상태 보기Active monitor'에 나타나는 CPU 사용량은 일정하게 380%를 유지했다(코어가 더 많은 시스템에서 테스트하려면 to_process 리스트의 항목 수를 늘리는 것이 좋다).

15-8 피보나치 코드를 당신의 컴퓨터에서 실행해보자. 유의미한 결과가 나오는가? 컴퓨터의 코어나 프로세서가 여러 개인 경우, 프로세스 개수를 늘리면 수행 시간이 줄어드는가?

15-9 예제에서 사용한 스케줄러 코드를 수정해 주어진 디렉터리의 각 파일에서 'cat'이라는 단어가 몇 번 나오는지 세는 함수를 실행하도록 해보자. 각 파일에 대해 서버 프로세스를 하나씩 실행하자. `File.ls!` 함수는 디렉터리 내 파일 이름을 반환하고 `File.read!`는 파일 내용을 바이너리로 읽어온다. 더 범용적인 스케줄러를 만들 수 있겠는가?

파일 개수가 적당한(100개 내외) 디렉터리에서 코드를 실행하자. 그러면 동시성의 효과를 확인할 수 있다.

15.6 에이전트: 예고편

앞서 작성한 피보나치 코드는 매우 비효율적이다. `fib(5)`를 계산하려면 다음과 같이 계산해야한다.

```
fib(5)
= fib(4)                                           + fib(3)
= fib(3)                      + fib(2)      + fib(2)           + fib(1)
= fib(2)           + fib(1) + fib(1) + fib(0) + fib(1) + fib(0) + fib(1)
= fib(1) + fib(0) + fib(1) + fib(1) + fib(0) + fib(1) + fib(0) + fib(1)
```

수많은 중복을 보라. 연산 도중의 값을 캐시할 수 있으면 좋겠다.

잘 알다시피 엘릭서 모듈은 기본적으로 함수를 모은 것이라 상태를 담을 수 없다. 하지만 프로세스에는 상태를 저장할 수 있다. 엘릭서에는 **Agent**라는 라이브러리 모듈이 있는데, 이 라이브러리는 상태를 가진 프로세스를 멋진 모듈 인터페이스로 감싸준다. 에이전트는 21장에서 다루니 다음 코드의 자세한 내용은 신경 쓰지 말자. 지금은 프로세스가 엘릭서 코드에 영속성을 추가하는 도구로 사용되었다는 점만 확인하자(이 코드는 조제 발림이 작성한 메일링 리스트에서 가져왔다. 필자가 작성한 허접한 코드에 대한 답장으로 말이다).

```elixir
defmodule FibAgent do
  def start_link do
    Agent.start_link(fn -> %{ 0 => 0, 1 => 1 } end)
  end

  def fib(pid, n) when n >= 0 do
    Agent.get_and_update(pid, &do_fib(&1, n))
  end

  defp do_fib(cache, n) do
    case cache[n] do
      nil ->
        { n_1, cache } = do_fib(cache, n-1)
        result         = n_1 + cache[n-2]
        { result, Map.put(cache, n, result) }

      cached_value ->
        { cached_value , cache }
    end
  end
end

{:ok, agent} = FibAgent.start_link()
IO.puts FibAgent.fib(agent, 2000)
```

실행 결과는 다음과 같다.

```
$ elixir fib_agent.exs
4224696333392304878706725602341482782579852840250681098010280137314308584370130707
2241235996391415110884460875389096036076401947116435960292719833125987373262535558
0260699158591522949245390499872225679531698287448247299226390183371677806060701161
5497886719879858311468870876264597369086722884023654422295243347964480139515349562
9720876526560695298064998419774487201556128026654045541717178819303240252043120825
16817125
```

만약 **fib(2000)**을 캐시 없이 계산한다면 태양이 팽창해서 지구를 집어삼킬 때까지도 계산이 끝나기를 기다려야 할지도 모른다.

15.7 프로세스 관점에서 생각하기

프로그래밍을 절차지향 언어에서 시작해 객체지향 스타일로 옮겨왔다면, 객체 관점에서 세상을 생각하도록 인식을 바꾸는 시간을 겪었을 것이다. 프로세스 관점에서 작업을 생각하게 되면 비슷한 일을 다시 겪을 것이다. 좋은 엘릭서 프로그램에는 아주 많은 프로세스가 있고, 프로세스들은 대체로 매우 쉽게 만들어지고 관리된다. 마치 객체지향 프로그래밍에서 객체가 그렇듯 말이다. 다만 그렇게 생각하게 되기까지는 시간이 좀 걸린다. 포기하지 말자.

지금까지는 같은 VM 안에서 프로세스를 실행했다. 하지만 전 세계를 정복할 계획을 세우고 있다면 규모를 키워야 한다. 즉, 여러 머신에서 프로세스를 실행할 줄도 알아야 한다. 이를 위한 개념으로 **노드**node가 있다. 다음 장에서 노드를 알아보자.

## CHAPTER 16

노드 – 분산 서비스의 핵심

노드는 우리에게 낯선 개념이 아니다. 그저 하나의 얼랭 VM일 뿐이다. 지금까지 이 책에서 실행해온 모든 코드 역시 어떤 노드 위에서 실행되었다고 생각해도 틀리지 않다.

그런 점에서 얼랭 VM(Beam이라고도 한다)을 단순한 인터프리터라고 생각하기 쉽지만, 실제로는 그것보다 더 큰 개념이다. 얼랭 VM은 우리가 사용하는 운영체제 위에서 동작하는 작은 운영체제다. 얼랭 VM은 자체적으로 이벤트, 프로세스 스케줄링, 메모리, 서비스 네이밍, 프로세스 간 커뮤니케이션 등을 다룬다. 이 모든 기능들에 더해, 노드는 다른 노드와 서로 연결될 수 있다. 다른 노드가 같은 컴퓨터 안에 있든, LAN 위에 있든, 인터넷 어디에 있든 상관없다. 이렇게 연결된 노드들은 로컬에서 동작하는 프로세스와 동일한 수준의 서비스를 서로에 제공한다.

16.1 노드에 이름 짓기

지금까지는 노드를 하나만 사용해서 이름을 붙일 필요가 없었다. 따라서 현재 노드의 이름을 조회하면 미리 정의된 이름이 반환된다.

```
iex> Node.self
:nonode@nohost
```

노드를 시작할 때 이름을 지정하려면 IEx의 --name 또는 --sname 옵션을 사용하자. --name 옵션을 사용하면 완전한(호스트 이름을 포함한) 이름을 지정할 수 있다.

```
$ iex --name wibble@light-boy.local
iex(wibble@light-boy.local)> Node.self
:"wibble@light-boy.local"
```

--sname을 사용하면 짧은 이름을 지정할 수 있다.

```
$ iex --sname wobble
iex(wobble@light-boy)> Node.self
:"wobble@light-boy"
```

노드 이름은 아톰이다. 따옴표로 싸인 이유는 리터럴 아톰에 들어갈 수 없는 문자를 포함하기 때문이다. 어떤 방법을 사용하든 IEx 프롬프트에는 머신 이름(예제에서는 light-boy)을 포함한 완전한 노드 이름이 표시된다는 점을 참고하자.

WARNING_ 맥 OS에서 실행하고 있다면

애플이 최근에 이상한 짓을 해서, 특정 공유 서비스를 활성화했을 때만 로컬 호스트 이름으로 접근할 수 있게 되었다. 그렇지 않을 때는 로컬 호스트 이름으로 컴퓨터에 접근할 수 없다. 다시 말해, --sname 옵션을 사용하면 엘릭서가 당신의 컴퓨터를 찾지 못한다.

조금 억지스럽지만 가장 간단한 해결책은 사용 중인 머신의 이름을 /etc/hosts 파일에 추가하는 것이다.

먼저 컴퓨터 이름을 조회하자.

```
$ scutil --get LocalHostName
"your-computer's-name"
```

그리고 /etc/hosts (sudo 권한이 필요하다)를 수정해 다음 줄을 추가하자.

```
127.0.0.1    "your-computer's-name"
```

이제 노드 두 개를 실행하면 무슨 일이 일어나는지 확인해보자. 터미널 두 개를 열어 각각 노드를 실행하면 쉽다.

위쪽 창에는 node_one이라는 이름으로, 아래쪽 창에는 node_two라는 이름으로 노드를 각각 실행하자. Node 모듈의 list 함수를 사용하면 연결된 노드의 리스트를 볼 수 있고, connect 함수를 사용해서 다른 노드에 연결할 수 있다.

터미널 #1

```
$ iex --sname node_one
iex(node_one@light-boy)>
```

터미널 #2

```
$ iex --sname node_two
iex(node_two@light-boy)> Node.list
[]
iex(node_two@light-boy)> Node.connect :"node_one@light-boy"
true
iex(node_two@light-boy)> Node.list
[:"node_one@light-boy"]
```

node_two는 처음에는 어떤 노드도 알지 못하지만, node_one에 연결하고 나면 다른 노드의 존재를 알게 된다(연결할 때 노드의 이름이 담긴 아톰을 전달한다는 점을 참고하자). 연결은 기본적으로 양방향이므로 node_one도 node_two를 알게 된다.

```
iex(node_one@light-boy)> Node.list
[:"node_two@light-boy"]
```

두 노드가 연결되었으니, 이제 이를 활용해 코드를 실행해보자. 먼저 node_one에 현재 노드의 이름을 출력하는 익명 함수를 정의하자.

```
iex(node_one@light-boy)> func = fn -> IO.inspect Node.self end
#Function<erl_eval.20.82930912>
```

그리고 spawn 함수를 사용해 실행해보자.

```
iex(node_one@light-boy)> spawn(func)
#PID<0.59.0>
node_one@light-boy
```

spawn에 노드 이름을 지정해 특정 노드에서 프로세스를 실행할 수도 있다.

```
iex(node_one@light-boy)> Node.spawn(:"node_one@light-boy", func)
#PID<0.57.0>
node_one@light-boy
iex(node_one@light-boy)> Node.spawn(:"node_two@light-boy", func)
#PID<7393.48.0>
node_two@light-boy
```

먼저 node_one에서 코드를 실행했다. 함수를 실행하면 두 줄이 출력되는데, 첫째 줄은 spawn
이 반환한 PID이고 둘째 줄은 함수가 출력한 Node.self의 값이다.

두 번째 spawn의 결과가 꽤 흥미롭다. node_two에 같은 함수를 실행하도록 했고, 역시 한 줄
에는 PID, 한 줄에는 노드 이름이 적힌 두 줄이 출력되었다. PID의 값을 자세히 보자. PID의
첫 번째 필드는 노드 번호를 나타내는데, 로컬 노드에서 실행한 프로세스는 이 값이 0이지만
예제에서는 함수가 다른 노드에서 실행되었으므로 양수 값(7393)을 갖는다. 함수 출력 역시
함수가 node_two에서 실행되었음을 알려준다. 아주 멋지다.

두 번째 spawn이 출력한 값이 아래쪽 창에 나타날 거라고 예상했는가? 실제로 이 코드는
node_two에서 실행되었다. 하지만 코드는 node_one에서 생성되었으므로 node_one의 프로
세스 계층 구조를 상속받는다. 이 계층을 이루는 프로세스 중 하나를 **그룹 리더**group leader라 하며,
그룹 리더는 IO.puts의 출력을 어디로 보낼지를 결정한다. 여기까지 알고 보면 이 코드의 동
작은 두 배로 흥미롭다. node_one에서 코드를 시작해서 node_two에서 프로세스를 실행했는
데, 프로세스가 무언가를 출력하면 node_one에 그 내용이 표시되는 것이다.

16.1.1 노드, 쿠키, 보안

노드를 서로 연결해서 사용하는 것이 멋있기는 하지만 마음속에서 경고음이 들릴지도 모른다. 임의의 노드에서 아무 코드나 실행할 수 있다면, 공개적으로 접근 가능한 노드를 해커가 접수할 수도 있기 때문이다.

하지만 그런 일은 일어나지 않는다. 노드는 다른 노드와 연결하기 전에 원격 노드에 권한이 있는지 확인한다. 이 작업은 노드가 가진 **쿠키**^{cookie}를 서로 비교해 수행한다. 쿠키는 (충분히 길게, 무작위적으로 만들어진) 임의의 문자열이다. 당신이 분산 엘릭서 시스템의 관리자라면 쿠키를 만들고 모든 노드가 같은 쿠키를 사용하도록 해야 한다.

iex 또는 elixir 명령어를 실행할 때 --cookie 옵션을 사용해 쿠키를 전달할 수 있다.

```
$ iex --sname one --cookie chocolate-chip
iex(one@light-boy)> Node.get_cookie
:"chocolate-chip"
```

명시적으로 쿠키 이름을 다르게 설정한 뒤 두 노드를 연결해보자. 무슨 일이 일어날까?

터미널 #1

```
$ iex --sname node_one --cookie cookie-one
iex(node_one@light-boy)> Node.connect :"node_two@light-boy"
false
```

터미널 #2

```
$ iex --sname node_two --cookie cookie-two
iex(node_two@light-boy)>
[error] ** Connection attempt from node :node_one@light-boy rejected. Invalid
challenge reply. **
```

연결을 시도하는 노드는 연결에 실패함을 알리는 false를 받고, 연결하려 했던 노드에는 연결 시도가 있었음을 나타내는 오류 로그가 남는다.

그렇다면 쿠키 값을 정하지 않았을 때는 왜 연결할 수 있었을까? 얼랭은 시작될 때 홈 디렉터리에서 .erlang.cookie 파일을 찾고, 만약 없다면 쿠키 파일을 새로 만들어 임의의 문자열을 저장한다. 이 문자열은 사용자가 시작한 모든 노드의 쿠키로 사용되므로, 같은 기기에서 실행한 노드는 모두 기본적으로 서로에게 접근할 수 있다.

공개된 네트워크에서 노드들을 연결할 때는 주의가 필요하다. 이 쿠키 값은 평문으로 전송된다.

16.2 프로세스에 이름 짓기

PID는 세 개의 숫자로 보이지만 실제 필드는 두 개뿐이다. 첫 번째 숫자는 노드의 ID이고, 이어지는 두 숫자는 프로세스 ID의 앞뒤 비트다. 현재 노드에 실행되는 프로세스에서 노드 ID는 항상 0이다. 하지만 PID를 다른 노드로 전달하면 노드 ID는 실제 프로세스가 실행되는 노드의 ID로 바뀐다.

시스템이 가동되고 모든 것이 서로 연결된 후에는 PID를 다른 노드로 전달하는 과정이 잘 동작한다. 어떤 노드에 있는 콜백 프로세스를 다른 노드의 이벤트 생성 프로세스에 등록하려면 이벤트 생성 프로세스에 콜백 프로세스의 PID를 그저 전달하면 된다.

하지만 그 전에, 콜백 프로세스가 이벤트 생성 프로세스를 찾으려면 어떻게 해야 할까? 한 가지 방법은 이벤트 생성 프로세스의 PID에 이름을 붙여 등록하는 것이다. 다른 노드에 있는 콜백 프로세스는 이벤트 생성 프로세스를 그 이름으로 찾은 뒤, 반환되는 PID로 메시지를 보내면 된다.

예를 들어 약 2초마다 알림을 보내는 간단한 틱tick 서버를 만들어보자. 알림을 받으려면 클라이언트가 서버에 등록되어 있어야 한다. 이때 다른 노드에 있는 클라이언트도 등록할 수 있도록 하자. 서버는 Ticker.start로, 클라이언트는 Client.start로 시작하도록 API의 틀을 잡자. 클라이언트를 서버에 등록할 수 있도록 Ticker.register API도 추가한다. 서버 코드는 다음과 같다.

코드: nodes/ticker.ex

```elixir
defmodule Ticker do
  @interval 2000  # 2초
  @name     :ticker

  def start do
    pid = spawn(__MODULE__,  :generator , [[]])
    :global.register_name(@name, pid)
  end

  def register(client_pid) do
    send :global.whereis_name(@name), { :register , client_pid }
  end

  def generator(clients) do
    receive do
      { :register , pid } ->
        IO.puts "registering  #{ inspect pid }"
        generator([pid|clients])
    after
     @interval ->
       IO.puts "tick"
       Enum.each clients, fn client ->
         send client, { :tick }
       end
       generator(clients)
    end
  end
end
```

서버 프로세스를 생성하는 start 함수를 정의했다. start 함수는 :global.register_name

을 사용해 새로 생성한 서버의 PID를 :ticker라는 이름으로 등록한다.[1]

틱을 받기 위해 등록하는 클라이언트는 register 함수를 호출한다. register는 Ticker 서버에 메시지를 보내 클라이언트 목록에 PID를 추가하도록 요청한다. 클라이언트가 서버 프로세스에 직접 :register 메시지를 보낼 수도 있었지만, 상세한 동작을 숨길 수 있도록 인터페이스 함수를 만들었다. 이렇게 하면 서버와 클라이언트를 분리하기 쉽고, 앞으로 더 유연하게 무언가를 변경할 수 있다.

실제 틱 프로세스를 살펴보기 전에 start와 register 함수를 잠시 잊자. 이 함수들은 틱 프로세스의 일부가 아니라 Ticker 모듈의 코드 덩어리에 불과하다. 즉, 모듈이 로딩되어 있는 곳 어디에서든 메시지 전달 없이 직접 호출할 수 있다. 이렇게 프로세스를 생성하는 코드와, 생성한 프로세스와 통신하기 위한 외부 인터페이스를 한 모듈에 두는 것은 흔히 사용되는 패턴이다.

코드로 돌아오자. 마지막 함수인 generator가 바로 새로 만들어질 프로세스에서 실행될 함수다. 이 프로세스는 두 가지 이벤트를 기다린다. :register와 PID가 담긴 튜플을 받은 경우에는 클라이언트 리스트에 PID를 추가한 뒤 스스로를 재귀 호출한다. 2초 후에 타임아웃이 발생하면 등록된 모든 클라이언트에 {:tick} 메시지를 보낸다.

(이 코드에는 에러 핸들링도, 프로세스 종료 시의 처리도 없다. 단지 여러 노드 사이에 PID와 메시지를 전달할 수 있음을 보여주고자 작성했다) 클라이언트 코드는 간단하다.

코드: nodes/ticker.ex

```
defmodule Client do
  def start do
    pid = spawn(__MODULE__, :receiver, [])
    Ticker.register(pid)
  end

  def receiver do
    receive do
      { :tick } ->
        IO.puts "tock in client"
        receiver()
    end
```

---

[1] 옮긴이_ 얼랭 :global 모듈은 글로벌 이름의 등록 및 관리, 얼랭 클러스터 네트워크 관리 등을 담당하는 모듈이다.

```
        end
    end
```

클라이언트에서는 들어오는 틱을 처리하기 위해 receiver 프로세스를 생성하고, 생성된 프로
세스의 PID를 register 함수의 인자로 넣어 서버로 보낸다. 다시 말하지만, 이 함수 호출이
로컬에서 일어난다는 점에 유의하자. register 함수는 클라이언트와 같은 노드에서 실행된다.
Ticker.register 함수에 도달해서야 서버 프로세스가 들어 있는 노드를 찾아 다른 노드로 메
시지가 보내진다. 클라이언트의 PID가 서버로 보내지면 이 PID는 클라이언트 노드를 가리키
는 외부 PID가 된다.

클라이언트 프로세스는 단순한 반복문으로, 틱 메시지를 받을 때마다 콘솔에 작은 메시지를 출
력할 뿐이다.

지금까지 작성한 것을 실행해보자. 두 노드를 띄우고, 노드 one에서 Ticker.start를 호출한
뒤 Client.start를 노드 one과 two에서 각각 호출하자.

터미널 #1

```
nodes$ iex --sname one
iex(one@light-boy)> c("ticker.ex")
[Client, Ticker]
iex(one@light-boy)> Node.connect :"two@light-boy"
true
iex(one@light-boy)> Ticker.start
:yes
tick
tick
iex(one@light-boy)> Client.start
registering #PID<0.59.0>
{:register,#PID<0.59.0>}
tick
tock in client
tick
tock in client
tick
tock in client
tick
tock in client
  :    :    :
```

```
nodes$ iex --sname two
iex(two@light-boy)> c("ticker.ex")
[Client, Ticker]
iex(two@light-boy)> Client.start
{:register,#PID<0.53.0>}
tock in client
tock in client
tock in client
  :    :    :
```

프로그램을 멈추려면 모든 노드의 IEx를 종료해야 한다.

16.2.1 언제 프로세스에 이름이 생기나

프로세스에 이름을 지으면 그 이름은 전역 상태로 기록된다. 그리고 잘 알다시피 전역 상태는 문제를 일으킬 수 있다. 예를 들어, 두 프로세스를 같은 이름으로 등록하려 하면 어떻게 될까?

런타임이 우리를 도와줄 것이다. 이를테면 애플리케이션이 사용할 이름의 목록을 `mix.exs` 파일에 적을 수도 있다(어떻게 하는지는 20.2절에서 애플리케이션 명세를 다루며 살펴보자). 하지만 일반적으로는 사용할 프로세스의 이름을 애플리케이션이 시작할 때 미리 등록해두는 것이 좋다.

연습문제

16-2 앞서 알림 서버를 소개하면서 '약 2초마다' 틱을 보낸다고 설명했는데, 코드상에서 틱을 보낼 때 타임아웃은 정확히 2,000밀리초였다. 코드만 보면 시간이 꽤 정확할 것 같은데 '약'을 붙인 이유는 무엇일까?

16-3 등록된 각 클라이언트에 차례로 틱을 보내도록 코드를 수정해보자(첫 번째 틱은 첫 번째 클라이언트에, 두 번째 틱은 두 번째 클라이언트에...). 마지막 클라이언트가 틱을 받고 나면 다시 처음 클라이언트부터 틱을 보내면 된다. 클라이언트가 새로 추가될 때도 고려해 구현하자.

16.3 입력, 출력, PID, 노드

얼랭 VM의 입력과 출력은 I/O 서버를 사용해 동작한다. I/O 서버는 저수준의 메시지 인터페이스를 구현한 얼랭 프로세스다. 다행히도 직접 이 인터페이스를 다룰 필요는 없다(직접 다루기에는 너무나도 복잡하다). 대신 엘릭서와 얼랭의 다양한 I/O 라이브러리를 사용해 어려운 작업을 쉽게 해결할 수 있다.

엘릭서에서는 열린 파일이나 디바이스를 I/O 서버의 PID로 식별하며, 이 PID는 다른 모든 PID와 똑같이 동작한다. 따라서 PID를 다른 노드에 보낼 수도 있다. 이를테면 IO.puts 함수의 구현은 다음과 같다.[2]

```
def puts(device \\ group_leader(), item) do
  erl_dev = map_dev(device)
  :io.put_chars erl_dev, [to_iodata(item),  ?\n]
end
```

(엘릭서 라이브러리 모듈 소스를 보려면 *https://elixir-lang.org/docs*의 온라인 문서에서 궁금한 함수를 찾아 Source 링크를 눌러보자)

IO.puts 함수가 사용하는 기본 디바이스는 :erlang.group_leader 함수가 반환하는 I/O 서버의 PID이다(group_leader 함수는 IO 모듈의 최상단에서 임포트하고 있는 :erlang 모듈에 위치한다).

이 사실을 한번 활용해보자. 우선 터미널 두 개를 열어 서로 다른 이름의 노드를 실행하자. 노드 **two**에서 노드 **one**에 연결한 뒤, group_leader가 반환한 PID를 글로벌 이름(예제에서는 :two를 사용한다)으로 등록하자.

터미널 #1

```
$ iex --sname one
iex(one@light-boy)>
```

---

2 옮긴이_ 엘릭서 1.2의 코드이나, 번역 시점의 최신 버전인 1.13에서도 표현만 달라졌을 뿐 기본 원리는 같다.

터미널 #2

```
$ iex --sname two
iex(two@light-boy)> Node.connect(:"one@light-boy")
true
iex(two@light-boy)> :global.register_name(:two, :erlang.group_leader)
:yes
```

글로벌 이름으로 PID를 등록하면 연결된 다른 노드에서도 이름을 지정해 해당 프로세스에 접근할 수 있다. 노드 **one**에서 이 프로세스의 이름을 **IO.puts**에 넣어 호출하면 출력이 다른 쪽 터미널 창에 나타난다.

터미널 #1

```
iex(one@light-boy)> two = :global.whereis_name :two
#PID<7419.30.0>
iex(one@light-boy)> IO.puts(two, "Hello")
:ok
iex(one@light-boy)> IO.puts(two, "World!")
:ok
```

터미널 #2

```
Hello
World
iex(two@light-boy)>
```

연습문제

16-4 이 장의 틱 프로세스는 등록된 클라이언트에 이벤트를 보내는 중앙 서버다. 이 코드를 클라이언트의 고리[3]를 사용하도록 다시 구현해보자. 클라이언트는 이 고리의 다음 클라이언트에 틱을 전달해야 한다. 틱을 전달받은 클라이언트는 2초 후에 그다음 클라이언트에 틱을 보내야 한다. 고리에 클라이언트를 추가한 순간 타임아웃이 발생해 틱이 발송되는 상황도 고려하자. 연결 갱신에 대한 책임은 누가 져야 할까?

---

3 옮긴이_ '링 토폴로지(ring topology)'라고도 한다.

16.4 노드는 분산 처리의 기본이다

지금까지 여러 얼랭 가상 머신을 생성하고 연결해 네트워크를 통해 통신하는 방법을 살펴봤다. 여러 머신을 연결하는 일은 애플리케이션의 확장성을 늘리는 데도, 신뢰성을 높이는 데도 중요하다. 머신 하나에서 모든 코드가 돌아가는 것은 한 바구니에 달걀을 모두 쌓아놓은 것과 같다. 모바일 오믈렛 앱을 만들려는 것이 아니라면 이 방법은 좋지 않다.

엘릭서로 동시성 애플리케이션을 만들기는 쉽다. 다만 예외나 오류를 생각하지 않고 작성하기는 쉬워도, 탄탄하고 확장 가능하며 핫 스왑이 가능한, 세계에서 가장 뛰어난 애플리케이션을 만들기는 지금까지 배운 내용만으로는 쉽지 않다. 이러한 것들이 모두 고려된 앱을 만들려면 도움이 필요하다.

엘릭서와 얼랭의 세계에서는 이 도움을 OTP라 부른다. 이어지는 17장부터 20장까지는 OTP를 살펴본다.

## CHAPTER 17

OTP – 서버

엘릭서나 얼랭을 안다면 OTP를 들어본 적이 있을 것이다. OTP는 종종 모든 고가용성 분산 애플리케이션이 가지는 문제의 해답인 양 과장되어 왔다. 사실 OTP가 모든 문제를 해결해주지는 않는다. 하지만 애플리케이션 탐색, 장애 감지와 관리, 핫 코드 스와핑, 서버 구성 등 우리가 직접 다루어야 할 많은 문제들을 해결해주는 부분은 분명 있다.

먼저 OTP가 지금 모습에 이르기까지의 이야기를 짧게 알아두자. OTP는 'Open Telecom Platform'을 줄인 말이다. 이 이름은 역사적으로나 의미가 있을 뿐, 대부분은 약자로 OTP라 부른다. 초기 OTP는 전화 교환기와 스위치를 만드는 데 쓰였는데, 이러한 장치와 대규모 온라인 애플리케이션 사이에 유사한 특성이 있어 최근 OTP는 거대한 시스템을 개발하고 관리하기 위한 범용 도구가 되었다.

OTP는 얼랭, 데이터베이스(엠네시아Mnesia라 불린다) 그리고 무수히 많은 라이브러리로 이루어져 있으며, 애플리케이션의 구조를 정의해주기도 한다. 하지만 모든 크고 복잡한 프레임워크가 그렇듯 제대로 활용하려면 배워야 할 것도 많다. 이 책에서는 필수 내용에 집중하고 이외의 정보는 직접 찾도록 도울 것이다.

우리는 이미 OTP를 사용해왔다. mix, 엘릭서 컴파일러, 앞서 만든 이슈 트래커 앱도 OTP 컨벤션을 따른다. 하지만 지금까지는 암시적인 활용이었고 이제부터는 OTP를 명시적으로 사용해 서버를 작성해보자.

17.1 OTP가 제공하는 것

OTP는 시스템을 애플리케이션들의 계층 구조의 관점에서 정의한다. 하나의 애플리케이션은 하나 이상의 프로세스로 구성되고, 이 프로세스들은 비헤이비어^{behaviour}[1]라는 OTP 컨벤션 중 하나를 따른다. 비헤이비어 중에는 범용 서버를 목적으로 하는 것도 있고, 이벤트 핸들러를 구현하기 위한 것도 있다. 또한 유한 상태 기계^{finite-state machine}를 구현할 수 있는 비헤이비어도 있다. 각 비헤이비어 구현체는 각자의 프로세스 내에서 동작한다(몇몇 관련된 프로세스를 가질 수도 있다). 이번 장에서는 젠서버^{GenServer}라 불리는 서버 비헤이비어를 구현해본다.[2]

한편 슈퍼바이저^{Supervisor}라는 특별한 비헤이비어는 여러 프로세스의 상태를 모니터링하고 필요 시 프로세스를 재시작하는 전략을 구현한다.

이 책에서는 이러한 구성 요소들을 가장 기본적인 것부터 시작해 상위로 올라가며 둘러본다. 이번 장에서는 서버를, 다음 장에서는 슈퍼바이저를 살펴보고, 마지막으로는 애플리케이션을 구현해본다.

17.2 OTP 서버

15.5절에서 피보나치 서버를 만들 때는 모든 메시지 핸들링을 직접 수행해야 했다. 어렵진 않지만 지루한 작업이었다. 또한 스케줄러는 세 가지 상태 정보, 즉 처리할 숫자들의 큐, 지금까지 생성된 결과, 활성화된 PID 리스트를 계속 유지해야 했다.

대부분의 서버는 이와 유사한 요구사항을 갖기에, OTP는 이러한 모든 저수준 작업을 대신 수행해주는 라이브러리를 제공한다.

OTP 서버는 정해진 이름을 가지는 하나 이상의 콜백 함수가 포함된 모듈을 작성함으로써 구현한다. 그러면 OTP 프레임워크는 특정 상황을 처리해야 할 때 적절한 콜백 핸들러 함수를 호출해준다. 예를 들어, 누군가 서버에 요청을 보내면 OTP는 handle_call 함수를 호출해 요청의 내용, 호출한 주체, 현재 서버의 상태를 전달한다. 그러면 우리가 정의한 handle_call 함

---

1 옮긴이_ 구현해야 하는 함수의 명세를 정의한 모듈. 객체지향 언어의 추상 클래스와 비슷하다. 자세한 내용은 23장에서 살펴본다.

2 옮긴이_ 이 책에서는 젠서버 등의 프로세스를 프로세스 외부에 서비스를 제공한다는 점에서 '서버라는 용어로 통칭하는 경우가 많다. 물리적인 서버와 혼용되기도 하므로 주의하자.

수에서 이후 수행해야 할 액션, 요청에 대한 반환값 및 갱신된 상태가 담긴 튜플을 반환해 응답한다.

17.2.1 상태와 단일 서버

피보나치 코드를 다시 생각해보자. 계산한 중간 결과를 어디에 저장했는가? 파라미터를 통해 재귀적으로 자신에게 전달했었다. 사실 세 파라미터 모두 서버의 상태를 전달하는 데 사용되었다.

이제 피보나치 서버의 관점에서 생각해보자. 서버는 한 번에 하나의 요청을 처리하며 재귀적으로 실행되었다. 따라서 상태 정보를 파라미터를 통해 자기 자신에게 다시 전달할 수 있었다. OTP가 하는 일 중 하나가 바로 이것이다. 핸들러 함수는 현재 상태를 마지막 파라미터로 전달받아, 처리를 거쳐 갱신되었을 상태를 다른 값과 함께 반환한다. 이렇게 반환된 상태는 다음 요청 핸들러에 다시 전달된다.

17.2.2 첫 번째 OTP 서버

아주 간단한 OTP 서버를 하나 만들어보자. 서버를 시작할 때 숫자 하나를 전달해 이 숫자가 서버의 상태가 되도록 하려 한다. :next_number 요청을 보내면 현재 상태를 반환하고, 동시에 상탯값을 증가시켜 다음 호출을 준비한다. 따라서 기본적으로 매 호출마다 갱신된 수열의 값을 받는다.

새로운 mix 프로젝트 만들기

작업 디렉터리에 새 mix 프로젝트를 만들자. 프로젝트 이름을 sequence라 하자.

```
$ mix new sequence
* creating README.md
* creating .formatter.exs
* creating .gitignore
* creating mix.exs
* creating lib
* creating lib/sequence.ex
```

```
* creating test
* creating test/test_helper.exs
* creating test/sequence_test.exs
```

기본적인 수열 서버 만들기

Sequence.Server라는 이름으로 서버 모듈을 만들자. 먼저 sequence 디렉터리로 들어가서 lib/ 하위에 sequence 디렉터리를 생성한다.

```
$ cd sequence
$ mkdir lib/sequence
```

이어서 lib/sequence/에 server.ex 파일을 추가하자.

코드: otp-server/1/sequence/lib/sequence/server.ex

```
defmodule Sequence.Server do
  use GenServer

  def init(initial_number) do
    { :ok, initial_number }
  end

  def handle_call(:next_number, _from, current_number) do
    {:reply, current_number, current_number + 1}
  end
end
```

둘째 줄에 있는 use는 OTP 젠서버 비헤이비어를 Sequence.Server 모듈에 추가해주며, 이를 통해 이 모듈이 모든 콜백 함수를 다룰 수 있게 된다. 하나를 제외하고 모든 기본 콜백을 비헤이비어가 정의해주므로 우리가 모든 콜백 함수를 정의할 필요는 없다. 그 하나의 예외는 바로 넷째 줄에 있는 init/1 함수다. init는 객체지향 프로그래밍에서의 생성자 역할을 한다. 생성자가 값을 받아 객체를 초기화하듯, init 함수도 초기값을 받아 서버의 상태를 구성한다. init 콜백 함수는 {:ok, state} 튜플을 반환하는데, 이 튜플의 두 번째 요소인 state가 서버의 초기 상태가 된다. 예제에서는 수열의 초기값을 설정하는 데 사용했다.

클라이언트가 서버를 호출하면 handle_call 콜백 함수가 실행된다. 이 함수는 세 가지 파라미터를 받는다.

1 서버를 호출할 때 클라이언트가 전달한 정보
2 클라이언트의 PID
3 서버의 현재 상태

콜백 함수의 구현에서는 첫 번째 파라미터와 연관된 동작을 수행해야 하고, 상태(세 번째 파라미터)를 갱신할 수 있다. 그리고 handle_call 함수가 끝날 때 (갱신 여부와 상관없이) 상태를 반환해야 한다.

초기 구현은 매우 간단하다. 튜플 하나를 OTP에 반환하는 것이 전부다.

```
{ :reply, current_number, current_number+1 }
```

튜플의 첫 값으로 :reply 아톰을 반환하면 OTP가 튜플의 두 번째 값을 클라이언트에 회신한다. 튜플의 세 번째 값에는 새로운 상태가 담긴다. 이 값은 handle_call 콜백 함수가 다시 실행될 때 마지막 파라미터로 전달된다.

수동으로 서버 시작하기

IEx에서 서버를 실행할 수 있다. 프로젝트의 메인 디렉터리를 연 뒤 -S mix 옵션을 주어 IEx를 시작해보자.

```
$ iex -S mix
iex> { :ok, pid } = GenServer.start_link(Sequence.Server, 100)
{:ok, #PID<0.71.0>}
iex> GenServer.call(pid, :next_number)
100
iex> GenServer.call(pid, :next_number)
101
iex> GenServer.call(pid, :next_number)
102
```

이 코드에서는 엘릭서 GenServer 모듈의 함수 두 가지를 사용했다. start_link 함수는 앞 장에서 사용한 spawn_link 함수와 유사하게 동작한다. start_link를 호출하면 GenServer가 새 프로세스를 시작하고 현재 프로세스와 새 프로세스를 링크한다(따라서 새 프로세스가 실패하면 알림을 받게 된다). start_link의 인자로는 서버로 동작하게 할 모듈의 이름과 초기 상태(이 경우 100)를 전달했다. 세 번째 파라미터로 젠서버 옵션을 지정할 수도 있었으나, 지금은 기본값으로도 충분하다.

start_link 함수의 실행 결과로 :ok 상태와 서버의 PID가 반환되었다. call 함수는 이 PID를 받아 서버의 handle_call 콜백 함수를 호출한다. 이때 call의 두 번째 인자가 handle_call의 첫 번째 파라미터로 전달된다.

여기서 우리가 전달해야 할 유일한 값은 수행하려는 동작을 나타내는 :next_number인데, 이에 매칭되는 handle_call 콜백 함수 정의의 첫 번째 파라미터 역시 :next_number이다. 즉 call 호출의 인자가 콜백 함수의 첫 번째 파라미터에 패턴 매칭되므로, 첫 번째 파라미터가 다른 여러 handle_call을 구현하면 여러 액션을 지원할 수 있다.

call에 값을 하나 이상 전달하고 싶다면 튜플을 전달하자. 예를 들어 상태를 주어진 값으로 초기화하는 함수가 필요할 수도 있다. 이때는 핸들러를 다음과 같이 정의할 수 있다.

```
def handle_call({:set_number, new_number}, _from, _current_number) do
  { :reply, new_number, new_number }
end
```

그리고 다음과 같이 호출하면 된다.

```
iex> GenServer.call(pid, {:set_number, 999})
999
```

반대로 핸들러에서도 여러 값을 튜플이나 리스트로 묶어 반환할 수 있다.

```
def handle_call({:factors, number}, _, _) do
  { :reply, { :factors_of, number, factors(number)}, [] }
end
```

단방향 호출

call 함수는 서버를 호출하고 응답을 기다린다. 하지만 가끔 돌아올 응답이 없으면 더 기다리고 싶지 않을 수도 있다. 이럴 때는 젠서버의 cast 함수를 사용하자(요청을 서버의 바다에 던진다^{cast}고 생각하자).

call 함수 호출이 서버의 handle_call 콜백에 전달된 것처럼, cast 호출도 서버의 handle_cast 콜백으로 전달된다. handle_cast 함수는 응답을 하지 않으므로, 클라이언트 PID 없이 호출 인자와 현재 상태라는 두 파라미터만을 받는다. 같은 이유로 반환하는 값 역시 새로운 상태만을 담은 {:noreply, new_state} 튜플이다.

수열 서버에 숫자를 증가시키는 :increment_number 기능을 추가해보자. cast를 사용해 구현할 것이므로, 단순히 상태를 갱신하고 연산을 끝내면 된다.

코드: otp-server/1/sequence/lib/sequence/server.ex

```elixir
defmodule Sequence.Server do
  use GenServer

  def init(initial_number) do
    { :ok, initial_number }
  end

  def handle_call(:next_number, _from, current_number) do
    { :reply, current_number, current_number + 1 }
  end
```

```
  def handle_cast({:increment_number, delta}, current_number) do
    { :noreply, current_number + delta }
  end
end
```

이번에 추가한 핸들러는 첫 번째 파라미터로 튜플을 받는다. 튜플의 첫 번째 요소는
:increment_number인데, 이 값은 실행할 핸들러를 선택하기 위한 패턴 매칭에 사용된다. 두
번째 요소는 상태에 더해질 값이다. 이 핸들러 함수는 갱신된 상태를 포함한 튜플을 반환하는
데, 기존 값에 delta가 더해진 값이 새로운 상태가 된다.

IEx 세션에서 호출하려면 먼저 소스 파일을 다시 컴파일해야 한다. r 명령어에 모듈 이름을 전
달하면 해당 모듈이 포함된 파일이 컴파일된다.

```
iex> r Sequence.Server
warning: redefining module Sequence.Server (current version loaded from _build/
dev/lib/sequence/ebin/Elixir.Sequence.Server.beam)
  lib/sequence/server.ex:1

{:reloaded, [Sequence.Server]}
```

코드를 다시 컴파일하더라도 이전에 실행한 서버는 여전히 수정 전 코드로 동작한다. 모듈 이
름으로 명시적으로 접근하기 전에는 VM이 코드를 핫 스왑[3]하지 않기 때문이다. 여기서는 새
기능을 사용하기 위해 새 서버를 생성한다. 새 서버는 최신 버전의 코드로 시작된다.

```
iex> { :ok, pid } = GenServer.start_link(Sequence.Server, 100)
{:ok, #PID<0.60.0>}
iex> GenServer.call(pid, :next_number)
100
iex> GenServer.call(pid, :next_number)
101
iex> GenServer.cast(pid, {:increment_number, 200})
:ok
iex> GenServer.call(pid, :next_number)
302
```

---

3 옮긴이_ 실행 중인 상태를 유지하면서 코드를 교체하는 것. 20장 'OTP – 애플리케이션'에서 자세히 살펴본다.

17.2.3 서버 실행 추적하기

start_link의 세 번째 파라미터에는 옵션을 넣을 수 있다. 개발에 유용하게 쓰이는 옵션 중에 디버그 트레이싱 기능이 있는데, 이 기능을 사용하면 서버가 주고받는 메시지 기록이 콘솔에 출력된다. 트레이싱을 활성화하려면 **debug** 옵션을 사용한다.

```
iex> {:ok, pid} = GenServer.start_link(Sequence.Server, 100, [debug: [:trace]])
{:ok, #PID<0.68.0>}
iex> GenServer.call(pid, :next_number)
*DBG* <0.68.0> got call next_number from <0.25.0>
*DBG* <0.68.0> sent 100 to <0.25.0>, new state 101
100
iex> GenServer.call(pid, :next_number)
*DBG* <0.68.0> got call next_number from <0.25.0>
*DBG* <0.68.0> sent 101 to <0.25.0>, new state 102
101
```

서버로 들어오는 호출과 서버가 반환하는 응답을 확인할 수 있다. 연산 후 갱신된 서버 상태도 보여준다는 점이 멋지다. 여기에 더해, **debug** 옵션에 **:statistics**를 추가해 서버에 기본적인 통계 몇 가지를 저장하게끔 할 수도 있다.

```
iex> {:ok, pid} = GenServer.start_link(Sequence.Server, 100, [debug:
[:statistics]])
{:ok, #PID<0.69.0>}
iex> GenServer.call(pid, :next_number)
100
iex> GenServer.call(pid, :next_number)
101
iex> :sys.statistics pid, :get
{:ok,
  [
    start_time: {{2017, 12, 23}, {14, 6, 7}},
    current_time: {{2017, 12, 23}, {14, 6, 24}},
    reductions: 36,
    messages_in: 2,
    messages_out: 0
  ]}
```

대부분의 필드 값은 매우 분명하다. 시간은 {{년,월,일},{시,분,초}} 튜플로 표현된다. reductions는 서버가 수행한 작업의 양을 측정한 값이며, 모든 프로세스에 CPU를 적절히 분배하기 위한 프로세스 스케줄링에 사용된다.

얼랭의 sys 모듈은 시스템 메시지를 다루기 위한 인터페이스다. 시스템 메시지는 프로세스의 백그라운드에서 오고간다. 멀티플레이어 비디오게임의 채팅과 비슷하다고 봐도 된다. 두 플레이어가 전투 중이더라도(즉 원래 해야 하는 작업을 수행하고 있더라도) "어디 계세요?"나 "멈추세요!"와 같은 메시지를 주고받을 수 있는 것처럼 말이다.

debug 파라미터로 전달되는 리스트는 사실 그저 sys 모듈에서 호출할 함수의 이름이다. [debug: [:trace, :statistics]]와 같이 작성하면 sys의 trace, statistics 함수가 호출된다. 어떤 작업을 더 할 수 있는지 확인하려면 얼랭 sys 모듈의 문서를 살펴보자.[4]

이는 서버를 시작한 뒤에도 sys 모듈의 함수를 호출해 옵션을 켜거나 끌 수 있음을 의미하기도 한다. 예를 들어 실행 중인 서버의 트레이싱 기능을 활성화하려면 다음과 같이 입력하자.

```
iex> :sys.trace pid, true
:ok
iex> GenServer.call(pid, :next_number)
*DBG* <0.69.0> got call next_number from <0.25.0>
*DBG* <0.69.0> sent 105 to <0.25.0>, new state 106
105
iex> :sys.trace pid, false
:ok
iex> GenServer.call(pid, :next_number)
106
```

sys 모듈의 get_status 함수 또한 유용하다.

```
iex> :sys.get_status pid
{:status, #PID<0.134.0>, {:module, :gen_server},
  [
    [
      "$initial_call": {Sequence.Server, :init, 1},
      "$ancestors": [#PID<0.118.0>, #PID<0.57.0>]
    ],
```

---

4 https://erlang.org/doc/man/sys.html

```
  :running,
  #PID<0.118.0>,
  [statistics: {{{2017, 12, 23}, {14, 11, 13}}, {:reductions, 14}, 3, 0},
  [
    header: 'Status for generic server <0.134.0>',
    data: [
      {'Status', :running},
      {'Parent', #PID<0.118.0>},
      {'Logged events', []}
    ],
    data: [{'State', 103}]
  ]
]
```

젠서버가 제공하는 기본 상태 메시지 형식은 위와 같다. format_status 함수를 정의하면 data: [{'State', 103}] 부분을 좀 더 애플리케이션에 특화된 메시지로 변경할 수 있다. format_status는 함수가 왜 호출되었는지를 설명하는 옵션, 서버의 프로세스 딕셔너리, 현재 상태를 포함한 리스트를 파라미터로 받는다. State가 작은따옴표 문자열(문자 리스트)임에 주의하자.

코드: otp-server/1/sequence/lib/sequence/server.ex

```
def format_status(_reason, [ _pdict, state ]) do
  [data: [{'State', "My current state is '#{inspect state}', and I'm happy"}]]
end
```

서버를 재시작한 뒤 IEx에 서버 상태를 요청하면 새로운 형식의 메시지를 볼 수 있다.

```
iex> :sys.get_status pid
{:status, #PID<0.124.0>, {:module, :gen_server},
  [
    [
      "$initial_call": {Sequence.Server, :init, 1},
      "$ancestors": [#PID<0.118.0>, #PID<0.57.0>]
    ],
    :running,
    #PID<0.118.0>,
    [statistics: {{{2017, 12, 23}, {14, 6, 7}}, {:reductions, 14}, 2, 0}],
    [
```

```
  header: 'Status for generic server <0.124.0>',
  data: [
    {'Status', :running},
    {'Parent', #PID<0.118.0>},
    {'Logged events', []}
  ],
  data: [{'State', "My current state is '102', and I'm happy"}]
 ]
]}
```

연습문제

17-2 스택 서버에 push 인터페이스를 추가해보자. push는 스택의 최상위에 값을 하나 추가한다. cast를 사용해 구현한 뒤 IEx에서 push와 pop을 실행해보자.

17.3 젠서버 콜백

젠서버는 OTP의 여러 프로토콜 중 하나다. OTP는 우리가 만든 모듈에 여러 콜백 함수가 정의되어 있다고 가정하고 동작한다. 젠서버에는 일곱 개의 콜백 함수가 있는데[5], 얼랭에서는 젠서버를 사용하려면 일곱 개 함수를 모두 구현해야 했다.

하지만 엘릭서에서는 간단히 use GenServer를 모듈에 추가하면 콜백 함수에 대한 기본 구현이 자동으로 생성된다. 우리는 그중에서 애플리케이션에 특화된 동작을 추가할 콜백 함수만을 오버라이드하면 된다. 지금까지의 예제에서는 init, handle_call, handle_cast라는 세 가지 콜백 함수만을 사용했다. 전체 콜백 함수의 목록은 다음과 같다.

init(start_arguments)

새로운 서버를 시작할 때 젠서버에 의해 호출되는 콜백이다. start_link의 두 번째 인자를 파라미터로 받는다. 초기화에 성공하면 {:ok, state}를, 서버를 시작할 수 없으

---

5 옮긴이_ 엘릭서 1.6까지 6개였으나, 엘릭서 1.7에서 handle_continue/2 콜백이 추가되었다.

면 {:stop, reason}을 반환한다.

{:ok, state, timeout}을 반환해 타임아웃을 추가할 수 있다. 이 경우 timeout 시간(밀리초 단위) 내에 서버가 새로운 메시지를 수신하지 않으면 젠서버가 프로세스에 :timeout 메시지를 보낸다(이 메시지는 handle_info 콜백으로 처리할 수 있다).

handle_call(request, from, state)

클라이언트가 GenServer.call(pid, request)를 사용할 때 호출된다. from 파라미터는 클라이언트의 PID와 고유한 태그가 담긴 튜플이다. state 파라미터는 서버의 현재 상태를 나타낸다.

처리에 성공하면 {:reply, result, new_state} 튜플을 반환하며, 필요에 따라 다른 튜플을 반환할 수도 있다. 가능한 반환 형식은 344쪽에 이어지는 목록에서 확인하자.

기본 구현은 :bad_call을 반환하면서 서버를 중지하도록 되어 있다. 따라서 제대로 사용하려면 서버의 모든 call 요청 타입마다 handle_call 콜백을 구현해야 한다.

handle_cast(request, state)

GenServer.cast(pid, request)를 사용할 때 호출되는 콜백이다.

성공 시 응답은 {:noreply, new_state}이다. {:stop, reason, new_state}를 반환할 수도 있다.

기본 구현은 :bad_cast 오류를 반환하며 서버를 멈추는 것이다.

handle_info(info, state)

call이나 cast 요청이 아닌 메시지가 들어오는 것을 다루기 위해 호출된다. timeout 메시지 등을 이 콜백으로 처리한다. 링크된 프로세스의 종료 메시지도 마찬가지다. send를 사용해 (젠서버를 통하지 않고) 직접 PID로 전송된 메시지도 이 함수로 라우팅된다.

handle_continue(continue, state)

하나의 콜백 함수가 수행할 작업을 나누어 처리하거나, 서버 초기화 과정을 여러 단계에 걸쳐 처리할 때 사용한다. 다른 콜백에서 반환하는 튜플의 마지막 요소로 {:continue,

continue}를 지정하면 콜백 실행 종료 즉시 continue가 인자가 되어 이 콜백 함수가 실행된다. 엘릭서 1.7에 새롭게 추가되었다.

terminate(reason, state)

서버가 종료될 때 호출된다. 하지만 다음 장에서 다룰 슈퍼바이저를 추가하면 서버가 종료되는 상황을 그렇게까지 신경 쓰지 않아도 괜찮다.

code_change(from_version, state, extra)

실행 중인 시스템을 중지시키지 않고 서버를 업데이트한다. 새로운 서버 상태 형식이 기존 상태 형식과 다를 수 있는데, 이때 값을 유지하며 상태를 새로운 형식으로 바꾸기 위해 이 콜백이 사용된다.

format_status(reason, [pdict, state])

서버의 상태 표시를 커스터마이즈한다. 일반적으로 [data: [{‘State’, state_info}]]를 반환한다.

call과 cast 핸들러는 표준화된 응답을 반환한다. 일부 응답에는 :hibernate, timeout, {:continue, continue} 파라미터를 포함할 수도 있다. hibernate가 반환되면 서버 상태가 메모리에서 제거되었다가 다음 요청이 오면 복구된다. 이 방법은 CPU를 일부 희생해 메모리를 절약한다. timeout 옵션은 :infinite 아톰(기본값) 혹은 숫자다. 값이 숫자인 경우 지정된 시간(밀리초 단위) 동안 서버가 유휴^{idle} 상태이면 :timeout 메시지가 서버에 보내진다. {:continue, continue}가 지정되면 continue를 인자로 handle_continue 콜백을 이어 호출한다.

다음은 handle_call과 handle_cast가 공통으로 사용하는 응답이다.

- { :noreply, new_state [, :hibernate | timeout | {:continue, continue}] }
  클라이언트에 응답을 보내지 않고 서버 상태를 갱신한다.
- { :stop, reason, new_state }
  서버가 종료된다는 신호를 OTP 프레임워크에 보낸다.

다음 두 응답은 handle_call에서만 사용할 수 있다.

- { :reply, response, new_state [, :hibernate ¦ timeout ¦ {:continue, continue}] }
  클라이언트에 response를 보낸다.
- { :stop, reason, reply, new_state }
  클라이언트에 응답을 보낸 뒤, 서버가 종료된다는 신호를 OTP 프레임워크에 보낸다.

17.4 프로세스에 이름 짓기

PID로 프로세스를 참조하는 방식은 빠르게 낡아가고 있다. 다행히도 이를 대체하는 다양한 방법이 있다.

가장 간단한 방법은 프로세스에 로컬 이름을 붙이는 것이다. 한 노드의 모든 OTP 프로세스에서 유일한 이름을 할당하면, 해당 노드에서 프로세스를 참조할 때마다 PID 대신 그 이름을 사용할 수 있다. 로컬 이름을 붙이려면 서버를 시작할 때 :name 옵션을 사용하자.

```
iex> { :ok, pid } = GenServer.start_link(Sequence.Server, 100, name: :seq)
{:ok, #PID<0.58.0>}
iex> GenServer.call(:seq, :next_number)
100
iex> GenServer.call(:seq, :next_number)
101
iex> :sys.get_status :seq
{:status, #PID<0.69.0>, {:module, :gen_server},
  [["$ancestors": [#PID<0.58.0>],
    "$initial_call": {Sequence.Server, :init, 1}],
   :running, #PID<0.58.0>, [],
   [header: 'Status for generic server seq',
    data: [{'Status', :running},
             {'Parent', #PID<0.58.0>},
             {'Logged events', []}],
    data: [{'State', "My current state is '102', and I'm happy"}]]]}
```

17.5 인터페이스 다듬기

지금까지 만든 코드는 잘 동작하기는 하지만 사용하기에는 불편하다. 명시적으로 젠서버를 호출해야 하고, 서버 프로세스의 이름을 알아야 한다. 어떻게 하면 더 편하게 사용할 수 있을까? 인터페이스를 서버 모듈의 함수로 감싸보자. 새롭게 만들 함수는 start_link, next_number, increment_number다.

start_link는 젠서버의 start_link 메서드를 호출한다. 다음 장에서 보겠지만 start_link 라는 이름은 엘릭서 컨벤션 중 하나다. 컨벤션에 따르면 start_link는 올바른 상태를 OTP에 반환해야 하는데, 예제 코드에서는 처리를 위임받은 GenServer 모듈이 유효한 값을 반환할 것이므로 걱정하지 않아도 된다.

이어지는 두 함수는 실행 중인 서버 프로세스에 call과 cast 요청을 보내는 외부 API이다.

여기에 더해, 모듈의 이름을 서버의 로컬 이름으로 등록해 사용하자. 젠서버를 시작할 때 name: __MODULE__을 명시하고, call이나 cast를 호출할 때 PID 대신 __MODULE__을 사용하면 되겠다.

코드: otp-server/2/sequence/lib/sequence/server.ex

```
defmodule Sequence.Server do
  use GenServer

  #####
  # 외부 API
  def start_link(current_number) do
    GenServer.start_link(__MODULE__, current_number, name: __MODULE__)
  end

  def next_number do
    GenServer.call __MODULE__, :next_number
  end

  def increment_number(delta) do
    GenServer.cast __MODULE__, {:increment_number, delta}
  end

  #####
  # 젠서버 구현
```

```elixir
  def init(initial_number) do
    { :ok, initial_number }
  end

  def handle_call(:next_number, _from, current_number) do
    { :reply, current_number, current_number + 1}
  end

  def handle_cast({:increment_number, delta}, current_number) do
    { :noreply, current_number + delta}
  end

  def format_status(_reason, [ _pdict, state ]) do
    [data: [{'State', "My current state is '#{inspect state}', and I'm happy"}]]
  end
end
```

IEx에서 코드를 실행해보자.

```
$ iex -S mix
iex> Sequence.Server.start_link 123
{:ok, #PID<0.57.0>}
iex> Sequence.Server.next_number
123
iex> Sequence.Server.next_number
124
iex> Sequence.Server.increment_number 100
:ok
iex> Sequence.Server.next_number
225
```

인터페이스가 상당히 깔끔해졌다. 이처럼 한 모듈 안에 서버의 구현체와 API를 모두 두는 방식은 엘릭서에서 매우 많이 사용되는 패턴이다.

필자의 생각은 조금 다른데, 주류는 아니니 갈 길이 바쁘다면 다음 절은 건너뛰어도 상관없다.

17.6 서버를 컴포넌트로 만들기

앞서 언급했듯 엘릭서에서 애플리케이션이라 부르는 개념을 다른 사람들은 대부분 컴포넌트나 서비스라고 부른다. 이 장에서 만든 수열 서버 역시 그렇다. 연속된 숫자를 생성하는 독립적인 코드 덩어리다.

정석적인 방법으로 서버를 작성하기는 했지만, 필자는 이 구현이 그다지 마음에 들지 않는다. 하나의 소스 파일에 다음 세 가지가 모두 들어 있기 때문이다.

* API
* 서비스 로직(덧셈 연산)
* 젠서버 내에 위치한 서비스 로직의 구현

앞 절의 코드를 다른 시각으로 바라보자. 무엇이 문제인지 알겠는가? 서비스 로직을 수행하는 코드는 어디에 있는가? 다음 그림에 힌트가 있다.

```elixir
defmodule Sequence.Server do
  use GenServer

  #####
  # External API

  def start_link(current_number) do
    GenServer.start_link(__MODULE__, current_number, name: __MODULE__)
  end

  def next_number do
    GenServer.call __MODULE__, :next_number
  end

  def increment_number(delta) do
    GenServer.cast __MODULE__, {:increment_number, delta}
  end

  #####
  # GenServer implementation

  def init(initial_number) do
    { :ok, initial_number }
  end

  def handle_call(:next_number, _from, current_number) do
    { :reply, current_number, current_number+1 }
  end

  def handle_cast({:increment_number, delta}, current_number) do
    { :noreply, current_number + delta}
  end

  def format_status(_reason, [ _pdict, state ]) do
    [data: [{'State', "My current state is '#{inspect state}', and I'm happy"}]]
  end
end
```

이 서버에서는 서비스 로직이 단순해 잘 구분되지 않지만, 복잡도가 높고 코드의 양도 많은 로직을 이런 방식으로 다루어야 한다고 상상해보자. 이것이 API와 구현 그리고 서버를 별도의 파일로 분리하려는 이유다. 새로운 프로젝트에서 작업해보자.

```
$ mix new sequence
$ cd sequence
$ mkdir lib/sequence
$ touch lib/sequence/impl.ex lib/sequence/server.ex
$ tree
├── README.md
├── lib
│   ├── sequence
│   │   ├── impl.ex
│   │   └── server.ex
│   └── sequence.ex
├── mix.exs
└── test
    ├── sequence_test.exs
    └── test_helper.exs
```

API는 최상위 모듈인 lib/sequence.ex에 두고, 로직 구현과 서버는 하위 두 모듈에 넣자.

API는 컴포넌트의 공개된 부분이다. 이전 서버 모듈의 윗부분 절반을 가져오기만 하면 된다.

코드: otp-server/3/sequence/lib/sequence.ex

```elixir
defmodule Sequence do

  @server Sequence.Server

  def start_link(current_number) do
    GenServer.start_link(@server, current_number, name: @server)
  end

  def next_number do
    GenServer.call(@server, :next_number)
  end

  def increment_number(delta) do
    GenServer.cast(@server, {:increment_number, delta})
  end
end
```

이 모듈의 함수가 호출되면 요청이 서버에 전달된다.

코드: otp-server/3/sequence/lib/sequence/server.ex

```elixir
defmodule Sequence.Server do
  use GenServer
  alias Sequence.Impl

  def init(initial_number) do
    { :ok, initial_number }
  end

  def handle_call(:next_number, _from, current_number) do
    { :reply, current_number, Impl.next(current_number) }
  end

  def handle_cast({:increment_number, delta}, current_number) do
    { :noreply, Impl.increment(current_number, delta) }
  end

  def format_status(_reason, [ _pdict, state ]) do
    [data: [{'State', "My current state is '#{inspect state}', and I'm happy"}]]
  end
end
```

이전 서버와 달리 이 코드에는 '비즈니스 로직'이라고 부를 만한 것이 없다. 이 코드에서는 1
이나 delta를 상태에 직접 더하지 않는다. 대신 로직을 담은 구현 모듈을 별도로 만들어 사용
한다.

코드: otp-server/3/sequence/lib/sequence/impl.ex

```elixir
defmodule Sequence.Impl do
  def next(number),           do: number + 1
  def increment(number, delta), do: number + delta
end
```

'고작 카운터를 구현하려고 이렇게까지 해야 하나'라는 생각이 들 수도 있다. 맞는 지적이다. 하
지만 이 장에서 목표는 카운터를 만드는 것이 아니었다. 지금까지 소개한 내용은 모두 실제 문
제를 해결하는 서버에도 적용할 수 있다. 엘릭서는 한 모듈에 서버와 관련된 모든 코드를 모아

놓기 매우 쉽게 되어 있다. 그 탓에 많은 사람들이 그렇게 하고 있으며, 결국 매우 강결합된(그리고 테스트하기 힘든) 코드를 만들고 만다.

이 절에서 살펴본 내용을 현실의 복잡한 비즈니스 로직에 적용한다고 상상하고 어떻게 만들면 좋을지 생각해보자. 아마 결과가 어떤 모습일지 확인하려고 API부터 만들 것이다. 그리고 비즈니스 로직을 만들고 테스트하게 될 텐데, 이때 서버를 고민할 필요 없이 비즈니스 로직 구현 모듈로 바로 넘어가 코드를 작성하면 된다. 게다가 작성한 코드에 대한 테스트도 직접 수행하면 된다. 서버 안에서 코드를 실행할 필요가 없다.

구현을 진행하다 보면 전체 API를 변경해야 할 수도 있다. 얼마든지 바꿔도 된다. 나중에 만족스러울 정도로 코드를 완성한 뒤, 서버 모듈을 추가하고 API가 서버를 사용하도록 변경하면 끝이다.

필자가 이 접근법을 좋아하는 이유는 서버 프로세스 사용 여부와 상관없이 비즈니스 로직을 순수하게 구현해 별도의 컴포넌트로 분리할 수 있기 때문이다. 이렇게 하면 직접 함수 호출을 통해서도, 서버를 통해서 간접적으로도 함수를 사용하거나 테스트할 수 있다.[6]

연습문제

17-3 스택 서버 프로세스에 이름을 지정하고 IEx에서 이름으로 프로세스에 접근할 수 있는지 확인해보자.

17-4 스택 모듈에 API(GenServer 호출을 감싸는 함수)를 추가해보자.

17-5 스택 핸들러에 `terminate` 콜백 함수를 구현해보자. `IO.puts`를 사용해서 콜백 함수가 받은 인자를 출력해보자.

서버를 종료하기 위해 다양한 방법을 시도해보자. 예를 들어, 빈 스택에 pop을 시도하면 예외가 발생할 것이다. `push` 핸들러가 10보다 작은 숫자를 받으면 `System.halt(n)`을 호출하는 코드를 만들 수도 있다(이렇게 하면 다양한 반환 코드를 얻을 수 있다). 상상력을 동원해 여러 시나리오를 시도해보자.

---

6 옮긴이_ 이런 방식의 애플리케이션 설계 방식에 관심이 있다면 『Designing Elixir Systems with OTP』(Pragmatic Bookshelf, 2019)를 참고하자.

이번 장에서 소개한 내용을 다시 한번 짚어보자.

OTP 젠서버는 메시지 핸들링이 추상화되었을 뿐 일반적인 엘릭서 프로세스다. 젠서버 비헤이비어는 메시지 루프를 내부적으로 정의하고 상태 변수를 관리한다. 이 메시지 루프는 요청을 받아 서버 모듈에 정의된 다양한 콜백 함수를 호출한다(handle_call, handle_cast 등). 또, 젠서버가 제공하는 트레이싱 기능을 사용해 서버 모듈이 주고받는 메시지를 추적할 수도 있었다. 마지막으로 젠서버 API를 모듈 함수로 감싸는 방법도 살펴봤다. 이 모듈 함수를 통해 사용자에게 더 깔끔한 인터페이스를 제공하고, API와 구현을 분리할 수 있었다.

하지만 서버에서 크래시가 발생하면 어떻게 해야 할지는 아직 살펴보지 않았다. 다음 장에서 슈퍼바이저를 살펴보며 이 문제를 해결해보자.

## CHAPTER 18

OTP – 슈퍼바이저

앞서 몇 차례 언급했듯 엘릭서에서는 크래시 발생을 그다지 걱정하지 않는다. 대신 전체 애플리케이션이 정상적으로 동작하는 것을 중시한다.

모순처럼 들리지만 그렇지 않다. 일반적인 애플리케이션을 한번 생각해보자. 오류가 제대로 처리되지 않으면 예외가 발생하고 애플리케이션 전체가 멈춘다. 애플리케이션이 재시작되기 전에는 어떤 요청도 수행할 수 없다. 서버가 여러 요청을 동시에 처리하는 중이었다면 모든 요청이 유실된다. 이러한 구조에서는 단 하나의 오류가 전체 애플리케이션을 멈추게 할 위험이 있다.

하지만 애플리케이션이 수천, 수만 프로세스로 구성되고, 각 프로세스가 요청의 아주 작은 부분만을 담당한다고 생각해보자. 프로세스 하나에 문제가 생겨 종료되더라도 나머지 프로세스들은 모두 정상적으로 동작할 것이다. 문제가 생긴 프로세스의 데이터는 유실될 수도 있지만, 그 위험마저도 최소가 되도록 애플리케이션을 설계할 수 있다. 종료된 프로세스가 다시 재시작되면 애플리케이션은 다시 정상 동작한다.

엘릭서와 OTP의 세계에서는 이렇게 프로세스를 모니터링하고 재시작하는 모든 작업을 바로 **슈퍼바이저**supervisor가 담당한다.

18.1 슈퍼바이저와 워커

슈퍼바이저는 '하나 이상의 다른 프로세스를 관리한다'라는 단 하나의 역할을 가진다. 슈퍼바이저가 관리하는 프로세스는 워커[worker][1]가 될 수도, 다른 슈퍼바이저가 될 수도 있다.

간단하게 말하면 슈퍼바이저는 OTP 슈퍼바이저 비헤이비어를 사용하는 프로세스다. 슈퍼바이저는 모니터링할 프로세스의 목록, 프로세스가 종료되면 수행할 작업, 무한 재시작(프로세스가 재시작한 뒤 바로 종료되고 다시 재시작하기를 반복하는 현상)을 방지하는 전략 등을 받아 관리를 수행한다.

슈퍼바이저는 프로세스를 관리하기 위해 얼랭 VM의 프로세스 링크와 모니터링 기능을 사용한다. 이와 관련해서는 15.3절 '프로세스가 종료될 때'에서 spawn 함수를 다루면서 살펴봤다.

슈퍼바이저를 별도의 모듈로 직접 추가할 수도 있지만, 기본 애플리케이션에 포함하는 것이 엘릭서에서의 일반적인 스타일이다. 가장 쉽게 시작하려면 프로젝트를 생성할 때 --sup 플래그를 주면 된다. 앞 장에서 만든 수열 서버에 쓸 프로젝트를 하나 생성해보자.

```
$ mix new --sup sequence
* creating README.md
* creating .formatter.exs
* creating .gitignore
* creating mix.exs
* creating lib
* creating lib/sequence.ex
* creating lib/sequence/application.ex
* creating test
* creating test/test_helper.exs
* creating test/sequence_test.exs
```

겉보기에 다른 점은 lib/sequence/application.ex 파일이 있다는 것 정도다. 파일을 한번 열어보자(일부 주식은 제서했다).

```
defmodule Sequence.Application do
  @moduledoc false
```

---

1 옮긴이_ 엘릭서 프로세스는 크게 두 종류로 구분한다. 젠서버와 같이 하위 프로세스를 가지지 않고 자신의 연산을 수행하는 프로세스를 워커라 하고, 다른 프로세스를 관리하는 프로세스를 슈퍼바이저라 한다. 둘 다 엘릭서 프로세스이나, 종료 시 유예 시간 등에 약간의 차이가 있다.

```
  use Application

  def start(_type, _args) do
    children = [
      # {Sequence.Worker, arg},
    ]

    opts = [strategy: :one_for_one, name: Sequence.Supervisor]
    Supervisor.start_link(children, opts)
  end
end
```

start 함수가 애플리케이션에서 사용할 슈퍼바이저를 생성한다. 여기에 무엇을 관리하고 싶은지를 적어넣기만 하면 된다. 지난 장에서 만든 Sequence.Server 모듈의 두 번째 버전[2]을 새로 만든 프로젝트의 lib/sequence 폴더로 복사해서 가져오자. 그리고 children 리스트의 주석을 풀고 방금 복사해온 모듈을 가리키도록 해주자.

코드: otp-supervisor/1/sequence/lib/sequence/application.ex

```
def start(_type, _args) do
  children = [
    { Sequence.Server, 123},
  ]

  opts = [strategy: :one_for_one, name: Sequence.Supervisor]
  Supervisor.start_link(children, opts)
end
```

이제 애플리케이션을 시작하면 다음과 같은 일이 일어난다.

- 애플리케이션을 시작하면 start 함수가 호출된다.
- start 함수는 하위 서버 모듈의 리스트를 생성한다. 예제에서는 Sequence.Server 하나만 해당한다. 모듈 이름과 함께 서버를 시작할 때 전달할 인자(123)를 저장했다.
- Supervisor.start_link 함수를 호출하며 하위 프로세스의 명세가 담긴 리스트와 옵션을 전달하면 슈퍼바이저 프로세스가 생성된다.
- 슈퍼바이저 프로세스는 관리할 하위 프로세스들의 start_link 함수를 각각 호출한다. 예제에서는 모

---

2 http://media.pragprog.com/titles/elixir16/code/otp-server/2/sequence/lib/sequence/server.ex

둘명을 Sequence.Server로 지정했으므로 이 모듈에 정의된 start_link 함수가 호출된다. 복사해온 코드가 그대로라면 서버 모듈은 GenServer.start_link를 호출해 젠서버 프로세스를 생성한다.

여기까지 오면 애플리케이션이 동작할 것이다. 실행해보자.

```
$ iex -S mix
Compiling 2 files (.ex)
Generated sequence app
iex> Sequence.Server.increment_number 3
:ok
iex> Sequence.Server.next_number
126
```

여기까지는 아주 좋다. 하지만 슈퍼바이저의 가장 중요한 역할은 워커 프로세스를 관리하는 것이다. 프로세스 종료 시의 재시작 같은 것 말이다. 그런 상황을 한번 만들어보자. increment_number에 숫자가 아닌 값을 전달하면 프로세스는 현재 상태에 숫자가 아닌 값을 더하려다 종료된다.

```
iex> Sequence.Server.increment_number "cat"
:ok
iex>
12:14:12.278 [error] GenServer Sequence.Server terminating
** (ArithmeticError) bad argument in arithmetic expression
    :erlang.+(127, "cat")
    (sequence 0.1.0) lib/sequence/server.ex:29: Sequence.Server.handle_cast/2
    (stdlib 3.17) gen_server.erl:695: :gen_server.try_dispatch/4
    (stdlib 3.17) gen_server.erl:771: :gen_server.handle_msg/6
    (stdlib 3.17) proc_lib.erl:226: :proc_lib.init_p_do_apply/3
Last message: {:"$gen_cast", {:increment_number, "cat"}}
State: [data: [{'State', "My current state is '127', and I'm happy"}]]
iex> Sequence.Server.next_number
123
iex> Sequence.Server.next_number
124
```

예외를 설명하는 근사한 오류가 프로세스의 스택 트레이스와 함께 출력된다. 어떤 메시지가 문제를 일으켰는지도 확인할 수 있다. 하지만 서버에 숫자를 다시 요청하면 아무 일도 없었다는 듯이 잘 응답한다. 슈퍼바이저가 프로세스를 재시작해준 것이다.

아주 멋지다. 하지만 문제가 하나 있다. 슈퍼바이저가 프로세스를 재시작할 때 처음에 전달한 파라미터를 그대로 사용한 탓에 숫자가 123부터 다시 시작된다. 부활한 프로세스는 전생의 기억을 갖고 있지 않으므로 크래시 전 상태가 보존되지 않는다.

연습문제

18-1 스택 애플리케이션에 슈퍼바이저를 추가하자. IEx를 사용해 서버가 올바르게 실행되는지 확인하고, 서버를 잘 이용하다가 크래시를 내보자(빈 스택에서 pop 연산을 수행하면 된다). 서버가 재시작되는가? 재시작 이후 스택에는 무엇이 저장되어 있는가?

18.1.1 재시작 전후로 프로세스 상태 관리하기

어떤 서버 프로세스는 상태를 가지지 않는다. 어떤 수의 약수를 찾거나 현재 시각을 응답하는 서버 프로세스는 크래시가 발생하더라도 재시작하면 잘 동작한다. 하지만 지금 우리가 만드는 서버는 상태를 가진다. 증가하는 수열을 만들려면 현재 값을 기억하고 있어야 한다.

재시작 전후로 프로세스의 상태를 유지하려면 어떤 방법으로든 프로세스 외부에 상태를 저장해야 한다. 간단한 방법 중 하나로, 값을 저장하고 조회할 수 있는 별도 프로세스를 만들어보자. 이 프로세스를 **스태시**stash라고 부를 것이다. 수열 서버가 종료할 때 자신의 현재 값을 스태시 서버에 저장하고, 재시작할 때 스태시로부터 값을 가져오도록 하자.

이제 두 프로세스의 수명에 관해 생각해보자. 수열 서버 역시 견고해야 하지만 우리는 이미 이 프로세스에서 크래시를 내는 방법을 하나 알고 있다. 보험 통계학자처럼 얘기하면, 스케줄러 큐에 있기에 아주 적합한 프로세스는 아닌 것이다. 스태시 프로세스는 더 견고해야 한다. 최소한 수열 서버보다는 더 오래 유지되어야 한다.

견고한 프로세스를 만들려면 다음 두 가지가 필요하다. 먼저, 프로세스가 최대한 간단해야 한다. 코드에서 동작하는 부분이 적을수록 잘못될 가능성 역시 적다. 두 번째로, 슈퍼바이저를 조정해 수열 서버의 실패가 다른 프로세스로 전파되지 않도록 해야 한다. 먼저 첫 번째 작업으로, 하나의 값을 저장하는 것이 유일한 목적인 작은 서버를 작성하자.

```elixir
defmodule Sequence.Stash do
  use GenServer

  @me __MODULE__

  def start_link(initial_number) do
    GenServer.start_link(__MODULE__, initial_number, name: @me)
  end

  def get() do
    GenServer.call(@me, { :get })
  end

  def update(new_number) do
    GenServer.cast(@me, { :update, new_number })
  end

  # 서버 구현

  def init(initial_number) do
    { :ok, initial_number }
  end

  def handle_call({ :get }, _from, current_number ) do
    { :reply, current_number, current_number }
  end

  def handle_cast({ :update, new_number }, _current_number) do
    { :noreply, new_number }
  end

end
```

이제 이 프로세스를 슈퍼바이저를 통해 관리해야 한다. 이 프로세스는 수열 서버와 함께 실행
된다.

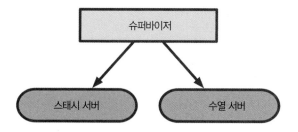

이 책에서 두 서버를 한꺼번에 관리하는 일은 이번이 처음이다. 이제 우리는 다음 질문을 마주한다. 두 프로세스 중 하나에서 크래시가 발생하면 어떻게 될까? 그 답은 우리가 선택할 **관리 전략**supervision strategy에 달려 있다.

:one_for_one

한 서버가 종료되면 슈퍼바이저가 해당 서버만을 재시작한다. 기본 관리 전략이다.

:one_for_all

한 서버가 종료되면 같은 슈퍼바이저가 관리하는 서버가 모두 종료되고, 종료된 서버가 모두 재시작된다.

:rest_for_one

한 서버가 종료되면 슈퍼바이저의 하위 프로세스 리스트상 종료된 서버보다 뒤에 있는 서버들이 함께 종료된다. 그 뒤 종료된 서버들이 모두 재시작된다.

지금 우리는 두 서버만을 다룬다. 수열 서버에서 크래시가 발생해 재시작해야 하더라도 스태시 서버는 영구히 실행되어야 한다. 그러므로 :one_for_all 전략은 사용할 수 없다.

이제 두 가지 전략이 남았는데, 둘 다 동작할 것이다. :one_for_one을 사용한다면 수열 서버가 종료되더라도 스태시 서버에는 영향을 미치지 않는다. :rest_for_one을 사용한다면 하위 프로세스 리스트에서 스태시 서버가 수열 서버보다 앞에 오는 경우에는 :one_for_one과 같다.

무엇을 선택하는 편이 좋을까? 필자는 :rest_for_one에 한 표를 던지겠다. :one_for_one과 동작이 다른 부분이 있어서가 아니라 :rest_for_one이 의도를 더 잘 표현한다고 느껴서다.

:rest_for_one 전략은 '이 서버는 목록의 앞에 있는 서버들에 의존한다'라는 사실을 명시적으로 나타낸다.

슈퍼바이저 시작 코드에 스태시 서버를 추가하고 관리 전략을 수정해보자.

코드: otp-supervisor/2/sequence/lib/sequence/application.ex

```elixir
defmodule Sequence.Application do
  @moduledoc false

  use Application

  def start(_type, _args) do
    children = [
      { Sequence.Stash,  123},
      { Sequence.Server, nil},
    ]

    opts = [strategy: :rest_for_one, name: Sequence.Supervisor]
    Supervisor.start_link(children, opts)
  end

end
```

끝으로, 수열 서버가 스태시 서버를 사용하도록 수정해야 한다. 수열 서버가 시작할 때 스태시 서버에서 현재 값을 가져와 초기 상태로 설정하고, 크래시가 발생했을 때 스태시 서버에 값을 저장하도록 하자.

수열 서버의 초기 상태를 설정하려면 init 함수에서 스태시 서버의 값을 가져오면 된다. 프로세스가 종료되는 상황을 다루기 위해서는 terminate라는 새로운 콜백 함수를 작성해야 한다. 전체 코드는 다음과 같다.

코드: otp-supervisor/2/sequence/lib/sequence/server.ex

```elixir
defmodule Sequence.Server do
  use GenServer

  #####
  # 외부 API
```

```elixir
  def start_link(_) do
    GenServer.start_link(__MODULE__, nil, name: __MODULE__)
  end

  def next_number do
    GenServer.call __MODULE__, :next_number
  end

  def increment_number(delta) do
    GenServer.cast __MODULE__, {:increment_number, delta}
  end

  #####
  # 젠서버 구현

  def init(_) do
    { :ok, Sequence.Stash.get() }
  end

  def handle_call(:next_number, _from, current_number) do
    { :reply, current_number, current_number+1 }
  end

  def handle_cast({:increment_number, delta}, current_number) do
    { :noreply, current_number + delta}
  end

  def terminate(_reason, current_number) do
    Sequence.Stash.update(current_number)
  end

end
```

IEx를 사용해 달라진 부분을 확인해보자.

```
$ iex -S mix
iex> Sequence.Server.next_number
123
iex> Sequence.Server.next_number
124
iex> Sequence.Server.next_number
```

```
125
iex> Sequence.Server.increment_number "cat"
:ok
iex>
12:16:27.687 [error] GenServer Sequence.Server terminating
** (ArithmeticError) bad argument in arithmetic expression
    :erlang.+(126, "cat")
    (sequence 0.1.0) lib/sequence/server.ex:31: Sequence.Server.handle_cast/2
    (stdlib 3.17) gen_server.erl:695: :gen_server.try_dispatch/4
    (stdlib 3.17) gen_server.erl:771: :gen_server.handle_msg/6
    (stdlib 3.17) proc_lib.erl:226: :proc_lib.init_p_do_apply/3
Last message: {:"$gen_cast", {:increment_number, "cat"}}
State: 126
iex> Sequence.Server.next_number
126
iex> Sequence.Server.next_number
127
```

대단하지 않은가? 서버에서 크래시가 발생했지만 자동으로 다시 시작되었다. 그리고 그 과정에서 프로세스의 상태가 스태시 서버에 저장되었다가 복구되었다. 수열은 문제없이 계속되고 있다.

연습문제

18-2 스택 서버를 슈퍼비전 트리supervision tree[3]와 스태시 프로세스를 이용해 상태를 저장하도록 수정하자. 잘 실행되는지 살펴보고, 크래시 후 재시작되었을 때 서버 상태가 유지되는지 확인하자.

TIP 스태시 서버를 더 단순하게

스태시 모듈의 유일한 역할은 값을 저장하는 것이었다. 나중에 에이전트Agent를 살펴보게 되면 이런 종류의 일에 아주 적합한 수단임을 알게 될 것이다. 에이전트를 사용하면 코드를 조금 더 단순화할 수 있다.

---

3 옮긴이_ 슈퍼바이저가 하위 슈퍼바이저를 관리하고, 하위 슈퍼바이저가 또 다른 슈퍼바이저를 관리하기를 반복하면 자연스럽게 트리 모양 프로세스 구조가 만들어진다. 이 구조를 슈퍼비전 트리라 한다.

18.2 워커 재시작 옵션

지금까지는 슈퍼바이저 관점의 프로세스 관리를 살펴봤다. 구체적으로는 관리 전략에 따라 슈퍼바이저가 하위 프로세스의 종료에 대응하는 방법이 어떻게 달라지는지를 알아봤다.

한 단계 더 나아가서 각 워커에 설정을 적용할 수도 있다. 가장 자주 사용하는 옵션은 :restart다. 359쪽에서 :one_for_all과 같은 관리 전략은 워커 프로세스가 종료될 때 발동된다고 설명했는데, 사실 엄밀히는 그렇지 않다. 정확히 말하면 관리 전략은 워커가 재시작해야 할 때 발동된다. 그리고 워커가 재시작해야 하는지에 관한 조건은 :restart 옵션으로 설정할 수 있다.

:permanent

> 'permanent(영구적인)'라는 말 뜻 그대로 이 워커는 항상 실행 중이어야 한다. 워커가 어떠한 이유로 언제 종료되든 슈퍼바이저의 관리 전략이 적용된다.

:temporary

> 이 워커는 절대 재시작하지 않으며, 종료되어도 슈퍼바이저의 관리 전략이 적용되지 않는다.

:transient

> 이 워커는 어느 시점에 정상적으로 종료되며, 정상적으로 종료되면 재시작되지 않는다. 반면 비정상적으로 종료되면 관리 전략에 의해 재시작되어야 한다.

가장 간단히 재시작 옵션을 지정하는 방법은 워커 모듈 내에 옵션을 작성하는 것이다. use GenServer(또는 use Supervisor)와 같은 줄에 옵션을 추가하면 된다.

```
defmodule Convolver do
  use GenServer, restart: :transient
  # ...
```

18.2.1 조금 더 자세한 이야기

앞서 슈퍼바이저를 시작할 때 하위 프로세스의 리스트를 전달했다. 이 리스트는 정확히 무엇이었을까? 지금 반드시 알 필요는 없지만 누군가는 항상 궁금해하므로 설명한다.

이 리스트는 가장 낮은 수준에서는 **하위 프로세스들의 명세**다. 프로세스 명세는 실제로는 엘릭서 맵이다. 맵에는 워커를 시작하려면 어떤 함수를 호출해야 하는지, 종료할 때 어떻게 해야 하는지, 재시작 전략은 무엇인지, 워커 종류는 무엇인지와 워커의 일부를 구성하는 다른 모듈에 대한 정보 등이 담긴다. `Supervisor.child_spec/2` 함수를 사용해서 하위 프로세스 명세를 만들 수 있다.

한 단계 올라가서, 워커를 모듈 이름만으로 (또는 모듈명과 초기 인자를 포함한 튜플로) 지정할 수 있다. 이때 슈퍼바이저는 이 모듈에 `child_spec` 함수가 구현되어 있다고 가정하고, 그 함수를 호출해 하위 프로세스 명세를 얻는다.

한 단계 더 올라가서, 서버 모듈에 `use GenServer`를 추가하면 해당 모듈에 기본 `child_spec` 함수가 자동으로 정의된다. 이 함수는 기본적으로 시작 함수가 `start_link`이며 재시작 전략이 `:permanent`라는 프로세스 명세가 담긴 맵을 반환한다. 이 기본값은 `use GenServer`에 옵션을 주어 덮어쓸 수 있다.

서버 옵션에도 여러 가지가 있지만, 실제로 가장 많이 바꾸는 옵션은 `:restart`다. 일반적으로 오래 동작하는 서버에 대해서는 `:permanent`가 좋은 기본값이긴 하지만, 일회성 작업을 수행한 뒤 종료하는 서버에는 맞지 않는다. 이런 종류의 서버에는 `:transient`를 사용해야 한다.

18.3 슈퍼바이저는 신뢰성의 핵심이다

앞선 예제를 다시 생각해보자. 예제는 사소하면서도 심오했다. 연속된 숫자를 반환하는 라이브러리에서 일종의 장애 허용을 달성하는 방법은 여러 가지이므로 사소했다. 한편 코드에 대한 신뢰의 고리를 만드는 아이디어를 구체적으로 표현한 결과이기에 심오했다. 코드가 세계와 상호작용하는 바깥 고리는 가능한 한 신뢰할 수 있어야 한다. 하지만 그 고리 안에는 또 다른 고리가 있다. 안쪽 고리 사이에서는 모든 것이 완벽하지 않을 수 있다. 중요한 것은 다음 고리에서 실패가 일어나면 어떻게 대처할지를 각 고리의 코드가 알고 있도록 하는 것이다.

바로 이것이 슈퍼바이저의 역할이다. 이 장에서는 슈퍼바이저가 지닌 능력의 일부만 살펴봤다. 슈퍼바이저가 하위 프로세스의 종료에 대응하는 전략과, 하위 프로세스를 종료하거나 재시작하는 방법은 이외에도 다양하다. 온라인에는 OTP 슈퍼바이저를 잘 사용하기 위한 정보가 많이 올라와 있다.

그러나 슈퍼바이저의 진정한 힘은 존재 자체에 있다. 워커를 관리하기 위해 슈퍼바이저를 사용하면 애플리케이션을 설계할 때 신뢰성과 상태 보존의 관점에서 생각할 수밖에 없다. 그리고 그러한 과정이 고가용성을 지닌 애플리케이션을 만든다. 『프로그래밍 얼랭』[4]에서 저자 조 암스트롱은 OTP가 99.9999999% 신뢰성을 지닌 시스템을 만드는 데 사용되었다고 말한다. 9가 9개, 나쁘지 않다(이 정도면 애플리케이션이 완전히 중단되는 것은 대략 30년에 1초 정도라는 계산이 나온다. 이런 숫자를 어떻게 계산해냈는지 몰라 약간 의심스럽지만...).

OTP를 훑어보는 여정의 다음 정거장은 애플리케이션application이다. 그 전에 지금까지 익힌 내용을 활용해 현실에서 쓸 만한 코드를 한번 만들어보자.

---

4 『프로그래밍 얼랭』(인사이트, 2008), 393쪽

## CHAPTER 19

애플리케이션 설계 예제

필자는 엘릭서를 처음 사용할 때 애플리케이션을 어떻게 구성해야 하는지로 고민이 많았다. 언제 서버를 사용해야 하는가? 슈퍼바이저는 어떻게 사용해야 하는가? 그보다 더 기초적인 '얼마나 많은 애플리케이션을 만들어야 하는가?'조차 쉽게 답을 내지 못해 쩔쩔매었다.

솔직히 3년이 지난 지금도 같은 고민을 하고 있다. 객체지향 시스템 설계를 30년이나 하고도 계속해서 고민하는 것과 비슷하다. 하지만 엘릭서를 하면서는 이 고민에 도움을 주는 접근법을 만들어낼 수 있었다. 아주 어렵지도 않다. 다음 다섯 가지 질문을 스스로에게 해보자.

- 어떤 환경에서 동작해야 하는가? 제약 조건은 무엇인가?
- 초점이 되는 부분은 어디인가?
- 런타임 시의 동작에 특징이 있는가?
- 오류를 어떻게 방지할 것인가?
- 어떻게 구동시킬 것인가?

이 장에서 다룰 내용은 그저 필자 개인의 접근법일 뿐이니 일반적인 방법으로 생각하지 말았으면 한다. 다만 엘릭서로 새 시스템을 설계하면서 곤란에 처했다면 이 단계를 거치면 도움이 될 수도 있겠다.

간단한 애플리케이션을 하나 만들면서 다섯 가지 질문이 무엇을 뜻하는지 확인해보자.

19.1 Duper 소개

컴퓨터를 어지럽히는 파일 중에는 중복된 것들이 많다. 이 파일들을 정리하기 위해 중복된 파일을 찾는 애플리케이션을 만들어보자. 애플리케이션을 Duper라 부르자(나중에 유료 버전을 SuperDuper라는 이름으로 만들 수 있겠다). 이 애플리케이션은 디렉터리 트리 내의 파일을 모두 스캔해 각각의 해시를 계산하고, 두 파일의 해시가 같다면 그 둘을 중복된 파일로 보고한다. 이제 질문을 해보자.

19.1.1 질문 1: 어떤 환경에서 동작해야 하는가? 제약 조건은 무엇인가?

우리는 애플리케이션을 일반적인 컴퓨터에서 실행할 텐데, 이러한 컴퓨터는 메모리 용량보다 스토리지 크기가 수백 배 정도 크다. 파일 크기는 10^0바이트부터 10^{10}바이트까지 다양하며, 그런 파일이 대략 10^7개 있다.

해석

파일의 해시를 계산하기 위해 파일을 메모리에 올려야 하지만, 가장 큰 파일을 통째로 올리기에는 메모리가 부족할 가능성이 있다. 당연하게도 모든 파일을 한꺼번에 처리하기는 불가능하다. 게다가 큰 파일과 작은 파일에 모두 대응하도록 애플리케이션을 설계해야 한다. 큰 파일은 메모리에 올리고 해시를 계산하는 시간이 작은 파일에 비해 오래 걸린다.

19.1.2 질문 2: 초점이 되는 부분은 어디인가?

이때 초점이란 애플리케이션이 책임져야 할 부분을 말한다. 초점을 생각하는 과정을 통해 애플리케이션의 내부 결합을 줄여갈 수 있다. 각 초점은 내부적으로는 높은 결합을 이루면서 다른 초점과는 느슨하게 결합되어야 한다. 여기서 '결합'은 구조적 결합(예를 들어 데이터의 표현을 담당하는 부분을 하나의 초점으로 간주)일 수도 있고, 시간적 결합(예를 들어 일이 일어나는 순서에 따라 각 초점으로 분리)일 수도 있다. Duper에서는 몇 가지 초점을 꽤 쉽게 찾아낼 수 있다.

- 결과를 저장할 저장소가 필요하다. 모든 파일의 해시를 계산할 것이므로, 이 저장소는 결과적으로 모든 파일의 해시를 저장해야 한다. 해시의 중복을 검사하는 것이 목적이므로 내부적으로는 키-값 스토리

지를 사용해, 파일의 해시를 키로 하여 해당 해시를 갖는 파일의 리스트를 저장하면 적당하겠다. 다만 이것은 구현의 세부 사항이므로 API로는 드러나지 않아야 한다.

- 파일 시스템을 순회할 수 있는 무언가가 필요하다. 모든 파일의 경로를 단 한 번씩만 반환해야 한다.
- 파일의 경로를 받아 그 위치에 있는 파일의 해시를 계산하는 무언가가 필요하다. 각 파일은 메모리에 올리기에 너무 클 수도 있으므로, 일정 단위로 나눠 읽어들인 후 해시를 점진적으로 계산할 수 있어야 한다.
- CPU와 IO 대역폭을 최대한 활용하려면 여러 파일을 동시에 처리할 수 있어야 한다. 즉 전체 처리 과정을 조율하기 위한 무언가가 필요하다.

이 목록은 코드를 작성하면서 바뀔 수도 있지만, 다음으로 넘어가기엔 이 정도로 충분하다.

해석

각 초점은 최소한 엘릭서 모듈로 분리되어야 한다. 경험적으로 대부분의 경우 각각을 서버로 만든다고 생각하는 것이 좋다. 필자는 각 초점을 별개의 엘릭서 애플리케이션으로 만들어야 한다고까지 생각하지만, 여기에서는 그렇게까지 파고들지는 않는다.

Duper는 4개 서버로 이루어진다. 더 적게도 할 수 있겠지만 각각에 고유한 특징을 부여하고자 이같이 나누었다. 서버는 다음과 같다.

- **결과 저장 서버**Results: 결과를 메모리에 저장한다는 점에서 가장 중요한 서버다. 이 서버는 신뢰 가능해야 하므로 코드를 많이 넣지 않을 것이다.
- **경로 탐색 서버**PathFinder: 디렉터리 트리 내에 있는 파일의 경로를 한 번에 하나씩 반환할 책임이 있다.
- **워커 서버**Worker: 경로 탐색 서버에 경로를 요청해 그 파일의 해시를 계산하고, 결과를 수집 서버에 전달한다.
- **수집 서버**Gatherer: 작동을 시작하고 작업이 완료되었는지 결정한다. 작업이 완료되면 최종 결과를 가져와 보고한다.

19.1.3 질문 3: 런타임 시의 동작에 특징이 있는가?

이 애플리케이션은 대부분의 연산 시간을 워커에서 사용한다. 파일을 읽어들이고 해시를 계산해야 하기 때문이다. 우리의 목표는 프로세서와 IO 버스 모두가 가능한 한 바쁘게 일하도록 해서 최대한 좋은 퍼포먼스를 얻는 것이다.

워커가 하나뿐이면 서버는 파일을 읽어들이고, 해시를 계산하고, 다음 파일을 읽어들이고, 해시를 계산한다. 즉, IO와 CPU가 교대로 바쁘게 일한다. 이 방법으로는 퍼포먼스를 최대화할 수 없다. 반면에 파일마다 워커를 실행하면 각 서버가 동시에 파일을 읽어들이고 해시를 계산할 수 있다. 하지만 파일 시스템을 메모리에 효과적으로 로드하려고 하더라도 머신의 메모리가 바닥나고 말 것이다.

적당한 지점은 둘 사이 어딘가에 있다. 우선 워커를 n개 만든 뒤 작업을 각각에 똑같이 나누어 주는 방법을 생각해볼 수 있다. 일을 미리 계획한 뒤 실행한다는 점에서 이를 푸시 모델^{push model}이라고 한다. 단 이 접근법에는 각 파일의 크기가 비슷하다고 가정하는 문제가 있다. 만약 파일의 크기가 서로 다르다면(필자의 머신에서는 실제로 제각각이다) 어떤 워커에는 작은 파일이 몰리고 다른 워커에는 큰 파일이 몰릴 수도 있다. 작은 파일을 받은 워커는 일을 빨리 끝내겠지만, 큰 파일을 받은 워커가 힘들어하는 동안에도 이들은 하는 일 없이 가만히 있을 것이다.

이때 필자가 선호하는 접근법은 **배고픈 소비자**^{hungry consumer}방식이다. 풀 모델^{pull model}이라고도 한다. 각 워커가 할 일을 요청하고, 그것을 처리하고 나면 그다음 할 일을 또 요청하는 방식이다. 이 구조에서는 작은 파일을 받은 워커가 일을 빨리 끝내고 더 많은 일을 받으려 한다. 반대로 큰 파일을 받은 워커는 하나의 파일을 처리하는 데 더 많은 시간을 들인다. 결과적으로 마지막 파일을 처리할 때까지 모든 워커가 쉬지 않고 일하게 된다.

다음은 이 시스템에서 메시지가 어떻게 흐르는지를 나타낸 그림이다. 동기적 메시징(메시지를 주고받는 것을 나타낸 화살표 쌍)과 비동기적 메시징을 모두 사용한다는 점에 주목하자.

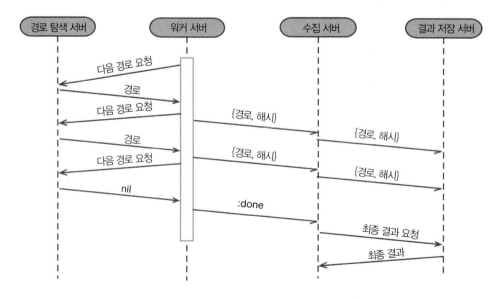

19.1.4 질문 4: 오류를 어떻게 방지할 것인가?

여기서 우리는 실용주의자가 되어야 한다! 이상적인 세계에서는 아무것도 실패하지 않고 모든 것이 오류로부터 보호된다. 하지만 현실은 다르다. 우리는 오류로부터 프로그램을 보호해야 하지만 모든 상황에서 보호할 수는 없다. 그렇다면 얼마나 보호해야 하는가? 그것은 상황마다 다르다. 예를 들어 페이스메이커(심장 박동 조율기)와 관련된 소프트웨어를 작성한다면 구현에 걸리는 시간을 대부분 오류를 막는 데 써야 한다. 하지만 중복된 파일을 찾는 정도라면 그렇게까지는 신경 쓰지 않아도 된다.

이 프로그램으로 500기가바이트 정도의 파일을 탐색하는 데는 대략 몇 분이 걸린다고 예상할 수 있다. 몇 초 안에 끝나는 작업은 아니므로, 파일 하나를 못 읽어들였다고 전체 프로그램을 종료해 작업해둔 내용을 모두 날리는 일은 바람직하지 않다. 실패한 파일은 무시하고 작업을 계속 진행해도 괜찮다.

해석

누적된 해시 연산 결과는 보호해야 하지만, 개별 파일을 처리하는 각 워커는 그렇게까지 걱정하지 않아도 된다. 워커는 실패 시 그냥 재시작한 뒤 다음 파일을 처리하도록 하면 된다.

19.1.5 질문 5: 어떻게 구동시킬 것인가?

순차적 프로그램은 시작하기 쉽다. 그저 실행하면 그만이다. 하지만 여러 부분으로 이루어진 프로그램은 복잡하다. 어떤 서버가 시작할 때, 그 서버가 의존하는 다른 서버들이 먼저 실행된 상태여야 한다. 예를 들어 서버 A가 서버 B를 호출해야 한다면, A에서 B를 호출하기 전에 B가 먼저 실행되어 있어야 한다. 우리가 만들 4개 서버는 어떻게 실행되어야 할까? 370쪽의 순서도를 보면 대략적인 답을 찾을 수 있다.

- 워커 서버는 경로 탐색 서버와 수집 서버에 의존한다.
- 수집 서버는 결과 저장 서버에 의존한다.
- 경로 탐색 서버와 결과 저장 서버는 어디에도 의존하지 않는다.

해석

경로 탐색 서버와 결과 저장 서버가 먼저 실행되고, 그 뒤에 수집 서버가, 마지막으로 워커 서버가 실행되면 된다.

구현 관점에서는 상당히 직관적이다. 이 순서대로 리스트를 만들어 슈퍼바이저의 하위 프로세스로 지정하면 슈퍼바이저는 다음 서버가 시작하기 전에 앞 서버가 실행되어 있도록 해준다. 한편 우리는 워커를 여러 개 둘 예정이다. 따라서 여러 워커를 최상위 레벨에서 실행하지 않고, 대신 하위 슈퍼바이저를 새로 두어 워커의 풀을 관리하게 할 것이다.

이 방식은 흥미로운 가능성을 가져다준다. 만약 한 슈퍼바이저의 하위 프로세스가 모두 같다면 슈퍼바이저가 하위 프로세스를 동적으로 생성하도록 할 수도 있다. 이 프로젝트에서는 수집 서버가 애플리케이션 시작 시점에 워커의 풀을 구성하도록 할 수 있겠다. 이렇게 함으로써 워커 개수가 프로그램 실행 시간에 미치는 영향도 실험해볼 수 있다.

의존성 구조를 다시 한번 정리하면 다음과 같다.

- 워커 서버는 경로 탐색 서버와 수집 서버에 의존한다.
- 수집 서버는 결과 저장 서버와 워커 슈퍼바이저에 의존한다.
- 경로 탐색 서버와 결과 저장 서버는 어디에도 의존하지 않는다.

이 의존성 구조를 바탕으로 슈퍼비전 구조를 그리면 다음과 같다.

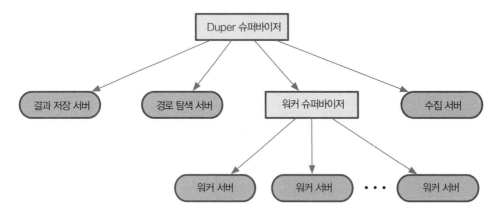

물론 지금까지는 모두 이론일 뿐이다. 이제 직접 만들면서 피드백을 얻어가도록 하자.

19.2 Duper 애플리케이션

먼저 슈퍼비전 트리를 가지는 애플리케이션을 생성하자.

```
$ mix new --sup duper
$ cd duper
$ git init
$ git add .
$ git commit -a -m 'raw application'
```

이제 각 서버를 만들어나가면 된다.

19.2.1 결과 저장 서버

결과 저장 서버는 엘릭서 맵 자료구조를 서버로 감싼 것이다. 처음 시작할 때는 빈 맵을 상태로 가진다. 맵의 키는 파일의 해시고, 값은 그 해시를 갖는 하나 이상의 파일 경로의 리스트다.

이 서버는 두 가지 API를 제공한다. 하나는 맵에 해시−경로 쌍을 추가하기 위한 것이고, 다른 하나는 같은 해시에 경로가 여러 개인 항목(중복된 파일)을 조회하기 위한 것이다. 코드는 18.1.1절에서 구현한 스태시 서버와 비슷하다.

코드: duper/1/duper/lib/duper/results.ex

```elixir
defmodule Duper.Results do

  use GenServer

  @me __MODULE__


  # API

  def start_link(_) do
    GenServer.start_link(__MODULE__, :no_args, name: @me)
  end

  def add_hash_for(path, hash) do
    GenServer.cast(@me, { :add, path, hash })
```

```
      end

      def find_duplicates() do
        GenServer.call(@me, :find_duplicates)
      end

      # 서버

      def init(:no_args) do
        { :ok, %{} }
      end

      def handle_cast({ :add, path, hash }, results) do
        results =
          Map.update(
            results,           # 이 맵 안에서
            hash,              # 이 키에 해당하는 항목을 찾는다
            [ path ],          # 항목이 없으면 이 값을 저장하고
            fn existing ->     # 항목이 있으면 이 함수의 결과로 항목을 갱신한다
              [ path | existing ]
            end)
        { :noreply, results }
      end

      def handle_call(:find_duplicates, _from, results) do
        {
          :reply,
          hashes_with_more_than_one_path(results),
          results
        }
      end

      defp hashes_with_more_than_one_path(results) do
        results
        |> Enum.filter(fn { _hash, paths } -> length(paths) > 1 end)
        |> Enum.map(&elem(&1, 1))
      end

    end
```

코드에서 눈여겨볼 부분은 Map.update/4 함수의 쓰임 정도다. 이 함수는 맵, 키, 초기값, 함
수를 인자로 받는다. 맵 안에 지정된 키가 없으면 키에 초기값을 추가한 새로운 맵을 반환한다.

맵 안에 지정된 키가 있으면 키에 저장된 값이 함수에 전달되고, 함수가 반환하는 값이 그 키의 새로운 값이 된다. 예제 코드에서는 새로운 해시인 경우 값 하나짜리 리스트를 맵의 새로운 항목으로 추가하고, 같은 해시를 가지는 항목이 있으면 리스트에 값을 추가하기 위해 사용했다.

application.ex에서 이 서버를 최상위 자식 프로세스로 추가하자.

```elixir
def start(_type, _args) do
  children = [
    Duper.Results,
  ]

  opts = [strategy: :one_for_one, name: Duper.Supervisor]
  Supervisor.start_link(children, opts)
end
```

이 코드는 테스트하기 쉽다.

코드: duper/1/duper/test/duper/results_test.exs

```elixir
defmodule Duper.ResultsTest do
  use ExUnit.Case
  alias Duper.Results

  test "can add entries to the results" do

    Results.add_hash_for("path1", 123)
    Results.add_hash_for("path2", 456)
    Results.add_hash_for("path3", 123)
    Results.add_hash_for("path4", 789)
    Results.add_hash_for("path5", 456)
    Results.add_hash_for("path6", 999)

    duplicates = Results.find_duplicates()

    assert length(duplicates) == 2

    assert ~w{path3 path1} in duplicates
    assert ~w{path5 path2} in duplicates
  end

end
```

```
$ mix test
...

Finished in 0.05 seconds
1 doctest, 2 tests, 0 failures
```

TIP **테스트 파일 구조에 대해**

필자는 테스트 파일의 디렉터리 구조를 테스트할 파일의 디렉터리 구조와 맞추기를 선호한다. results.ex
가 lib/duper/results.ex에 위치하므로 테스트 파일인 results_test.exs를 test/duper/ 아래에 두
었다.

19.2.2 경로 탐색 서버

다음으로 만들 서버는 파일 시스템에 있는 모든 파일의 경로를 한 번에 하나씩 반환해야 한다.

엘릭서는 파일 시스템을 탐색하는 API를 내장하지 않으므로 hex.pm에서 dir_walker[1]라는
라이브러리를 찾아 사용하자. 우리는 dir_walker 라이브러리의 PID를 상태로 가지는 간단한
젠서버로 라이브러리를 감싸기만 하면 된다. mix.exs에 의존성을 추가하자.

코드: duper/1/duper/mix.exs

```
defp deps do
  [
    dir_walker: "~> 0.0.7",
  ]
end
```

그리고 lib/duper/path_finder.ex에서 서버를 구현하자.

----

1 *https://hex.pm/packages/dir_walker*

```elixir
defmodule Duper.PathFinder do
  use GenServer

  @me PathFinder

  def start_link(root) do
    GenServer.start_link(__MODULE__, root, name: @me)
  end

  def next_path() do
    GenServer.call(@me, :next_path)
  end

  def init(path) do
    DirWalker.start_link(path)
  end

  def handle_call(:next_path, _from, dir_walker) do
    path = case DirWalker.next(dir_walker) do
             [ path ] -> path
             other    -> other
           end

    { :reply, path, dir_walker }
  end

end
```

마지막으로, 경로 탐색 서버를 애플리케이션의 하위 프로세스로 추가하자.

```elixir
def start(_type, _args) do
  children = [
      Duper.Results,
    { Duper.PathFinder, "." },
  ]

  opts = [strategy: :one_for_one, name: Duper.Supervisor]
  Supervisor.start_link(children, opts)
end
```

경로 탐색 서버를 하위 프로세스로 지정할 때 튜플을 사용했다. 탐색할 디렉터리 트리의 최상위 경로를 파라미터로 전달해야 하기 때문이다. 예제에서는 현재 작업 디렉터리인 "."을 사용하는데, 이 코드를 실행하기에는 부족하지 않다.

19.2.3 워커 슈퍼바이저

19.1.5절에서 프로그램을 어떻게 구동시킬지 고민한 결과, 워커를 위한 별도의 슈퍼바이저가 필요함을 알게 되었다. 이 슈퍼바이저는 워커 서버만을 관리하는데, 이렇게 한 종류 서버만을 관리한다면 애플리케이션이 실행된 이후에 서버를 동적으로 추가할 수 있다.[2]

이 기능은 **다이나믹 슈퍼바이저**DynamicSupervisor를 사용해 간단히 구현할 수 있다. 이 슈퍼바이저는 런타임에 하위 워커를 추가하도록 해준다(이 동작은 일반 슈퍼바이저에서 관리 전략을 :simple_one_for_one으로 사용한 것과 같으나, 다이나믹 슈퍼바이저를 사용하는 것이 의도를 더 잘 표현한다[3]).

lib/duper/worker_supervisor.ex에 슈퍼바이저를 만들고 어떻게 동작하는지 살펴보자.

코드: duper/1/duper/lib/duper/worker_supervisor.ex

```
defmodule Duper.WorkerSupervisor do
  use DynamicSupervisor

  @me WorkerSupervisor

  def start_link(_) do
    DynamicSupervisor.start_link(__MODULE__, :no_args, name: @me)
  end

  def init(:no_args) do
    DynamicSupervisor.init(strategy: :one_for_one)
  end

  def add_worker() do
```

---

2 옮긴이_ 지금까지의 슈퍼바이저의 설명에서 암시적으로 제시되나, 일반적인 슈퍼비전 트리의 경우 실행될 서버의 목록이 애플리케이션 시작 전에 결정되어야 한다.

3 옮긴이_ :simple_one_for_one 관리 전략은 엘릭서 1.9까지 사용할 수 있었으나, 1.10부터는 이 전략이 제거되어 사용할 수 없다. 대신 다이나믹 슈퍼바이저를 사용해야 한다.

```
      {:ok, _pid} = DynamicSupervisor.start_child(@me, Duper.Worker)
    end
  end
```

워커 슈퍼바이저 역시 그저 하나의 엘릭서 모듈이다. `use DynamicSupervisor`를 코드 시작 부분에 추가함으로써 모듈이 슈퍼바이저로서의 능력을 갖게 된다.

슈퍼바이저의 `start_link` 함수는 젠서버에서와 똑같이 동작한다. 이 함수를 호출하면 슈퍼바이저 코드가 포함된 서버가 시작된다. 서버 내에서 `init` 콜백이 자동으로 호출되는데, 여기서 슈퍼바이저가 초기화된다. 초기화 과정에서 관리 전략을 지정할 수 있다. 다이나믹 슈퍼바이저의 경우 `strategy: :one_for_one`만을 사용할 수 있다.

`add_worker` 함수는 슈퍼바이저에게 '내가 준 명세대로 하위 프로세스를 추가해달라'고 요청한다. 예제 코드에서는 `Duper.Worker` 프로세스를 추가해달라고 요청했다. `start_child`가 호출될 때마다 새로운 서버가 만들어져 병렬적으로 동작하므로, 결과적으로 `add_worker`가 실행될 때마다 `Duper.Worker`의 인스턴스가 새로 만들어진다.

이렇게 하나의 모듈을 여러 서버로 실행할 때 한 가지 제약이 있다면, 하위 프로세스의 `start_link` 함수에서 서버의 이름을 지정할 수 없다는 점이다. 엘릭서에서는 이름이 같은 서버가 여러 개가 되도록 허용하지 않기 때문이다.

새로 만든 슈퍼바이저를 최상위 자식 프로세스로 추가하는 것을 잊지 말자.

```
def start(_type, _args) do
  children = [
      Duper.Results,
    { Duper.PathFinder, "." },
      Duper.WorkerSupervisor,
  ]

  opts = [strategy: :one_for_one, name: Duper.Supervisor]
  Supervisor.start_link(children, opts)
end
```

19.2.4 관리 전략 고민하기

슈퍼바이저에 하위 프로세스를 추가할 때마다 관리 전략을 고민하게 된다. 프로세스 실패 시 슈퍼바이저가 관리하는 다른 프로세스에 어느 정도 영향을 미치게 하는 것이 좋을까?

만약 결과 저장 서버가 실패하면 모든 것이 사라진다. 모든 연산을 처음부터 다시 시작해야 한다. 경로 탐색 서버도 마찬가지다. 이론적으로는 어디까지 연산했는지를 알아내어 실패한 지점부터 다시 시작할 수 있으나, 지금 단계에서 하기에는 쉽지 않다. 따라서 경로 탐색 서버의 실패도 일단 전체 애플리케이션의 실패로 간주하자.

워커 슈퍼바이저의 실패는 어떨까? 이 부분은 주의가 필요하다. 워커 슈퍼바이저는 실제 워커 프로세스를 관리한다. 워커 중 하나가 실패하면 슈퍼바이저는 그 프로세스를 그냥 재시작한 뒤 하던 일을 계속 진행하면 된다. 워커 하나가 실패한다고 해서 슈퍼바이저가 실패한 것은 아니다. 사실 워커 슈퍼바이저가 실패하는 상황은 매우 드물기 때문에 더는 진행하지 못할 것이라고 판단하고 애플리케이션을 종료해도 괜찮다.

즉 최상위 슈퍼바이저에 정의된 하위 프로세스 세 개 중 하나라도 실패하면 애플리케이션의 동작이 멈추어야 한다. 이 동작을 강제하는 전략은 :one_for_all이다. 새 전략을 사용하도록 코드를 수정하자.

```
def start(_type, _args) do
  children = [
      Duper.Results,
    { Duper.PathFinder, "." },
      Duper.WorkerSupervisor,
  ]

  opts = [strategy: :one_for_all, name: Duper.Supervisor]
  Supervisor.start_link(children, opts)
end
```

워커와 관련해서 할 일은 일단 여기까지다. 수집 서버를 마저 작성한 뒤에 다시 돌아와 실제 워커 서버를 구현하자.

19.2.5 수집 서버

19.1.3절의 순서도에서 워커 서버가 수집 서버를 호출하는 것을 봤다. 각 워커는 수집 서버에게 파일의 해시 결과를 전달하거나, 모든 일이 다 끝났음을 (done()을 호출함으로써) 알린다.

한편 수집 서버에는 그림에 드러나지 않은 기능이 하나 더 있다. 바로 워커를 시작시키고 애플리케이션이 파일 처리를 모두 마쳤는지 판단하는 역할이다. 이 역할을 위해 수집 서버는 현재 실행 중인 워커 서버의 수를 상태로 저장해야 한다.

지금까지 이야기한 것을 바탕으로 수집 서버의 대부분을 작성할 수 있다.

코드: duper/1/duper/lib/duper/gatherer.ex

```elixir
defmodule Duper.Gatherer do
  use GenServer

  @me Gatherer

  # api

  def start_link(worker_count) do
    GenServer.start_link(__MODULE__, worker_count, name: @me)
  end

  def done() do
    GenServer.cast(@me, :done)
  end

  def result(path, hash) do
    GenServer.cast(@me, { :result, path, hash })
  end

  # 서버

  def init(worker_count) do
    { :ok, worker_count }
  end

  def handle_cast(:done, _worker_count = 1) do
    report_results()
    System.halt(0)
  end
```

```
def handle_cast(:done, worker_count) do
  { :noreply, worker_count - 1 }
end

def handle_cast({:result, path, hash}, worker_count) do
  Duper.Results.add_hash_for(path, hash)
  { :noreply, worker_count }
end

defp report_results() do
  IO.puts "Results:\n"
  Duper.Results.find_duplicates()
  |> Enum.each(&IO.inspect/1)
end
end
```

현재 실행 중인 워커의 수를 관리하기 위해 :done 메시지에 대한 처리를 어떻게 구현했는지에 주목하자. 메시지가 들어올 때마다 숫자가 하나씩 줄어들고 마지막 :done을 받으면 결과를 보고한 뒤 프로그램이 종료된다.

이제 워커 서버를 생성하는 코드를 추가해야 한다. 워커를 생성하기 위해 수집 서버의 초기화 코드를 다음과 같이 작성했다고 치자.

```
def init(worker_count) do
  1..worker_count
  |> Enum.each(fn _ -> Duper.WorkerSupervisor.add_worker() end)
  { :ok, worker_count }
end
```

하지만 이렇게 구현하면 제대로 동작하지 않는다. 슈퍼바이저가 하위 프로세스를 순서대로 시작할 때의 동작을 기억하는가? 슈퍼바이저는 각 하위 프로세스의 초기화가 완료될 때까지 다음 프로세스를 시작시키지 않는다.

앞선 코드에서는 수집 서버를 초기화하는 도중에 워커를 추가한다. 워커 슈퍼바이저는 이미 초기화가 완료된 상태이므로, 워커는 수집 서버의 초기화가 완료되기 전에 실행을 시작한다. 이 경우 워커가 보내는 메시지가 유실될 수도 있다. 작은 파일 시스템을 대상으로 프로그램을 실행한다면 수집 서버의 초기화가 끝나기도 전에 워커가 :done 신호를 보낼 가능성까지 있다. 수집 서버는 프로그램이 끝남을 알지 못하게 되므로 시스템이 무한정 대기하게 된다.

서버를 초기화할 때는 그 서버를 사용하는 어떤 것과도 상호작용해서는 안 된다. 이 간단한 규칙을 따르면 혼란한 상황을 해결할 수 있다.

그렇다면 어떻게 워커를 실행시켜야 할까? 답은 자바스크립트 개발을 해본 사람에게는 익숙할 방법이다. 수집 서버 초기화가 완료된 후에 실행될 콜백을 추가하면 된다.

```
def init(worker_count) do
  Process.send_after(self(), :kickoff, 0)
  { :ok, worker_count }
end

def handle_info(:kickoff, worker_count) do
  1..worker_count
  |> Enum.each(fn _ -> Duper.WorkerSupervisor.add_worker() end)
  { :noreply, worker_count }
end
```

init 함수는 send_after 함수를 호출하는데, send_after는 메시지를 즉시(0밀리초 기다린 후) 서버의 메시지 큐에 집어넣는다. init 함수의 실행이 끝나면 서버는 이 메시지를 접수해 handle_info 콜백을 실행하는데, 그때 워커가 시작된다.

수집 서버의 코드를 작성했으니 슈퍼비전 트리에 추가하는 것을 잊지 말자.

코드: duper/1/duper/lib/duper/application.ex

```
def start(_type, _args) do
  children = [
    Duper.Results,
    { Duper.PathFinder,      "/Users/dave/Pictures" },
    Duper.WorkerSupervisor,
    { Duper.Gatherer,        1 },
  ]

  opts = [strategy: :one_for_all, name: Duper.Supervisor]
  Supervisor.start_link(children, opts)
end
```

19.2.6 워커 서버는?

370쪽 순서도를 다시 보면 워커 서버가 조금 이상하다는 것을 눈치챌 것이다. 워커 서버에는
외부에서 호출할 수 있는 API가 없다. 이 서버가 하는 일은 그저 경로를 하나 요청한 뒤, 해당
하는 파일에 대한 해시를 계산해 결과를 수집 서버에 보내는 것뿐이다. 받을 경로가 다 떨어지
면 수집 서버에 해시 대신 :done을 보낸다. 코드는 다음과 같다.

코드: duper/1/duper/lib/duper/worker.ex

```elixir
defmodule Duper.Worker do
  use GenServer, restart: :transient

  def start_link(_) do
    GenServer.start_link(__MODULE__, :no_args)
  end

  def init(:no_args) do
    Process.send_after(self(), :do_one_file, 0)
    { :ok, nil }
  end

  def handle_info(:do_one_file, _) do
    Duper.PathFinder.next_path()
    |> add_result()
  end

  defp add_result(nil) do
    Duper.Gatherer.done()
    {:stop, :normal, nil}
  end

  defp add_result(path) do
    Duper.Gatherer.result(path, hash_of_file_at(path))
    send(self(), :do_one_file)
    { :noreply, nil }
  end

  defp hash_of_file_at(path) do
    File.stream!(path, [], 1024*1024)
    |> Enum.reduce(
      :crypto.hash_init(:md5),
      fn (block, hash) ->
```

```
        :crypto.hash_update(hash, block)
      end)
    |> :crypto.hash_final()
  end
end
```

스스로에게 명령을 내리기 위해 수집 서버에서 사용한 것과 같은 콜백 방식을 사용한다. 콜백 함수에 의해 실행되는 handle_info(:do_one_file, _) 함수는 경로 탐색 서버에 다음 파일의 경로를 요청하고 그 결과를 add_result() 함수에 전달한다.

만약 경로 탐색 서버가 nil을 반환하면 연산할 파일이 남아있지 않은 경우이므로 수집 서버에 작업이 완료되었다고 알린다. 그렇지 않으면 프라이빗 함수를 호출해 해시를 계산한 뒤 결과를 수집 서버에 전달하고, 스스로에게 :do_one_file 메시지를 보내어 전체 과정을 되풀이한다.

> **INFO_ 그냥 재귀적으로 반복하면 되지 않았을까?**
>
> 엘릭서에서는 재귀 함수 호출을 이용해서 반복을 구현할 수 있지만 워커에서는 반복을 사용하지 않았다. 대신 한 파일을 처리한 후 스스로에게 메시지를 보내고 처리를 끝내고 있다.
>
> 이렇게 구현한 것은 엘릭서 런타임에서 단일 서버 호출이 CPU를 영영 잡아먹게 놓아두지 않기 때문이다. 젠 서버로 전달되는 각 **call** 요청에는 기본적으로 5초의 타임아웃이 설정되어 있다. 핸들러가 그 시간 내에 응답하지 않으면 엘릭서 런타임은 무언가가 잘못되었다고 판단하고 호출을 중단한다.[4]
>
> 수백만 개 파일을 반복문으로 처리하려면 확실히 5초보다는 오래 걸릴 것이다. 따라서 우리는 서버가 한 번에 하나의 파일만을 처리하도록 하고, 다음 파일을 처리하려면 메시지 큐에 항목을 추가하도록 했다. 결과적으로 타임아웃이 발생하지 않게 되었다.

하나 더 주목할 부분이 있다. 우리는 이 서버를 일시적으로만 실행되도록 설정했다.

```
use GenServer, restart: :transient
```

서버가 정상적으로 종료하면 슈퍼바이저가 서버를 재시작하지 않는다. 하지만 서버가 실패하면 슈퍼바이저에 의해 재시작된다.

---

4 옮긴이_ 이 동작은 정확히는 엘릭서가 기반하고 있는 얼랭/OTP의 설계에 의한 결과다. 타임아웃까지 걸리는 시간을 늘릴 수는 있으나, 얼랭의 선점형 스케줄러 방식으로 인해 한 프로세스가 CPU를 영영 잡아두는 형태로는 구현할 수 없다.

19.3 잘 실행될까?

지금까지 만든 프로그램을 되짚어보자. 젠서버 네 개와 슈퍼바이저 두 개를 구현했다. 애플리케이션이 시작되면 최상위 슈퍼바이저가 시작되고 결과 저장 서버, 경로 탐색 서버, 워커 슈퍼바이저, 수집 서버가 차례로 시작된다.

마지막으로 시작된 수집 서버는 워커 슈퍼바이저에게 여러 개의 워커를 실행하라고 요청한다. 실행된 워커는 각각 처리할 파일의 경로를 경로 탐색 서버로부터 받아 해시를 계산한다. 계산이 완료되면 워커는 파일의 경로와 해시를 수집 서버에 전달하고, 수집 서버는 이를 결과 저장 서버에 저장한다. 처리할 파일이 더 남아 있지 않으면 각 워커는 :done 메시지를 수집 서버에 보낸다. 마지막 워커의 작업이 끝나면 수집 서버가 최종 결과를 보고한다.

모든 요소가 연결되어 있는 듯하다. 한번 실행해보자.[5]

```
$ mix run
Compiling 7 files (.ex)
Generated duper app
```

음... 뭔가 이상하다. 아무것도 출력되지 않는다. 처음 이 일이 일어났을 때 필자는 문제를 해결하는 데 거의 한나절을 날렸다. 무슨 일이 일어났는지 알고 나면 문제는 명확하다.

mix run 명령어는 애플리케이션을 실행하는데, 실행하고 나면 mix가 할 일을 마쳤다며 끝나버린다. 하지만 애플리케이션은 아직 끝나지 않았다. 이제 막 시작했는데 mix 혼자 사라져버린 꼴이다. mix에게 끝내지 말라고 말해주자.

```
$ mix run --no-halt
Results:

["./_build/dev/lib/dir_walker/.compile.elixir_scm",
 "./_build/test/lib/dir_walker/.compile.elixir_scm"]
["./_build/dev/lib/dir_walker/.compile.elixir",
 "./_build/test/lib/dir_walker/.compile.elixir"]
["./_build/dev/lib/dir_walker/.compile.xref",
```

---

5 옮긴이_ 엘릭서 1.11부터 컴파일 시 애플리케이션 경계를 조금 더 엄격하게 확인하도록 변경되면서, 얼랭 내장 라이브러리도 의존성 목록에 추가하도록 권장된다. 따라서 이 코드를 실행하면 해시 계산에 사용된 얼랭 라이브러리인 :crypto를 의존성 목록에 추가하라는 경고가 출력된다. 동작에는 문제가 없으나, 경고와 함께 출력되는 가이드를 따르면 경고를 제거할 수 있다.

```
  "./_build/dev/lib/duper/.compile.xref",
  "./_build/test/lib/dir_walker/.compile.xref"]
["./deps/dir_walker/.fetch",
  "./_build/dev/lib/dir_walker/.compile.lock",
  "./_build/dev/lib/dir_walker/.compile.fetch",
  "./_build/test/lib/dir_walker/.compile.lock",
  "./_build/test/lib/dir_walker/.compile.fetch"]
["./_build/dev/lib/dir_walker/ebin/dir_walker.app",
  "./_build/test/lib/dir_walker/ebin/dir_walker.app"]
```

훨씬 낫다. 대부분 테스트와 개발 환경 사이에서 발생하긴 했지만 이 프로젝트 디렉터리 안에도 중복된 파일이 존재했다.

19.3.1 시간 재보기

lib/duper/application.ex는 어떤 폴더를 찾을 것이며 몇 개의 워커를 실행할지를 지정하는 파라미터를 포함한다.

이 값을 바꾸어, 사진 폴더(~/Pictures)를 대상으로 중복된 파일을 찾아보자. 필자의 사진 폴더에는 iPhoto를 쓰기 시작한 이후로 저장된 사진 약 6,000개가 있고 용량은 약 30GB다. 워커 개수를 늘려가며 실행 시간을 재보자. 워커 1개를 사용할 때 파라미터 설정은 다음과 같다.

```
children = [
    Duper.Results,
  { Duper.PathFinder,             "/Users/dave/Pictures" },
    Duper.WorkerSupervisor,
  { Duper.Gatherer,               1 },
]
```

실행 결과는 다음과 같다.

```
$ time mix run --no-halt > dups
      87.57 real          58.81 user        23.44 sys
$ wc -l dups
    1869 dups
```

약 88초 만에 1,900개에 가까운 중복 사진을 찾아냈다. 엘릭서 런타임은 실행하는 동안 코어 하나를 약 98% 활용했다.

워커를 두 개 사용해보자. `application.ex`를 수정하고 다시 실행하면 결과는 다음과 같다.

```
$ time mix run --no-halt > dups
      48.58 real        58.33 user       17.98 sys
```

아주 좋다! 동작 속도가 두 배에 가깝다. 이는 우리가 IO와 해시 연산을 성공적으로 동시에 수행하고 있음을 의미한다.

나머지를 다 하기에는 갈 길이 머니 필자의 컴퓨터로 1~5개, 10개, 50개의 워커를 사용해 실행한 결과를 정리해두었다.

워커 개수	총 소요 시간(초)	사용자 시간(초)	시스템 시간(초)
1	87.57	58.81	23.44
2	48.58	58.33	17.98
3	39.11	70.32	25.89
4	35.55	72.11	27.86
5	34.66	72.80	28.09
10	35.07	72.10	29.26
50	35.70	70.47	32.36

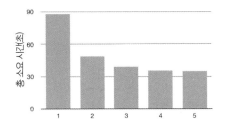

컴퓨터가 2코어(4코어이긴 하지만 2개는 하이퍼스레딩)임을 생각하면 기대한 만큼은 잘 돌아간다고 볼 수 있다.

19.4 엘릭서 애플리케이션 설계하기

이 책은 다르게 생각하기 위한 책이다. 우리는 우리가 작성하는 코드에 대해 고민하기 시작했고, 불변형 데이터를 사용하는 함수형 스타일이 프로그래밍을 데이터의 변형이라는 관점에서 다시 생각하게 함을 의식하기 시작했다.

최근 몇 장에 걸쳐 우리는 그런 생각의 새로운 차원을 접했다. 바로 애플리케이션을 어떻게 구성할지에 관한 것이다. 우리의 코드는 더는 하나의 큰 덩어리가 아니다. 대신 독립적으로 상호작용하는 여러 서버(이를 서비스라고 부를 수도 있다)에 관해 고민한다.

이 방식으로 생각하기는 쉽지 않다. 개념적인 부분과 실용적인 부분 양쪽에서 모두 문제를 겪을 것이기 때문이다. 시간이 지날수록 점점 편하게 느껴지기는 하겠지만, 이 장을 시작하며 언급한 '다섯 가지 질문'을 자문한다면 길이 좀 더 쉬워질 것이다.

- 어떤 환경에서 동작해야 하는가? 제약 조건은 무엇인가?
- 초점이 되는 부분은 어디인가?
- 런타임 시 동작에 특징이 있는가?
- 오류를 어떻게 방지할 것인가?
- 어떻게 구동시킬 것인가?

이 장에서 애플리케이션을 만들었지만 많은 값이 하드코딩되어 있어 잘 돌아간다고 하기는 어렵다. 다음 장에서는 엘릭서에서 애플리케이션의 의미가 무엇인지 조금 더 자세히 알아보자.

OTP – 애플리케이션

지금까지 엘릭서와 OTP의 세계를 여행하면서 서버 프로세스와 그 프로세스를 관리하는 슈퍼바이저를 살펴봤다. 여행의 다음 정거장은 바로 애플리케이션이다.

20.1 부모님 세대의 애플리케이션이 아니다

OTP가 얼랭에서 유래했기 때문에 OTP와 관련된 개념에는 주로 얼랭식 이름을 사용한다. 하지만 불행하게도 그 이름 중 일부는 개념을 그다지 잘 설명하지 못한다. **애플리케이션**이라는 이름도 마찬가지다. 애플리케이션이라 하면 흔히 무언가를 하기 위해 컴퓨터나 휴대폰 또는 웹 브라우저에서 실행되는 프로그램을 떠올린다. 이때 애플리케이션은 스스로의 실행에 필요한 코드를 모두 가진다.

하지만 OTP 세계에서 애플리케이션은 그렇지 않다. OTP의 애플리케이션은 코드 덩어리에 그 코드에 대한 설명인 디스크립터descriptor를 추가한 것이다. 디스크립터는 코드가 어떤 의존성을 가지는지, 어떤 글로벌 이름을 사용하는지 등의 정보를 가지며, 이 정보를 런타임에 전달한다. 사실 OTP 애플리케이션은 일반적인 애플리케이션보다는 다이나믹 링크 라이브러리Dynamic Link Library (DLL)나 공유 객체Shared Object (SO)에 가깝다. 애플리케이션이라는 단어를 볼 때 컴포넌트component나 서비스service라는 단어로 바꾸어 읽으면 도움이 될 것이다.

예를 들어 13장에서 HTTPoison 라이브러리를 사용해 깃허브 이슈를 가져올 때, 우리가 실제로 설치한 것은 HTTPoison을 포함하는 독립적인 애플리케이션이었다. 겉보기에는 그저 라이브러리를 가져다 쓰는 것처럼 보였지만, mix가 자동으로 HTTPoison 애플리케이션을 로드했다. 애플리케이션이 시작할 때 HTTPoison은 자신이 의존하는 다른 애플리케이션(SSL과 Hackney)을 차례로 실행하고, 각각은 또한 각자의 슈퍼바이저와 워커를 시작했다. 이 모든 과정은 우리에게 투명하게 진행되었다.

지금까지 애플리케이션이 컴포넌트라고 설명했으나 트리의 최상위에서 직접 실행되어야 하는 애플리케이션도 있다. 이번 장에서는 두 가지 종류의 애플리케이션 컴포넌트(뭐라고?)를 모두 살펴본다. 실제로 둘은 거의 동일하므로 공통적인 부분부터 먼저 다루도록 하자.

20.2 애플리케이션 명세 파일

mix가 이따금 **애플리케이션 이름**.app이라는 파일을 언급하는 것을 눈치챘는가? 이 파일은 **애플리케이션 명세 파일**이라고 하는데, 런타임 환경에서 애플리케이션을 정의하는 데 사용한다. 빌드 툴인 mix가 `mix.exs`의 내용과 컴파일하면서 얻은 정보를 조합해 파일을 자동으로 생성한다. 애플리케이션을 시작할 때 필요한 요소를 로드하는 데 이 파일이 활용된다.

애플리케이션 이름.app 파일은 OTP의 기능을 사용하지 않더라도 항상 생성되고 사용된다. OTP 슈퍼비전 트리를 사용하기 시작하면 `mix.exs`에 입력한 정보가 추가로 .app 파일에 복사되어 들어간다.

20.3 수열 프로그램을 OTP 애플리케이션으로 바꾸기

좋은 소식이 하나 있다. **18장 'OTP – 슈퍼바이저'**에서 만든 수열 애플리케이션은 이미 완성된 OTP 애플리케이션이다. mix가 초기 프로젝트 트리를 만들 때, mix는 슈퍼바이저를 하나 추가하고 (우리가 수정한 슈퍼바이저가 바로 이 파일이었다) 애플리케이션을 시작하는 데 필요한 정보를 `mix.exs`의 `application` 함수에 채워넣었다.

```
def application do
  [
    mod: {
      Sequence.Application, []
    },
    extra_applications: [:logger],
  ]
end
```

이 코드에는 애플리케이션의 최상위 모듈 이름이 Sequence.Application이라는 정보가 들어 있다. OTP는 이 모듈에 start 함수가 구현되어 있다고 가정하고, start 함수에 빈 리스트를 파라미터로 전달한다.

start 함수의 이전 버전에서는 여기서 넣은 인자를 무시하고 start_link 함수에 123이라는 값을 하드코딩해 전달했다. 이것을 mix.exs에서 전달하는 값을 받도록 수정하자. 먼저 mix. exs 파일에서 초기값을 전달하도록 수정하자. 예제에서는 456이라는 값을 사용한다.

```
def application do
  [
    mod: {
      Sequence.Application, 456
    },
    extra_applications: [:logger],
  ]
end
```

그리고 전달된 값을 사용하도록 application.ex를 수정하면 된다.

코드: otp-app/sequence/lib/sequence/application.ex

```
defmodule Sequence.Application do
  @moduledoc false

  use Application

  def start(_type, initial_number) do
    children = [
      { Sequence.Stash,  initial_number},
```

```
      { Sequence.Server, nil},
    ]

    opts = [strategy: :rest_for_one, name: Sequence.Supervisor]
    Supervisor.start_link(children, opts)
  end

end
```

직접 실행해 잘 동작하는지 확인하자.

```
$ iex -S mix
Compiling 5 files (.ex)
Generated sequence app

iex> Sequence.Server.next_number
456
```

application 함수를 다시 한번 살펴보자. mod: 옵션은 애플리케이션의 메인 시작 지점이 될 모듈을 OTP에 알린다. 일반적으로 실행 가능한 애플리케이션을 만든다면 시작 지점이 어디엔 가 있어야 한다. 그래야 그 안에 애플리케이션을 초기화하는 함수를 추가할 수 있다. 한편 순수한 라이브러리 애플리케이션에서도 초기화가 필요할 때가 있다(예를 들어 로깅 라이브러리의 경우 초기화 과정에서 백그라운드 로거 프로세스를 시작하거나 중앙 로깅 서버에 연결해야 할 수 있다).

예제 코드에서는 수열 애플리케이션의 메인 시작 지점이 Sequence.Application 모듈이라는 정보를 OTP에 전달했다. 그러면 애플리케이션이 시작될 때 OTP가 이 모듈의 start 함수를 호출한다. mod: 옵션에 지정된 튜플의 두 번째 값은 start 함수에 전달될 파라미터다. 예제에 서는 수열의 초기값이 들어간다.

application 함수에 추가할 옵션이 하나 더 있다. 바로 registered: 옵션인데, 여기에는 애플리케이션에서 등록할 프로세스 이름의 목록이 들어간다. 이때 '프로세스 이름'이란 프로세스를 가리킬 때 PID 대신 사용하는 이름으로, registered: 옵션에 이름을 지정하면 노드 또는 클러스터에 실행 중인 모든 애플리케이션에서 한 이름을 고유하게 사용할 수 있다. 예제에서는 수열 서버를 Sequence.Server라는 이름으로 사용하도록 설정을 다음과 같이 수정하자.

코드: otp-app/sequence/mix.exs

```
def application do
  [
    mod: {
      Sequence.Application, 456
    },
    registered: [
      Sequence.Server,
    ],
    extra_applications: [:logger],
  ]
end
```

이렇게 mix에서는 설정을 마쳤다. mix compile을 수행하면 애플리케이션을 컴파일하고 mix.exs의 정보를 반영해 sequence.app 애플리케이션 명세 파일이 갱신된다(iex -S mix 명령어를 사용할 때도 같은 일이 일어난다).

```
$ mix compile
Compiling 5 files (.ex)
Generated sequence app
```

mix가 sequence.app 파일을 생성했음을 알려준다. 그런데 어디에 생성되었다는 걸까? 이 파일은 _build/dev/lib/sequence/ebin 디렉터리 안에 숨어 있다. 다소 까다로워 보이나, _build 아래의 디렉터리 구조는 코드 릴리스를 보다 쉽게 하기 위해 얼랭 OTP 방식과 호환된다. 경로 안에 dev가 있는 것은 다른 빌드 결과물과 개발 환경이 분리되어 있어서다.[1]

만들어진 sequence.app 파일을 한번 열어보자.

코드: otp-app/sequence/_build/dev/lib/sequence/ebin/sequence.app

```
{application,sequence,
          [{applications,[kernel,stdlib,elixir,logger]},
           {description,"sequence"},
           {modules,['Elixir.Sequence','Elixir.Sequence.Application',
                    'Elixir.Sequence.Server','Elixir.Sequence.Stash']},
```

----

1 옮긴이_ 13장 '첫 번째 프로젝트'에서 mix 환경에 따라 애플리케이션의 설정을 분리할 수 있음을 살펴봤는데, 그때 사용하는 환경의 종류(예: dev, prod, test)와 같다.

```
      {vsn,"0.1.0"},
      {mod,{'Elixir.Sequence.Application',456}},
      {registered,['Elixir.Sequence.Server']},
      {extra_applications,[logger]}]}.
```

이 파일은 애플리케이션을 정의하는 얼랭 튜플을 담고 있다. 일부 내용은 mix.exs 파일의 project와 application 부분에서 가져온 것이다. 애플리케이션 내에서 컴파일된 모든 모듈 (.beam 파일)의 이름, 애플리케이션이 의존하는 다른 애플리케이션의 목록(kernel, stdlib, elixir, logger)도 mix가 자동으로 추가해준다. 꽤 똑똑하다.

20.3.1 애플리케이션 파라미터 심화

지난 예제에서 애플리케이션의 초기 파라미터로 456이라는 정수를 전달했다. 이렇게 정수를 전달하는 방법도 유효하긴 하지만, 이 자리에는 단일 값 대신 키워드 리스트를 전달하는 편이 좋다. 그러면 Application.get_env/3 함수를 사용해 코드의 어느 곳에서는 파라미터의 값을 가져올 수 있다. mix.exs 파일을 다음과 같이 수정하자.

```
def application do
  [
    mod: {
      Sequence.Application, []
    },
    registered: [
      Sequence.Server,
    ],
    extra_applications: [:logger],
    env: [initial_number: 456]
  ]
end
```

이제 get_env 함수를 사용해 값에 접근할 수 있다. 이 함수에는 애플리케이션 이름과 값을 가져올 환경 파라미터의 키를 인자로 넣으면 된다.

```
defmodule Sequence.Application do
  @moduledoc false

  use Application

  def start(_type, _args) do
    children = [
      { Sequence.Stash, Application.get_env(:sequence, :initial_number)},
      { Sequence.Server, nil},
    ]

    opts = [strategy: :rest_for_one, name: Sequence.Supervisor]
    Supervisor.start_link(children, opts)

  end
```

이제 잘 사용하는 일은 당신에게 달렸다.

애플리케이션 설정의 우선순위 – 옮긴이

application 함수의 env 키에 저장한 설정은 애플리케이션 환경 변수의 기본값이 된다. **13.8.1절 '애플리케이션 설정'**에서 config.exs에 설정을 저장하고 get_env 함수를 사용해서 값을 가져오는 방법을 살펴봤는데, 같은 키의 설정이 있으면 config.exs의 설정이 env 키에 저장한 설정을 덮어쓴다. 즉, 같은 코드로 애플리케이션을 실행할 때 config.exs에 다음과 같은 설정을 작성하면 get_env 함수를 통해 반환되는 수열 서버의 초기값은 789가 된다.

```
config :sequence, :initial_number: 789
```

여기까지 적용했다면 config.exs만을 수정해 애플리케이션 코드의 수정 없이 각종 설정을 바꿀 수 있다. 단 config.exs는 컴파일 시에 적용되는 설정으로, 런타임에 설정을 동적으로 적용하려면 별도의 설정 파일이 필요하다. 이에 관해서는 부록 C에서 알아본다.

20.4 슈퍼비저닝은 신뢰성 확보의 토대다

짧게 되짚어보면 20.3.1절 예제에서는 mix를 사용해 OTP 수열 애플리케이션을 실행했다. 슈퍼바이저 프로세스 하나와 워커 프로세스 두 개가 실행되었음을 코드를 통해 확인했다. 프로세스들이 슈퍼바이저와 서로 연결되어 있는 덕에, 워커 프로세스에서 크래시가 발생하더라도 시스템은 상태를 잃지 않고 정상적으로 동작한다. IEx를 포함해 이 노드에서 실행되는 모든 얼랭 프로세스는 수열 애플리케이션을 호출해 갓 만들어진 신선한 숫자를 맛볼 수 있다.

여기서 잠깐. start 함수가 파라미터를 두 개 받는 것을 눈치챘는가? 두 번째 파라미터는 mix.exs 파일의 mod: 옵션에 지정한 값(예제에서는 카운터의 초기값)이다. 첫 번째 파라미터 (_type)는 재시작 상태를 나타내는 값인데, 이에 관해서는 자세히 알아보지 않겠다. 자세한 내용은 이 책의 범위를 벗어나므로 추후 직접 찾아보도록 하자.

연습문제

20-1 스택 서비를 OTP 애플리케이션으로 고쳐보자.

20-2 지금까지 애플리케이션에 대해서는 어떤 테스트도 작성하지 않았다. 테스트할 수 있는 부분이 있을까? 무엇을 할 수 있을지 살펴보자.

20.5 코드 릴리스하기

얼랭이 99.9999999% 가용성을 실현한 데는 매우 견고한 릴리스 관리 시스템도 한몫했다. 엘릭서는 이 시스템을 사용하기 더 쉽도록 한다. 더 멀리 가기 전에 용어를 먼저 짚어보자.

릴리스^{release}는 애플리케이션의 특정 버전에 더해, 애플리케이션이 동작하기 위해 필요한 의존성, 설정, 메타데이터를 모두 하나로 묶은 것을 말한다. **배포**^{deployment}는 동작 가능한 환경에 릴리스를 두는 것을 말한다. **핫 업그레이드**^{hot upgrade}는 배포의 한 종류로, 애플리케이션이 계속 동작 중인 상태에서 릴리스를 교체하는 것이다. 유저가 감지할 수 있는 오류를 내지 않고 업그레이드가 이루어진다.

여기에서는 릴리스와 핫 업그레이드에 관해 이야기하고자 한다. 배포는 아주 깊게 다루지는 않는다.

20.6 디스틸러리: 엘릭서 릴리스 매니저[2]

디스틸러리Distillery는 대부분의 릴리스 작업을 용이하게 해주는 엘릭서 패키지다. 구체적으로 말하면, 프로젝트의 복잡한 소스 코드와 의존성을 배포 가능한 단일 파일로 줄여준다.

예를 들어 수십만 줄짜리 코드를 전화 스위치 망에 배포한다고 생각해보자. 현재 커넥션을 모두 유지하면서, 감사용 기록을 제공하고, 계약상의 가동 시간도 보장해야 한다. 너무나도 복잡한 일이다. 얼랭 사용자들은 이런 문제를 맞닥뜨리고는 이를 해결하기 위한 툴을 만들었다.

디스틸러리는 이런 복잡함을 추상화한다. 디스틸러리는 일반적으로 복잡한 내용을 감추지만, 가끔 저수준의 내용이 새어 나와 때때로 밥이 지어지는 과정을 볼 수 있게 되기도 한다. 이 책에서는 그렇게까지 깊이 들어가지는 않는다. 대신 전체 과정에 대한 감각은 얻어갈 수 있을 것이다.

20.6.1 들어가기 전에

엘릭서에서는 애플리케이션 코드와 애플리케이션에서 사용하는 데이터의 형식을 모두 버저닝한다. 둘은 서로 독립적이다. 다시 말해, 데이터 구조에 영향을 주지 않고도 코드를 얼마든지 배포할 수 있다.

코드 버전은 `mix.exs`의 `project` 딕셔너리 안에 저장되어 있다. 그렇다면 데이터는 어떻게 버저닝할까? 그 전에, 데이터는 대체 어디에 정의되는 걸까?

OTP 애플리케이션에서 모든 상태는 각 서버에서 관리되고, 각 서버의 상태는 서로 독립적이다. 즉 애플리케이션의 데이터는 각 서버 모듈에서 버저닝하는 편이 적절하다. 어떤 서버가 초

---

2 옮긴이_ 엘릭서 1.9부터는 언어 자체에 릴리스 관리 기능이 추가되어 디스틸러리 기능의 상당 부분을 언어 차원에서 지원하게 되었다. 단 이 장에서 다루는 핫 업그레이드는 실무에서 다루기 매우 까다롭고, 언어와 독립적인 배포 기술이 발달했다는 판단하에 엘릭서 릴리스 관리 기능에는 포함되지 않았다. 엘릭서 릴리스에 관해서는 부록 C에서 소개한다.

기 상태를 2-튜플에 저장한다고 가정해보자. 이를 버전 0이라고 할 수 있다. 나중에 상태를 3-튜플에 저장하도록 바꾸면, 이것이 버전 1이 된다.

버저닝의 중요성은 나중에 살펴보고, 일단 서버 상태 데이터의 버전을 설정해보자. @vsn (version) 지시자를 사용한다.

코드: otp-app/sequence_v0/lib/sequence/server.ex

```
defmodule Sequence.Server do
  use GenServer

  @vsn "0"
```

이제 릴리스를 생성하자.

20.6.2 첫 릴리스

먼저 디스틸러리를 프로젝트의 의존 라이브러리로 추가해야 한다. 수열 프로젝트의 mix.exs 파일을 열어 deps 함수를 수정하자.[3]

코드: otp-app/sequence_v0/mix.exs

```
defp deps do
  [
    {:distillery, "~> 2.1", runtime: false},
  ]
end
```

(runtime: false 옵션은 애플리케이션이 시작할 때 라이브러리가 같이 시작되지 않아야 함을 나타낸다[4]) 의존성을 추가했으니 라이브러리를 다운로드하고 설치하자.

---

3 옮긴이_ 원서에서는 엘릭서 1.6, 디스틸러리 1.5.2 기준으로 소개하나, 번역서에서는 최신 버전에 맞추고자 엘릭서 1.13, 디스틸러리 2.1.1 기준으로 바꾸어 소개한다. 엘릭서 1.9에서 자체 릴리스 기능이 추가되어 명령어 중복을 피하기 위해 디스틸러리 2.1.0부터 사용하는 명령어가 달라졌으므로, 이전 버전을 사용한다면 라이브러리의 공식 문서에서 맞는 명령어를 확인하기를 권한다.

4 옮긴이_ 릴리스 생성을 위한 라이브러리이므로, 릴리스를 만들 때만 필요할 뿐 애플리케이션이 실행될 때는 같이 실행되지 않아도 된다.

```
$ mix do deps.get, deps.compile
```

디스틸러리는 다양한 옵션에 대해 합리적인 기본값이 설정되어 있다. 즉 지금과 같이 기본적인 애플리케이션이라면 바로 첫 릴리스를 만들 수 있다. 시작하려면 릴리스 설정 파일을 만들자.

```
$ mix distillery.init

An example config file has been placed in rel/config.exs, review it,
make edits as needed/desired, and then run 'mix distillery.release' to build the
release
```

> **TIP** 한편, 디스틸러리는 설정 파일(config/config.exs)이 항상 존재할 것을 전제한다. 엘릭서 1.9 이후 mix
> new 명령어를 이용해 생성한 프로젝트에서는 설정 파일이 자동으로 생성되지 않으므로, 릴리스 과정에서 오
> 류가 발생한다면 **13.8.1절 '애플리케이션 설정'**을 참고해 import Config만을 내용으로 갖는 설정 파일을
> 하나 만들어두면 이후 과정을 문제없이 수행할 수 있다.

예제를 따라 하고 있다면 **rel/config.exs** 파일을 한번 열어보자(책에 싣기에는 내용이 너무 길다). 기본값이 그럴듯하므로 바로 실제 릴리스를 빌드하자. 옵션으로 프로덕션 버전 릴리스를 만들 것임을 명시해주자. 명시하지 않으면 개발용 릴리스가 만들어진다. 개발용 릴리스는 단독 패키지로 만들어지지 않는다.

```
$ mix distillery.release --env=prod
==> Assembling release..
==> Building release sequence:0.1.0 using environment prod
==> Including ERTS 12.2 from /usr/local/lib/erlang/erts-12.2
==> Packaging release..
Release successfully built!
To start the release you have built, you can use one of the following tasks:

    # start a shell, like 'iex -S mix'
    > _build/dev/rel/sequence/bin/sequence console

    # start in the foreground, like 'mix run --no-halt'
    > _build/dev/rel/sequence/bin/sequence foreground

    # start in the background, must be stopped with the 'stop' command
    > _build/dev/rel/sequence/bin/sequence start
```

```
If you started a release elsewhere, and wish to connect to it:

    # connects a local shell to the running node
    > _build/dev/rel/sequence/bin/sequence remote_console

    # connects directly to the running node's console
    > _build/dev/rel/sequence/bin/sequence attach

For a complete listing of commands and their use:

    > _build/dev/rel/sequence/bin/sequence help
```

디스틸러리가 **mix.exs**에서 애플리케이션 이름과 버전을 받아와, 애플리케이션을 패키징해 **_build/dev/rel/** 디렉터리에 저장했다.

```
_build/dev/rel
└── sequence
    ├── bin                              « 전역 스크립트
    │   ├── no_dot_erlang.boot
    │   ├── sequence
    │   ├── sequence.bat
    │   ├── sequence_rc_exec.sh
    │   └── start_clean.boot
    ├── erts-12.2                        « 엘릭서, 얼랭 런타임
    │   └── ...
    ├── lib
    │   ├── elixir-1.13.1
    │   ├── sequence-0.1.0               « 컴파일된 애플리케이션
    │   │   ├── consolidated
    │   │   │   ├── Elixir.Collectable.beam
    │   │   │   ├── Elixir.Enumerable.beam
    │   │   │   ├── Elixir.IEx.Info.beam
    │   │   │   ├── Elixir.Inspect.beam
    │   │   │   ├── Elixir.List.Chars.beam
    │   │   │   └── Elixir.String.Chars.beam
    │   │   └── ebin
    │   │       ├── Elixir.Sequence.Application.beam
    │   │       ├── Elixir.Sequence.Server.beam
    │   │       ├── Elixir.Sequence.Stash.beam
    │   │       ├── Elixir.Sequence.beam
    │   │       └── sequence.app
    │   └── stdlib-3.17
```

```
└─ releases                              « 릴리스 관련 파일
   ├─ 0.1.0                              « 첫 릴리스
   │  ├─ commands
   │  ├─ config.boot
   │  ├─ config.script
   │  ├─ hooks
   │  │  ├─ ...
   │  ├─ libexec
   │  │  ├─ ...
   │  ├─ no_dot_erlang.boot
   │  ├─ no_dot_erlang.script
   │  ├─ sequence.boot
   │  ├─ sequence.ps1
   │  ├─ sequence.rel
   │  ├─ sequence.script
   │  ├─ sequence.sh
   │  ├─ sequence.tar.gz               « 패키징된 릴리스
   │  ├─ start.boot
   │  ├─ start.script
   │  ├─ start_clean.boot
   │  ├─ start_clean.script
   │  ├─ sys.config
   │  └─ vm.args
   ├─ RELEASES
   └─ start_erl.data
```

가장 중요한 파일은 rel/sequence/releases/0.1.0/sequence.tar.gz다. 이 안에 릴리스를 실행시키는 데 필요한 것이 모두 들어 있다. 서버에도 이 파일을 배포한다.

장난감 배포 환경

클라우드에 있는 서버 하나를 받느라 일을 지체하고 싶지는 않으니 로컬 머신에 배포하려 한다. 하지만 조금 더 현실적으로 생각하기 위해 이 머신이 리모트에 있다고 생각하고 배포의 모든 과정에 ssh를 사용할 것이다. 또한 디렉터리를 생성하고 파일을 복사하는 작업을 수동으로 할 것이다. 실제로는 카피스트라노^{Capistrano}나 앤서블^{Ansible} 같은 툴을 사용해 이런 작업들을 자동화하는 편이 좋겠다.

릴리스 파일을 deploy 디렉터리 안에 저장하자. 예제에서는 이 디렉터리를 홈 디렉터리 아래에 두지만, 쓰기 가능한 곳이라면 어디에 두어도 상관없다.

```
$ ssh localhost mkdir ~/deploy
```

배포하고 애플리케이션 실행하기

이제 초기 릴리스와 그 디렉터리 구조를 세팅해야 한다. sequence.tar.gz 파일을 deploy 디렉터리로 복사해와서 압축을 풀자.

```
$ scp _build/dev/rel/sequence/releases/0.1.0/sequence.tar.gz localhost:deploy
$ ssh localhost tar -x -f ~/deploy/sequence.tar.gz -C ~/deploy
```

애플리케이션을 실행할 준비가 되었다. deploy/bin 안에 있는 스크립트로 제어할 수 있다. 이 스크립트들은 (서버에 있는) 현재 릴리스 디렉터리 내에 있는 스크립트로 위임된다.

IEx 콘솔을 실행하자. ssh -t 옵션을 사용하면 리모트 IEx를 ^C와 ^G로 제어할 수 있게 된다.

```
$ ssh -t localhost ~/deploy/bin/sequence console
Using /Users/davc/dcploy/releases/0.1.0/sequence.sh
Interactive Elixir (1.x) - press Ctrl+C to exit (type h() ENTER for help)

iex(sequence@127.0.0.1)2> Sequence.Server.next_number
456
iex(sequence@127.0.0.1)3> Sequence.Server.next_number
457
```

(세션을 실행 중인 상태로 두자. 핫 코드 리로딩을 살펴볼 때 다시 사용한다)

두 번째 릴리스

마케팅 팀이 포커스 그룹 테스트를 진행했다. 그 결과 고객들이 next_number 함수가 '다음 번호는 458번입니다.'와 같은 메시지를 반환하기를 원했다고 한다. 먼저 server.ex를 수정하자.

코드: otp-app/sequence_v1/lib/sequence/server.ex

```
def next_number do
  with number = GenServer.call(__MODULE__, :next_number) do
    "다음 번호는 #{number}번입니다."
  end
end
```

그리고 `mix.exs`에서 애플리케이션의 버전을 한 단계 높이자.

코드: otp-app/sequence_v1/mix.exs

```
def project do
  [
    app: :sequence,
    version: "0.2.0",
    elixir: "~> 1.13",
    start_permanent: Mix.env() == :prod,
    deps: deps()
  ]
end
```

(@vsn 값은 바꾸지 않아도 된다. 서버 상태의 형식은 바뀌지 않았다)

지루한 테스트 끝에 새 릴리스를 만들 준비가 되었다는 결정이 내려졌다. 이제 우리 앞에는 두 갈래 길이 있다. 하나는 간단히 `mix distillery.release`를 실행해 애플리케이션의 완전히 새로운 릴리스를 만드는 방법이다. 이 릴리스를 배포하려면 직전에 한 것처럼 릴리스를 복사하고, 이전 애플리케이션을 내린 뒤 새 애플리케이션을 시작하면 된다.

또 다른 방법은 **업그레이드 릴리스**(핫 업그레이드라고도 한다)를 배포하는 것이다. 업그레이드 릴리스란 이미 실행되고 있는 애플리케이션을 업그레이드하기 위한 코드를 말한다. 즉 업그레이드 릴리스를 배포하면 서비스가 중단되지 않는다. 이것이 바로 엘릭서 애플리케이션이 높은 가용성을 기록하는 이유 중 하나다. 이 방법을 한번 사용해보자.

```
$ mix distillery.release --env=prod --upgrade
==> Assembling release..
==> Building release sequence:0.2.0 using environment prod
==> Generated .appup for sequence 0.1.0 -> 0.2.0
==> Relup successfully created
==> Including ERTS 12.2 from /usr/local/lib/erlang/erts-12.2
==> Packaging release..
Release successfully built!
```

처음 릴리스를 만들 때는 생성되지 않았던 `.appup` 파일이 만들어졌다. 이 파일은 애플리케이션을 어떻게 업그레이드해야 하는지 얼랭 런타임에 알려준다.

업그레이드 배포하기

애플리케이션의 첫 번째 릴리스를 배포하는 작업은 특수하다. 애플리케이션의 실행 환경을 만들어야 하기 때문이다. 하지만 그 환경이 만들어지고 나면 이어지는 모든 릴리스를 배포하는 작업은 조금 달라진다. 서버에 릴리스 디렉터리를 만들고 압축 파일을 복사해오자. `deploy/releases` 아래에 릴리스의 버전 번호와 같은 이름으로 릴리스 디렉터리를 생성하자.

```
$ ssh localhost mkdir deploy/releases/0.2.0
$ scp _build/dev/rel/sequence/releases/0.2.0/sequence.tar.gz \
      localhost:deploy/releases/0.2.0
```

동작하고 있는 코드를 업그레이드하자.

```
$ ssh localhost ~/deploy/bin/sequence upgrade 0.2.0
Release sequence:0.2.0 not found, attempting to unpack releases/0.2.0/sequence.
tar.gz
Unpacked '0.2.0' successfully!
Release sequence:0.2.0 is already unpacked, installing..
Installed release sequence:0.2.0
Made release sequence:0.2.0 permanent
```

애플리케이션에 연결되어 있는 터미널 세션으로 돌아오자. 재시작하지 않은 상태로 새로운 요청을 하나 던져보자.

```
iex(sequence@127.0.0.1)4> Sequence.Server.next_number
"다음 번호는 458번입니다."
iex(sequence@127.0.0.1)5> Sequence.Server.next_number
"다음 빈호는 459번입니다."
```

얼랭은 한 모듈의 여러 버전을 동시에 실행할 수 있다. 현재 실행 중인 코드는 계속해서 이전 버전을 사용하다가, 코드가 변경된 모듈을 명시적으로 참조할 때부터 그 프로세스에 대해 새로운 버전의 모듈이 실행된다.

이것이 바로 코드 핫 로딩에서 가장 중요한 부분 중 하나다. 새 릴리스가 기존 버전과 호환되지 않을 수 있지만, 현재 실행 중인 코드에는 영향이 없어야 한다. 따라서 얼랭은 기존 버전을 계속 실행하다가 다음 요청이 모듈을 명시적으로 참조하면 새 코드를 로드한다.

앞서 IEx 세션에서는 Sequence.Server.next_number를 호출했을 때 Sequence.Server 모듈을 참조해 리로딩이 이루어졌다. 이후부터는 0.2.0 버전의 릴리스가 요청을 받게 된다.

만약 새 릴리스가 문제를 일으키면 어떻게 해야 할까? 문제없다. 언제든지 이전 버전으로 다운그레이드할 수 있다.

```
$ ssh localhost ~/deploy/bin/sequence downgrade 0.1.0
Release sequence:0.1.0 is already unpacked!
Release sequence:0.1.0 is marked old, switching to it..
Installed release sequence:0.1.0
Made release sequence:0.1.0 permanent
```

```
iex(sequence@127.0.0.1)6> Sequence.Server.next_number
460
iex(sequence@127.0.0.1)7> Sequence.Server.next_number
461
```

아주 좋다. 이후 예제를 진행하기 위해 최신 버전으로 돌려놓자.

```
$ ssh localhost ~/deploy/bin/sequence upgrade 0.2.0
```

서버 상태 마이그레이션하기

상사가 부른다. 수열 서버를 사용한 사업이 매우 순조롭게 진행되어 이제 두 번째 투자를 받으려고 하는데 고객이 버그를 발견했다고 한다. 우리는 increment_number 함수를 현재 수에 특정한 값을 더하는 일회성 함수로 구현했다. 그런데 실제로는 next_number 함수 호출 시 받는 이전 수와 다음 수 간의 차이를 설정하는 기능이어야 한단다.

열어두었던 콘솔에서 현재 코드의 동작을 확인하자.

```
iex(sequence@127.0.0.1)8> Sequence.Server.next_number
"다음 번호는 462번입니다."
iex(sequence@127.0.0.1)9> Sequence.Server.increment_number 10
:ok
iex(sequence@127.0.0.1)10> Sequence.Server.next_number
"다음 번호는 473번입니다."
iex(sequence@127.0.0.1)11> Sequence.Server.next_number
"다음 번호는 474번입니다."
```

그렇다. increment_number 함수에 전달한 수는 딱 한 번만 더해진다. 코드는 어렵지 않게 수
정할 수 있다. 프로세스 상태에 값을 하나 더 추가하자. 바로 연속된 수들의 차이를 나타내는
delta다. 수정한 서버 코드는 다음과 같다.

코드: otp-app/sequence_v2/lib/sequence/server.ex

```
defmodule Sequence.Server do
  use      GenServer
  require Logger

  @vsn "1"

  defmodule State do
    defstruct(current_number: 0, delta: 1)
  end

  #####
  # 외부 API

  def start_link(_) do
    GenServer.start_link(__MODULE__, nil, name: __MODULE__)
  end

  def next_number do
    with number = GenServer.call(__MODULE__, :next_number) do
      "다음 번호는 #{number}번입니다."
    end
  end

  def increment_number(delta) do
    GenServer.cast __MODULE__, {:increment_number, delta}
```

```
    end

    #####
    # 젠서버 구현

    def init(_) do
      state = %State{ current_number: Sequence.Stash.get() }
      { :ok, state }
    end

    def handle_call(:next_number, _from, state = %{current_number: n}) do
      { :reply, n, %{state | current_number: n + state.delta} }
    end

    def handle_cast({:increment_number, delta}, state) do
      { :noreply, %{state | delta: delta }}
    end

    def terminate(_reason, current_number) do
      Sequence.Stash.update(current_number)
    end
  end
```

큰 변경점은 서버의 상태를 나타내는 데 구조체를 사용하고 delta를 추가했다는 점이다. increment_number 핸들러로 delta의 값을 수정하고 next_number 핸들러가 현재 값에 delta를 더하도록 수정했다.

서버 상태의 형식이 달라졌으므로 버전 번호(@vsn)를 1로 올렸다. 단순히 예전 서버 프로세스를 종료하고 새 프로세스를 시작하면 기존 프로세스에 저장된 상태를 잃게 된다. 그렇다고 상태를 그대로 복사할 수도 없다. 예전 서버 프로세스의 상태는 정수 하나였지만 지금은 구조체기 때문이다.

다행히 OTP에는 이 문제를 해결하기 위한 콜백 함수가 갖추어져 있다. 새 서버에서 code_change 함수를 구현하면 된다.

코드: otp-app/sequence_v2/lib/sequence/server.ex

```
  def code_change("0", old_state = current_number, _extra) do
    new_state = %State{
```

```
      current_number: current_number,
      delta:          1
    }
    Logger.info "Changing code from 0 to 1"
    Logger.info inspect(old_state)
    Logger.info inspect(new_state)
    { :ok, new_state }
  end
```

이 콜백은 이전 버전, 이전 상태 그리고 (우리가 사용하지 않을) 추가 파라미터까지 3개 인자를 받으며, {:ok, 새 상태}를 반환해야 한다. 예제에서 새 상태는 현재 수와 delta 값을 담은 구조체인데, delta는 1로 초기화하면 되겠다. 수정이 끝나면 mix.exs에서도 애플리케이션 버전을 올려야 한다.

코드: otp-app/sequence_v2/mix.exs

```
def project do
  [
    app: :sequence,
    version: "0.3.0",
    elixir: "~> 1.13",
    start_permanent: Mix.env() == :prod,
    deps: deps()
  ]
end
```

다시 새 릴리스를 만들자.

```
$ mix distillery.release --env=prod --upgrade
==> Assembling release..
==> Building release sequence:0.3.0 using environment prod
==> Generated .appup for sequence 0.2.0 -> 0.3.0
==> Relup successfully created
==> Including ERTS 12.2 from /usr/local/lib/erlang/erts-12.2
==> Packaging release..
Release successfully built!
```

배포할 곳에 파일을 복사하자.

```
$ ssh localhost mkdir ~/deploy/releases/0.3.0/
$ scp _build/dev/rel/sequence/releases/0.3.0/sequence.tar.gz \
    localhost:deploy/releases/0.3.0/
```

그리고 아무 일 없기를 기대하며 애플리케이션을 업그레이드하자.

```
$ ssh localhost ~/deploy/bin/sequence upgrade 0.3.0
Release sequence:0.3.0 not found, attempting to unpack releases/0.3.0/sequence.
tar.gz
Unpacked '0.3.0' successfully!
Release sequence:0.3.0 is already unpacked, installing..
Installed release sequence:0.3.0
Made release sequence:0.3.0 permanent
```

그러자 콘솔 창에 마법 같은 일이 일어난다.

```
16:03:12.096 [info]  Changing code from 0 to 1
16:03:12.096 [info]  459
16:03:12.096 [info]  %Sequence.Server.State{current_number: 459, delta: 1}
```

code_change 함수에 추가한 로그 메시지가 출력되었다. 서버의 상태가 잘 마이그레이션된 듯하다. 한번 실행해보자.

```
iex(sequence@127.0.0.1)11> Sequence.Server.next_number
"다음 번호는 459번입니다."
iex(sequence@127.0.0.1)12> Sequence.Server.increment_number 10
:ok
iex(sequence@127.0.0.1)13> Sequence.Server.next_number
"다음 번호는 460번입니다."
iex(sequence@127.0.0.1)14> Sequence.Server.next_number
"다음 번호는 470번입니다."
```

수정한 내용이 새 프로세스 상태 구조에서 잘 동작한다. 지금까지 코드를 두 번 수정하고 데이터 마이그레이션을 한 번 수행했는데, 이 작업은 모두 애플리케이션이 계속 실행 중인 상태에서 이루어졌다. 어떤 서비스 장애나 데이터 유실도 일어나지 않았다.

고대 그리스 철학자인 플루타르코스Plutarch가 제기한 **테세우스의 배**라는 역설이 있다. 선박이 오랜 시간에 걸쳐 조금씩 구조를 바꾸어나갔는데 그동안 계속해서 운행되고 있었다면 바뀐 배는 처음 배와 같은가 하는 물음이다.

엘릭서 릴리스 관리를 사용하는 애플리케이션은 테세우스의 배와 같은 방식으로 동작한다. 항상 동작하고 있으면서도 지속적으로 갱신된다. 과연 최신 버전의 애플리케이션은 처음 애플리케이션과 같을까? 하지만 애플리케이션이 계속 동작하는 한 무엇이든 어떠한가?

20.7 OTP는 믿을 수 없을 정도로 거대하다

이 책에서 다룬 내용은 OTP를 겉핥기로 본 정도에 지나지 않는다. 다만 OTP에 관한 주요 개념과, 무엇을 할 수 있는지에 관한 아이디어를 소개했(기를 바란)다.

이 책에서 소개한 내용 외에도 OTP는 분산 애플리케이션의 페일오버, 자동 스케일링 등을 포함한다. 당신의 애플리케이션에서 이런 것들을 해아 한다면, OTP 애플리케이션이 의도한 대로 작동하기 위해 필요한 세부 내용을 아는 전문가를 이미 영입했거나 곧 필요하게 될 것이다.

OTP로 규모와 정교함을 모두 갖추어 애플리케이션을 스케일링하는 일은 결코 간단하지 않다. 하지만 이제 당신은 작은 것부터 시작해서 그곳까지 갈 수 있음을 안다.

한편 좀 더 간단히 작성 가능한 OTP 서버도 있다. 다음 장에서 바로 알아보자.

연습문제

20-3 코드를 수정해 적용한 뒤로 상사는 `increment_number`가 명세대로 잘 작동함을 알게 되었다. 그런데 프로세스가 크래시되면 `delta`가 유실된다는 사실도 알게 되었다. 서버 상태를 이루는 두 값을 모두 임시 저장stash하는 릴리스를 새로 만들어보자.

## CHAPTER 21

태스크와 에이전트

2부는 프로세스와 프로세스의 분산에 관한 내용이다. 지금까지는 극단적으로 다른 두 가지 방법을 다루었다. 하나는 메시지 송수신, 노드 간 통신을 직접 다루는 원시 spawn이었고 다른 하나는 수백 근 나가는 고릴라 같은 프로세스 아키텍처인 OTP였다.

가끔은 그 중간 어딘가에 위치한 것이 필요할 때가 있다. 백그라운드 처리나 상태 관리를 위해 간단한 프로세스를 실행하고 싶을 때 말이다. spawn, send, receive와 같은 저수준 처리를 신경 쓰고 싶지는 않으며, 젠서버의 추가적인 제어 기능이 필요한 것도 아니다.

이때 간단히 사용할 수 있도록 추상화된 두 가지 개념이 있다. 바로 **태스크**^Task와 **에이전트**^Agent다. 태스크와 에이전트는 OTP의 기능을 사용하면서도 OTP의 세부적인 내용과는 분리되어 있다.

21.1 태스크

엘릭서 태스크는 백그라운드에서 동작하는 함수다.

코드: tasks/tasks1.exs

```
defmodule Fib do
  def of(0), do: 0
  def of(1), do: 1
```

```
  def of(n), do: Fib.of(n-1) + Fib.of(n-2)
end

IO.puts "Start the task"
worker = Task.async(fn -> Fib.of(20) end)
IO.puts "Do something else"
# ...
IO.puts "Wait for the task"
result = Task.await(worker)
IO.puts "The result is #{result}"
```

Task.async를 호출하면 주어진 함수를 실행하는 별도의 프로세스를 생성하고, 태스크를 식별하는 태스크 디스크립터(PID와 레퍼런스)를 반환한다.

태스크가 실행되는 중에도 코드는 다른 작업을 계속한다. 함수의 결과를 얻고 싶을 때는 Task.await에 태스크 디스크립터를 넣어 호출하면 된다. 이 호출은 백그라운드 태스크가 끝날 때까지 기다렸다가 값을 반환한다. 코드를 실행한 결과는 다음과 같다.

```
$ elixir tasks1.exs
Start the task
Do something else
Wait for the task
The result is 6765
```

다음과 같이 Task.async에 모듈, 함수 이름, 인자 리스트를 전달해 실행할 수도 있다.

코드: tasks/tasks2.exs

```
worker = Task.async(Fib, :of, [20])
result = Task.await(worker)
IO.puts "The result is #{result}"
```

21.1.1 태스크와 프로세스 관리

태스크 역시 OTP 서버로 구현되었으므로 애플리케이션의 슈퍼비전 트리에 추가할 수 있다. 추가하는 방법은 여러 가지다.

첫 번째 방법은 async 대신 start_link를 호출해 (이미 슈퍼바이저가 관리하고 있는) 현재 프로세스에 태스크를 링크하는 것이다. 이 방법은 생각보다 효과적이지 않다. start_link로 태스크 실행 시, 태스크에서 크래시가 발생하면 현재 프로세스까지 즉시 종료된다. async를 사용하면 크래시가 발생한 태스크에 await를 호출했을 때만 현재 프로세스가 종료된다.

두 번째 방법은 슈퍼바이저에서 태스크를 직접 실행하는 것이다. 실행할 모듈로 내장 모듈인 Task를 지정하고, 백그라운드에서 실행할 함수를 파라미터로 전달하면 된다.

```elixir
children = [
  { Task, fn -> do_something_extraordinary() end }
]

Supervisor.start_link(children, strategy: :one_for_one)
```

한발 더 나아가, 슈퍼바이저에서 태스크 코드를 분리해 별도의 모듈로 만들 수도 있다.

코드: tasks/my_app/lib/my_app/my_task.ex

```elixir
defmodule MyApp.MyTask do
  use Task

  def start_link(param) do
    Task.start_link(__MODULE__, :thing_to_run, [ param ])
  end

  def thing_to_run(param) do
    IO.puts "running task with #{param}"
  end
end
```

여기에서 중요한 부분은 use Task다. 이 줄은 child_spec 함수를 정의해 슈퍼바이저가 모듈을 관리할 수 있도록 한다.

```elixir
children = [
  { MyApp.MyTask, 123 }
]
```

단 이 경우에는 코드에서 직접 Task.async를 호출하지 않으므로 Task.await를 사용할 수 없다는 단점이 있다.

해결책은 태스크를 동적으로 관리하는 것이다. 일반적인 서버에서 DynamicSupervisor를 사용하는 것과 비슷하다. 자세한 내용은 태스크를 소개하는 공식 문서에서 확인하자.[1]

다만 너무 멀리 가기 전에 기억해두자. 단순히 start_link를 호출하는 것으로 충분할 수도 있다.

21.2 에이전트

에이전트는 상태를 관리하는 백그라운드 프로세스다. 이 상태에는 프로세스, 노드, 다른 노드 등 다양한 곳에서 접근할 수 있다.

에이전트의 초기 상태는 에이전트를 시작할 때 전달한 함수가 반환하는 값으로 설정된다.

Agent.get에 에이전트 디스크립터(PID)와 함수를 넘기면 상태를 얻어올 수 있다. 에이전트는 현재 상태에 대해 함수를 실행한 뒤 그 결과를 반환한다.

에이전트의 상태를 변경하려면 Agent.update를 사용한다. get을 호출할 때와 마찬가지로 함수를 넘기면 된다. 단 get은 함수의 값을 반환할 뿐 상태에는 영향을 미치지 않지만, update를 호출하면 상태가 함수의 결과로 갱신된다.

간단한 예제를 하나 보자. 다음 코드에서는 초기 상태가 정수 0인 에이전트를 하나 생성한다. 상태를 조회하기 위해 항등 함수 &(&1)[2]을 사용하고, Agent.update에 &(&1+1)을 전달해 상태를 증가시킨다. 그리고 get을 다시 한번 호출해 갱신된 상태를 확인한다.

```
iex> { :ok, count } = Agent.start(fn -> 0 end)
{:ok, #PID<0.69.0>}
iex> Agent.get(count, &(&1))
0
iex> Agent.update(count, &(&1+1))
:ok
```

---

1 https://hexdocs.pm/elixir/Task.html

2 옮긴이_ 엘릭서 1.10부터 항등 함수인 Function.identity/1을 사용할 수도 있다.

```
iex> Agent.update(count, &(&1+1))
:ok
iex> Agent.get(count, &(&1))
2
```

예제에서 count 변수는 에이전트 프로세스의 PID를 가지는데, 에이전트에도 로컬이나 글로벌 이름을 붙이고 그 이름으로 접근할 수도 있다.

다음 예제는 엘릭서가 대문자로 시작하는 단어를 Elixir.가 앞에 붙는 아톰으로 바꾼다는 점을 이용한다. 예제에서 Sum은 사실 :"Elixir.Sum"이라는 아톰이다.

```
iex> Agent.start(fn -> 1 end, name: Sum)
{:ok, #PID<0.78.0>}
iex> Agent.get(Sum, &(&1))
1
iex> Agent.update(Sum, &(&1+99))
:ok
iex> Agent.get(Sum, &(&1))
100
```

이어지는 예제에서는 더 일반적인 사용 방법을 살펴본다. Frequency 모듈은 단어와 단어의 빈도를 맵에 담아 관리한다. 이 맵은 모듈명과 같은 이름의 에이전트에 저장된다.

예제에서는 start_link 함수가 모든 초기화 작업을 진행하는데, 일반적인 mix 프로젝트에서 이 함수는 애플리케이션 초기화 과정에서 슈퍼바이저에 의해 실행된다.

코드: tasks/agent_dict.exs

```
defmodule Frequency do
  def start_link do
    Agent.start_link(fn -> %{} end, name: __MODULE__)
  end

  def add_word(word) do
    Agent.update(__MODULE__,
                 fn map ->
                     Map.update(map, word, 1, &(&1+1))
                 end)
  end
```

```
  def count_for(word) do
    Agent.get(__MODULE__, fn map -> map[word] end)
  end

  def words do
    Agent.get(__MODULE__, fn map -> Map.keys(map) end)
  end
end
```

코드를 IEx에서 실행해보자.

```
iex> c "agent_dict.exs"
[Frequency]
iex> Frequency.start_link
{:ok, #PID<0.101.0>}
iex> Frequency.add_word "dave"
:ok
iex> Frequency.words
["dave"]
iex> Frequency.add_word "was"
:ok
iex> Frequency.add_word "here"
:ok
iex> Frequency.add_word "he"
:ok
iex> Frequency.add_word "was"
:ok
iex> Frequency.words
["he", "dave", "was", "here"]
iex> Frequency.count_for("dave")
1
iex> Frequency.count_for("was")
2
```

Frequency 모듈을 젠서버의 구현부로 생각할 수도 있다. 에이전트는 젠서버 사용 시 해야 했던 많은 일들을 간단하게 추상화한다.

21.3 더 큰 예제

11장 '문자열과 바이너리'의 연습문제에서 살펴본 애너그램 코드[3]를 태스크와 에이전트를 사용해 다시 만들어보자.

분리된 파일로 저장된 사전 데이터를 병렬적으로 가져오자. 각 태스크가 하나의 사전을 처리하도록 하고, 에이전트에 단어 리스트와 시그니처를 저장하자.

코드: tasks/anagrams.exs

```elixir
defmodule Dictionary do
  @name __MODULE__

  ##
  # 외부 API
  def start_link,
  do: Agent.start_link(fn -> %{} end, name: @name)

  def add_words(words),
  do: Agent.update(@name, &do_add_words(&1, words))

  def anagrams_of(word),
  do: Agent.get(@name, &Map.get(&1, signature_of(word)))

  ##
  # 내부 구현
  defp do_add_words(map, words),
  do: Enum.reduce(words, map, &add_one_word(&1, &2))

  defp add_one_word(word, map),
  do: Map.update(map, signature_of(word), [word], &[word|&1])

  defp signature_of(word),
  do: word |> to_charlist |> Enum.sort |> to_string
end

defmodule WordlistLoader do
  def load_from_files(file_names) do
    file_names
    |> Stream.map(fn name -> Task.async(fn -> load_task(name) end) end)
```

---

3 옮긴이_ 문제 정의가 같지는 않으나, 애너그램의 정의에 관해서는 11장 '문자열과 바이너리'의 연습문제 [11-2]를 참조하자.

```
    |> Enum.map(&Task.await/1)
  end

  defp load_task(file_name) do
    File.stream!(file_name, [], :line)
    |> Enum.map(&String.trim/1)
    |> Dictionary.add_words
  end
end
```

단어 리스트가 담긴 네 개의 파일에는 다음 내용이 저장되어 있다.

list1	list2	list3	list4
angor	ester	palet	rogan
argon	estre	patel	ronga
caret	goran	pelta	steer
carte	grano	petal	stere
cater	groan	pleat	stree
crate	leapt	react	terse
creat	nagor	recta	tsere
creta	orang	reest	tepal

실행해보자.

```
$ iex anagrams.exs
iex> Dictionary.start_link
{:ok, #PID<0.66.0>}
iex> Enum.map(1..4, &"words/list#{&1}") |> WordlistLoader.load_from_files
[:ok, :ok, :ok, :ok]
iex> Dictionary.anagrams_of "organ"
["ronga", "rogan", "orang", "nagor", "groan", "grano", "goran", "argon", "angor"]
```

21.3.1 분산 처리하기

에이전트와 태스크는 OTP 서버로서 동작한다. 따라서 분산 처리하기도 쉽다. 에이전트에 글로벌 이름을 주기만 하면 되므로 코드 한 줄로 충분하다.

```
@name {:global, __MODULE__}
```

이제 두 노드에 코드를 실행하고 서로 연결해보자(노드에 이름을 지어주어야 함을 잊지 말자)[4].

터미널 #1

```
$ iex --sname one anagrams_dist.exs
iex(one@FasterAir)>
```

터미널 #2

```
$ iex --sname two anagrams_dist.exs
iex(two@FasterAir)> Node.connect :"one@FasterAir"
true
iex(two@FasterAir)> Node.list
[:one@FasterAir]
```

사전 정보를 담을 딕셔너리 에이전트를 첫 번째 노드에 띄우고, 두 노드를 모두 활용해 사전 데이터를 로드하자.

터미널 #1

```
iex(one@FasterAir)> Dictionary.start_link
{:ok, #PID<0.68.0>}
iex(one@FasterAir)> WordlistLoader.load_from_files(~w{words/list1 words/list2})
[:ok, :ok]
```

터미널 #2

```
iex(two@FasterAir)> WordlistLoader.load_from_files(~w{words/list3 words/list4})
[:ok, :ok]
```

....

4 옮긴이_ 원서의 anagrams_dist.exs 파일에서는 번역 시점의 엘릭서 최신 버전(1.13)에서 지원 중단된 함수를 사용한다. 번역서의 예제 코드를 참조하거나, 이전에 실행했던 anagrams.exs 파일의 @name __MODULE__ 부분만 @name {:global, __MODULE__}로 변경한 뒤 실행하면 된다.

사전 데이터 로드를 마친 뒤 두 노드의 에이전트에 질의해보자.

```
iex(one@FasterAir)> Dictionary.anagrams_of "argon"
["ronga", "rogan", "orang", "nagor", "groan", "grano", "goran", "argon", "angor"]
```

```
iex(two@FasterAir)> Dictionary.anagrams_of "crate"
["recta", "react", "creta", "creat", "crate", "cater", "carte", "caret"]
```

21.4 에이전트와 태스크냐, 젠서버냐

언제 에이전트와 태스크를 사용하고, 언제 젠서버를 사용해야 할까? 답은 가능한 한 간단한 접근법을 사용하는 것이다. 에이전트와 태스크는 매우 구체적인 백그라운드 작업을 다룰 때 아주 좋다. 반면 젠서버는 (GenServer라는 이름이 말해주듯) 더 일반적인general 경우에 사용한다.

단, 애너그램 예제에서처럼 에이전트와 태스크를 모듈로 감싸면 무엇을 사용할지에 관한 결정의 무게를 덜 수 있다. 그러면 나머지 코드에 영향을 주지 않고도 에이전트나 태스크를 사용한 구현에서 완전한 젠서버 구현으로 얼마든지 바꿀 수 있다.

엘릭서의 동시성에 관한 내용은 여기까지다. 이어서 엘릭서의 또 다른 특징적인 기능들을 확인하러 가자.

Part III

엘릭서 심화

엘릭서를 사용하면서 느끼는 즐거움은 '보이는 대로 결과를 얻는다(What you see is what you get)'라는 개념을 넘어선다는 점에 있다. 엘릭서에서는 주어진 문법에 머물지 않고 다른 여러 가지 방식으로 언어를 확장할 수 있다. 이를 통해 코드 위에 추상화된 계층을 하나 더 추가할 수 있게 되고, 코드를 읽고 사용하기가 더 쉬워진다.

3부에서는 언어 문법을 확장하는 매크로, 기존 모듈을 더 다양하게 활용하도록 하는 프로토콜, 모듈에 능력을 더해주는 use를 살펴본다. 그리고 엘릭서에 관한 소소한 팁을 소개하는 장으로 책을 마친다.

Part III

엘릭서 심화

## CHAPTER 22

매크로와 코드 실행

혹시 작성하려는 코드에 맞는 기능을 프로그래밍 언어에서 지원하지 않아 곤란했던 적이 있는가? 함수로 정리하기 어려운 코드를 마지못해 반복한 적이 있는가? 또는 도메인에 좀 더 적합한 방법으로 개발할 수 있기를 바란 적이 있는가?

그렇다면 이번 장이 아주 유익할 것이다. 하지만 본론으로 들어가기 전에 먼저 경고해두겠다. 매크로는 코드를 더 이해하기 어렵게 만들 가능성이 높다. 언어의 일부분을 다시 작성하기 때문이다. 그러므로 함수를 사용할 수 있는 경우에는 절대 매크로를 사용하지 말자.

> **WARNING_** 다시 한번 강조한다. 함수를 사용할 수 있는 경우에는 절대 매크로를 사용하지 말자.

사실 일반적인 애플리케이션을 만들 때는 매크로를 쓸 일이 없다. 하지만 라이브러리를 만들면서 다음 장에서 볼 메타프로그래밍 기법을 하나쯤 사용하고 싶다면 매크로가 어떻게 동작하는지 알아두는 편이 좋다.

22.1 if 문 구현하기

엘릭서에 if 문이 없고 case만 사용할 수 있다고 생각해보자. 오랜 친구인 while 반복문을 포기하는 것은 각오했지만 **if**까지 포기하는 것은 너무하기에 비슷한 걸 하나 만들기로 했다.

대략 이런 느낌으로 사용하고자 한다.

```
myif <<조건>> do
  <<참일 때 실행할 코드>>
else
  <<거짓일 때 실행할 코드>>
end
```

엘릭서의 블록은 키워드 리스트 파라미터로 바뀌므로 이 코드는 다음과도 같다.

```
myif <<조건>>,
    do:   <<참일 때 실행할 코드>>,
    else: <<거짓일 때 실행할 코드>>
```

실제로는 이런 식으로 호출할 것이다.

```
My.myif 1==2, do: (IO.puts "1 == 2"), else: (IO.puts "1 != 2")
```

일단 **myif**를 함수로 구현해보자.

```
defmodule My do
  def myif(condition, clauses) do
    do_clause   = Keyword.get(clauses, :do, nil)
    else_clause = Keyword.get(clauses, :else, nil)

    case condition do
      val when val in [false, nil] -> else_clause
      _otherwise -> do_clause
    end
  end
end
```

그럴듯해 보이나, 코드를 실행하면 의외의 값이 출력된다.

```
iex> My.myif 1==2, do: (IO.puts "1 == 2"), else: (IO.puts "1 != 2")
1 == 2
1 != 2
:ok
```

myif 함수를 호출하면 엘릭서는 파라미터를 전달하기 전에 그 값을 모두 계산한다. 따라서 do:
와 else: 절의 내용 모두가 계산되어 그 결과가 출력된다. IO.puts 함수는 성공 시 :ok를 반
환하므로 실제로 myif에 전달되는 값은 다음과 같다.

```
myif 1==2, do: :ok, else: :ok
```

바로 이것이 :ok가 반환되는 이유다. 의도한 대로 동작하려면 각 절의 코드가 더 늦게 실행되
도록 해야 한다. 바로 여기에 매크로가 필요하다.

myif 매크로를 본격적으로 구현하기 전에 배경지식을 조금 익히고 가자.

22.2 매크로는 코드를 주입한다

우리가 엘릭서 컴파일러라고 생각해보자. 우리는 모듈의 소스 코드를 위에서 아래로 쭉 읽어서
코드에 관한 내부 표현을 만들어낸다. 엘릭서 코드의 내부 표현은 중첩된 튜플로 이루어져 있
다. 매크로를 사용하려면 컴파일러에게 그 튜플의 일부를 바꿀 거라고 전할 방법이 필요하다.
그래서 사용하는 것이 defmacro, quote, unquote다.

def로 함수를 정의하듯 defmacro로 매크로를 정의한다. 어떤 식으로 정의하는지는 곧 보게 된
다. 하지만 진짜 마법은 매크로를 정의할 때가 아니라 사용할 때 일어난다.

매크로에 파라미터를 전달하면 엘릭서는 그 파라미터를 실행하지 않고 코드를 내부적으로 표
현하는 튜플 형태로 매크로에 전달한다. 받은 파라미터를 출력하는 단순한 매크로를 정의해 실
험해보자.

```
defmodule My do
  defmacro macro(param) do
    IO.inspect param
  end
end

defmodule Test do
  require My

  # 이 값들은 내부 표현과 같다
  My.macro :atom          # => :atom
  My.macro 1              # => 1
  My.macro 1.0            # => 1.0
  My.macro [1,2,3]        # => [1,2,3]
  My.macro "binaries"     # => "binaries"
  My.macro { 1, 2 }       # => {1,2}
  My.macro do: 1          # => [do: 1]

  # 다음 값들은 3-튜플로 표현된디

  My.macro { 1,2,3,4,5 }
  # =>  {:"{}",[line: 20],[1,2,3,4,5]}

  My.macro do: ( a = 1; a+a )
  # => [do:
  #      {:__block__,[],
  #        [{:=,[line: 22],[{:a,[line: 22],nil},1]},
  #          {:+,[line: 22],[{:a,[line: 22],nil},{:a,[line: 22],nil}]}]}]]

  My.macro do
    1+2
  else
    3+4
  end
  # =>   [do: {:+,[line: 24],[1,2]},
  #       else: {:+,[line: 26],[3,4]}]

end
```

아톰, 숫자, 리스트(키워드 리스트 포함), 바이너리, 2-튜플은 내부적으로도 그 자체로 표현된다. 이외의 엘릭서 코드는 모두 3-튜플로 표현된다. 지금 단계에서 이 내부 표현의 동작 원리는 그리 중요하지 않다.

22.2.1 로드 순서

앞선 코드에서는 한 모듈에 defmacro를 두고, 다른 모듈에서 그 매크로를 사용하면서 require를 사용했다. 이 구조가 조금 이상하게 느껴질 수도 있다.

매크로는 프로그램이 실행되기 전에 전개된다. 따라서 어떤 모듈에 정의된 매크로는 그 매크로를 사용하는 다른 모듈이 컴파일되는 시점에 사용 가능한 상태여야 한다. require를 사용하면 현재 모듈이 컴파일되기 전에 참조한 모듈이 컴파일됨을 보장한다. require는 한 모듈에서 정의한 매크로를 다른 모듈에서 사용하기 위해 자주 이용된다.[1]

하지만 모듈을 하나로 합치지 않고 두 개로 나눈 이유는 이 설명만으로는 명확하지 않은데, 이는 엘릭서가 파일을 먼저 컴파일한 뒤에 실행한다는 사실과 관련있다.

예를 들어 파일마다 모듈이 하나씩 있고 파일 A에 있는 모듈을 파일 B에서 참조한다고 하자. 이때는 파일 A에 있는 모듈을 먼저 로드해오면 모든 것이 잘 돌아간다. 하지만 어떤 모듈과 그 모듈을 사용하는 코드가 같은 파일, 같은 스코프 안에 정의되어 있으면 엘릭서 컴파일러가 매크로 모듈을 로드해올 수 없다. 매크로를 사용하려면 매크로가 먼저 컴파일되어 있어야 하는데, 이 경우 컴파일이 한꺼번에 일어나기 때문이다. 그 결과 다음과 같은 오류가 발생한다.[2]

```
** (CompileError) dumper1.exs:7: module My is not loaded but was defined. This
happens when you depend on a module in the same context in which it is defined.
```

정상적으로 실행하려면 매크로가 정의된 모듈 My를 사용하는 코드를 별도의 모듈로 분리한 뒤, My 모듈을 로드하도록 명시적으로 강제해야 한다.

22.2.2 quote 함수

조금 전에 확인했듯, 매크로에는 계산되지 않은 파라미터가 전달된다. 이와 비슷하게 코드를

---

1 옮긴이_ 13장 '첫 번째 프로젝트'에서 로그를 사용하며 require Logger를 호출한 이유가 바로 이것이다.

2 옮긴이_ macros/eg1.exs 파일을 실행하면 이 결과를 확인할 수 있다.

계산되지 않은 내부 표현 그대로 유지하도록 강제하는 함수 quote가 있다. quote는 블록을 받아 블록 안에 있는 코드의 내부 표현을 반환한다. IEx를 사용해 조금 가지고 놀아보자.

```
iex> quote do: :atom
:atom
iex> quote do: 1
1
iex> quote do: 1.0
1.0
iex> quote do: [1,2,3]
[1,2,3]
iex> quote do: "binaries"
"binaries"
iex> quote do: {1,2}
{1,2}
iex> quote do: [do: 1]
[do: 1]
iex> quote do: {1,2,3,4,5}
{:"{}",[],[1,2,3,4,5]}
iex> quote do: (a = 1; a + a)
{:__block__, [],
 [{:=, [], [{:a, [], Elixir}, 1]},
  {:+, [context: Elixir, import: Kernel],
   [{:a, [], Elixir}, {:a, [], Elixir}]}]}
iex> quote do: [ do: 1 + 2, else: 3 + 4]
[do: {:+, [context: Elixir, import: Kernel], [1, 2]},
 else: {:+, [context: Elixir, import: Kernel], [3, 4]}]
```

quote를 문자열 리터럴과 비교해 생각할 수도 있다. "abc"라는 문자열이 있을 때는, 큰따옴표(")를 '이 안에 든 내용을 문자열로 간주해 해석하고, 알맞은 내부 표현을 반환하라'라는 명령으로 해석할 수 있다. quote도 비슷하다. '이 안에 든 내용을 코드로 간주해 해석하고, 알맞은 내부 표현을 반환하라'라는 명령으로 볼 수 있다.

22.3 내부 표현을 코드로서 다루기

매크로 파라미터나 quote를 사용해 코드의 내부 표현을 추출하면 그 내부 표현은 컴파일 결과물에서 일시적으로 제외된다. 즉, 코드 사이에서 어떤 독립된 지점이 만들어진다. 그렇다면 이 내부 표현을 컴파일한 결과물에 다시 추가하려면 어떻게 해야 할까?

매크로를 그대로 사용하면 된다. 함수와 마찬가지로, 매크로가 반환하는 값은 매크로 안에서 마지막으로 계산된 표현식이다. 표현식의 결과 역시 코드의 내부 표현이어야 한다. 하지만 매크로는 이 내부 표현을 매크로를 호출한 곳으로 반환하지 않는다는 점에서 함수와는 조금 다르다. 즉, 매크로를 호출한 쪽의 코드가 확장되는 것이 아니다(**22.5절 '매크로의 스코프 분리'**에서 좀더 자세히 살펴본다). 매크로가 반환한 코드는 프로그램의 내부 표현(컴파일 결과)에 직접 주입되고, 매크로를 호출한 쪽으로는 주입된 코드가 실행된 결과만을 반환한다. 단 실행은 필요할 때만 일어난다.

이 동작을 재현해보자. 먼저 파라미터를 받아 화면에 출력한 뒤 그것을 그대로 반환하는 매크로를 정의한다. 매크로에 넘긴 코드는 내부 표현으로 바뀌어 전달되고, 매크로가 코드를 반환하면 그 표현이 컴파일 트리에 추가된다.

코드: macros/eg.exs

```
defmodule My do
  defmacro macro(code) do
    IO.inspect code
    code
  end
end

defmodule Test do
  require My
  My.macro(IO.puts("hello"))
end
```

코드를 실행하면 다음 내용이 출력된다.

```
{{:., [line: 10], [{:__aliases__, [line: 10], [:IO]}, :puts]}, [line: 10],
["hello"]}
hello
```

이제 매크로가 다른 코드 조각을 반환하도록 수정해보자. 내부 표현을 생성하려면 **quote**를 사용한다.

코드: macros/eg1.exs

```
defmodule My do
  defmacro macro(code) do
    IO.inspect code
    quote do: IO.puts "Different code"
  end
end

defmodule Test do
  require My
  My.macro(IO.puts("hello"))
end
```

코드를 실행하면 다음 내용이 출력된다.

```
{{:., [line: 10], [{:__aliases__, [line: 10], [:IO]}, :puts]}, [line: 10],
["hello"]}
Different Code
```

IO.puts("hello")를 파라미터로 전달했으나 이 코드는 실행되지 않았다. 대신 quote를 사용
해 만들어낸 코드 조각이 실행되었다.

myif를 만들기 전에 하나 더 알아둘 것이 있다. 이미 존재하는 코드 조각을 quote 블록 내에
넣을 방법이 필요하다. 두 가지 방법이 있는데, unquote 함수나 바인딩을 이용하는 것이다.

22.3.1 unquote 함수

미리 정리를 해두자. 먼저, unquote는 quote 안에서만 쓸 수 있다. 두 번째로, unquote는 그
다지 좋지 않은 명명이다. 이 함수는 inject_code_fragment와 같은 이름이 되었어야 했다.

왜 이 함수가 필요한지 살펴보자. 다음은 파라미터로 받은 코드 조각의 실행 결과를 출력하려
는 매크로다.

```
defmacro macro(code) do
  quote do
    IO.inspect(code)
```

```
    end
  end
```

불행히도 이 코드를 실행하면 오류가 발생한다.

```
** (CompileError).../eg2.ex:11: undefined function code/0
```

엘릭서는 quote 블록 안에 있는 내용을 일반적인 코드로 생각하고 파싱한다. 따라서 code는 값 대신 그 이름 그대로 코드 조각에 추가되어 반환된다. 하지만 우리는 이 동작을 기대하지 않았다. code에 담긴 코드 조각을 컴파일 트리에 추가하려던 것이지 code라는 이름 자체를 추가하고 싶지는 않았다. 바로 여기가 unquote를 사용할 자리다. unquote는 일시적으로 코드 파싱을 멈추고 코드 조각을 그대로 quote가 반환할 내용에 주입한다.

코드: macros/eg2.exs

```
defmodule My do
  defmacro macro(code) do
    quote do
      IO.inspect(unquote(code))
    end
  end
end
```

quote 블록 안에서 엘릭서는 열심히 코드를 파싱해 내부 표현을 생성한다. 그러다가 unquote를 만나면 파싱을 멈추고 code의 값을 그대로 생성되는 코드에 추가한다. unquote가 끝나면 원래 하던 파싱 작업으로 되돌아간다.

unquote를 다르게 생각할 수도 있다. unquote는 그 안에 있는 코드의 실행을 연기하는 방법이기도 하다. 이 코드는 quote 블록이 파싱될 때 실행되지 않고, quote 블록이 만들어낸 코드가 실행될 때 함께 실행된다.

또는 quote를 문자열 리터럴로 비유한 것의 연장선에서 생각할 수도 있다. 이때 (좀 비약적이긴 하지만) unquote를 문자열 삽입에 비유할 수 있다. "sum=#{1+2}"라는 코드가 있으면 엘릭서는 1+2를 계산한 뒤 결과를 따옴표 내의 문자열에 삽입한다. 마찬가지로 quote do: def unquote(name) do end와 같은 코드가 있으면 엘릭서는 name 변수에 담긴 내용을 quote의 결과물에 삽입한다.

리스트 확장하기: unquote_splicing

다음 코드를 보자.

```
iex> Code.eval_quoted(quote do: [1,2,unquote([3,4])])
{[1,2,[3,4]],[]}
```

리스트 [3,4]는 리스트로서 전체 리스트에 추가되고, 결과는 [1,2,[3,4]]가 된다. 리스트가
아니라 리스트의 각 요소만을 추가하려면 unquote_splicing을 사용하자.

```
iex> Code.eval_quoted(quote do: [1,2,unquote_splicing([3,4])])
{[1,2,3,4],[]}
```

작은따옴표 문자열은 문자의 리스트이므로 다음처럼 활용할 수도 있다.

```
iex> Code.eval_quoted(quote do: [?a, ?= ,unquote_splicing('1234')])
{'a=1234',[]}
```

22.3.2 myif 매크로로 돌아와서

이제 if 매크로를 만드는 데 필요한 지식을 모두 갖추었다.

코드: macros/myif.ex

```
defmodule My do
  defmacro if(condition, clauses) do
    do_clause   = Keyword.get(clauses, :do, nil)
    else_clause = Keyword.get(clauses, :else, nil)
    quote do
      case unquote(condition) do
        val when val in [false, nil] -> unquote(else_clause)
        _                            -> unquote(do_clause)
      end
    end
  end
```

```
    end
  end

defmodule Test do
  require My
  My.if 1==2 do
    IO.puts "1 == 2"
  else
    IO.puts "1 != 2"
  end
end
```

공부한 보람이 있었다.

if 매크로는 조건과 키워드 리스트를 받는다. 조건과 키워드 리스트의 각 항목은 코드 내부 표현의 형태로 매크로에 전달된다.

매크로는 먼저 리스트에서 do:와 else: 절을 추출한다. 그러면 if를 만들 준비가 끝나므로 quote 문을 연다. quote 블록 안에서는 case를 사용한다. case 문은 조건을 검사하므로 조건 부분의 코드를 주입하려면 unquote를 사용해야 한다.

조건은 case 문을 실제 실행할 때 계산된다. 결과가 nil 또는 false이면 첫 번째 패턴, 그렇지 않으면 두 번째 패턴에 각각 매칭된다. 매칭 결과에 따라 키워드 리스트의 do: 또는 else:에 있는 코드를 실행해야 하므로, 실행할 코드를 case 안에 주입하기 위해 unquote를 추가로 사용한다.

연습문제

22-1 unless의 기능을 구현한 myunless 매크로를 구현해보자. if 표현식을 사용할 수 있다.

22-2 숫자 하나를 인자로 받는 times_n 매크로를 구현해보자. 이 매크로는 호출한 모듈에 times_n이라는 함수를 정의한다. 정의된 함수는 숫자 하나를 받아 n을 곱한 결과를 반환한다. 즉, times_n(3)과 같이 호출하면 times_3이라는 함수가 정의되고, times_3(4)는 12를 반환한다. 사용 예는 다음과 같다.

```
defmodule Test do
  require Times
  Times.times_n(3)
```

```
      Times.times_n(4)
  end

  IO.puts Test.times_3(4) # 12
  IO.puts Test.times_4(5) # 20
```

22.4 값 주입에 바인딩 사용하기

quote 블록에 값을 주입하는 방법이 두 가지임을 기억할 것이다. 하나는 unquote를 사용하는 방법이고, 다른 하나는 바인딩을 사용하는 방법이다. 하지만 둘은 사용처도 다르고 의미적으로도 다르다.

바인딩은 단순히 변수명과 그 값으로 이루어진 키워드 리스트다. quote 블록에 바인딩을 전달하면 그 변수들은 quote 블록 내에 정의되어 참조할 수 있게 된다. 매크로가 컴파일 타임에 실행되어 런타임에 계산된 값들에는 접근할 수 없기에, 런타임에 생성된 값을 참조하려는 경우 바인딩을 이용하는 이 방식이 유용하게 쓰인다.

예시를 하나 보자. 자신의 함수명을 반환하는 함수를 정의하는 매크로를 만들려 한다.

```
defmacro mydef(name) do
  quote do
    def unquote(name)(), do: unquote(name)
  end
end
```

mydef(:some_name)과 같이 호출해보자. 매크로가 :some_name을 반환하는 함수를 정의한다. 잘 돌아간다.

첫 번째 시도가 성공했으니 조금 더 나아가보자.

코드: macros/macro_no_binding.exs

```elixir
defmodule My do
  defmacro mydef(name) do
    quote do
      def unquote(name)(), do: unquote(name)
    end
  end
end

defmodule Test do
  require My
  [ :fred, :bert ] |> Enum.each(&My.mydef(&1))
end

IO.puts Test.fred
```

하지만 돌아오는 것은 다음과 같은 오류였다.

```
macro_no_binding.exs:12: invalid syntax in def x1()
```

앞서 언급했듯 매크로는 컴파일 타임에 호출되는데, 매크로에 인자를 전달할 Enum.each는 런타임에 실행된다. 따라서 매크로가 호출될 시점에는 Enum.each가 아직 실행되지 않은 상태이므로 전달할 수 있는 이름이 없다. 바로 여기가 바인딩을 사용할 지점이다.

코드: macros/macro_binding.exs

```elixir
defmodule My do
  defmacro mydef(name) do
    quote bind_quoted: [name: name] do
      def unquote(name)(), do: unquote(name)
    end
  end
end

defmodule Test do
  require My
  [ :fred, :bert ] |> Enum.each(&My.mydef(&1))
end

IO.puts Test.fred    # =>  fred
```

짧은 코드에서 여러 일이 일어난다. 먼저 bind_quoted: 옵션을 사용하면 name의 현재 값을 quote 블록 내에서 사용할 수 있게 된다. 또 bind_quoted: 옵션은 자동으로 unquote 호출의 실행을 미룬다.[3] 즉, 메서드가 런타임에 정의된다.

이름 그대로 bind_quoted는 코드의 내부 표현을 받는다. 튜플이나 아톰처럼 간단한 것들은 실제 값과 내부 표현이 같지만, 대부분 값들은 올바른 코드로 해석되도록 quote로 감싸주거나 Macro.escape를 사용해야 한다.

NOTE_ bind_quoted 이해하기 – 옮긴이

bind_quoted를 사용한 조금 더 간단한 예제를 살펴보자.

```
defmacro mydef(name) do
  quote bind_quoted: [name: name] do
    "Hello #{name}"
  end
end
```

같은 코드를 bind_quoted를 사용하지 않고 작성하면 다음과 같다.

```
defmacro mydef(name) do
  quote do
    name = unquote(name)
    "Hello #{name}"
  end
end
```

두 코드는 같은 코드(내부 표현)를 생성한다.

---

3 옮긴이_ unquote의 내용이 내부 표현에 추가되는 것이 아니라, unquote 호출 그대로 내부 표현에 추가된다. 실행이 미루어진 unquote 는 런타임에 실행된다.

22.5 매크로의 스코프 분리

매크로를 원본 코드를 대체한다는 관점에서 생각하고 싶은 유혹이 마구 들지 않는가? 매크로를 호출한 곳에 매크로의 내용이 들어가 컴파일된다고 말이다. 하지만 그렇지 않다. 다음 예제를 보자.

코드: macros/hygiene.ex

```
defmodule Scope do
  defmacro update_local(val) do
    local = "some value"
    result = quote do
      local = unquote(val)
      IO.puts "End of macro body, local = #{local}"
    end
    IO.puts "In macro definition, local = #{local}"
    result
  end
end
```

```
defmodule Test do
  require Scope

  local = 123
  Scope.update_local("cat")
  IO.puts "On return, local = #{local}"
end
```

코드를 실행한 결과는 다음과 같다.

```
In macro definition, local = some value
End of macro body, local = cat
On return, local = 123
```

매크로가 호출한 쪽의 코드를 대체한다면 매크로와 Test 모듈은 같은 스코프를 공유해야 한다. 따라서 매크로가 Test에 정의된 local 변수를 덮어씌워 다음과 같은 결과가 출력되어야 한다.

```
In macro definition, local = some value
End of macro body, local = cat
On return, local = cat
```

하지만 그렇게 되지 않는다. 매크로 정의는 자신의 스코프와 quote로 감싸인 매크로 본문이 실행될 때의 스코프를 가진다. 두 스코프 모두 Test 모듈의 스코프와는 다르다. 결론적으로 매크로는 서로의 변수나 매크로를 사용하는 모듈 또는 함수의 변수에 간섭하지 않는다.[4]

import와 alias도 역시 로컬 스코프를 가진다. 좀 더 자세한 내용이 궁금하다면 quote의 공식 문서를 참조하자. 스코프 분리를 없애는 방법과 매크로 실행 중에 오류 발생 시 스택 트레이스의 형식을 다루는 법도 마찬가지로 공식 문서에서 확인하자.

---

[4] 옮긴이_ 이와 같이 매크로를 호출하는 쪽 코드에 정의된 식별자를 오염시키지 않는 매크로를 '위생적 매크로(hygienic macro)'라 한다.
https://en.wikipedia.org/wiki/Hygienic_macro

22.6 코드 조각을 실행하는 다른 방법

Code.eval_quoted를 사용하면 quote 블록 등으로 얻은 코드 조각을 실행할 수 있다.

```
iex> fragment = quote do: IO.puts("hello")
{{:.,[],[{:__aliases__,[alias: false],[:IO]},:puts]},[],["hello"]}
iex> Code.eval_quoted fragment
hello
{:ok,[]}
```

기본적으로 이 코드 조각은 스코프 분리되어 있어 스코프 밖에 있는 변수에는 접근 권한이 없다. 이때 var!(:name)을 사용하면 스코프 분리를 끄고 바깥 스코프의 변수에 접근할 수 있게 된다. 예제에서는 eval_quoted에 키워드 리스트로 변수의 바인딩을 전달한다.

```
iex> fragment = quote do: IO.puts(var!(a))
{{:., [], [{:__aliases__, [alias: false], [:IO]}, :puts]}, [],
 [{:var!, [context: Elixir, import: Kernel], [{:a, [], Elixir}]}]}
iex> Code.eval_quoted fragment, [a: "cat"]
cat
{:ok, [a: "cat"]}
```

Code.string_to_quoted 함수는 코드를 담고 있는 문자열을 코드 내부 표현으로 바꿔준다. 그리고 Macro.to_string 함수는 코드 조각을 다시 문자열로 바꾼다.

```
iex> fragment = Code.string_to_quoted("defmodule A do def b(c) do c+1 end end")
{:ok,
 {:defmodule, [line: 1],
  [
    {:__aliases__, [line: 1], [:A]},
    [
      do: {:def, [line: 1],
       [
         {:b, [line: 1], [{:c, [line: 1], nil}]},
         [do: {:+, [line: 1], [{:c, [line: 1], nil}, 1]}]
       ]}
    ]
  ]}}
iex> Macro.to_string(fragment)
"{:ok, defmodule(A) do\n  def(b(c)) do\n  c + 1\n  end\nend}"
```

Code.eval_string을 사용해 문자열에 담겨 있는 코드를 직접 연산할 수도 있다.

```
iex> Code.eval_string("[a, a*b, c]", [a: 2, b: 3, c: 4])
{[2,6,4],[a: 2, b: 3, c: 4]}
```

22.7 매크로와 연산자

(여기는 위험 구역이다!)

피연산자가 1개 또는 2개인 연산자를 매크로를 사용해 오버라이드할 수 있다. 그러려면 우선 이미 존재하는 정의를 지워야 한다.

예를 들어 두 수를 더하는 연산자 +는 Kernel 모듈에 정의되어 있다. Kernel의 정의를 지우고 두 문자열을 이어주는 연산자로 재정의하려면 다음과 같이 작성한다.

코드: macro/operators.ex

```
defmodule Operators do
  defmacro a + b do
    quote do
      to_string(unquote(a)) <> to_string(unquote(b))
    end
  end
end

defmodule Test do
  IO.puts(123 + 456)            # => "579"
  import Kernel, except: [+: 2]
  import Operators
  IO.puts(123 + 456)            # => "123456"
end

IO.puts(123 + 456)             # => "579"
```

매크로 정의는 문법적 스코프를 가진다. 즉, 새로운 + 연산자는 Operators 모듈을 임포트한 곳부터 모듈이 끝나는 곳까지만 오버라이드된다. import를 메서드 안에서 호출할 수도 있는

데, 이때 매크로의 스코프는 해당 메서드 내부로 한정된다.

22.8 한걸음 더 깊이

Code와 Macro 모듈은 코드의 내부 표현을 조작하기 위한 함수들을 포함한다. Kernel 모듈에는 대부분의 연산자와 def, defmodule, alias 등이 매크로로 정의되어 있다. Kernel 모듈의 소스 코드에서 매크로들의 정의를 확인할 수 있다. 하지만 대부분의 경우 의미 있는 내용을 찾을 수 없는데, 실제 구현은 엘릭서 소스 코드 내부에 있기 때문이다.

22.9 엄청나게 더 깊이

간단한 표현식의 내부 표현을 하나 보자.

```
iex> quote do: 1 + 2
{:+, [context: Elixir, import: Kernel], [1, 2]}
```

코드 내부 표현은 평범한 3-튜플이다. 튜플의 첫 번째 값은 함수(또는 매크로), 두 번째 값은 메타데이터, 세 번째 값은 인자의 리스트다. eval_quoted를 사용해 이 코드 조각을 계산할 수 있다. 메타데이터를 지우면 타이핑을 덜 해도 된다.

```
iex> Code.eval_quoted {:+, [], [1,2]}
{3,[]}
```

이번 장에서 호모아이코닉[homoiconic]한 언어(스스로의 언어로 자신의 내부 표현을 나타낼 수 있는 언어)의 장래성과 위험성을 모두 살펴봤다. 코드는 그저 튜플일 뿐이고 그 튜플은 얼마든지 조작할 수 있으므로, 기존에 있던 함수를 재정의할 수도 있다. 이제 당신은 기존 코드에 영향을 주지 않고 새로운 코드를 만들어낸 뒤, 변수와 수정된 코드의 스코프를 제어해 안전하게 사용할 수 있다.

다음 장에서는 프로토콜protocol을 살펴본다. 언어에 내장된 코드에 기능을 추가하거나 다른 사람이 만든 모듈에 우리의 코드를 통합할 방법이다.

연습문제

22-3 엘릭서 테스트 프레임워크인 ExUnit은 코드를 인용quote하는 기법을 잘 사용하곤 한다.

```
assert 5 < 4
```

예를 들어 위와 같이 쓰면 다음과 같은 오류가 출력된다.

```
Assertion with < failed
code: 5 < 4
lhs : 5
rhs : 4
```

assert에 전달된 파라미터가 좌변, 연산자, 우변으로 파싱된다.

엘릭서 소스 코드는 깃허브(https://github.com/elixir-lang/elixir)에 있고, ExUnit assert문의 구현은 elixir/lib/ex_unix/lib/ex_unit/assertions.ex에 있다. 시간을 내어 파일을 읽어보고, 이러한 코드 인용을 어떻게 구현하는지 살펴보자.

[어려움] 어떻게 구현하는지 알아냈다면, 임의의 수식을 받아 자연어 설명을 반환하는 함수를 같은 방법으로 구현할 수 있을지 생각해보자.

```
explain do: 2 + 3 * 4
# => 'multiply 3 and 4, then add 2', 또는 '3과 4를 곱하고, 그 후 2를 더한다'
```

> **NOTE_ 엘릭서 1.13의 Code.Fragment 모듈 – 옮긴이**
>
> 번역 시점의 엘릭서 최신 버전인 1.13에서 **Code.Fragment** 모듈이 새로 추가되었다. 이는 미완성 코드를 분석하기 위한 모듈로, IEx에서 코드를 일부만 입력했을 때의 자동 완성 등에 사용된다. 본문에서 사용되는 '코드 조각code fragment'이라는 용어는 코드의 내부 표현을 의미하는 것으로, 새로 추가된 **Code.Fragment** 모듈과는 관련이 없다.

모듈 연결하기 – 비헤이비어와 use

OTP 서버를 작성할 때 코드의 시작 부분은 다음과 같았다.

```
defmodule Sequence.Server do
  use GenServer
  ...
```

이번 장에서는 use GenServer가 실제 어떤 일을 하는지 살펴보고, 이를 이용해 다른 모듈의 능력을 확장하는 모듈을 작성하는 방법을 알아본다.

23.1 비헤이비어

엘릭서 **비헤이비어**behaviour는 그저 함수 명세의 목록일 뿐이다. 특정 비헤이비어를 구현하려는 모듈은 비헤이비어에 선언된 함수를 모두 구현해야 하며, 그렇지 않으면 컴파일 경고가 발생한다. 객체지향 언어의 추상 클래스라고 생각할 수 있다.

그런 면에서 비헤이비어는 자바의 인터페이스interface와 비슷하다. 어떤 모듈이 특정 형식의 API를 구현함을 선언할 때 비헤이비어를 사용한다고 생각하면 된다. 예를 들어 OTP 젠서버는 표준 콜백(handle_call, handle_cast 등)들을 구현해야 한다. 모듈이 이 비헤이비어를 구현한다고 선언함으로써, 필요한 인터페이스를 모듈이 제대로 구현했는지 컴파일러가 검증하게 된다. 결과적으로 예상치 못한 런타임 오류를 줄일 수 있다.

23.1.1 비헤이비어 정의하기

비헤이비어를 정의할 때는 @callback을 사용한다. 비헤이비어를 사용하는 실제 예를 한번 살펴보자. mix 유틸리티는 다양한 소스 코드 관리 시스템에서 의존 라이브러리를 가져올 수 있다. 기본적으로 깃Git과 로컬 파일시스템을 지원하지만, 소스 코드 관리 시스템SCM의 인터페이스가 비헤이비어로 정의되어 있으므로 새로운 시스템도 쉽게 추가할 수 있다.

소스 코드 관리 시스템을 사용하기 위한 비헤이비어는 Mix.SCM 모듈에 정의되어 있다.

```elixir
defmodule Mix.SCM do
  @moduledoc """
  This module provides helper functions and defines the behaviour
  required by any SCM used by Mix.
  """

  @type opts :: Keyword.t

  @doc """
  Returns a boolean if the dependency can be fetched or it is meant to
  be previously available in the filesystem.
  Local dependencies (i.e. non fetchable ones) are automatically
  recompiled every time the parent project is compiled.
  """
  @callback fetchable? :: boolean

  @doc """
  Returns a string representing the SCM. This is used when printing
  the dependency and not for inspection, so the amount of information
  should be concise and easy to spot.
  """
  @callback format(opts) :: String.t

  # 이하 생략
```

Mix.SCM 모듈은 비헤이비어를 구현하는 모듈이 반드시 지원해야 하는 인터페이스를 정의한다. 이 모듈에서는 함수를 정의하기 위해 @callback을 사용하는데, 문법이 조금 달라 보인다.

이는 얼랭의 타입 명세(일종의 하위 언어)를 사용해 구현 없이 타입만을 표현하기 때문이다. 예를 들어 fetchable? 함수는 아무 파라미터도 받지 않고 논리 타입을 반환한다. format 함수는 opts(코드 상단에서 키워드 리스트로 정의되었다) 타입의 파라미터를 받아 문자열을 반환한다. 타입 명세에 관한 자세한 정보는 부록 B를 참조하자.

타입 명세에 더해, 비헤이비어 정의에는 모듈 단위(@moduledoc), 함수 단위(@doc) 문서도 포함할 수 있다.

23.1.2 비헤이비어 선언하기

이제 비헤이비어를 정의했으니, 다른 모듈에서 @behaviour 속성을 사용해 이를 구현함을 선언할 수 있다. 다음은 Mix.SCM 비헤이비어를 구현한 깃 구현체의 시작 부분이다.

```
defmodule Mix.SCM.Git do
  @behaviour Mix.SCM

  def fetchable? do
    true
  end

  def format(opts) do
    opts[:git]
  end

  # . . .
end
```

Mix.SCM.Git 모듈은 Mix.SCM에 콜백으로 선언된 함수를 실제로 구현한다. 이 모듈은 깔끔하게 컴파일된다. 만약 fetchable에 오타를 내면 어떻게 될까?

```
defmodule Mix.SCM.Git do
  @behaviour Mix.SCM
  def fetchible? do
    true
  end

  def format(opts) do
```

```
      opts[:git]
    end

    # . . .
  end
end
```

모듈을 컴파일하면 다음과 같은 경고가 나타난다.

```
git.ex:1: warning: undefined behaviour function fetchable?/0 (for behaviour Mix.
  SCM)
```

이와 같이 비헤이비어는 문서화를 제공할 뿐 아니라 모듈이 반드시 구현해야 할 퍼블릭 함수를
강제한다.

23.1.3 더 나아가기

Mix.SCM의 깃 구현체 안에는 비헤이비어를 구현한 일련의 함수가 정의된다. 그러나 모듈 안에
는 비헤이비어를 구현한 함수 외에 다른 함수도 존재할 수 있다. 따라서 Mix.SCM 비헤이비어
를 잘 알고 있지 않다면 무엇이 콜백 함수인지 알 수 없게 된다.

이를 해결하기 위해 @impl 속성으로 콜백 함수임을 표시하자. 이 모듈 속성은 true 또는 구현
한 비헤이비어의 이름을 파라미터로 받는다(필자가 어느 쪽을 선호할지 맞혀보라).

```
defmodule Mix.SCM.Git do
  @behaviour Mix.SCM
  def init(arg) do   # 일반 함수
    # ...
  end

  @impl Mix.SCM      # 콜백
  def fetchable? do
    true
  end

  @impl Mix.SCM      # 콜백
  def format(opts) do
    opts[:git]
  end
```

23.2 use와 __using__

어떤 면에서 use는 일반적인 함수다. use에 모듈과 인자를 전달하면 그 모듈의 __using__ 함수 또는 매크로가 호출된다.

간단한 인터페이스지만 use가 가져오는 확장 기능은 강력하다. 예를 들어 단위 테스트를 작성할 때 use ExUnit.Case를 추가하면 test 매크로나 단언문을 사용할 수 있다. OTP 서버를 만들 때도 use GenServer를 추가하면 젠서버 콜백 정의와 그 콜백 함수의 기본 구현을 사용할 수 있다.

일반적으로 __using__ 콜백은 원래 모듈의 코드를 실행하는 데 사용되므로 매크로로 구현되는 일이 많다.

23.3 종합: 메서드 호출 추적하기

좀 더 큰 예제를 다루어보자. Tracer라는 모듈을 만들어, 다른 모듈에서 use Tracer를 사용하면 이후에 정의된 함수의 실행을 추적할 수 있도록 하고자 한다. 예를 들어, 다음과 같은 코드를 작성했다고 하자.

코드: use/tracer.ex

```
defmodule Test do
  use Tracer
  def puts_sum_three(a,b,c), do: IO.inspect(a+b+c)
  def add_list(list),        do: Enum.reduce(list, 0, &(&1+&2))
end

Test.puts_sum_three(1,2,3)
Test.add_list([5,6,7,8])
```

코드를 실행하면 다음과 같이 출력되도록 하자.

```
==> call    puts_sum_three(1, 2, 3)
6
<== returns 6
==> call    add_list([5,6,7,8])
<== returns 26
```

이런 코드를 작성할 때의 필자의 개인적인 접근법은, 어떤 경우를 지원해야 하는지 먼저 확인한 다음 이를 일반화하는 것이다. 메타프로그래밍을 가능한 한 적게 하는 것이 좋다.

모든 함수에 대해 동작을 추가해야 하므로 Kernel에 정의된 def 매크로를 오버라이드해야 할 듯하다. 일단 매크로를 사용해 메서드를 정의할 때 def에 무엇이 전달되는지 살펴보자.

코드: use/tracer1.ex

```
defmodule Tracer do
  defmacro def(definition, do: _content) do
    IO.inspect definition
    quote do: {}
  end
end

defmodule Test do
  import Kernel, except: [def: 2]
  import Tracer, only: [def: 2]

  def puts_sum_three(a,b,c), do: IO.inspect(a+b+c)
  def add_list(list), do: Enum.reduce(list, 0, &(&1+&2))
end

Test.puts_sum_three(1,2,3)
Test.add_list([5,6,7,8])
```

출력되는 값은 나음과 같다.

```
{:puts_sum_three, [line: 12],
[{:a, [line: 12], nil}, {:b, [line: 12], nil}, {:c, [line: 12], nil}]}
{:add_list, [line: 13], [{:list, [line: 13], nil}]}
** (UndefinedFunctionError) undefined function: Test.puts_sum_three/3
```

각 메서드 정의는 3-튜플로 이루어진다. 튜플의 첫 번째 요소에는 함수의 이름, 두 번째에는 함수가 정의된 줄 번호, 세 번째에는 파라미터 목록이 들어간다. 파라미터 목록의 각 파라미터 역시 3-튜플이다.

이어서 put_sum_three가 정의되지 않았다는 오류가 표시된다. 함수를 정의하는 def를 가로 챈 뒤 실제 함수를 정의하지는 않았기 때문이므로 놀랄 일은 아니다.

왜 이러한 형태로 매크로를 정의했는지(defmacro def(definition, do: _content)) 의문이 드는가? 파라미터 안의 do:는 특별한 문법이 아니다. 함수 본문은 키워드 리스트의 do: 키에 저장되므로 그 블록에 패턴 매칭할 뿐이다.

또한 내장된 Kernel.def 매크로에 영향을 주는지도 궁금할 것이다. 답은 '아니오'다. 우리는 이름만 같고 완전히 별개인 def 매크로를 만들었고, def는 Tracer 모듈의 스코프 안에서만 정의된다. 그리고 Test 모듈에서는 Kernel.def 대신 Tracer.def를 임포트해 사용한다. 원래 Kernel에 있는 구현체에는 아무 영향이 없다는 사실을 곧 활용해볼 것이다.

매크로가 받은 정보들로 실제 함수를 정의할 수 있을까? 가능할 뿐 아니라 놀랍도록 쉽다. 원래 함수를 정의하던 def를 통해 받은 두 인자를 갖고 있으므로, 이 인자를 그대로 전달하기만 하면 된다.

코드: use/tracer2.ex

```elixir
defmodule Tracer do
  defmacro def(definition, do: content) do
    quote do
      Kernel.def(unquote(definition)) do
        unquote(content)
      end
    end
  end
end

defmodule Test do
  import Kernel, except: [def: 2]
  import Tracer, only: [def: 2]

  def puts_sum_three(a,b,c), do: IO.inspect(a+b+c)
  def add_list(list),        do: Enum.reduce(list, 0, &(&1+&2))
```

```
    end

  Test.puts_sum_three(1,2,3)
  Test.add_list([5,6,7,8])
```

코드를 실행하면 puts_sum_three의 결과로 6이 제대로 출력된다. 이제 트레이싱을 추가하자.

코드: use/tracer3.ex

```
  defmodule Tracer do
    def dump_args(args) do
      args |> Enum.map(&inspect/1) |> Enum.join(", ")
    end

    def dump_defn(name, args) do
      "#{name}(#{dump_args(args)})"
    end

    defmacro def(definition={name,_,args}, do: content) do
      quote do
        Kernel.def(unquote(definition)) do
          IO.puts "==> call: #{Tracer.dump_defn(unquote(name), unquote(args))}"
          result = unquote(content)
          IO.puts "<== result: #{result}"
          result
        end
      end
    end
  end

  defmodule Test do
    import Kernel, except: [def: 2]
    import Tracer, only: [def: 2]

    def puts_sum_three(a,b,c), do: IO.inspect(a+b+c)
    def add_list(list), do: Enum.reduce(list, 0, &(&1+&2))
  end

  Test.puts_sum_three(1,2,3)
  Test.add_list([5,6,7,8])
```

아주 잘 동작한다.

```
==> call: puts_sum_three(1, 2, 3)
6
<== result: 6
==> call: add_list([5,6,7,8])
<== result: 26
```

이제 Tracer 모듈을 패키징해서 클라이언트가 모듈에 use Tracer만 추가하면 트레이싱이 동
작하도록 수정해보자. __using__ 콜백을 구현하면 된다. 이때 Tracer 모듈과 트레이싱을 사
용하는 모듈을 잘 구분하자.

코드: use/tracer4.ex

```
defmodule Tracer do
  def dump_args(args) do
    args |> Enum.map(&inspect/1) |> Enum.join(", ")
  end

  def dump_defn(name, args) do
    "#{name}(#{dump_args(args)})"
  end

  defmacro def(definition={name,_,args}, do: content) do
    quote do
      Kernel.def(unquote(definition)) do
        IO.puts "==> call: #{Tracer.dump_defn(unquote(name), unquote(args))}"
        result = unquote(content)
        IO.puts "<== result: #{result}"
        result
      end
    end
  end

  defmacro __using__(_opts) do
    quote do
      import Kernel, except: [def: 2]
      import unquote(__MODULE__), only: [def: 2]
    end
  end
end

defmodule Test do
```

```
  use Tracer
  def puts_sum_three(a,b,c), do: IO.inspect(a+b+c)
  def add_list(list),         do: Enum.reduce(list, 0, &(&1+&2))
end

Test.puts_sum_three(1,2,3)
Test.add_list([5,6,7,8])
```

23.4 use를 사용하자

엘릭서 비헤이비어는 환상적인 기능이다. 비헤이비어를 사용하면 우리가 만든 모듈에 쉽게 기능을 주입할 수 있다. 라이브러리 제작자만 사용할 수 있는 것도 아니며 코드의 중복과 보일러플레이트 코드를 줄이는 데 얼마든지 활용할 수 있다.

우리가 만든 모듈에는 비헤이비어를 추가할 수 있지만, 한편으로는 다른 사람이 만들어 변경할 수 없는 모듈의 기능을 확장해야 할 때도 있다. 이때 다음 장에서 다룰 **프로토콜**을 사용하면 된다.

연습문제

23-1 452쪽에서 작성한 **def** 매크로에서는 실제 메서드 정의를 quote 블록 안에서 수행했다.

```
IO.puts "==> call: #{Tracer.dump_dfn(unquote(name), unquote(args))}"
result = unquote(content)
IO.puts "<== result: #{result}"
```

왜 첫 번째 puts에서는 unquote를 사용했는데 두 번째 puts에서는 사용하지 않았을까?

23-2 내장 모듈인 **IO.ANSI**에는 ANSI 이스케이프 문자를 나타내는 함수가 정의되어 있다. 이 모듈을 사용하면 터미널이 지원하는 선에서 색상, 굵은 글씨, 반전, 밑줄 등 다양한 출력을 구성할 수 있다.

```
iex> import IO.ANSI
iex> IO.puts ["Hello, ", white(), green_background(), "world!"]
Hello, world!
```

모듈의 문서를 참고해 Tracer의 출력을 꾸며보자. 그리고 IO.puts가 문자열의 리스트를 전달해도 잘 동작하는 이유를 생각해보자.

23-3 [어려움] Test 모듈에 가드 조건절을 사용한 메서드 정의를 추가해보자. 트레이싱이 동작하지 않을 것이다.

- 이유를 찾아보자.
- 고칠 수 있을지 생각해보자.

## CHAPTER 24

프로토콜 – 함수의 다형성

지금까지 예제에서 inspect라는 함수를 여러 번 사용했다. inspect는 들어오는 모든 값의 출력 가능한 바이너리 표현(우리 같은 전문가들은 문자열이라고 부르기도 한다)을 반환한다.

잠시 생각해보자. 객체라는 개념이 없는 엘릭서는 값을 바이너리로 바꿀 때 무엇을 호출해야할지 어떻게 알까? 어떤 값에든 inspect 함수를 사용할 수 있다는 건 엘릭서가 이 작업을 어떻게든 해주고 있어서인데 말이다.

이를테면 가드 구문을 이용할 수도 있다.

```
def inspect(value) when is_atom(value), do: ...
def inspect(value) when is_binary(value), do: ...
   :    :
```

하지만 더 좋은 방법이 있다. 엘릭서에는 **프로토콜**protocol이라는 개념이 있다. 프로토콜은 작업을 수행하는 데 필요한 함수를 정의한다는 점에서, 앞 장에서 살펴본 비헤이비어와 약간 비슷하다. 다만 비헤이비어는 모듈 내부 동작에 가깝다. 비헤이비어를 모듈에 구현해 사용하기 때문이다. 반면 프로토콜의 구현은 모듈 외부에 위치할 수 있다. 즉, 기존 모듈에 코드를 추가하지않고도 모듈의 기능을 확장할 수 있다. 심지어 기존 모듈의 소스 코드를 몰라도 기능을 확장할수 있다.

24.1 프로토콜 정의하기

프로토콜 정의는 모듈 정의와 매우 비슷하다. 프로토콜 정의 역시 모듈 단위, 함수 단위 문서 (@moduledoc, @doc)를 가질 수 있고, 하나 이상의 함수 정의를 포함한다. 하지만 이 함수 정의는 구현을 가지지 않는다. 단순히 프로토콜에 필요한 인터페이스를 선언할 뿐이다. 그 예로, Inspect 프로토콜의 정의는 다음과 같다.

```
defprotocol Inspect do
  @fallback_to_any true
  def inspect(thing, opts)
end
```

모듈과 마찬가지로 프로토콜에도 하나 이상의 함수를 정의하지만 구현은 별도로 한다.

24.2 프로토콜 구현하기

defimpl 매크로를 사용해 하나 이상의 자료형에 대해 프로토콜을 구현할 수 있다. 다음 코드는 PID와 레퍼런스 타입에 대해 엘릭서 내장 프로토콜인 Inspect 프로토콜을 구현한 것이다.

```
defimpl Inspect, for: PID do
  def inspect(pid, _opts) do
    "#PID" <> IO.iodata_to_binary(pid_to_list(pid))
  end
end

defimpl Inspect, for: Reference do
  def inspect(ref, _opts) do
    '#Ref' ++ rest = :erlang.ref_to_list(ref)
    "#Reference" <> IO.iodata_to_binary(rest)
  end
end
```

Kernel 모듈에 inspect 함수가 구현되어 있는데, 이 함수는 주어진 파라미터로 Inspect. inspect 함수를 호출한다. 즉, inspect(self)를 호출하면 Inspect.inspect(self)가 호출

된다. self/0은 PID를 반환하므로 inspect(self)의 실행 결과는 "#PID<0.25.0>"와 같은 문자열이 된다.

이 동작이 일어나는 무대 뒤에서는, 각 프로토콜과 자료형 조합마다 만들어지는 defimpl 구현이 각각 다른 모듈에 위치한다. PID 타입에 대한 Inspect 프로토콜의 구현은 Inspect.PID 모듈에 있다. 이 모듈을 재정의하면 프로토콜이 접근하는 함수의 구현을 바꿀 수 있다.

```
iex> inspect self
"#PID<0.25.0>"
iex> defimpl Inspect, for: PID do
...>   def inspect(pid, _) do
...>     "#Process: " <> IO.iodata_to_binary(:erlang.pid_to_list(pid)) <> "!!"
...>   end
...> end
warning: redefining module Inspect.PID
{:module, Inspect.PID,  <<70, 79....
iex> inspect self
"#Process: <0.25.0>!!"
```

24.3 사용 가능한 자료형

다음 자료형 중 하나 이상에 대해 프로토콜의 구현을 정의할 수 있다.

- Any
- Atom
- BitString
- Float
- Function
- Integer
- List
- Map
- PID
- Port
- Reference
- Struct
- Tuple

BitString 타입은 바이너리 대신 사용한다. Any 타입은 폴백으로, 모든 타입에 매칭되도록 구현할 때 사용한다. 함수를 정의할 때와 마찬가지로 다른 타입들에 대한 구현을 Any에 대한 구현보다 순서상 앞에 둬야 한다.

defimpl 하나에 여러 타입을 지정할 수도 있다. 다음 예제에 구현한 프로토콜은 주어진 타입이 컬렉션인지 확인하는 데 사용한다.

```
defprotocol Collection do
  @fallback_to_any true
  def is_collection?(value)
end

defimpl Collection, for: [List, Tuple, BitString, Map] do
  def is_collection?(_), do: true
end

defimpl Collection, for: Any do
  def is_collection?(_), do: false
end

Enum.each [ 1, 1.0, [1,2], {1,2}, %{}, "cat" ], fn value ->
  IO.puts "#{inspect value}:  #{Collection.is_collection?(value)}"
end
```

예제에서는 defimpl을 컬렉션 타입인 List, Tuple, BitString, Map에 대해 한꺼번에 작성했다. 그리고 다른 타입에 대응하기 위해 두 번째 defimpl에 Any를 사용했다. 한편, 프로토콜 구현에 Any를 사용하려면 프로토콜 정의에 @fallback_to_any 어노테이션을 추가해야 한다.

코드를 실행하면 다음과 같은 결과가 출력된다.

```
1:  false
1.0:  false
[1,2]:  true
{1,2}:  true
%{}:  true
"cat":  true
```

24-1 기본적인 카이사르 암호는 영문자를 정해진 거리만큼 밀어서 다른 문자로 바꾼다. 예를 들어 한 글자씩 밀어낸다면 a는 b가 되고, b는 c가 되며, z는 a가 된다. 열세 글자씩 밀어내는 경우를 특별히 ROT13 알고리즘이라 부르기도 한다.

리스트와 바이너리는 넓은 의미에서 문자열로 생각할 수 있다. 두 타입 모두에 사용 가능한 Caesar 프로토콜을 구현해보자. 프로토콜은 encrypt(string, shift)와 rot13(string)이라는 두 함수를 포함해야 한다.

24-2 주어진 영어 단어 리스트에서 rot13(word)의 결과가 같은 리스트에 포함되는 단어를 찾는 프로그램을 작성해보자.

단어 리스트는 *http://wordlist.sourceforge.net*에서 다운로드하자. 단어가 크기별로 나뉘어 있어 사용이 용이하다.

24.4 프로토콜과 구조체

엘릭서에는 클래스라는 개념이 없지만 놀랍게도 사용자 정의 타입을 만들 수는 있다. 구조체에 몇 가지 컨벤션을 곁들이면 된다.

간단한 구조체를 만들어보자. 정의는 다음과 같다.

코드: protocols/basic.exs

```
defmodule Blob do
  defstruct content: nil
end
```

구조체를 IEx에서 사용해보자.

```
iex> c "basic.exs"
[Blob]
iex> b = %Blob{content: 123}
%Blob{content: 123}
iex> inspect b
"%Blob{content: 123}"
```

겉보기에는 Blob이라는 새로운 타입이 만들어진 듯 보인다. 하지만 이렇게 보이는 건 엘릭서가 무언가를 감추고 있기 때문이다. inspect 함수는 기본적으로 구조체를 인식해 다르게 표현하는데, structs: false 옵션을 주어 이 기능을 *끄면* Blob 타입의 실제 모습이 보인다.

```
iex> inspect b, structs: false
"%{__struct__: Blob, content: 123}"
```

사실 구조체는 단순히 맵일 뿐이다. __struct__라는 키가 구조체 모듈(Blob)을 가리키고, 나머지 항목들이 이 인스턴스에 해당하는 키와 값을 담고 있다. 맵에 대한 inspect 함수의 구현은 바로 이 부분을 확인한다. 맵에 __struct__ 키가 있고 그 값이 어떤 모듈을 가리킨다면 해당 맵은 구조체로 표시된다.

엘릭서에 기본 내장된 많은 자료형이 내부적으로 구조체를 사용한다. 여러 자료형의 값을 만든 뒤, inspect 함수를 structs: false 옵션을 주어 호출해보면 이해에 도움이 될 것이다.

24.5 기본 내장 프로토콜

엘릭서는 기본적으로 다음 프로토콜을 내장한다.

- Enumerable, Collectable
- Inspect
- List.Chars
- String.Chars

MIDI 파일에 대해 이 프로토콜들을 사용해보자. MIDI 파일은 연속된 가변 길이 프레임으로 이루어진다. 각 프레임은 타입을 나타내는 네 글자, 프레임 길이(바이트 단위)를 나타내는 32

비트, 앞에서 지정한 길이만큼의 데이터로 이루어진다.

MIDI 파일의 내용을 담을 구조체 모듈을 정의해보자. 구조체를 사용하는 이유는 프로토콜과
궁합이 잘 맞기 때문이다. 이 파일에는 각 프레임 구조를 담을 하위 모듈도 정의한다.

코드: protocols/midi.exs

```elixir
defmodule Midi do

  defstruct(content: <<>>)

  defmodule Frame do
    defstruct(
      type:   "xxxx",
      length: 0,
      data:   <<>>
    )

    def to_binary(%Midi.Frame{type: type, length: length, data: data}) do
      <<
           type::binary-4,
         length::integer-32,
           data::binary
      >>
    end
  end

  def from_file(name) do
    %Midi{content: File.read!(name)}
  end
end
```

24.5.1 기본 내장 프로토콜: Enumerable, Collectable

Enumerable

Enumerable 프로토콜은 Enum 모듈에 있는 모든 함수의 기반이 되는 프로토콜이다. 이 프로토
콜을 구현한 자료형은 컬렉션으로 취급되므로 Enum 모듈의 함수에 인자로 전달할 수 있다.

Midi 구조체에 대해 Enumerable 프로토콜을 구현해보자. 실제 구현은 다음 틀 안에 들어간다.

```
defimpl Enumerable, for: Midi do
  # ...
end
```

Enumerable 프로토콜은 4개 함수로 이루어진다.

```
defprotocol Enumerable do
  def count(collection)
  def member?(collection, value)
  def reduce(collection, acc, fun)
  def slice(collection)
end
```

count 함수는 컬렉션의 항목 수를 반환하고, member?는 컬렉션이 value라는 값을 포함하면 참을 반환한다. reduce는 주어진 함수를 컬렉션의 각 값에 차례로 적용해 값을 누적해나간다. 함수는 지금까지 누적된 값과 컬렉션의 다음 값을 받고, 함수에서 반환된 값은 새로운 '누적된 값'으로서 다음 함수 호출에 전달된다. 마지막으로, slice는 컬렉션의 일부로 이루어진 하위 컬렉션을 만드는 데 사용한다. 놀랍게도 이 네 가지 함수를 이용해 Enum의 모든 함수를 정의할 수 있다.

하지만 모든 것이 그리 쉽게 되지는 않는다. 이를테면 아주 큰 컬렉션에서 Enum.find를 이용해 값을 찾을 때, 찾고 나면 이후 연산은 무의미하므로 연산을 종료하는 편이 좋다. 혹은 순회를 일시 중지했다가 나중에 재시작하고 싶을 때도 있다. 이 둘은 컬렉션을 지연 연산하도록 하는 스트림이 지닌 중요한 특성이기도 하다. 프로토콜을 잘 구현하려면 이런 부분까지도 고려해야 한다.

제일 어려운 함수인 Enumerable.reduce/3부터 구현하자. 시작하기 전에 문서를 읽으면 도움이 된다.

```
iex> h Enumerable.reduce

                    def reduce(enumerable, acc, fun)

  @spec reduce(t(), acc(), reducer()) :: result()

Reduces the enumerable into an element.

Most of the operations in Enum are implemented in terms of reduce. This
function should apply the given t:reducer/0 function to each element in the
enumerable and proceed as expected by the returned accumulator.

See the documentation of the types t:result/0 and t:acc/0 for more information.

## Examples

As an example, here is the implementation of reduce for lists:

        def reduce(_list, {:halt, acc}, _fun), do: {:halted, acc}
        def reduce(list, {:suspend, acc}, fun), do: {:suspended, acc,
&reduce(list, &1, fun)}
        def reduce([], {:cont, acc}, _fun), do: {:done, acc}
        def reduce([head | tail], {:cont, acc}, fun), do: reduce(tail, fun.(head,
acc), fun)
```

처음 두 함수 구현은 계산이 중단되거나 일시 중지되었을 때를 관리해준다. MIDI 파일용
Enumerable 프로토콜에도 같은 내용을 구현하자.

코드: protocols/midi.exs

```
def _reduce(_content, {:halt, acc}, _fun) do
  {:halted, acc}
end

def _reduce(content, {:suspend, acc}, fun) do
  {:suspended, acc, &_reduce(content, &1, fun)}
end
```

이어지는 두 함수가 실제 반복을 담당한다. 문서의 예제에 따르면 연산이 끝나는 조건은 []이
고, 재귀가 일어나는 조건은 [head | tail]이다. 익숙한 패턴이다.

같은 내용을 MIDI 타입에도 구현하겠지만 여기서는 리스트 대신 바이너리 패턴 매칭을 사용한다.

코드: protocols/midi.exs

```
def _reduce(_content = "", {:cont, acc}, _fun) do
  {:done, acc}
end

def _reduce(<<
                type::binary-4,
             length::integer-32,
               data::binary-size(length),
               rest::binary
            >>,
            {:cont, acc},
            fun
            ) do
  frame = %Midi.Frame{type: type, length: length, data: data}
  _reduce(rest, fun.(frame, acc), fun)
end
```

바이너리로 구성된 프레임을 필드별로 나눈 뒤 **Midi.Frame** 구조체로 만들어 반환한다. 따라서 이 모듈을 사용하는 사람은 MIDI 파일의 원본 데이터가 아니라 프레임 구조만을 보게 된다.

코드를 실제로 실행하기 전에 할 일이 한 가지 더 있다. 눈썰미가 좋은 독자라면 지금까지 구현한 함수의 이름 앞에 모두 언더스코어가 붙어 있음을 눈치챘을 것이다. 이는 함수가 구조체 자체가 아니라 구조체 안에 있는 MIDI 파일의 내용을 받았기 때문이다. 따라서 **_reduce**로 요청을 전달하는 실제 **reduce** 함수를 추가해야 한다.

코드: protocols/midi.exs

```
def reduce(%Midi{content: content}, state, fun) do
  _reduce(content, state, fun)
end
```

구현은 충분한 듯하니 이제 실행해보자. 예제 코드의 **protocols** 디렉터리에 있는 MIDI 파일을 사용한다(저작권은 *midiworld.com*에 있다).

```
$ iex midi.exs
warning: function count/1 required by protocol Enumerable is not
    implemented (in module Enumerable.Midi) midi.exs:21

warning: function member?/2 required by protocol Enumerable is not
    implemented (in module Enumerable.Midi) midi.exs:21

warning: function slice/1 required by protocol Enumerable is not
    implemented (in module Enumerable.Midi) midi.exs:21

Interactive Elixir (1.13.1) - press Ctrl+C to exit (type h() ENTER for help)
iex> midi = Midi.from_file("dueling-banjos.mid")
%Midi{
  content: <<77, 84, 104, 100, 0, 0, 0, 6, 0, 1, 0, 8, 0, 120, 77, 84, 114, 107,
    0, 0, 0, 66, 0, 255, 3, 14, 68, 117, 101, 108, 105, 110, 103, 32, 66, 97,
    110, 106, 111, 115, 0, 255, 3, 11, 68, 101, 108, 105, 118, ...>>
}
iex> Enum.take(midi, 2)
[
  %Midi.Frame{data: <<0, 1, 0, 8, 0, 120>>, length: 6, type: "MThd"},
  %Midi.Frame{
    data: <<0, 255, 3, 14, 68, 117, 101, 108, 105, 110, 103, 32, 66, 97, 110,
      106, 111, 115, 0, 255, 3, 11, 68, 101, 108, 105, 118, 101, 114, 97, 110,
      99, 101, 0, 255, 88, 4, 4, 2, 24, 8, 0, 255, 89, 2, 0, 0, ...>>,
    length: 66,
    type: "MTrk"
  }
]
```

먼저, Enumerable 프로토콜의 함수를 모두 구현한 게 아니므로 경고가 발생한다. 일반적으로
는 걱정해야 할 상황이지만 아직은 이 함수들을 사용하지 않으므로 괜찮다. Enum.take/2 함수
를 호출했더니 Midi.Frame 구조체 두 개를 반환받았다. take/2 함수는 reduce/3 함수를 바
탕으로 구현되어 있는데, reduce/3는 앞에서 이미 구현했으므로 잘 동작한다.

지금까지는 아주 좋다. 이어서 count/1을 구현하자. 컬렉션의 요소를 셀 수 있다면 count 함
수는 {:ok, 개수} 튜플을 반환한다. 요소를 셀 수 없다면 (외부에서 데이터를 조금씩 읽어오
는 경우 등) count 함수는 {:ok, __MODULE__}을 반환해야 한다. 여기서는 MIDI 파일 전체
가 메모리에 올라가 있으므로 reduce를 이용해 탐색하면 쉽게 요소 개수를 구할 수 있다.

```
def count(midi = %Midi{}) do
  frame_count = Enum.reduce(midi, 0, fn (_, count) -> count+1 end)
  { :ok, frame_count }
end
```

실행해보자.

```
iex> r Enumerable.Midi
warning: redefining module Midi (current version defined in memory)
  midi.exs:2

warning: redefining module Midi.Frame (current version defined in memory)
  midi.exs:6

warning: redefining module Enumerable.Midi (current version defined in memory)
  midi.exs:21

warning: function member?/2 required by protocol Enumerable is not
  implemented (in module Enumerable.Midi) midi.exs:21

warning: function slice/1 required by protocol Enumerable is not
  implemented (in module Enumerable.Midi) midi.exs:21

{:reloaded, Enumerable.Midi, [Midi.Frame, Midi, Enumerable.Midi]}
iex> Enum.count midi
9
```

이어서 member?와 slice를 구현할 차례다. 두 함수는 기술적으로는 reduce를 이용해 구현할 수 있다. 하지만 몇몇 컬렉션 타입에 대해서는 멤버 여부를 확인하고 컬렉션을 분할하는 더 직접적인 방법을 사용할 수 있다. 예를 들어 맵을 이용해 집합을 구현할 때는, 특정 키가 존재하는지를 확인하는 데는 상수 시간이면 충분하다. 크기가 정해진 배열과 같은 자료구조의 경우에는 거의 상수 시간 안에 컬렉션을 둘로 나눌 수 있다.

즉 member?와 slice 둘 다 컬렉션의 특성에 따라 구현 방법이 다르다. 그러나 MIDI 파일은 현재로서는 빠르게 멤버 여부를 확인할 방법도, 파일을 둘로 나눌 방법도 없다. 따라서 두 경우 모두 에러 튜플을 반환하도록 구현할 것이다. 에러 튜플을 반환하더라도 사용자가 함수를 호출할 때 오류가 발생하지는 않는다. 그저 Enumerable 프로토콜에 기본으로 정의된 성능 낮은 폴백 알고리즘이 실행될 뿐이다.[1]

코드: protocols/midi.exs

```
def member?(%Midi{}, %Midi.Frame{}) do
  { :error, __MODULE__ }
end

def slice(%Midi{}) do
  { :error, __MODULE__ }
end
```

이렇게 작업이 끝났다. 지금까지 만든 Midi 타입은 Enumerable 프로토콜을 구현하므로 Enum 모듈의 모든 함수를 사용할 수 있다.

이제 MIDI 스트림을 MIDI 프레임으로 이루어진 컬렉션으로 생각할 수 있다. 그렇다면 MIDI 프레임을 다시 스트림으로 조합하려면 어떻게 해야 할까? 바로 이어서 살펴보자.

Collectable

Enum.into/2 함수는 10.3절에서 살펴봤듯 바탕이 될 컬렉션을 받아 새로운 컬렉션을 만들어 내는 함수다.

```
iex> 1..4 |> Enum.into([])
[1, 2, 3, 4]
iex> [ {1, 2}, {"a", "b"}] |> Enum.into(%{})
%{1 => 2, "a" => "b"}
```

Enum.into 함수가 반환할 값의 자료형에는 Collectable 프로토콜이 구현되어 있어야 한다.[2] 이 프로토콜은 함수 하나만 구현하면 되는데 헷갈리게도 이 함수의 이름 역시 into다. into는 2-튜플을 반환한다. 튜플의 첫 번째 요소는 채워갈 컬렉션의 초기값이고, 두 번째 요소는 컬렉

---

1 옮긴이_ 이 폴백 알고리즘은 reduce를 이용해 구현되어 있으며, 선형 시간 복잡도를 가진다.

2 옮긴이_ Enum.into/2 함수의 타입 명세는 into(Enumerable.t(), Collectable.t()) :: Collectable.t()다. 인자로 Enumerable 과 Collectable 프로토콜을 구현한 자료형의 값을 각각 받고, Collectable 프로토콜을 구현한 자료형의 값을 반환한다고 생각하면 된다. 타입 명세의 자세한 내용은 부록 B를 참고하자.

선에 항목을 추가할 때마다 호출되는 함수다(여기까지 읽고 `Enum.reduce` 함수의 두 번째, 세 번째 파라미터를 떠올렸는가? 어떤 면에서 `into`는 `reduce`와 반대 동작을 하는 연산이다). 코드를 먼저 보자.

코드: protocols/midi.exs

```
defimpl Collectable, for: Midi do
  use Bitwise

  def into(%Midi{content: content}) do
    {
      content,
      fn
        acc, {:cont, frame = %Midi.Frame{}} ->
          acc <> Midi.Frame.to_binary(frame)

        acc, :done ->
          %Midi{content: acc}

        _, :halt ->
          :ok
      end
    }
  end
end
```

코드는 다음과 같이 동작한다.

- `Enum.into`는 `Midi` 타입에 대해 구현된 `into` 함수를 호출하며, 이때 채워갈 바탕이 될 값인 `%Midi{content: content}`를 인자로 전달한다.
- `Midi.into`는 튜플을 반환한다. 튜플의 첫 번째 항목은 반환할 값의 현재 상태로, 누적 연산의 초기값으로 사용된다. 두 번째 항목은 함수다.
- `Enum.into`가 튜플의 두 번째 항목에 정의된 함수를 호출한다. 이때 인자는 두 개인데 각각 누적된 값과 명령어다. 명령어가 `:done`이면 컬렉션을 순회하며 MIDI 스트림을 구성하는 작업이 끝났다는 의미이므로 누적된 값을 이용해 새로운 `Midi` 구조체를 반환하면 된다. 명령어가 `:halt`면 완료 전에 반복이 종료되어 더는 진행할 작업이 없음을 나타낸다.
- 실제 작업은 명령어가 `{:cont, frame}`일 때 일어난다. `Collectable` 프로토콜이 다음 MIDI 프레임의 내용을 바이너리 표현으로 바꾸어 누적된 값(MIDI 스트림)에 덧붙인다.

IEx에서 실행해보자.

```
iex> list = Enum.to_list(midi)
[
  %Midi.Frame{data: <<0, 1, 0, 8, 0, 120>>, length: 6, type: "MThd"},
  %Midi.Frame{
    data: <<0, 255, 3, 14, 68, 117, 101, 108, 105, 110, 103, 32, 66, 97, 110,
      106, 111, 115, 0, 255, 3, 11, 68, 101, 108, 105, 118, 101, 114, 97, 110,
      99, 101, 0, 255, 88, 4, 4, 2, 24, 8, 0, 255, 89, 2, 0, 0, ...>>,
    length: 66,
    type: "MTrk"
  },
  . . .
]
iex> new_midi = Enum.into(list, %Midi{})
%Midi{
  content: <<77, 84, 104, 100, 0, 0, 0, 6, 0, 1, 0, 8, 0, 120, 77, 84, 114, 107,
    0, 0, 0, 66, 0, 255, 3, 14, 68, 117, 101, 108, 105, 110, 103, 32, 66, 97,
    110, 106, 111, 115, 0, 255, 3, 11, 68, 101, 108, 105, 118, ...>>
}
iex> new_midi == midi
true
iex> Enum.take(new_midi, 1)
[%Midi.Frame{data: <<0, 1, 0, 8, 0, 120>>, length: 6, type: "MThd"}]
```

into 함수는 반환될 컬렉션의 초기값을 받으므로, 이를 이용해 MIDI 스트림에 초기 프레임을 추가할 수도 있다.

```
iex> midi2 = %Midi{}
%Midi{content: ""}
iex> midi2 = Enum.take(midi, 1) |> Enum.into(midi2)
%Midi{content: <<77, 84, 104, 100, 0, 0, 0, 6, 0, 1, 0, 8, 0, 120>>}
iex> midi2 = [Enum.at(midi, 3)] |> Enum.into(midi2)
%Midi{
  content: <<77, 84, 104, 100, 0, 0, 0, 6, 0, 1, 0, 8, 0, 120, 77, 84, 114, 107,
    0, 0, 8, 34, 0, 255, 33, 1, 0, 0, 193, 25, 0, 177, 7, 127, 0, 10, 100, 0,
    64, 0, 134, 24, 145, 43, 99, 22, 43, 0, 15, ...>>

}
iex> Enum.count(midi2)
2
```

전체 상을 기억하기

Enumerable, Collectable 프로토콜이 너무 복잡하다고 생각할지도 모른다. 실제로 복잡하기는 하다. 하지만 이 컨벤션으로는 모든 컬렉션을 즉시 계산하게도, 필요할 때만 계산하게도 할 수 있다. 언젠가 아주 큰 (또는 무한한) 컬렉션을 다루게 되면 이를 실감할 것이다.

24.5.2 기본 내장 프로토콜: Inspect

Inspect 프로토콜은 값을 조사inspect할 때 사용한다. 규칙은 간단하다. 값을 유효한 엘릭서 리터럴로 표현할 수 있다면 그렇게 표현하고, 그렇지 않으면 #Typename을 앞에 붙여 표현한다.

inspect 함수의 동작을 (지금까지 해왔듯) 단순히 엘릭서 기본 동작에 위임해버릴 수도 있다. 하지만 더 잘 만들 수도 있다. 예상했겠지만 Midi와 Midi.Frames라는 두 타입에 대해 Inspect 프로토콜을 직접 구현할 것이다.

코드: protocols/midi_inspect.exs

```elixir
defimpl Inspect, for: Midi do
  def inspect(%Midi{content: <<>>}, _opts) do
    "#Midi[«empty»]"
  end

  def inspect(midi = %Midi{}, _opts) do
    content =
      Enum.map(midi, fn frame-> Kernel.inspect(frame) end)
      |> Enum.join("\n")
    "#Midi[\n#{content}\n]"
  end
end

defimpl Inspect, for: Midi.Frame do
  def inspect(%Midi.Frame{type: "MThd",
                          length: 6,
                          data: <<
                              format::integer-16,
                              tracks::integer-16,
                            division::bits-16
                          >>},
              _opts) do
```

```
    beats = decode(division)
    "#Midi.Header{Midi format: #{format}, tracks: #{tracks}, timing: #{beats}}"
  end

  def inspect(%Midi.Frame{type: "MTrk", length: length, data: data}, _opts) do
    "#Midi.Track{length: #{length}, data: #{Kernel.inspect(data)}}"
  end

  defp decode(<< 0::1, beats::15>>) do
    "♩ = #{beats}"
  end

  defp decode(<< 1::1, fps::7, beats::8>>) do
    "#{-fps} fps, #{beats}/frame"
  end
end
```

IEx에서 실행해보자.

```
iex> midi = Midi.from_file "dueling-banjos.mid"
#Midi[
#Midi.Header{Midi format: 1, tracks: 8, timing: ♩ = 120}
#Midi.Track{length: 66, data: <<0, 255, 3, 14, 68, 117, 101, ...>>
. . .
#Midi.Track{length: 6291, data: <<0, 255, 33, 1, 0, 0, 185, ... >>
#Midi.Track{length: 9, data: <<0, 255, 33, 1, 0, 0, 255, 47, 0>>
]
```

헤더 프레임을 디코딩한 결과를 조금 추가했다. 하지만 트랙 프레임 부분은 바이너리로 그냥 놓아두었다. 각 트랙 프레임까지 디코딩하도록 이 프로그램을 확장할 수 있을 것이다.

하나 흠이 있다면 IO.inspect 또는 Kernel.inspect에 structs: false 옵션을 함께 전달하면 방금 구현한 inspect 함수가 호출되지 않는다는 점이다. 이 경우에는 일반적인 구조체처럼 포맷팅된다.

24.5.3 대수적 문서를 이용한 더 나은 포맷팅

MIDI 스트림을 출력한 내용은 포맷팅이 약간 아쉬운데, 들여쓰기나 자동 줄바꿈이 없다.

이 문제를 해결하기 위해 **대수적 문서**^{algebra document}라는 기능을 사용해보자. 대수적 문서란 예쁘게 출력하고자 하는 데이터를 표현하는 트리 구조를 말한다.[3] 표현하고 싶은 데이터를 바탕으로 트리 구조를 만들면 엘릭서가 그 트리 구조를 멋지게 표현해준다.

중첩된 데이터를 직관적으로 표시하고, 그러면서도 긴 줄이 자동으로 줄바꿈되도록 해보자. 그러려면 inspect 함수가 문자열이 아니라 대수적 문서 트리 구조를 반환하도록 해야 한다. 트리 안에서 줄바꿈할 수 있는 (그러나 꼭 해야 하는 것은 아닌) 곳을 표기한 뒤 어떻게 동작하는지 확인하자.

코드: protocols/midi_algebra.exs

```
defimpl Inspect, for: Midi do
  import Inspect.Algebra

  def inspect(%Midi{content: <<>>}, _opts) do
    "#Midi[«empty»]"
  end

  def inspect(midi = %Midi{}, opts) do
    open      = color("#Midi[", :map, opts)
    close     = color("]", :map, opts)
    separator = color(",", :map, opts)

    container_doc(
      open,
      Enum.to_list(midi),
      close,
      %Inspect.Opts{limit: 4},
      fn frame, _opts -> Inspect.Midi.Frame.inspect(frame, opts) end,
      separator: separator,
      break: :strict
    )
  end
end

defimpl Inspect, for: Midi.Frame do
  import Inspect.Algebra
```

---

[3] *http://citeseerx.ist.psu.edu/viewdoc/summary?doi=10.1.1.34.2200*

```elixir
def inspect(
  %Midi.Frame{type: "MThd",
              length: 6,
              data: <<
                      format::integer-16,
                      tracks::integer-16,
                      division::bits-16
                    >>
            },
  opts)
do
  concat(
    [
      nest(
        concat(
          [
            color("#Midi.Header{", :map, opts),
            break(""),
            "Midi format: #{format},",
            break(" "),
            "tracks: #{tracks},",
            break(" "),
            "timing: #{decode(division)}",
          ]
        ),
        2
      ),
      break(""),
      color("}", :map, opts)
    ]
  )
end

def inspect(%Midi.Frame{type: "MTrk", length: length, data: data}, opts) do
  open      = color("#Midi.Track{", :map, opts)
  close     = color("}", :map, opts)
  separator = color(",", :map, opts)
  content = [
    length: length,
    data:   data
  ]

  container_doc(
    open,
```

```
        content,
        close,
        %Inspect.Opts{limit: 15},
        fn {key, value}, opts ->
          key = color("#{key}:", :atom, opts)
          concat(key, concat(" ", to_doc(value, opts)))
        end,
        separator: separator,
        break: :strict
      )
  end

  defp decode(<< 0::1, beats::15 >>) do
    "♩ = #{beats}"
  end

  defp decode(<< 1::1, fps::7, beats::8 >>) do
    "#{-fps} fps, #{beats}/frame"
  end

  defp decode(x) do
    raise inspect x
  end
end
```

이제 터미널 창의 크기가 작을 때 다음과 같이 줄바꿈되어 출력된다.

```
iex> Midi.from_file "dueling-banjos.mid"
#Midi[
  #Midi.Header{
    Midi format: 1,
    tracks: 8,
    timing: ♩ = 120
  },
  #Midi.Track{
    length: 66,
    data: <<0, 255, 3, 14, 68, 117, 101, 108, 105,
      110, 103, 32, 66, ...>>
  },
```

```
  #Midi.Track{
    length: 1319,
    data: <<0, 255, 33, 1, 0, 0, 192, 105, 0, 176, 7,
      127, 0, ...>>
  },
  #Midi.Track{
    length: 2082,
    data: <<0, 255, 33, 1, 0, 0, 193, 25, 0, 177, 7,
      127, 0, ...>>
  },
  ...
]
```

더 자세한 정보는 Inspect.Algebra 모듈의 공식 문서를 참조하자.[4]

24.5.4 기본 내장 프로토콜: List.Chars, String.Chars

List.Chars 프로토콜은 Kernel.to_charlist 함수에서 값을 문자 리스트(작은따옴표 문자열)로 바꾸는 데 사용한다.

String.Chars 프로토콜은 값을 문자열(바이너리나 큰따옴표 문자열)로 바꾸는 데 사용한다. 문자열 삽입에 바로 이 프로토콜을 사용한다.

프로토콜 구현 방법은 지금까지 살펴본 것과 같다. List.Chars 프로토콜은 to_charlist 함수를, String.Chars 프로토콜은 to_string 함수를 구현하면 된다. Midi 구조체용 String.Chars.to_string을 구현할 수는 있겠지만, 이 구조체에는 문자열에 넣을 만한 내용이 딱히 없으므로 생략한다.

24.6 프로토콜과 다형성

인자 타입에 따라 다르게 동작하는 함수를 만들려면 다형 함수[polymorphic function]를 사용하면 좋다. 엘릭서 프로토콜을 활용하면 간결하고 제어 가능한 방법으로 다형 함수를 구현할 수 있다.

....

4 옮긴이_ https://hexdocs.pm/elixir/Inspect.Algebra.html

당신이 만든 타입으로 기존 엘릭서 라이브러리를 사용할 수 있도록 통합하려거나, 유연한 인터페이스를 가진 라이브러리를 새로 만들고 싶을 때 프로토콜을 사용하면 동작을 체계적으로 구조화할 수 있다.

이제 어지간한 내용은 모두 다루었다. 다만 어떤 언어를 소개할 때는 어디에도 들어맞지 않는 자잘한 내용이 있기 마련이다. 이어지는 마지막 장에서는 바로 그런 내용을 다룬다.

연습문제

24-3 Enumerable 프로토콜을 구현한 컬렉션 타입에는 count, member?, reduce, slice라는 네 함수가 정의되어 있다. Enum 모듈은 이 함수들을 사용해 each, filter, map과 같은 함수를 구현한다.

reduce를 사용해 each, filter, map 함수를 직접 구현해보자.

24-4 많은 경우 inspect 함수는 인자로 받은 값에 대해 유효한 엘릭서 리터럴을 반환한다. inspect 함수를 수정해 인자로 받은 구조체와 동일한 구조체를 새로 만드는 엘릭서 코드를 반환하도록 해보자.

## CHAPTER 25

더 멋진 것들

엘릭서는 코딩을 즐겁게 하는 기능으로 가득하다. 이번 장에서는 이 즐거운 기능들을 훑어본다.

25.1 사용자 정의 시길 만들기

11.1.2절 '시길'에서 시길을 이용해 문자열과 정규식 리터럴을 생성하는 방법을 살펴봤다.

```
string = ~s{now is the time}
regex = ~r{..h..}
```

시길을 확장해 다른 리터럴 타입을 추가하고 싶었던 적은 없는가? 혹시 그랬다면 이번 절이 도움이 될 것이다.

예를 들어 ~s{...} 시길을 작성하면, 이 시길은 sigil_s 함수 호출로 바뀌어 처리된다. sigil_s 함수에는 값 두 개가 전달되는데, 하나는 구분자 사이에 있던 문자열이고 다른 하나는 닫는 구분자 뒤에 위치한 영문 소문자의 리스트다. 두 번째 파라미터는 정규식 리터럴(예를 들면 ~r/cat/if)에 추가한 옵션을 받는 데 주로 사용된다.

다음 코드는 여러 줄의 문자열을 받아서 줄 단위로 구분된 문자열의 리스트를 반환하는 ~l 시길을 구현한다. ~l...을 사용하면 sigil_l 함수가 호출되므로, 이 함수를 모듈에 정의하기만

하면 된다.

코드: odds/line_sigil.exs

```
defmodule LineSigil do
  @doc """
  여러 줄의 문자열을 받아 각 줄에 있는 문자열을 리스트로 반환하는
  '~l' 시길을 구현한다.

  ## 사용 예
      iex> import LineSigil
      LineSigil
      iex> ~l\"""
      ...> one
      ...> two
      ...> three
      ...> \"""
      ["one","two","three"]
  """
  def sigil_l(lines, _opts) do
    lines |> String.trim_trailing |> String.split("\n")
  end
end
```

다른 모듈에서 시길을 실행해보자.

코드: odds/line_sigil.exs

```
defmodule Example do
  import LineSigil

  def lines do
    ~l"""
    line 1
    line 2
    and another line in #{__MODULE__}
    """
  end
end

IO.inspect Example.lines
```

코드를 실행하면 ["line 1","line 2","and another line in Elixir.Example"]이 출력된다. Example 모듈 안에서 sigil_l 함수를 임포트했으므로 ~l 시길은 이 모듈 안에서 문법적 스코프를 가진다. 또한 이 메서드를 사용할 때 문자열 삽입이 일어났다는 점도 주목하자. 이는 시길 이름에 소문자 l을 사용했기 때문인데, 대신 sigil_L 함수를 구현해 ~L{...} 시길을 만들면 문자열 삽입이 일어나지 않는다.[1]

Kernel 모듈에는 여러 시길이 미리 정의되어 있다. 따라서 기본적으로 sigil_C, sigil_c, sigil_D, sigil_N, sigil_R, sigil_r, sigil_S, sigil_s, sigil_T, sigil_U, sigil_W, sigil_w 등을 사용할 수 있다.[2] 이 시길들을 재정의하려면 Kernel 모듈을 명시적으로 임포트하고 except 구문을 사용해 시길 함수를 제외해야 한다.

한편 예제에서는 히어독스 문법(""")을 사용했다. 히어독스 문법을 사용하면 여러 줄 문자열을 앞 공백을 제외하고 함수에 전달할 수 있다.

이어서 시길 옵션을 살펴보자.

25.1.1 옵션 선택하기

색상 상수를 선택하는 시길을 만들어보자. ~c{red}와 같이 작성하면 0xff0000이라는 RGB 표현이 반환된다. RGB 대신 HSB[3] 값을 반환하는 h 옵션도 추가해보자. 즉, ~c{red}h가 {0, 100, 100}을 반환해야 한다. 코드는 다음과 같다.

코드: odds/color.exs

```
defmodule ColorSigil do
  @color_map [
    rgb: [ red: 0xff0000, green: 0x00ff00, blue: 0x0000ff, # ...
        ],
    hsb: [ red: {0,100,100}, green: {120,100,100}, blue: {240,100,100}
        ]
  ]
```

1 옮긴이_ ~L{...} 시길을 사용하면 ["line 1", "line 2", "and another line in \#{__MODULE__}"]이 출력된다. 시길을 구현해 직접 테스트해보자.

2 옮긴이_ 각 시길의 정의, 사용 가능한 버전에 관해서는 11.1.2절 '시길'을 참고하자.

3 옮긴이_ 색상(hue), 채도(saturation), 밝기(brightness) 값으로 색을 표현하는 방법.

```elixir
    def sigil_c(color_name, []), do: _c(color_name, :rgb)
    def sigil_c(color_name, 'r'), do: _c(color_name, :rgb)
    def sigil_c(color_name, 'h'), do: _c(color_name, :hsb)

    defp _c(color_name, color_space) do
      @color_map[color_space][String.to_atom(color_name)]
    end

    defmacro __using__(_opts) do
      quote do
        import Kernel, except: [sigil_c: 2]
        import unquote(__MODULE__), only: [sigil_c: 2]
      end
    end
  end

  defmodule Example do
    use ColorSigil

    def rgb, do: IO.inspect ~c{red}
    def hsb, do: IO.inspect ~c{red}h
  end

  Example.rgb # => 16711680 (== 0xff0000)
  Example.hsb # => {0,100,100}
```

sigil_c 함수 세 개는 전달된 옵션에 따라 사용할 색상 공간을 선택한다. 작은따옴표 문자열 'r'은 내부적으로 리스트 [?r]로 표현되므로, 리스트를 받을 옵션 파라미터 자리에 작은따옴표 문자열을 패턴 매칭했다.

내장 시길을 오버라이드하므로, Kernel에 정의된 것 대신 새로 정의한 시길을 사용하도록 __using__ 매크로를 추가로 구현했다(단, 새로 정의한 시길은 use를 호출한 모듈의 문법적 스코프 안에서만 사용할 수 있다).

자유롭게 시길을 만들면 매우 편리해지지만 잘못 사용하면 이해하기 어려운 코드를 만들 수 있으니 주의하자.

25-1 ~v 시길을 만들어 쉼표로 구분된 여러 줄의 데이터를 파싱하도록 하자. 반환되는 값은 각 행의 데이터 리스트를 값으로 가지는 중첩 리스트여야 한다. 타입은 일단 생각하지 말고 각 필드가 쉼표로만 구분되어 있다고 가정하자.

```
csv = ~v"""
1,2,3
cat,dog
"""
```

코드는 [["1","2","3"], ["cat","dog"]]을 생성해야 한다.

25-2 함수 Float.parse는 문자열의 앞에 있는 문자가 숫자면 실수로 변환하고, 변환한 값과 나머지 문자열이 담긴 튜플 또는 :error 아톰을 반환한다.

[25-1]에서 만든 CSV 시길을 수정해 숫자가 자동 변환되도록 해보자.

```
csv = ~v"""
1,2,3.14
cat,dog
"""
```

코드는 [[1.0,2.0,3.14], ["cat","dog"]]을 생성해야 한다.

25-3 [어려움] CSV 파일의 첫 줄에는 컬럼 이름이 오기도 한다. 앞에서 만든 코드가 이를 지원하도록 수정해, 각 행이 컬럼 이름을 키로 갖는 키워드 리스트를 반환하도록 해보자. 예를 들면 다음과 같다.

```
csv = ~v"""
Item,Qty,Price
Teddy bear,4,34.95
Milk,1,2.99
Battery,6,8.00
"""
```

이 경우 시길은 다음과 같은 값을 반환해야 한다.

```
[
  [Item: "Teddy bear", Qty: 4, Price: 34.95],
  [Item: "Milk", Qty: 1, Price: 2.99],
  [Item: "Battery", Qty: 6, Price: 8.00]
]
```

25.2 여러 앱을 관리하는 엄브렐라 프로젝트

얼랭 생태계에서는 독립적인 코드 묶음을 앱^{app}이라 부른다. 여러 면에서 앱은 공유 라이브러리에 가까우므로 이는 다소 아쉬운 명명이다. 한편 프로젝트가 커질수록 코드를 여러 라이브러리나 앱으로 분리할 필요가 있는데, 다행히도 mix를 이용하면 이 작업이 용이하다.

이해를 돕기 위해 간단한 엘릭서 코드 실행기^{evaluator}를 만들어보자. 실행기는 여러 줄의 입력을 받아 각 행을 실행한 결과를 반환한다. 이것이 일단 하나의 앱이 된다. 실행기를 테스트하려면 여러 줄의 코드를 전달해야 하는데 문자열을 줄마다 나누어 리스트로 만드는 작업은 479쪽에서 만든 ~l 시길로 할 수 있으니, 이 시길 코드를 또 하나의 애플리케이션으로 만들자.

이렇게 여러 앱으로 구성된 엘릭서 프로젝트를 **엄브렐라 프로젝트**^{umbrella project}라 부른다.

25.2.1 엄브렐라 프로젝트 생성하기

mix new 명령어에 --umbrella 옵션을 추가해 엄브렐라 프로젝트를 만들자.

```
$ mix new --umbrella eval
* creating README.md
* creating .formatter.exs
* creating .gitignore
* creating mix.exs
* creating apps
* creating config
* creating config/config.exs
```

일반적인 mix 프로젝트와 비교하면 엄브렐라는 꽤 가볍다. `lib` 대신 apps 디렉터리가 있을
뿐이다.

25.2.2 하위 프로젝트 만들기

하위 프로젝트는 apps 디렉터리에 저장한다. 하위 프로젝트라고 해서 특별한 것은 아니다.
`mix new`를 사용해 일반적인 프로젝트를 만들면 된다. 각 앱에 사용할 프로젝트 두 개를 생성
하자.

```
$ cd eval/apps
$ mix new line_sigil
* creating README.md
  (생략)
$ mix new evaluator
* creating README.md
  (생략)
* creating test/evaluator_test.exs
```

엄브렐라 프로젝트가 잘 만들어졌는지 확인하기 좋은 타이밍이다. 프로젝트 최상위 디렉터리
로 올라가 `mix compile`을 실행해보자.

```
$ cd ..
$ mix compile
==> evaluator
Compiling 1 file (.ex)
Generated evaluator app
==> line_sigil
Compiling 1 file (.ex)
Generated line_sigil app
```

이제 엄브렐라 프로젝트가 두 개의 일반적인 프로젝트를 포함한다. 앞에서도 언급했지만 하위
프로젝트라고 해서 크게 다른 것은 아니므로, 하위 프로젝트에서도 다른 엘릭서 앱과 마찬가지
로 모든 mix 명령어를 사용할 수 있다. 최상위 레벨에서는 모든 하위 프로젝트를 하나로 묶어
빌드할 수 있다.

25.2.3 LineSigil 프로젝트

이 프로젝트는 단순하다. 이전 절에서 만든 LineSigil 모듈을 apps/line_sigil/lib/line_sigil.ex에 복사하면 된다. 최상위 레벨 디렉터리나 line_sigil 디렉터리에서 mix compile을 실행해 빌드가 정상적으로 이루어지는지 확인해보자.

25.2.4 실행기 프로젝트

실행기는 엘릭서 표현식이 포함된 문자열의 리스트를 받아 실행한다. 그리고 표현식과 그 표현식을 계산한 값이 번갈아 담긴 리스트를 반환한다.

```
a = 3
b = 4
a + b
```

예를 들어 앞과 같은 문자열이 주어지면 다음 리스트가 반환된다.

```
code>  a = 3
value> 3
code>  b = 4
value> 4
code>  a + b
value> 7
```

Code.eval_string을 사용해 엘릭서 표현식을 실행하자. 변숫값이 한 식에서 다음 식으로 전달되도록 하려면 변수 바인딩도 명시적으로 유지해야 한다. 코드는 다음과 같다.

코드: odds/eval/apps/evaluator/lib/evaluator.ex

```elixir
defmodule Evaluator do
  def eval(list_of_expressions) do
    { result, _final_binding } =
      Enum.reduce(list_of_expressions,
                  {_result = [], _binding = binding()},
                  &evaluate_with_binding/2)
    Enum.reverse result
  end

  defp evaluate_with_binding(expression, { result, binding }) do
    { next_result, new_binding } = Code.eval_string(expression, binding)
    { [ "value> #{next_result}", "code> #{expression}" | result ], new_binding }
  end
end
```

25.2.5 하위 프로젝트 연결하기

구현은 했으니 이제 테스트를 작성할 시간이다. ~l 시길을 사용해 표현식 리스트를 생성하면 편할 듯하니 테스트도 시길을 이용해 작성해보자.

코드: odds/eval/apps/evaluator/test/evaluator_test.exs

```elixir
defmodule EvaluatorTest do
  use ExUnit.Case
  import LineSigil

  test "일반 표현식 계산" do
    input = ~l"""
    1 + 2
    """
    output = ~l"""
    code> 1 + 2
    value> 3
    """

    run_test input, output
  end
```

```
    test "변수 바인딩이 유지된다" do
      input = ~l"""
      a = 123
      a + 1
      """

      output = ~l"""
      code> a = 123
      value> 123
      code> a + 1
      value> 124
      """

      run_test input, output
    end

    defp run_test(lines, output) do
      assert output == Evaluator.eval(lines)
    end
  end
```

이 테스트를 apps/evaluator 디렉터리에서 직접 실행하면 LineSigil 모듈을 찾을 수 없어 테스트가 제대로 수행되지 않는다. 실행기 앱이 LineSigil 모듈에 대한 의존성을 갖지 않기 때문이다. 최상위 디렉터리(전체 엄브렐라 프로젝트가 저장된 디렉터리)에서 테스트를 실행하면 mix가 하위 앱을 자동으로 로드하므로 잘 동작한다.[4]

```
$ mix test
==> evaluator
..
Finished in 0.02 seconds
2 tests, 0 failures
Randomized with seed 334706
==> line_sigil
..
Finished in 0.04 seconds
1 doctest, 1 test, 0 failures
Randomized with seed 334706
```

----

4 옮긴이_ 본문을 따라서 프로젝트를 생성한 경우, line_sigil 프로젝트 생성 시 자동으로 만들어진 line_sigil_test.exs로 인해 테스트가 실패한다. 해당 파일을 삭제하면 잘 동작한다.

결과의 앞 절반에는 실행기 앱에 대한 테스트 결과가, 뒤 절반에는 `line_sigil` 앱에 대한 결과가 출력된다.

25.3 아직 끝이 아니다!

엘릭서 탐험의 종점에 이르렀다.

이 책은 엘릭서에 관한 모든 것을 설명하지는 않는다. 그보다는 언어의 특징적인 부분들을 소개하고 스스로 엘릭서 프로그래밍을 시작하기에 충분한 정보를 제공하고자 했다.

엘릭서에 관해서도, 멋진 앱을 만드는 방법에 관해서도 아직 배울 내용은 많다. 그 길은 분명 재미있을 테니 즐기길 바란다!

부록

Part IV

부록

예외 – raise와 try, catch와 throw

엘릭서와 얼랭은 기본적으로 발생한 프로세스에 치명적인 경우만을 오류로 간주한다는 관점을 취한다. 하지만 일반적인 엘릭서 애플리케이션은 아주 많은 프로세스를 사용하기 때문에 치명적인 오류가 발생하더라도 국지적으로만 영향을 미친다. 슈퍼바이저는 프로세스의 실패를 감지하고 재시작 여부를 판단해 적절하게 처리한다. 따라서 엘릭서 프로그램에서는 예외를 처리하는 코드를 마주할 일이 드물다. 예외는 일어나지만 대부분 캐치^{catch}하지 않는다.

정말 예외적인 상황, 다시 말해 절대 일어나서는 안 되는 경우에만 예외를 사용하자.

'예외'라는 개념이 엘릭서에 아주 없는 건 아니다. 부록 A에서는 예외를 만드는 방법과 캐치하는 방법을 살펴본다.

A.1 예외 생성하기

raise 함수를 사용해 예외를 발생시킬 수 있다. 가장 간단한 예로, 문자열을 전달하면 Runtime Error 타입의 예외가 만들어진다.

```
iex> raise "Giving up"
** (RuntimeError) Giving up
```

필요에 따라 예외의 타입을 명시하거나 다른 필드도 전달할 수 있다. 모든 예외 타입에는 기본적으로 message 필드가 구현되어 있다.

```
iex> raise RuntimeError
** (RuntimeError) runtime error
iex> raise RuntimeError, message: "override message"
** (RuntimeError) override message
```

try 함수를 사용해 예외를 가로챌 수 있다. try는 실행시킬 코드 블록을 받으며, 선택적으로 rescue, catch, after 구문을 사용할 수 있다.

매칭된 패턴에 연결된 코드를 실행한다는 점에서 rescue와 catch 구문은 case 함수와 비슷하다. rescue와 catch에서는 예외가 패턴 매칭의 주체가 된다.

실제 예외 처리를 수행하는 예제를 보고 가자. 모듈 안에 정의된 퍼블릭 함수 start는 파라미터의 값에 따라 다양한 헬퍼 함수를 호출한다. 0이 전달되면 매끄럽게 실행되지만 1, 2, 3이 전달되면 예외를 생성한다. 예외가 발생하면 rescue 구문이 이를 잡아 출력한다.

코드: exceptions/exception.ex

```
defmodule Boom do
  def start(n) do
    try do
      raise_error(n)
    rescue
      [ FunctionClauseError, RuntimeError ] ->
        IO.puts "no function match or runtime error"
      error in [ArithmeticError] ->
        IO.inspect error
        IO.puts "Uh-oh! Arithmetic error"
        reraise "too late, we're doomed", __STACKTRACE__[1]
      other_errors ->
        IO.puts "Disaster! #{inspect other_errors}"
    after
        IO.puts "DONE!"
    end
  end
end
```

....

1 옮긴이_ 엘릭서 1.7부터 __STACKTRACE__를 사용해야 한다. 이전 버전에서는 System.stacktrace/0을 사용한다.

```
    defp raise_error(0) do
      IO.puts "No error"
    end

    defp raise_error(val = 1) do
      IO.puts "About to divide by zero"
      1 / (val-1)
    end

    defp raise_error(2) do
      IO.puts "About to call a function that doesn't exist"
      raise_error(99)
    end

    defp raise_error(3) do
      IO.puts "About to try creating a directory with no permission"
      File.mkdir!("/not_allowed")
    end
  end
```

이 파일에는 서로 다른 예외 패턴 세 가지를 정의했다. 첫 번째 패턴에는 FunctionClauseError 또는 RuntimeError라는 두 종류의 예외가 매칭된다. 두 번째 패턴에는 ArithmeticError가 매칭되고, 매칭된 예외가 error 변수에 저장된다. 마지막 구문은 나머지 모든 예외를 other_error 변수로 받는다.

예제에는 after 구문도 정의되어 있는데, 이 구문은 예외 발생 여부와 관계없이 try 함수가 끝날 때 항상 실행된다.

마지막으로 주목할 곳은 ArithmeticError를 처리하는 부분이다. 이 코드에서는 예외 정보를 출력하면서 reraise를 호출한다. reraise는 현재 매칭된 예외를 다시 발생시키면서 예외에 메시지를 추가할 수 있다. 이 코드에서는 스택 트레이스를 전달하는데, 여기서는 원본 예외가 발생한 지점의 스택 트레이스를 가리킨다.

코드를 간략히 살펴봤으니 IEx에서 실제로 실행해보자.

```
iex> c("exception.ex")
[Boom]
iex> Boom.start 1
About to divide by zero
%ArithmeticError{message: "bad argument in arithmetic expression"}
Uh-oh! Arithmetic error
DONE!
** (RuntimeError) too late, we're doomed
    exception.ex:26: Boom.raise_error/1
    exception.ex:5: Boom.start/1
iex> Boom.start 2
About to call a function that doesn't exist
no function match or runtime error
DONE!
:ok
iex> Boom.start 3
About to try creating a directory with no permission
Disaster! %File.Error{action: "make directory", path: "/not_allowed",
reason: :eacces}
DONE!
:ok
```

A.2 catch, exit, throw

엘릭서 코드(그리고 엘릭서의 기반이 되는 얼랭 라이브러리)에는 다른 종류의 예외도 있다. 이 예외는 프로세스가 error, exit, throw를 호출하면 생성된다. 이 세 가지 키워드는 파라미터를 받으며 catch 핸들러에서 이 파라미터의 값을 사용할 수 있다. 예시는 다음과 같다.

코드: exceptions/catch.ex

```
defmodule Catch do
  def start(n) do
    try do
      incite(n)
    catch
      :exit, code  -> "Exited with code #{inspect code}"
      :throw, value -> "throw called with #{inspect value}"
```

```
      what, value   -> "Caught #{inspect what} with #{inspect value}"
    end
  end

  defp incite(1) do
    exit(:something_bad_happened)
  end

  defp incite(2) do
    throw {:animal, "wombat"}
  end

  defp incite(3) do
    :erlang.error "Oh no!"
  end
end
```

start 함수를 호출할 때 1, 2, 3을 전달하면 각각 exit, throw, error 예외가 발생한다.
catch 구문에서도 와일드카드 패턴 매칭이 가능함을 보이고자 마지막 패턴에서는 변수 what
에 모든 예외 타입이 매칭되도록 했다.

```
iex> c("catch.ex")
[Catch]
iex> Catch.start 1
"Exited with code :something_bad_happened"
iex> Catch.start 2
"throw called with {:animal,\"wombat\"}"
iex> Catch.start 3
"Caught :error with \"Oh no!\""
```

엘릭서(얼랭) 예외의 종류 – 옮긴이

엘릭서(얼랭)의 모든 예외는 엄밀하게는 본문에서 소개한 error, exit, throw라는 세 종류
로 구분된다. 앞서 소개한 RuntimeError나 ArithmeticError 등은 error로 분류된다(즉,
:erlang.error/1을 사용해 만들어지는 예외와 분류상으로 같다). 따라서 RuntimeError를
catch 핸들러로 잡아 처리할 수도 있다.

```
try do
  raise "Giving up"
catch
  :error, error -> "Error with #{inspect(error)}"
end
```

코드를 실행하면 "Error with %RuntimeError{message: \"Giving up\"}"이 출력된다. 반대로 :erlang.error/1로 생성한 에러를 rescue 핸들러로 처리할 수도 있다.

```
try do
  :erlang.error(:badarg)
rescue
  e -> inspect(e)
end
```

코드를 실행하면 "%ArgumentError{message: \"argument error\"}"이 출력된다. 이와 같이 대부분의 얼랭 에러는 대응하는 엘릭서 에러로 바뀌어 매칭되며, 대응되지 않는 에러는 범용 에러 타입인 ErlangError로 바뀌어 매칭된다.

한편 본문에서는 catch에 인자를 2개 받는 경우만을 소개하는데, throw 예외인 경우에는 catch 핸들러에 인자 하나만으로 패턴 매칭이 가능하다.

```
try do
  throw {:animal, "wombat"}
catch
  thrown_error -> inspect(thrown_error)
  :throw, error -> "thrown with #{inspect(error)}"
end
```

코드를 실행하면 첫 번째 패턴에 먼저 매칭되어 "{:animal, \"wombat\"}"이 출력된다. 반면 rescue 구문으로는 throw가 제대로 처리되지 못한다.

```
try do
  throw {:animal, "wombat"}
rescue
```

```
    e -> inspect(e)
  end
```

결론적으로 rescue는 error 타입 예외만을 처리할 수 있고, catch는 throw 타입 예외를 기본적으로 처리하되 엘릭서(얼랭)의 세 종류 예외를 모두 다룰 수 있다고 보면 된다.

본문에서는 둘 중 한 가지 핸들러만을 사용했으나 try 구문 하나에 rescue, catch 핸들러를 모두 연결할 수도 있으므로 필요에 따라 핸들러를 선택해 쓰면 좋다.

엘릭서의 예외 처리에 관해 더 다양한 예제는 *https://hexdocs.pm/elixir/Kernel.SpecialForms.html#try/1*를, 얼랭의 예외 종류에 관한 자세한 소개는 *https://erlang.org/doc/reference_manual/errors.html*를 참조하자.

A.3 새로운 예외 정의하기

엘릭서의 예외는 기본적으로 레코드다[2]. 모듈을 만들어 예외를 정의할 수 있는데, 모듈 안에서 **defexception**을 사용해 예외의 필드와 기본값을 정의하면 된다. 물론 이 모듈에 함수를 추가할 수도 있다. 추가한 함수들은 주로 예외 필드의 값을 의미 있는 메시지로 포맷팅하는 데 사용된다.

예를 들어 마이크로소프트 키넥트[Kinect] 컨트롤러와 통신하는 라이브러리를 만든다고 하자. 라이브러리는 다양한 통신 오류 상황에 예외를 발생시킨다. 오류 중에는 영구적인 것도 있지만, 어떤 오류는 일시적이어서 재시도할 수 있다.

이 라이브러리를 위해 message 필드(필수)와 can_retry 필드를 가지는 예외를 정의하고, 두 필드를 멋진 메시지로 포맷팅하는 함수를 추가해보자.

---

2 옮긴이_ 내부적으로는 튜플로 표현된다. 레코드는 4.8절 '이름, 소스 파일, 컨벤션, 연산자 등등'의 주석에서 간략하게 소개한다.

```
defmodule KinectProtocolError do
  defexception message: "Kinect protocol error",
               can_retry: false

  def full_message(me) do
    "Kinect failed: #{me.message}, retriable: #{me.can_retry}"
  end
end
```

라이브러리 사용자는 이 예외를 사용해 다음과 같은 코드를 작성할 수 있겠다.

```
try do
  talk_to_kinect()
rescue
  error in [KinectProtocolError] ->
    IO.puts KinectProtocolError.full_message(error)
    if error.can_retry, do: schedule_retry()
end
```

예외가 발생하면 코드가 예외를 처리하고 가능한 경우 재시도한다.

```
Kinect failed: usb unplugged, retriable: true
Retrying in 10 seconds
```

A.4 이제 이 부록을 무시하자

mix 유틸리티의 엘릭서 소스 코드에는 에러 핸들러가 아예 없다. 엘릭서 컴파일러에도 총 다섯 개의 에러 핸들러만이 존재하고, 이 핸들러들은 매우 특별한 일을 한다. 새로운 예외를 정의해야 한다면, 예외 대신 코드를 별도의 프로세스로 격리하는 방법을 먼저 고려하자. 어느 방법으로든 오류가 발생할 수 있다면 프로세스로 격리하는 쪽이 더 편하지 않을까?

타입 명세와 타입 검사

23장 '모듈 연결하기 – 비헤이비어와 **use**'에서 @callback을 살펴보면서 콜백을 파라미터와 반환값의 타입으로 정의했다. 예를 들면 다음과 같다.

```
@callback parse(uri_info :: URI.Info.t) :: URI.Info.t
@callback default_port() :: integer
```

URI.Info.t와 Integer는 타입 명세의 한 가지 예다. 엘릭서를 만든 조제 발림에 따르면 놀랍게도 이 명세는 언어 자체에 (유리 라쉬코프스키[1]에 의해) 직접 구현되어 있다. 다시 말해, 특별한 파싱을 거칠 필요가 없다. 이는 엘릭서 메타프로그래밍이 지닌 힘을 아주 잘 보여준다.

부록 B에서는 엘릭서에서 타입을 어떻게 나타내는지 알아본다. 다만 그 전에 짚고 갈 질문이 하나 있다. 타입 명세를 왜 신경 써야 하는가?

B.1 타입 명세의 사용처

엘릭서 타입 명세는 얼랭에서 유래한다. 얼랭 코드를 보면 퍼블릭 함수 앞에 -spec으로 시작하

---

1 옮긴이_ 소프트웨어 엔지니어이자 기업가. 엘릭서 초기의 핵심 기여자로, 많은 엘릭서 라이브러리와 툴을 작성했다.

는 줄이 위치한 경우가 많다. 이 줄은 타입 정보를 담은 메타데이터다.

다음 코드는 엘릭서 파서 코드의 일부다(현재 엘릭서 파서는 얼랭으로 작성되어 있다). 타입 명세에 따르면 return_error 함수는 파라미터 두 개(하나는 정수, 하나는 타입 무관)를 받고 아무것도 반환하지 않는다.

```
-spec return_error(integer(), any()) -> no_return().
return_error(Line, Message) ->
      throw({error, {Line, ?MODULE, Message}}).
```

얼랭 사용자가 타입 명세를 작성하는 이유 중 하나는 문서화다. 소스 코드를 보며 자연스럽게 타입 명세를 읽을 수 있고, 문서화 도구를 통해 생성되는 페이지에서도 확인할 수 있다.

또 다이얼라이저^{dialyzer} 등의 도구를 사용해 얼랭 코드를 정적 분석해 타입 불일치 같은 오류를 잡아낼 수도 있다.[2]

이 장점들은 엘릭서 코드에도 적용된다. 엘릭서에서는 @spec 모듈 속성을 사용해 함수의 타입 명세를 작성할 수 있다. 작성한 타입 명세는 IEx의 h 헬퍼 함수로 조회할 수 있고, t 헬퍼로는 사용자 정의 타입을 확인할 수 있다. 컴파일된 엘릭서 .beam 파일을 다이얼라이저 같은 얼랭 도구를 사용해 분석할 수도 있다.

다만 엘릭서에서는 타입 명세를 많이 사용하는 편은 아니니 개인의 취향에 맞게 사용하자.

B.2 타입 명세 작성하기

타입은 언어에서 사용할 수 있는 값의 부분집합을 말한다. 예를 들어 integer라는 타입은 모든 정수를 포함하지만 리스트, 바이너리, PID 등은 포함하지 않는다.

엘릭서의 기본 타입에는 any, atom, float, integer, list, map, maybe_improper_list, none, pid, port, reference, tuple 등이 있다. 여기에 리터럴로 정의되는 타입, 이들을 기반

---

2 `http://www.erlang.org/doc/man/dialyzer.html`

으로 유도되는 타입(내장 타입^{Built-in type}이라고 한다) 등이 추가로 정의되어 있다.[3]

any(또는 별칭인 _)는 모든 값의 집합이고 none은 공집합을 말한다. 타입 명세에 아톰과 정수 리터럴을 사용하면 해당 값만을 포함하는 집합이 된다. nil 역시 그 값 그대로 타입 명세에 사용할 수 있다.

B.2.1 컬렉션 타입

리스트 타입은 list(type) 또는 리터럴 [type]과 같이 표현한다. 이때 type은 기본 타입 또는 조합된 타입이다. 이 표기는 리스트의 모든 값이 주어진 타입임을 나타내는 것으로, 값 하나 짜리 리스트를 의미하는 것은 아니다. 비어 있지 않은 리스트를 나타낼 때는 [type, ...]과 같이 쓴다. list()는 편의상 [any]의 별칭으로 정의되어 있다.

바이너리 타입은 기본적으로 리터럴로 정의되며 다음과 같은 표기를 사용한다.

《 》

비어 있는 바이너리(크기 0)

《_ :: size》

size 비트 크기의 연속된 바이너리. 비트스트링^{bitstring}이라고 부른다.

《_ :: size * unit_size 》

한 단위가 unit_size 비트인 바이너리가 size개 있는 것.

두 번째와 세 번째 경우에 바이너리의 크기 단위가 일정하지 않다면 size 자리에 언더스코어 (_)를 쓰면 된다.

내장 타입인 bitstring은 임의 크기의 연속된 비트인 <<_::_>>과 같고, binary 타입은 임의 크기의 연속된 바이트(8비트)인 <<_::_*8>>로 정의되어 있다.

---

3 옮긴이_ 엘릭서(얼랭) 타입 명세에서 사용하는 타입은 기본 타입, 리터럴, 내장 타입 등 여러 종류로 구분된다. 부록 B에서도 기본적으로 분류에 따른 용어를 사용하나, 이들은 내부적으로 특정 식으로 정의되어 있음을 구분하기 위함에 지나지 않는다. 실제로 사용할 때는 나누어 생각할 필요가 거의 없다.

튜플은 값의 타입과 크기가 일정하다면 리터럴 {type, type, ...}을 사용하고, 일정하지 않다면 모든 튜플의 집합을 의미하는 tuple()로 나타낼 수 있다. 예를 들어 {atom, integer}는 첫 번째 요소가 아톰이고 두 번째 요소가 정수인 튜플을 나타낸다.

B.2.2 타입 조합하기

범위 연산자(..)와 정수 리터럴을 함께 사용해서 해당 범위를 나타내는 타입을 만들 수 있다. 참고로 기본 타입인 non_neg_integer, pos_integer, neg_integer를 사용해서 각각 0보다 크거나 같은, 0보다 큰, 0보다 작은 정수를 나타낼 수도 있다.

결합 연산자(|)를 사용하면 인자로 명시된 여러 타입 중 하나에 해당하는 값을 모두 허용한다.

값을 묶기 위해 타입 명세에 괄호를 사용할 수도 있다.

B.2.3 구조체

구조체는 기본적으로 맵이므로 map 타입을 그대로 사용할 수 있지만, 유용한 정보를 사용하지 않기는 아깝다. map 대신 구조체마다 타입을 정의하기를 권장한다.

```elixir
defmodule LineItem do
  defstruct sku: "", quantity: 1
  @type t :: %LineItem{sku: String.t, quantity: integer}
end
```

이렇게 정의한 타입은 LineItem.t로 참조할 수 있다.

B.2.4 익명 함수

익명 함수는 (head -> return_type) 리터럴로 표기할 수 있다. head 자리에는 함수 파라미터의 개수와 타입을 적는다. 함수 파라미터 개수만큼 타입을 명시해야 한다. 인자 개수와 타입을 지정하지 않으려면 '...'을 사용한다.

```
(... -> integer)               # 임의의 파라미터를 받아 정수를 반환
(list(integer) -> integer)     # 정수 리스트를 받아 정수를 반환
(() -> String.t)               # 파라미터 없이 문자열을 반환
(integer, atom -> list(atom))  # 정수와 아톰을 받아 아톰 리스트를 반환
```

파라미터 부분을 좀 더 명확히 나타내려면 괄호를 넣자.

```
(atom, float -> list)
((atom, float) -> list)
(list(integer) -> integer)
((list(integer)) -> integer)
```

B.2.5 참/거짓 다루기

as_boolean(T) 타입은 실제 값은 T 타입이나 함수에서 이 값을 참 또는 거짓으로 간주함을 나타낸다(nil과 false 외의 값이 모두 참으로 간주된다). 실제로 Enum.count 함수의 타입 명세는 다음과 같다.

```
@spec count(t, (element -> as_boolean(term))) :: non_neg_integer
```

B.2.6 몇 가지 예시

integer | float

　　　모든 수. 대신 number를 사용할 수도 있다.

[{atom, any}] 혹은 list({atom, any})

　　　키-값 쌍의 리스트. 두 표현은 같은 의미다.

non_neg_integer | {:error, String.t()}

> 0보다 크거나 같은 정수거나, :error와 문자열을 담고 있는 튜플.[4]

(integer, atom -> {:pair, atom, integer})

> 정수와 아톰을 받아 :pair, 아톰, 정수로 이루어진 튜플을 반환하는 익명 함수.

《_::_*4》

> 연속된 4비트 니블.

B.3 새 타입 정의하기

@type 모듈 속성을 사용해 새 타입을 정의할 수 있다.

```
@type type_name :: type_specification
```

엘릭서에도 이 문법을 사용해 몇 가지 기존 타입의 별칭과 내장 타입이 정의되어 있다. 그중 일부를 소개한다.

```
@type term      :: any
@type binary    :: <<_::_*8>>
@type bitstring :: <<_::_*1>>
@type boolean   :: false ¦ true
@type byte      :: 0..255
@type char      :: 0..0x10ffff
@type charlist  :: [ char ]
@type list      :: [ any ]
@type list(t)   :: [ t ]
@type number    :: integer ¦ float
@type module    :: atom
@type mfa       :: {module, atom, byte}
@type node      :: atom
```

---

4 옮긴이_ String.t()는 binary()의 별칭이다. 타입 분석 툴에서는 바이너리와 동일하게 취급되나, UTF-8 인코딩된 바이너리임을 문서화 시 구분하기 위해 사용한다.

```
@type nonempty_charlist  :: [ char ]
@type timeout    :: :infinity ¦ non_neg_integer
@type no_return :: none
```

list(t)처럼 파라미터로 타입 이름을 받을 수도 있다. 타입 명세 왼편에 식별자를 쓰고, 오른편의 원래 타입 이름이 들어갈 자리에 그 식별자를 넣으면 된다. 그렇게 새로 정의한 타입을 실제로 사용할 때 파라미터 자리에 실제 타입 이름을 전달하면 된다.

```
@type variant(type_name, type) :: {:variant, type_name, type}

@spec create_string_tuple(:string, String.t) :: variant(:string, String.t)
```

@type과 비슷한 @typep와 @opaque 모듈 속성도 있다. 둘은 문법도 @type과 같고 동작도 기본적으로 같다. 차이는 타입 정의의 가시성뿐이다. @typep로 정의한 타입은 타입 명세가 포함된 모듈 안에서만 사용할 수 있다. @opaque로 정의한 타입의 경우 모듈 외부에서 타입 이름은 알 수 있으나 정의는 알 수 없다.

B.4 함수와 콜백의 타입 명세

@spec으로는 함수의 파라미터 개수, 타입, 반환되는 값의 타입 등을 명시한다. 함수가 정의된 모듈 어디에서든 쓸 수 있으나 일반적으로 함수 정의 직전, 함수 문서(@doc) 뒤에 이어서 쓴다.

문법은 앞에서도 봤듯 다음과 같다.

```
@spec function_name(param1_type, ...) :: return_type
```

예시를 몇 개 보자. 엘릭서 내장 모듈인 Dict 모듈의 코드 중 일부다.[5]

---

5 옮긴이_ Dict 모듈은 엘릭서 1.3 이후 지원이 중단되었다. 타입 명세의 형식을 확인하는 참고 차원으로만 보기를 권장한다. 비슷한 타입 명세를 가지는 모듈로는 Map이 있다.

```
@type key    :: any
@type value :: any
@type keys  :: [ key ]
@type t          :: tuple | list    # t는 컬렉션 타입으로 정의되었다

@spec values(t) :: [value]
@spec size(t) :: non_neg_integer
@spec has_key?(t, key) :: boolean
@spec update(t, key, value, (value -> value)) :: t
```

- 여섯 번째 줄

  values 함수는 컬렉션(튜플 또는 리스트)을 받아 값의 리스트를 반환한다. 리스트를 구성하는 값의
  타입은 무엇이든 상관없다(any).

- 일곱 번째 줄

  size 함수는 컬렉션을 받아 음이 아닌 정수를 반환한다.

- 여덟 번째 줄

  has_key? 함수는 컬렉션과 키를 받아 true 또는 false를 반환한다.

- 아홉 번째 줄

  update 함수는 컬렉션, 키, 값, 값을 매핑하는 함수를 받아 (새로운) 컬렉션을 반환한다.

정의가 여러 개거나 기본값을 가지는 함수면 @spec 속성을 여러 개 정의할 수 있다. Enum 모듈
에서 가져온 예시를 하나 보자.

```
@spec at(t, index) :: element | nil
@spec at(t, index, default) :: element | default

def at(collection, n, default \\ nil) when n >= 0 do
  ...
end
```

Enum 모듈에는 as_boolean을 사용하는 예도 많다.

```
@spec filter(t, (element -> as_boolean(term))) :: list
def filter(collection, fun) when is_list(collection) do
  ...
end
```

타입 명세에 따르면 filter 함수는 컬렉션과 함수를 받는다. 파라미터로 받는 함수는 컬렉션의 요소를 term(any의 별칭이다)으로 매핑하는 함수인데, 매핑한 결과를 참 또는 거짓으로 간주한다. 연산 후에는 리스트를 반환한다.

엘릭서 타입 명세의 더 자세한 정보는 공식 가이드에서 확인하자.[6]

B.5 다이얼라이저 사용하기

다이얼라이저는 얼랭 VM 위에서 실행되는 코드를 분석해 잠재적인 오류를 찾아낸다. 엘릭서에서 사용하려면 소스 코드를 .beam 파일로 컴파일해야 하고, 컴파일러 옵션에 debug_info가 설정되어 있어야 한다(개발 모드에서 mix를 실행할 때는 기본적으로 설정되어 있다). 두 소스 파일만을 가진 작은 프로젝트를 만들면서 사용법을 알아보자.

```
$ mix new simple
$ cd simple
```

프로젝트 안에 간단한 함수를 하나 만들자. 귀찮은 나머지 함수 본문은 구현하지 않았다.

```
defmodule Simple do
  @type atom_list :: list(atom)
  @spec count_atoms(atom_list)  :: non_neg_integer
  def count_atoms(list) do
    # ...
  end
end
```

프로젝트에서 다이얼라이저를 실행해보자. 보다 쉽게 사용하고자 dialyzer 작업을 mix에 추가하는 dialyxir 라이브러리를 사용한다.

---

6 https://elixir-lang.org/getting-started/typespecs-and-behaviours.html#types-and-specs

코드: **typespecs/simple/mix.exs**

```
defp deps do
  [
    { :dialyxir, "~> 1.0", only: [:dev], runtime: false }
  ]
end
```

라이브러리를 가져와 프로젝트를 빌드하자.

```
$ mix deps.get
$ mix compile
```

이제 코드를 분석할 준비가 되었다. 단 처음 코드 분석을 시작할 때는 얼랭과 엘릭서의 모든 타입과 API를 담은 큰 자료구조를 먼저 구축해야 한다. 이는 우리가 작성한 코드가 옳을 뿐 아니라 다른 코드와도 잘 상호작용함을 확인하는 데 필요한 작업이다. 이 자료구조는 만드는 데 시간이 좀 걸린다. 최대 10~20분까지도 걸릴 수 있지만 한 번만 하면 되고, 이후에는 오래 걸리지 않는다.[7]

```
$ mix dialyzer
Compiling 2 files
.ex)
warning: variable "list" is unused
  lib/simple.ex:8

Generated simple app
Finding suitable PLTs
Checking PLT...
[:compiler, :elixir, :kernel, :logger, :stdlib]
Looking up modules in dialyxir_erlang-24.2_elixir-1.13.1_deps-dev.plt
...
Checking 449 modules in dialyxir_erlang-24.2_elixir-1.13.1_deps-dev.plt
Adding 68 modules to dialyxir_erlang-24.2_elixir-1.13.1_deps-dev.plt
done in 1m19.89s
No :ignore_warnings opt specified in mix.exs and default does not exist.
```

----

7 옮긴이_ 실행을 마친 뒤 프로젝트의 _build 디렉터리 아래에 생성되는 plt 파일이 바로 이 자료구조다. plt는 'Persistent Lookup Table'의 약자다.

```
Starting Dialyzer
[
  check_plt: false,
  init_plt: '/home/typespec/simple/_build/dev/dialyxir_erlang-24.2_elixir-1.13.1_
deps-dev.plt',
  files: ['/home/typespec/simple/_build/dev/lib/simple/ebin/Elixir.Simple.beam'],
  warnings: [:unknown]
]
Total errors: 1, Skipped: 0, Unnecessary Skips: 0
done in 0m0.95s
lib/simple.ex:3:invalid_contract
The @spec for the function does not match the success typing of the function.

Function:
Simple.count_atoms/1

Success typing:
@spec count_atoms(_) :: nil


_____
done (warnings were emitted)
Halting VM with exit status 2
```

이런! 다시 한번 돌려보자.

```
$ mix dialyzer --no-check
Starting Dialyzer
[
  ...
]
Total errors: 1, Skipped: 0, Unnecessary Skips: 0
done in 0m1.16s
lib/simple.ex:3:invalid_contract
The @spec for the function does not match the success typing of the function.

Function:
Simple.count_atoms/1

Success typing:
@spec count_atoms(_) :: nil


_____
```

```
done (warnings were emitted)
Halting VM with exit status 2
```

count_atoms 함수의 타입 명세와 구현이 일치하지 않는다고 한다. 올바른 타입 명세(코드로 구현된 실제 타입)[8]는 nil을 반환하나, 타입 명세에는 음이 아닌 정수를 반환한다고 적혀 있다. 구현에 손을 놓은 부분을 다이얼라이저가 잡아낸 것이다. 타입 명세에 맞도록 코드를 수정하자.

코드: typespecs/simple/lib/simple.ex

```
defmodule Simple do
  @type atom_list :: list(atom)
  @spec count_atoms(atom_list)  :: non_neg_integer
  def count_atoms(list) do
    length list
  end
end
```

다이얼라이저를 다시 한번 실행해보면 오류 없이 성공한다.

```
$ mix dialyzer
Compiling 1 file (.ex)
Checking PLT...
...

done in 0m1.34s
done (passed successfully)
```

이제 count_atoms 함수를 호출하는 다른 모듈을 하나 추가해보자.

코드: typespecs/simple/lib/simple/client.ex

```
defmodule Client do
  @spec other_function() :: non_neg_integer
  def other_function do
    Simple.count_atoms [1, 2, 3]
```

----

8 *http://www.it.uu.se/research/group/hipe/papers/succ_types.pdf*

```
    end
  end
```

파일을 컴파일하고 분석하면 다음과 같은 내용이 출력된다.

```
$ mix dialyzer
Generated simple app
Finding suitable PLTs
Checking PLT...
...

Total errors: 2, Skipped: 0, Unnecessary Skips: 0
done in 0m1.21s
lib/simple/client.ex:3:no_return
Function other_function/0 has no local return.

_____
lib/simple/client.ex:4:call
The function call will not succeed.

Simple.count_atoms([1, 2, 3])

breaks the contract
(atom_list()) :: non_neg_integer()


_____
done (warnings were emitted)
Halting VM with exit status 2
```

만족스럽다. count_atoms 함수는 아톰 리스트를 받기로 되어 있는데 정수 리스트를 인자로 잘못 전달했음을 알려준다. 이 경우 오류가 발생하므로 함수가 아무 값도 반환하지 않을 거라고도('no local return' 경고) 알려준다. 잘못된 부분을 수정해주자.

```
defmodule Client do
  @spec other_function() :: non_neg_integer
  def other_function do
    Simple.count_atoms [:a, :b, :c]
  end
end
```

```
$ mix dialyzer
Compiling 1 file (.ex)
Finding suitable PLTs
Checking PLT...
...

Total errors: 0, Skipped: 0, Unnecessary Skips: 0
done in 0m1.09s
done (passed successfully)
```

이제 잘 동작한다.

B.5.1 다이얼라이저의 타입 추론

다이얼라이저는 함수에 추가된 타입 명세를 활용해 코드를 분석한다. 하지만 타입 명세가 없는 코드에도 다이얼라이저는 꽤 잘 동작한다. 이는 다이얼라이저가 기본 내장된 모든 함수에 대한 타입 명세를 알고 있어서(이것이 처음 다이얼라이저를 실행할 때 오래 기다린 이유였다) 이를 바탕으로 함수의 타입 명세(중 일부)를 추론하기 때문이다. 다음 예제를 보자.

```
defmodule NoSpecs do
  def length_plus_n(list, n) do
    length(list) + n
  end

  def call_it do
    length_plus_n(2, 1)
  end
end
```

코드에 대해 다이얼라이저를 실행하면 다음과 같이 출력된다.

```
$ mix dialyzer
...

Total errors: 2, Skipped: 0, Unnecessary Skips: 0
done in 0m1.23s
lib/no_specs.ex:6:no_return
```

```
Function call_it/0 has no local return.

-----------------------------------------------------------------
lib/no_specs.ex:7:call
The function call will not succeed.

NoSpecs.length_plus_n(2, 1)

will never return since the 1st arguments differ
from the success typing arguments:

([any()], number())


-----------------------------------------------------------------
done (warnings were emitted)
Halting VM with exit status 2
```

length_plus_n 함수는 첫 번째 파라미터를 사용해 length 함수를 호출하는데, length 함수
는 인자로 리스트를 받는다. 따라서 length_plus_n의 첫 번째 인자 역시 리스트여야 하는데
그렇지 않으므로 잘못되었다고 알려준다.

함수 호출을 length_plus_n([1, 2], :c)로 바꾸면 어떻게 될까?

```elixir
defmodule NoSpecs do
  def length_plus_n(list, n) do
    length(list) + n
  end

  def call_it do
    length_plus_n([1, 2], :c)
  end
end
```

```
$ mix dialyzer
...

Total errors: 2, Skipped: 0, Unnecessary Skips: 0
done in 0m1.25s
lib/no_specs.ex:6:no_return
Function call_it/0 has no local return.

-----------------------------------------------------------------
```

```
lib/no_specs.ex:7:call
The function call will not succeed.

NoSpecs.length_plus_n([1, 2], :c)

will never return since the 2nd arguments differ
from the success typing arguments:

([any()], number())


--------------------------------------------------------------------------
done (warnings were emitted)
Halting VM with exit status 2
```

대단하다. 다이얼라이저는 + 연산자(함수로 구현되어 있다)가 숫자 인자 두 개를 받는다는 것을 알고 있다. 두 번째 파라미터에 아톰을 전달하면 연산이 성립하지 않으므로 다이얼라이저가 이를 인식하고 오류임을 알려준다. 하지만 출력된 내용에는 덧셈이 언급되지 않는다. 대신 함수 안에서 호출하는 연산을 바탕으로 함수의 기본 타입 명세를 추론해 보여준다.

이렇게 추론한 타입을 실제 타입^{success typing}이라고 한다. 다이얼라이저는 코드에 맞는 가장 범용적인 타입 명세를 유추하고, 모순이 발생하기 전까지 코드가 옳다고 가정한다. 실행하면서 가정을 만들어 간다는 점에서 다이얼라이저는 매우 강력한 도구다.

그렇다면 @spec 속성은 없어도 되는 걸까? 그건 당신에게 달렸다. 타입 명세를 넣어서도, 넣지 않고도 코드를 실행해보자. 대개 @spec을 추가하면 함수의 허용 타입을 더 엄격하게 제한할 수 있다. 앞서 살펴본 예제에서도 타입 명세를 사용해 count_of_atoms가 아톰 리스트를 받음을 명시적으로 나타낼 수 있었다.[9]

하지만 다이얼라이저는 코딩 실력을 확인하는 테스트가 아니며 어디까지나 하나의 도구다. 사용은 하되 좋은 점수를 받으려고 타입 명세를 추가하느라 시간을 낭비하지는 않기를 바란다.

---

9 옮긴이_ 다른 강타입 언어(Haskell, OCaml 등)와 비교하면 다이얼라이저의 타입 추론은 다소 느슨하다. 대규모 프로젝트에서는 암시적 타입 추론만으로는 문제 원인을 정확히 진단하기 어려운 경우가 많으므로, 다이얼라이저를 잘 사용하려면 명시적으로 타입 명세를 선언하기를 권장한다.

엘릭서 1.6 이후 추가된 내용

책의 본문에서는 기본적으로 엘릭서 1.6까지의 내용을 다룬다. 약 반년 주기로 마이너 버전 업데이트가 이루어지고 있어, 2022년 3월 현재 최신 마이너 버전은 1.13이다.[1] 한국어판의 부록 C에서는 엘릭서 1.6 이후 최신 버전까지의 변경 사항 중 본문과 함께 알아두면 좋은 주요 내용을 주제별로 소개한다. 본문의 취지를 이어가고자 추가된 내용을 전부 나열하기보다는 더 자세히 알아가기 위한 시작점 역할을 하고자 한다. 자세한 변경 사항은 엘릭서 공식 홈페이지의 릴리스 노트[2]를 참고하기 바란다.

엘릭서는 오랜 기간 성숙해온 얼랭 VM을 기반으로 하며 언어의 완성도도 높아 업데이트에 따른 기능 변경이 크지 않다. 업데이트의 초점도 큰 변화보다는 얼랭의 새 버전 지원, 성능 개선, 편의 기능 추가 등에 맞추어져 있다. 하지만 실제 개발에 도움이 되는 개선 사항이 많고 업데이트 비용은 적으므로 가급적이면 최신 버전을 유지하며 개발하기를 권장한다.

---

1 버전 정책 및 호환되는 얼랭/OTP 버전은 엘릭서 공식 문서에서 자세히 소개하고 있다.
  https://hexdocs.pm/elixir/compatibility-and-deprecations.html

2 *https://elixir-lang.org/blog/categories.html#Releases*

C.1 로거 개선 (1.7)

엘릭서 1.6까지 엘릭서 Logger 모듈은 얼랭의 :error_logger 모듈을 감싼 것이었다. 이후 공개된 얼랭/OTP 21에서 개선된 로깅 모듈인 :logger이 새롭게 추가되면서, 엘릭서 1.7부터 얼랭/OTP 21 이상을 사용하는 엘릭서 환경에서는 Logger 모듈이 얼랭의 :logger 모듈을 사용하도록 변경되었다. 엘릭서 1.10부터는 얼랭/OTP 21 이상을 최소 버전으로 요구한다.

얼랭 모듈은 변경되었으나 엘릭서 Logger 모듈을 사용하는 기존 코드는 대부분 문제없이 동작한다. 엘릭서 1.11부터는 얼랭의 새로운 :logger 모듈에 추가된 로그 단계인 notice, critical, alert, emergency를 새롭게 지원한다. 기존 로그 단계와의 중요도 순서는 다음과 같다. 오른쪽으로 갈수록 중요도가 높다.

- debug < info < notice < warning < error < critical < alert < emergency

모듈별/애플리케이션별 로그 레벨 설정, 맵이나 키워드 리스트 등 구조화된 데이터에 대한 로깅도 함께 지원하므로, 필요에 따라 다양한 설정을 사용해 로그를 남길 수 있게 되었다.

전체 기능 및 더 자세한 쓰임이 궁금하다면 엘릭서 Logger 모듈 공식 문서를 참고하기 바란다.[3]

C.2 릴리스 기능 추가 (1.9)

20장 'OTP – 애플리케이션'에서 살펴본 릴리스 관리 기능을 엘릭서 1.9부터 언어 차원에서 사용할 수 있게 되었다. 이전 버전까지 엘릭서의 릴리스 관리 라이브러리로는 디스틸러리[Distillery]가 사실상의 표준이었던 만큼, 완전히 같지는 않으나 중요한 개념과 명령어를 상당 부분 계승했다.

그러나 라이브러리에서 지원되던 핫 코드 업그레이드의 경우 엘릭서 릴리스 기능에서는 직접 지원되지 않는다. 핫 코드 업그레이드를 고려하며 코드를 작성하려면 매우 세심하게 구현해야 하고, 언어에 의존하지 않는 배포 기술이 범용화된 상황을 고려해 기능에서 제외되었다. 추가 동작이 필요한 경우를 위해 확장 가능하도록 설계되어 있으므로, 핫 코드 업그레이드를 도입

---

3 *https://hexdocs.pm/logger/Logger.html*

해야 한다면 엘릭서 릴리스 기능을 바탕으로 한 별도 라이브러리를 사용하거나 직접 구현할 수 있겠다.

이해를 돕기 위해 20장에서 만든 수열 애플리케이션의 엘릭서 릴리스를 생성하고 실행해보자. mix.exs에서 다음과 같이 릴리스 설정을 작성하자.

```elixir
def project do
  [
    app: :sequence,
    version: "0.1.0",
    elixir: "~> 1.12",
    start_permanent: Mix.env() == :prod,
    deps: deps(),
    releases: [
      sequence: []
    ]
  ]
end
```

releases: 옵션에는 릴리스 이름을 키로 하고 릴리스별 설정을 값으로 하는 키워드 리스트가 들어간다(릴리스별 설정 역시 키워드 리스트다). 릴리스 이름을 키로 지정한다는 것은 하나의 프로젝트에서도 서로 다른 설정으로 여러 릴리스를 생성할 수 있음을 의미한다. 예를 들면 다음과 같다.

```elixir
releases: [
  sequence_for_win: [
    include_executables_for: [:windows]
  ],
  sequence_for_unix: [
    include_executables_for: [:unix]
  ]
]
```

이 기능은 특히 엄브렐라 프로젝트에서 하위 애플리케이션의 조합을 달리해 서로 다른 릴리스를 생성하는 데 많이 사용한다.

mix.exs에 릴리스 정보를 저장한 뒤 콘솔에서 다음과 같이 입력해 릴리스를 생성하자.

```
$ MIX_ENV=prod mix release sequence
Compiling 4 files (.ex)
Generated sequence app
* assembling sequence-0.1.0 on MIX_ENV=prod
* skipping runtime configuration (config/runtime.exs not found)
* skipping elixir.bat for windows (bin/elixir.bat not found in the Elixir
installation)
* skipping iex.bat for windows (bin/iex.bat not found in the Elixir installation)

Release created at _build/prod/rel/sequence!

    # To start your system
    _build/prod/rel/sequence/bin/sequence start

Once the release is running:

    # To connect to it remotely
    _build/prod/rel/sequence/bin/sequence remote

    # To stop it gracefully (you may also send SIGINT/SIGTERM)
    _build/prod/rel/sequence/bin/sequence stop

To list all commands:

    _build/prod/rel/sequence/bin/sequence
```

mix release 명령어의 sequence 자리에는 릴리스 이름이 들어간다(즉, sequence_for_win, sequence_for_unix 등을 넣으면 된다). mix.exs에 단일 릴리스만을 설정했다면 이를 생략하고 MIX_ENV=prod mix release만 실행해도 잘 동작하나, 여러 릴리스의 설정을 작성했다면 릴리스 이름을 반드시 지정해야 한다.

이렇게 만든 릴리스 파일에 명령어를 지정해 실행하면 해당 애플리케이션을 시작/종료하거나 애플리케이션에 대해 연산을 수행하는 등 여러 작업을 수행할 수 있다. 여기서는 이들 중 자주 사용하는 명령어들을 소개한다.

우선 만들어진 릴리스를 실행하려면 bin/릴리스명 start를 입력한다. 백그라운드에서 실행하려면 start 대신 daemon을 사용하면 된다.

```
$ _build/prod/rel/sequence/bin/sequence start
```

동작 중인 시스템에서 코드를 실행하려면 다른 콘솔에서 다음과 같이 입력한다. 단, 실행된 결과가 콘솔로 다시 반환되지는 않는다.

```
$ _build/prod/rel/sequence/bin/sequence rpc "Sequence.Server.next_number()"
```

동작 중인 시스템의 인터랙티브 세션을 열려면 remote 명령을 사용한다. 로컬에서 iex -S mix를 실행했을 때와 같이 애플리케이션 정보를 조회하고 함수를 자유롭게 호출할 수 있다. 서버에 배포되어 실행 중인 시스템을 디버깅할 때 자주 사용하기도 한다.

```
$ _build/prod/rel/sequence/bin/sequence remote
Erlang/OTP 24 [erts-12.0.2] [source] [64-bit] [smp:8:8] [ds:8:8:10] [async-
threads:1] [jit]

Interactive Elixir (1.12.1) - press Ctrl+C to exit (type h() ENTER for help)
iex(sequence@684165edfd7e)1> Sequence.Server.next_number()
457
```

전체 명령어 목록은 **bin/릴리스명** 명령으로 확인할 수 있다. 직접 실행해서 확인해보자.

공식 문서[4]에 릴리스에 대한 매우 자세한 소개와 설정 가능한 옵션에 대한 설명이 공개되어 있으므로 함께 읽으면 유용할 것이다.

릴리스 환경에서 동적으로 애플리케이션을 설정하는 방법을 바로 이어서 알아보자.

C.3 설정 API 개선 (1.9, 1.11)

데이터베이스 접속 정보나 도메인 정보 등 릴리스가 배포되는 환경에 따라 달라지는 값을 설정해야 할 때가 있다. 하지만 일반적으로 사용되는 config.exs, dev.exs, prod.exs, test.exs 등은 컴파일 시점 설정을 위한 파일로, 릴리스가 만들어지는 시점에 값이 결정된다.

----

4 https://hexdocs.pm/mix/Mix.Tasks.Release.html

이를테면 운영체제 환경 변수 DATABASE_HOST에 저장된 데이터베이스 호스트 정보를 가져와 사용해야 한다고 하자.

```
import Config
config :my_app, :database_host, System.fetch_env!("DATABASE_HOST")
```

위 코드를 config.exs에 저장하고 릴리스를 생성했다면, 런타임에 Application.get_env(:my_app, :database_host)를 호출하더라도 릴리스 생성 시점의 운영체제 환경 변수 값이 얻어진다. 애플리케이션이 실제 실행되는 환경에 같은 이름의 환경 변수가 정의되어 있더라도 해당 값은 반영되지 않는다.

이 문제를 해결하기 위해 엘릭서 1.11에 런타임 설정을 위한 runtime.exs 파일이 도입되었다. 같은 내용을 runtime.exs 파일에 저장하고 Application.get_env(:my_app, :database_host)를 호출하면 애플리케이션이 시작될 때의 환경 변수 값을 읽어들여 반환하게 된다.

런타임 설정이 많은 부분을 해결해주기는 하나, 드물게 컴파일 시점에 애플리케이션 설정을 사용해야 할 때도 있다. get_env/3만으로 컴파일 시점 설정과 런타임 설정을 모두 가져오면 혼동의 여지가 생겨, 엘릭서 1.10에는 컴파일 시점에 설정을 가져오는 Application.compile_env/3 함수가 새로 추가되었다. 엘릭서 1.12 현재 get_env/3 함수로도 컴파일 시점에 설정을 얻어올 수 있으나 장기적으로는 컴파일 시점 설정은 compile_env/3 함수로, 런타임 설정은 get_env/3 함수로 얻어오도록 역할을 나눌 예정이라고 하니 참고하자.

> **NOTE_ 엘릭서 버전에 따른 런타임 설정 방법의 변경**
>
> 사실 런타임 설정과 관련해서는 앞서 엘릭서 1.9에서 릴리스 환경 전용으로 런타임 설정을 가능하게 하는 releases.exs 파일이 추가된 적이 있다. 엘릭서 1.11에서 소개된 runtime.exs는 릴리스를 생성하지 않더라도 런타임 환경 설정을 사용할 수 있도록 releases.exs를 개선한 기능이다. 따라서 엘릭서 1.11보다 낮은 버전을 사용하고 있다면 약간 다른 방법으로 런타임 설정을 저장해야 한다. 이 경우 버전에 맞는 공식 문서를 확인한 뒤 사용하기를 권한다.

C.3.1 프로젝트 생성 시 config 디렉터리가 자동 생성되지 않도록 변경

13장 '첫 번째 프로젝트'에서 살펴봤듯 엘릭서 1.9부터는 mix new 명령어로 프로젝트를 생성할 때 설정 파일(config 디렉터리 및 config.exs 파일)이 자동으로 생성되지 않는다. 이는 애플리케이션 설정의 오용을 막고자 언어 개발 팀에서 의도적으로 결정한 부분이다. 외부에서 사용될 목적으로 라이브러리를 개발하는 경우 설정 파일에 애플리케이션 설정을 두지 않는 것이 좋다.

라이브러리 설정 용도로 config.exs를 사용하는 경우, 해당 라이브러리를 사용하는 애플리케이션에서는 각 라이브러리에 단일 설정만을 지정할 수 있다. 그런데 config.exs 파일에 정의되는 설정은 전역이므로, 이 경우 하나의 라이브러리를 서로 다른 여러 설정으로는 사용할 수 없게 된다.

이전부터 안티패턴으로 간주된 방법이었으나, 이를 조금 더 명시적으로 표현하기 위해 제거되었다. 라이브러리를 개발하는 경우 설정 파일이 아닌 라이브러리 API를 통해 설정을 받도록 구현해야 한다. 일반적으로 실행할 애플리케이션을 만들 때는 문제가 없으므로 필요한 경우에는 파일을 직접 생성해 사용하자.[5]

C.4 정렬 기능 개선 (1.10)

정렬 함수인 Enum.sort/2는 기본적으로 오름차순 정렬이어서, 내림차순 정렬을 할 때는 익명 함수를 만들어야 했다.

```
iex> Enum.sort([1, 3, 5, 2, 4, 6], &>=/2)
[6, 5, 4, 3, 2, 1]
```

엘릭서 1.10부터는 오름차순, 내림차순 정렬을 할 때 익명 함수 대신 각각 :asc, :desc 아톰을 넣어 보다 간단하게 정렬할 수 있도록 개선되었다.

---

5 옮긴이_ *https://hexdocs.pm/elixir/library-guidelines.html*

```
iex> Enum.sort([1, 3, 5, 2, 4, 6], :asc)
[1, 2, 3, 4, 5, 6]
iex> Enum.sort([1, 3, 5, 2, 4, 6], :desc)
[6, 5, 4, 3, 2, 1]
```

한편 정렬할 값이 구조체이면 필드 이름을 사전 순으로 늘어놓고 차례로 값을 비교하는 식으로 정렬이 이루어지기에, 내부적으로 구조체인 Date 등은 정렬이 자연스러운 순서로 이루어지지 않는 문제가 있었다.

```
iex> date_list = [~D[2020-12-31], ~D[2021-01-01], ~D[2019-07-01]]
[~D[2020-12-31], ~D[2021-01-01], ~D[2019-07-01]]
iex> Enum.sort(date_list, :desc)
[~D[2020-12-31], ~D[2019-07-01], ~D[2021-01-01]]
iex> inspect(date_list |> hd(), structs: false)
"%{__struct__: Date, calendar: Calendar.ISO, day: 31, month: 12, year: 2020}"
```

이렇게 내부적으로 구조체를 사용하는 타입은 대체로 모듈 내에 compare/2 함수가 정의되어 있어서, 올바른 순서로 정렬하려면 이 함수를 이용해야 했다.

```
iex> Enum.sort(date_list, &(Date.compare(&1, &2) == :gt))
[~D[2021-01-01], ~D[2020-12-31], ~D[2019-07-01]]
```

이 부분 역시 엘릭서 1.10부터는 구조체가 정의된 모듈명 또는 정렬 방향과 모듈명이 담긴 튜플을 전달할 수 있도록 변경되었다. 이 경우 정렬 함수가 자동으로 해당 모듈의 compare/2 함수를 호출해 정렬을 수행한다. compare/2 함수가 정의된 모든 모듈(Date, Time, DateTime, NaiveDateTime, Version 등)에 대해 사용할 수 있다.

```
iex> Enum.sort(date_list, Date)
[~D[2019-07-01], ~D[2020-12-31], ~D[2021-01-01]]
iex> Enum.sort(date_list, {:desc, Date})
[~D[2021-01-01], ~D[2020-12-31], ~D[2019-07-01]]
```

이 변경 사항은 Enum 모듈에서 값 비교가 필요한 정렬 관련 함수(sort, sort_by), 최댓값/최솟값 계산 함수(max, max_by, min, min_by, min_max_by 등)에 모두 적용되었다. 자세한 변경 사항은 Enum 모듈의 공식 문서[6]를 참조하자.

C.5 범위 타입 개선 (1.12)

이전에 범위 타입은 기본적으로 값이 1씩 늘어나거나 줄어들었다. 값이 변경되는 방향은 범위의 시작과 끝 값을 비교해 암시적으로 결정되었다.

```
iex> (1..10) |> Enum.to_list()
[1, 2, 3, 4, 5, 6, 7, 8, 9, 10]
iex> (10..1) |> Enum.to_list()
[10, 9, 8, 7, 6, 5, 4, 3, 2, 1]
```

엘릭서 1.12부터 값을 건너뛰어 범위를 생성할 수 있는 문법이 새로 추가되었다. start..stop//step 문법을 이용한다.

```
iex> (1..10//2) |> Enum.to_list()
[1, 3, 5, 7, 9]
```

step을 음수로 지정하면 명시적으로 값이 줄어드는 방향의 범위를 만들 수 있다. 또, 기존 문법으로는 범위에 최소 한 개의 값이 포함되었으나 새 문법으로는 빈 범위를 지정할 수도 있다.

```
iex> (10..1//-2) |> Enum.to_list()
[10, 8, 6, 4, 2]
iex> (1..10//-2) |> Enum.to_list()
[]
```

새 문법이 도입된 엘릭서 1.12부터는 암시적으로 값이 줄어드는 범위(10..1)의 사용이 더는 권장되지 않으며, 장기적으로 지원 중단될 예정이다. 필요시 새 문법을 이용해 방향을 명시적으로 나타내어 범위를 만들기를 권장한다.

---

6 https://hexdocs.pm/elixir/Enum.html

C.6 파이프라이닝 강화 (1.12)

엘릭서 1.12에서 Kernel.tap/2와 Kernel.then/2라는 두 함수가 추가되었다. 파이프라인 도중에 복잡한 로직을 일회성으로 적용하거나 값을 변질시키지 않고 코드를 실행해야 할 때 익명함수를 만들어 호출하곤 하는데, 그 패턴을 언어에 포함했다고 볼 수 있다.

tap 함수는 값과 함수를 인자로 받아 값에 대해 함수를 실행하고, 인자로 받은 값을 변경 없이 그대로 반환한다.[7] 예를 하나 들어보자. 리스트를 다루는 다음 파이프라인을 디버깅하고자 한다.

```
@spec concat_and_uniq_list(list(), list()) :: list()
def concat_and_uniq_list(list1, list2) do
  list1
  |> Kernel.++(list2)
  |> Enum.uniq()
end
```

각 단계에서 리스트 길이가 어떻게 변하는지 확인하려면 파이프라인을 분해해야 했다.

```
@spec concat_and_uniq_list(list(), list()) :: list()
def concat_and_uniq_list(list1, list2) do
  IO.inspect(length(list1), label: "처리 전")
  list = list1 ++ list2
  IO.inspect(length(list), label: "처리 중")
  list = Enum.uniq(list)
  IO.inspect(length(list), label: "처리 후")
  list
end
```

tap 함수를 이용하면 파이프라인을 유지하면서 원하는 값을 출력할 수 있다.

```
@spec concat_and_uniq_list(list(), list()) :: list()
def concat_and_uniq_list(list1, list2) do
  list1
  |> tap(&IO.inspect(length(&1), label: "처리 전") end)
  |> Kernel.++(list2)
  |> tap(&IO.inspect(length(&1), label: "처리 중"))
```

---

7 옮긴이_ 유닉스의 tee 명령어와 유사하다.

```
    |> Enum.uniq()
    |> tap(&IO.inspect(length(&1), label: "처리 후") end)
  end
```

tap에 전달된 익명 함수가 무엇을 반환하든 파이프라인의 전체 흐름에는 영향이 없다.

반면 then/2는 값과 함수라는 두 개 인자를 받아 값에 대해 함수를 실행한다는 점에서 tap/2
와 같지만, 함수를 실행한 결과가 파이프라인으로 반환된다는 점에서 다르다. 위 함수에서 결
과 리스트의 길이가 짝수여야 한다고 해보자. 리스트의 길이가 홀수면 끝에 [0]을 추가해 반환
하고자 한다(디버깅이 끝났다고 치고 tap 코드는 제거했다).

```
  @spec concat_and_uniq_list(list(), list()) :: list()
  def concat_and_uniq_list(list1, list2) do
    result =
      list1
      |> Kernel.++(list2)
      |> Enum.uniq()

    if length(result) |> Integer.is_even() do
      result
    else
      result ++ [0]
    end
  end
```

하나의 파이프라인으로 정리하면 더 깔끔할 것이다. then을 사용해 다음과 같이 고쳐써보자.

```
  @spec concat_and_uniq_list(list(), list()) :: list()
  def concat_and_uniq_list(list1, list2) do
    list1
    |> Kernel.++(list2)
    |> Enum.uniq()
    |> then(fn result ->
      if length(result) |> Integer.is_even(), do: result, else: result ++ [0]
    end)
  end
```

then은 폴백 로직을 파이프라인에 통합할 때 유용하겠다. 예제는 간단한 로직이어서 큰 차이

는 나지 않지만, 조건문 이후에도 연산이 이어진다면 중간에 파이프라인을 끊기보다는 한 줄로 잇는 편이 코드 흐름을 파악하기에 더 좋다.

C.7 스크립팅 개선 (1.12)

JSON 문자열을 처리하거나 간단한 HTTP 요청을 보내는 등 단순한 작업을 엘릭서로 수행할 때, 코드 양은 스크립트 수준이면 충분하지만 외부 라이브러리를 사용해야 하는 탓에 새로운 프로젝트를 생성해야 하는 경우가 종종 있다. 엘릭서 1.12에서 스크립트를 작성하면서도 외부 의존성을 가져올 수 있게 되었는데, 이 기능을 이용하면 스크립트 작성이 좀 더 편리해진다.

JSON 텍스트 파일을 Jason 라이브러리로 파싱해 엘릭서 자료구조로 만드는 코드를 스크립트 만으로 작성해보자.

코드: payload.json

```
[
  {"name": "Grumpy", "height": 1.24},
  {"name": "Dave", "height": 1.88},
  {"name": "Dopey", "height": 1.32},
  {"name": "Shaquille", "height": 2.16},
  {"name": "Sneezy", "height": 1.28}
]
```

코드: json.exs

```
Mix.install([:jason])

defmodule Decoder do
  def decode_file(file_name) do
    {:ok, payload} = File.read(file_name)
    Jason.decode(payload)
  end
end
```

이렇게 작성하고 스크립트를 실행할 때와 마찬가지로 시작하면 된다.

```
$ iex json.exs
Erlang/OTP 24 [erts-12.0.2] [source] [64-bit] [smp:8:8] [ds:8:8:10]
[async-threads:1] [jit]

Resolving Hex dependencies...
Dependency resolution completed:
New:
  jason 1.2.2
* Getting jason (Hex package)
==> jason
Compiling 8 files (.ex)
Generated jason app
Interactive Elixir (1.12.1) - press Ctrl+C to exit (type h() ENTER for help)
iex(1)> Decoder.decode_file("payload.json")
{:ok,
 [
   %{"height" => 1.24, "name" => "Grumpy"},
   %{"height" => 1.88, "name" => "Dave"},
   %{"height" => 1.32, "name" => "Dopey"},
   %{"height" => 2.16, "name" => "Shaquille"},
   %{"height" => 1.28, "name" => "Sneezy"}
 ]}
iex(2)>
```

Mix.install에 지정된 라이브러리가 자동으로 다운로드되어 코드에서 사용할 수 있게 되었다. 이 코드에서는 라이브러리를 지정하는 데 아톰만을 사용했는데, 이 경우 라이브러리의 최신 버전이 다운로드된다. mix.exs에서 라이브러리 버전을 지정하듯 {:jason, "~> 1.0"}과 같이 지정할 수도 있다.

다운로드된 라이브러리는 로컬 캐시 디렉터리에 저장된다. 즉, 같은 컴퓨터에 있는 다른 엘릭서 스크립트에서 동일 버전의 Jason을 사용할 때 라이브러리를 추가로 다운로드하지 않고 바로 실행할 수 있다. MIX_INSTALL_DIR 운영체제 환경 변수를 사용해 라이브러리가 저장될 디렉터리를 지정할 수도 있다.

스크립팅 위주로 엘릭서를 사용한다면 외부 라이브러리를 사용한 코드를 더 쉽게 작성하게 되어 아주 편할 것이다. 물론 다수의 라이브러리를 사용하거나 코드 자체를 구조화해야 한다면 새로운 프로젝트로 만드는 편이 좋겠다.

단 이 기능은 실험적으로 도입된 기능으로, 이후 버전에서 변경될 가능성이 있으니 유의하자.

INDEX

INDEX